Mark Juergensmeyer

Terror im Namen Gottes

Mark Juergensmeyer

Terror im Namen Gottes

Ein Blick hinter die Kulissen
des gewalttätigen Fundamentalismus

Aus dem Amerikanischen von Franziska Mosthaf

HERDER

FREIBURG · BASEL · WIEN

Gedruckt auf umweltfreundlichem, chlorfrei gebleichtem Papier

Titel der amerikanischen Originalausgabe:
Terror in the Mind of God. The global rise of religious violence
Copyright © 2003 by The Regents of the University of California
originally published by University of California Press
Negotiated through Literary Agency Andreas Brunner, A 1040 Vienna

Alle Rechte vorbehalten – Printed in Germany
© für die deutsche Ausgabe: Verlag Herder Freiburg im Breisgau 2004
www.herder.de
Satz: Barbara Herrmann, Freiburg
Druck und Bindung: fgb · freiburger graphische betriebe 2004
www.fgb.de
ISBN 3-451-28395-6

Inhalt

Die Logik religiöser Gewalt

Ich will meinen Schrecken vor dir hersenden
und alle Völker verzagt machen ...
2. Mose 23, 27

Den Opfern des Terrors

Vorwort zur überarbeiteten Ausgabe

Warum tut jemand so etwas? – Das war wohl die Frage, die sich uns allen beim Anblick der Fernsehbilder von den Luftangriffen auf das World Trade Center und das Pentagon am 11. September 2001 zuerst stellte. Als sich abzeichnete, dass die Attentäter aus religiösen Motive gehandelt hatten, schlug der Schock in Wut um. Wie kann Religion etwas mit solch brutalen Aktionen zu tun haben?

Seit dem Ende des Kalten Krieges taucht diese Frage erschreckend häufig auf. Fast überall auf der Welt scheint Religion mit Gewalt in Verbindung zu stehen. Die Anschläge vom 11. September waren die spektakulärsten in einer Serie blutiger Vorfälle im Zusammenhang mit Religion. In den vergangenen Jahren ist religiöse Gewalt unter rechtsgerichteten Christen in den USA, wütenden Muslimen und Juden im Nahen Osten, streitenden Hindus und Muslimen in Südasien und lokalen religiösen Kommunitäten in Afrika und Indonesien ausgebrochen. Wie die Aktivisten aus den Kreisen von Osama bin Laden stützen sich diejenigen, die in diese Gewalttaten verwickelt sind, auf die Religion als ihre politische Identität, sie dient zur Rechtfertigung ihrer rachedurstigen Ideologien.

In diesem Buch untersuche ich die finstere Allianz zwischen Religion und Gewalt. Ich beschäftige mich mit neueren Fällen von religiösem Terrorismus und will dabei die „Kulturen der Gewalt" verstehen, die solche Taten hervorbringen. Meine Interviews mit Tätern und ihren Anhängern haben mich dazu veranlasst, diese Taten als Formen von öffentlichen „Aufführungen" zu verstehen und weniger als Teil einer politischen Strategie. Es handelt sich um symbolische Erklärungen, die das Ziel verfolgen, verzweifelten Gemeinschaften ein Gefühl von Macht zu verleihen. Berauschend muss sie gewesen sein, die Illusion der Macht, die der Einsturz der Zwillingstürme des World Trade Centers den Drahtziehern hinter den Anschlägen beschert hat.

Die Religion spielt dabei eine maßgebliche Rolle, weil sie das Morden moralisch rechtfertigt. Sie bietet Bilder eines kosmischen Krieges, die den Aktivisten vorgaukeln, Bestandteil eines göttlichen Plans zu sein. Damit soll freilich weder behauptet werden, dass Religion Gewalt auslöst, noch, dass religiöse Gewalt nicht zuweilen auch anders gerechtfertigt werden könnte. Behauptet wird allerdings, dass die Religion ein Reservoir an Regeln und Symbolen bietet, das ein Blutvergießen ermöglicht – selbst katastrophale Terroranschläge.

Gewalttätige Vorstellungen und Bilder sind kein Monopol einer bestimmten Religion. Fast jede der großen religiösen Traditionen – Christentum, Judentum, Islam, Hinduismus, Sikhismus und Buddhismus – diente gewalttätigen Aktivisten als Quelle. Und vermutlich ist es irreführend, Osama bin Laden als muslimischen und Timothy McVeigh als christlichen Terroristen zu bezeichnen – als wären sie aufgrund ihrer islamischen oder pseudo-christlichen Herkunft gewalttätig. Die Tatsache aber, dass die Religion den Hintergrund für sie und viele andere Attentäter bietet, weist darauf hin, dass allen Religionen eine revolutionäre Dimension innewohnt. Sie sind in der Lage, die ideologische Quelle für eine alternative Sicht der öffentlichen Ordnung zu bieten.

Wenn dem aber schon immer so war, warum häufen sich gerade heute gewalttätige Angriffe auf die öffentliche Ordnung derart massiv? Eine Antwort darauf bietet das Phänomen der Globalisierung. Osama bin Laden, Aum Shinrikyo und christliche Bürgerwehrgruppen verwiesen explizit auf ihre Wahrnehmung einer internationalen politischen Verschwörung und einer als repressiv erlebten wirtschaftlichen „neuen Weltordnung".

Aktivisten wie bin Laden kann man als globalisierungsfeindliche Guerillakämpfer sehen. Aber selbst örtlich begrenzte Kämpfe ethnisch-nationalistischer Prägung, wie der Kaschmirkonflikt, entstehen zum Teil aus einem Vertrauensverlust gegenüber einer westlich orientierten Politik und deren Politikern. Die Ära der Globalisierung und der Postmoderne schafft einen Kontext, in dem Autoritäten unterlaufen werden und lokale Kräfte sich entladen. Damit will ich freilich nicht behaupten, dass allein die Globalisierung die Schuld an der religiösen Gewalt trägt. Aber vielleicht ist sie ein Grund für die Häufung religiöser Gewalt in den verschiedensten Regionen der heutigen Welt.

Die überarbeitete Ausgabe des Buchs gab mir die Gelegenheit, zu verdeutlichen, worum es mir geht. Auch konnte ich einige Aktualisierungen bezüglich neuerer Entwicklungen vornehmen. Obwohl der größte Teil meiner Arbeiten zu diesem Buch vor dem 11. September 2001 abgeschlossen war, stehen viele der beschriebenen Ereignisse in Verbindung zum al-Qaida-Netzwerk. Die Leser werden in meinen Ausführungen zum ersten Anschlag auf das World Trade Center viele Informationen finden, die zum Verständnis der Motivation und Organisation derer beitragen, denen 2001 die Zerstörung der Zwillingstürme schließlich gelang.

Wenngleich ich in diesem Buch versuche, aufzudecken, wie Osama bin Laden und andere die Religion für ihre finstere Sicht der Welt adaptiert haben, soll das Buch keine Verurteilung der Religion an sich darstellen. Vielmehr erkennt es den bleibenden Einfluss religiöser Vorstellungskraft im öffentlichen Leben der Gegenwart an. Ein Einfluss, den viele als heilsam empfinden, nicht als Ursache von Gewalt.

Vorwort (zur 1. Auflage) und Danksagung

Manchmal werde ich gefragt, warum ein so freundlicher Mensch wie ich sich mit religiös motiviertem Terrorismus beschäftigt. Meine intellektuellen Beweggründe werden dabei außen vor gelassen – als sei mein Interesse für die globalen Dimensionen von Religion und Gesellschaft nicht schon Grund genug. Persönlichere Gründe sind gefragt.

Zumeist erkläre ich, dass mich meine Auseinandersetzung mit Nationalismus und globalen Konflikten zu einer Beschäftigung mit Regionen in der Welt geführt haben, in denen gesellschaftliche Veränderungen nicht reibungslos vonstatten gingen und friedliche Lösungen der Gewalt gewichen sind. Als ich für eine Weile im indischen Staat Punjab lebte, einer Region, die von der sich aufschaukelnden Gewalt zwischen militanten Sikhs und der indischen Regierung regelrecht zerrissen wurde, konnte ich hautnah verfolgen, wie sich eine Gesellschaftsordnung auflöste. Mit diesen schrecklichen Bildern vor Augen wollte ich verstehen, wie es zum Zusammenbruch einer zivilen Ordnung kommen konnte, weswegen ich mich um eine allgemeinere Erklärung für das Verschmelzen von Religion und Gewalt bemühte, als dieses Beispiel es mir bot.

Eine andere Antwort fällt persönlicher aus. Ich selbst bin im religiösen Milieu des protestantischen Mittleren Westens der USA aufgewachsen, und ich kenne das Potential der Religion, dem Menschen als Möglichkeit zur Veränderung zu dienen. In meiner Erfahrung war diese Möglichkeit etwas Positives – ich verband sie mit Bildern persönlicher Ganzheit und gesellschaftlicher Erlösung –, und meistens war sie gewaltlos. Ich sage „meistens", weil ich mich an mein eigenes religiöses Engagement in der Bürgerrechts- und Friedensbewegung, das schon eine Generation zurückliegt, erinnere und weiß, dass zuweilen auch dort ein gefährlicher Kurs eingeschlagen wurde, der sich gelegentlich mit Blutvergießen verband. Ich kenne also eine gewisse Verbundenheit zu heutigen religiösen Aktivisten, die die Religion ernst nehmen, und frage mich, ob nicht eines ihrer Motive in einer religiösen Überzeugung liegt, die so ausgeprägt ist, dass sie dazu bereit sind, aus moralischen Gründen zu töten und ihr Leben zu lassen.

Mein eigener sozialer Aktivismus erreichte freilich nie solche Extreme, und ich kann mir auch keine Situation vorstellen, in der selbst die ehrenwertesten Motive das Töten anderer rechtfertigen würden. Deshalb habe ich nach Gründen gesucht, die über den bloßen Kampf für ein gerechtes Ziel hinaus die Beteiligung an religiösen Terrortaten legitimieren. Ich fragte mich, warum die religiösen Ansichten und das soziales Engagement der Aktivisten eine so tödliche Wendung genommen haben und warum sie glauben, ihre Taten, die zu Zerstörung und Tod führen und die oft genug brutal und tragisch ausgefallen sind, seien gerechtfertigt.

Auf meiner Suche nach Antworten sah ich mich nicht nur mit bestimmten Personen und Einzelfällen konfrontiert, sondern auch mit größeren gesellschaftlichen und politischen Veränderungen, die die heutige Welt prägen und den Hintergrund vieler gewalttätiger Auseinandersetzungen bilden. Damit setzt sich mein Buch *The New Cold War? Religious Nationalism Confronts the Secular State* auseinander, und in mancher Hinsicht ist die vorliegende Untersuchung demselben Interesse entsprungen, wenngleich ich mich hier mehr auf die Vorfälle als auf die Bewegungen konzentriere. Ich kehre also zu dem zurück, dem mein ursprüngliches intellektuelles Interesse an dem Thema des religiös motivierten Terrorismus galt: meinem Gefühl, dass eine Studie dieses bemerkenswerten Phänomens etwas über Religion, über öffentlich verübte Gewalt und über die Eigenschaften der heutigen globalen Gesellschaft aussagen kann.

Für Hilfe bei meinem Versuch, den Aufstieg religiöser Gewalt in letzter Zeit zu verstehen, möchte ich verschiedenen Kollegen danken. Die Fallstudien, die im Zentrum dieses Projekts stehen, wären ohne die Hilfe derer, die mir Einblicke gewährt und Kontakte vermittelt haben, nicht möglich gewesen. In Israel habe ich mich beim Thema jüdischer Aktivismus auf Ehud Sprinzak und Gideon Aran gestützt; Zaid Abu-Amr, Ariel Merari und Tahir Shreipeh gaben mir Einblicke in die Hamas-Bewegung; ich bekam Unterstützung vom Yitzhak Rabin Center for Israel Studies in Tel Aviv, der Carnegie Commission on Preventing Deadly Conflicts und dem Tantur Ecumenical Institute in Jerusalem im Hinblick auf Unterbringung und Reiseorganisation. Bei den Interviews im Gefängnis von Lompoc in Kalifornien unterstützten mich Rerry Roof, Gefängnisdirektor David Radin und sein Kollege Jack Atherton sowie der Kongressabgeordnete (und Kollege) Walter Capps. Für das Herstellen von Kontakten zur algerischen Kommunität in Paris danke ich François Godement und Michelle Zimney. Für die Hilfe bei meiner Auseinandersetzung mit christlichen Bürgerwehren und Abtreibungsgegnern in den USA danke ich Michael Barkun, Julie Ingersoll und Matt Miller. In Belfast bekam ich Unterstützung von Jim Gibney, dem Pressebüro der Sinn Féin sowie von Martin O'Toole. Beim Knüpfen von Kontakten zu Sikh-Aktivisten in Indien und den USA sowie für das Verständnis der Sikh-Politik gaben mir Cynthia Mahmood, Gurinder Singh Mann, Hew McLeod, Harish Puri und mehrere Kollegen, die Sikhs sind und ungenannt bleiben wollen, wertvolle Anregungen. In Jummu und Kaschmir war ich dankbar für die Unterstützung von Pramod Kumar und dem Institute for Development and Communication. In Japan halfen mir Koichi Mori, Ian Reader und Susumu Shimazono, Kontakte zu Aum Shinrikyo herzustellen und die Bewegung zu verstehen.

Die Kapitel zu bestimmten Fallstudien wurden von Sprinzak, Aran, Barkun, Ingersoll, Miller, Mahmood, Mann, McLeod, Puri, Reader, Shimazono, „Takeshi Nakamura" (Pseudonym), Mahmud Abouhalima und Michael Bray gegengelesen. Außerdem wurden

Teile früherer Versionen und andere Essays zum Thema von Karen McCarthy Brown, Jack Hawley, Roger Friedland und Robin Wright kritisch durchgesehen; das gesamte Manuskript haben William Brinner, Martha Crenshaw, Ainslie Embree, Bruce Lawrence und Richard Hecht gelesen.

Viel gelernt habe ich aber auch von dem Kreis der Wissenschaftler, die sich mit Terrorismus beschäftigen, darunter Crenshaw, Sprinzak, Bruce Hoffman, Ariel Merari, Jerrold Post, David Rapoport, Paul Wilkinson und die freundlichen Mitarbeiter des Centre for the Study of Terrorism and Political Violence an der Universität von St. Andrews, Schottland, das ich 1997 besucht habe. Rapoport hat als Erster das Bibelzitat benutzt, das vorliegendem Buch als Motto dient. In Santa Barbara habe ich Unterstützung von meinen Kollegen Friedland, Hecht, Richard Appelbaum, Marguerite Bouraad-Nash, Juan Campo, Benjamin J. Cohen, Don Gevirtz, Giles Gunn, Barbara Holdrege, Wade Clark Roof, Ninian Smart, Alan Wallace, David White und den Mitarbeitern der Global and International Studies genossen.

Ich danke meinen Studenten, die mich veranlasst haben, meine Thesen klar und deutlich zu formulieren. Meine besondere Wertschätzung gilt den Studenten meiner Graduiertenseminare zum Thema religiös motivierte Gewalt an der Graduate Theological Union in Berkeley, meinen Studenten in den Kursen über Terrorismus und globale Konflikte an der University of California, Santa Barabara, den vielen wissenschaftlichen Hilfskräften, die mir über die Jahre geholfen haben, begonnen mit denen aus Berkeley, deren berufliche Erfolge ich über die Jahre verfolgen durfte. Für dieses Buch hat mir Greg Kelly in Honolulu geholfen und Joe Bandy, Amaury Cooper, Christian Garfield, Robert Gedeon, Omar Kutty, Shawn Landres, John Nemec, Brian Roney, Amory Starr und Justin Pawl in Santa Barbara. Ganz besonders dankbar bin ich für die Sorgfalt und Hartnäckigkeit mehrerer ehemaliger Studenten, die bei einigen Fallstudien eng mit mir zusammengearbeitet haben, die mit meinen Ideen gekämpft und deutliche Spuren auf diesen

Seiten hinterlassen haben. Antony Charles hat geholfen, Süd- und Südostasien in den Blick zu rücken, Darrin McMahon verzweifelte an meinem Verständnis von Europa und der Aufklärung und brachte mich in diesem Punkt weiter, und Aaron Santell half mir, Japan und den Nahen Osten zu verstehen.

Meine Forschungen wurden von einem Stipendium des American Council of Learned Societies und der Fakultät für Sozialwissenschaften der University of California, Santa Barbara, unterstützt, mit dem freundlichen Einsatz des Dekans Donald Zimmerman. Ich danke auch für ihre Geduld und ihre Beiträge den Zuhörern mehrerer Vorlesungen, in denen Teile des Manuskripts vorgetragen wurden, darunter die K. Brooke Anderson Lecture an der Brown University und die Eugene and Mary Ely Lyman Lectures am Sweet Briar College, sowie meine Vorträge am Delta College, am Haverford College, an der University of California in San Diego, dem Tantur Ecumenical Institute in Jerusalem, dem Yitzhak Rabin Center for Israel Studies in Tel Aviv, der George Washington University, dem EPIIC International Seminar der Fletcher School of Law and Diplomacy, dem Watson Institute for International Studies an der Brown University, dem Center for American Religion an der Princeton University und den Fakultätsseminaren der Abteilungen für Soziologie und Kommunikation an der University of California, Santa Barbara. Teile der einzelnen Kapitel wurden als Artikel veröffentlicht in: Mark Juergensmeyer (Hg.), *Violence and the Sacred in the Modern World*; David Rapoport (Hg.), *Inside Terrorist Organizations; Journal of Terrorism and Political Violence; Fletcher Forum; Annals of the American Academy of Political and Social Science.* Teile meines Artikels „Religion and Violence", der ohne Namensnennung im *Harper Dictionary of Religion* erschienen ist, habe ich an verschiedenen Stellen in diesem Buch verwendet.

Bei der Veröffentlichung standen mir die sehr fähigen Mitarbeiter der Publications Services der University of California Press zur Seite. Besonderer Dank gilt Doug Abrams Arava dafür, dass er mir bei der Erstellung des Manuskripts geholfen hat, Reed Malcolm, der mich bei der Veröffentlichung unterstützt hat, und James Clark für seine unermüdlichen Bemühungen. Doug und Reed tragen seit Jahren dazu bei, dass das hohe Niveau der Reihe Comparative Studies in Religion and Society des Verlags gehalten werden, und ich fühle mich geehrt, dass dieses Buch in der Reihe erscheint. Eine andere Art von hohem Niveau gibt mir meine Kollegin und Ehefrau Sucheng Chan vor, die nur das Allerbeste akzeptiert und deren eigener Stil von vorbildhafter Eleganz und begrifflicher Klarheit ist.

Ich spreche meinen Dank auch den Aktivisten aus, die ich interviewt und am Ende des Buches aufgelistet habe. Ich weiß, dass viele von ihnen, besonders die, die Gewalt aus persönlichen und angeblich moralischen Gründen unterstützt haben, der Meinung sind, dass ihre Ansichten von mir nicht ganz verstanden oder nicht klar genug erklärt wurden. Vielleicht haben sie Recht. Der Versuch, zu verstehen, ist eben nur genau das: ein Versuch, in die Welt anderer Menschen einzutreten und die moralische und strategische Logik ihrer Entscheidungen nachzuvollziehen. Der Versuch ist immer, vielleicht notwendig, unvollkommen, weil ich nicht ihr Leben führe und mit ihren Entscheidungen nicht einverstanden bin. Ich hoffe aber, dass diejenigen, um die es hier geht, mir zustimmen werden – nicht nur um ihretwillen, sondern auch um einer friedlicheren Welt willen, in der Verständnis Wut und Hass ersetzen –, dass ich es wenigstens versucht habe.

Für manche aber kommt jeglicher Beitrag dieser und anderer Bemühungen zum Verständnis und zur Eindämmung von Gewalt zu spät. Ich meine diejenigen, die Opfer von Terroranschlägen geworden sind. Während ich an der ersten Ausgabe des Buchs arbeitete, wurde ich von den Bildern des Bombenattentats auf die amerikanische Botschaft in Kenia unterbrochen, auf denen Glasscherben von einem Bürogebäude neben der Botschaft auf unschuldige Kenianer unten auf der Straße herunterregneten. Während ich an der zweiten Auflage saß, waren es die Bilder unschuldiger Menschen, die im World Trade Center gefangen waren, und entstellte Körper junger Nachtschwärmer in den zerbombten Diskotheken in Bali und Tel

Aviv, die sich mir einprägten. Niemand, der diese tragischen Szenen, die in alle Welt übertragen wurden, beobachtet hat, konnte von der zerstörerischen Kraft der Terroranschläge unberührt bleiben. Ich widme dieses Buch all diesen Menschen und den vielen anderen Opfern der religiösen Gewalt der vergangenen Jahre. Ihr Opfer wird nicht in Vergessenheit geraten. Ich bin davon überzeugt, dass dieselbe Religion, die solche Zerstörungstaten motiviert hat, auch eine Kraft der Heilung, der Erneuerung und der Hoffnung in sich birgt.

Kulturen der Gewalt

1 Terror und Gott

Als sich im Dezember 2001 ein Selbstmordattentäter der Hamas im Jerusalemer Einkaufszentrum Ben Yehuda mit Plastiksprengstoff in die Luft sprengte, traf diese Explosion nicht allein Menschen und Gebäude – auch das Vertrauen vieler Menschen wurde durch sie erschüttert. Es handelte sich nicht um den ersten Anschlag an diesem Ort, und wieder einmal war im Hintergrund des Fernsehbilds der gelbe Doppelbogen von McDonald's zu erkennen. So deplatziert er inmitten des Blutbads wirkte – für viele, die die Bilder in den Medien sahen, wurde durch seine Anwesenheit dieses Attentat ein Anschlag auch auf das eigene alltägliche Leben. Das Erscheinen des Firmen-Logos ließ Angst und Schrecken der Opfer gewissermaßen hautnah spüren, denn jeder, der einmal ein McDonald's-Restaurant betreten hat – also praktisch jeder in der entwickelten Welt – hätte betroffen sein können. So gesehen war die Explosion mehr als ein Anschlag auf Israel, sie richtete sich auch gegen unser aller Normalität.

Ohne Zweifel ließen die Fernsehbilder vom 11. September 2001 den Amerikanern ihre verlorene Unschuld als Opfer von Terrorakten in einem außergewöhnlichen Ausmaß bewusst werden; aber schon zuvor waren sie das Ziel regelrechter Anschlagsserien von Terroristen: Zu nennen sind die ethnisch motivierten Schießereien in Kalifornien und Illinois 1999, der Anschlag auf die amerikanischen Botschaften in Afrika 1998, daneben die Attentate auf Abtreibungskliniken in Alabama und Georgia 1997, die Bombe bei den Olympischen Spielen in Atlanta oder die Zerstörung einer Wohnsiedlung des US-Militärs in Dhahran in Saudi-Arabien 1996, der tragische Bombenanschlag auf das Regierungsgebäude in Oklahoma City 1995 und – gleichsam als gespenstische Vorwegnahme des Terrors, der knapp acht Jahre später dort herrschen sollte – der erste Anschlag auf das World Trade Center 1993. Diese und viele andere Gewalttaten aus den Reihen religiöser Extremisten, etwa der christlichen Bürgerwehren, der Christian-Identity-Bewegung und christlicher Abtreibungsgegner, haben Amerika in dieselbe unangenehme Lage gebracht, in der sich viele andere Länder schon seit längerem befinden. Zunehmend gehört die Konfrontation mit religiöser Gewalt zur täglichen Routine der Weltgemeinschaft.

Frankreich musste sich mit Bombenanschlägen algerischer Islamisten auf die Pariser Metro auseinandersetzen, Großbritannien mit Anschlägen von Seiten irisch-katholischer Nationalisten, Japan mit dem von einer hinduistisch-buddhistischen Sekte freigesetzten Nervengas in der Tokioter U-Bahn. In Indien waren die Menschen Autobomben ausgesetzt, die von Sikhs oder von Separatisten aus Kaschmir herrührten. In Sri Lanka wurden ganze Stadtteile Colombos von tamilischen und singhalesischen Kämpfern zerstört. Die Ägypter müssen mit militant-islamistischen Anschlägen auf Kaffeehäuser und Binnenschiffe leben, die Indonesier waren damit konfrontiert, wie Aktivisten des al-Qaida-Netzwerks Anschläge auf Diskotheken in Bali verübten. Ganze Dörfer haben die Algerier bei Attacken von mutmaßlichen Anhängern der Islamischen Heilsfront verloren, und die Israelis und Palästinenser sehen sich täglich den tödlichen Aktionen von jüdischen und muslimischen Extremisten ausgesetzt. Für viele im Nahen Osten ist der Terror inzwischen Teil des Alltags geworden.

Alle diese Vorfälle, die noch nicht lange zurückliegen, besitzen zwei auffallende Gemeinsamkeiten: Voller Gewalt und Brutalität zielen sie auf einen kalkulierten Schockeffekt. Und sie sind religiös motiviert.

Die Bedeutung des religiösen Terrorismus

Die Brutalität religiöser Gewalt wurde mir 1998 während eines Aufenthalts in Nordirland schlagartig bewusst, als eine Autobombe in einer Gegend von Belfast explodierte, in der ich mich am Vortag selbst befunden hatte. Am nächsten Tag wurden Brandbomben in mehrere Pubs und Geschäfte geworfen, angeblich aus Protest gegen das brüchige Friedensabkommen, das im Frühjahr desselben Jahres unterzeichnet worden war. Ähnliches hatte ich schon einmal in Israel erlebt. Ein Selbstmordattentäter der Hamas, des militanten Flügels dieser politischen Bewegung muslimischer Palästinenser, sprengte wahrscheinlich denselben Bus in die Luft, mit dem ich tags zuvor zur Hebräischen Universität gefahren war. Die Bilder der verstümmelten Leichen auf der Straße in Jerusalem und des zerbombten Pubs in Belfast haben meine Sicht auf die Welt unmittelbar beeinflusst.

Wie vermutlich alle, die mit den Bildern von Terroranschlägen konfrontiert werden, dachte ich damals: An einem anderen Tag, zu einer anderen Stunde und vielleicht in einem anderen Bus wäre ich eine dieser zerfetzten Leichen gewesen. Und doch war es nicht etwa das Gefühl, noch einmal davongekommen zu sein, das in mir überwog, als ich die Nachrichten von den Anschlägen in Jerusalem und Belfast hörte; in mir entstand vielmehr die Empfindung eines Verrats an grundlegenden Werten wie der persönlichen Sicherheit und der öffentlichen Ordnung. Solange es Terrorismus gibt, sind diese Werte nicht garantiert.

Terror soll Schrecken verbreiten. Das Wort entstammt dem lateinischen Verb *terrere*, „Zittern verursachen", und kam in seinem heutigen politischen Sinn – als Anschlag auf die zivile Ordnung – am Ende des 18. Jahrhunderts während der Schreckensherrschaft der Französischen Revolution in Umlauf. Die öffentliche Reaktion auf Gewalt – das Zittern, das der Terror verursacht – ist integraler Teil der Wortbedeutung. Deshalb ist es auch legitim, dass nicht die Verursacher, sondern wir, die Zeugen und Betroffenen des Terrors, darangehen, Terror zu definieren. Wir selbst oder – wie in den meisten Fällen – unsere öffentlichen Vertreter, die Medien, klassifizieren bestimmte Gewalttaten als Terrorakte. Terror, das ist die öffentlich ausgeführte, Angst verbreitende Gewalt, ohne dass klar ersichtliche militärische Ziele vorliegen.

Die durch den Terror hervorgerufene Angst kann dann in Wut umschlagen, wenn die andere Eigenschaft der Gewaltakte hervortritt: ihre religiöse Rechtfertigung. Als Aufgabe der Religion wird gemeinhin verstanden, Ruhe und Frieden zu verbreiten, keinesfalls aber Terror. Und doch besitzt gerade die Religion in vielen Fällen für die Attentäter nicht allein die Funktion einer im Hintergrund befindlichen Ideologie, sondern sie liefert auch die konkreten Beweggründe und den organisatorischen Hintergrund. Natürlich existieren auch Fälle von staatlich verordnetem Terror – „Staatsterrorismus" –, mit dem Ziel, die eigene Bevölkerung zu unterdrücken. Man denke an die Pogrome Stalins, an die Todesschwadronen der Regierung von El Salvador, den Völkermord der Roten Khmer in Kambodscha, an die ethnischen Säuberungen in Bosnien und im Kosovo und an die vom Staat geschürte Gewalt unter den Hutus und Tutsis in Zentralafrika. Die USA sind wegen der in Vietnam begangenen Scheußlichkeiten zu Recht des Terrorismus beschuldigt worden, und auch die Atombomben von Hiroshima und Nagasaki können als Terroranschläge bezeichnet werden.

Viel häufiger wird das Wort „Terrorismus" allerdings im Zusammenhang mit Gewaltakten verwendet, die von Randgruppen in ihrem verzweifelten Ringen um etwas Einfluss und Macht ausgehen. Diese Gruppen verfügen zwar nicht über eine Tötungsmaschinerie wie die Regierungen mit ihrem Militärapparat, aber ihre Mitgliederzahlen, ihre fanatische Hingabe und ihre Unberechenbarkeit geben ihnen Einflussmöglichkeiten, die in keinem Verhältnis zu ihrer vergleichsweise bescheidenen militärischen Ausstattung stehen. Nicht alle diese Gruppen sind religiöser Natur, manche vertreten linksgerichtete politische Ideologien, zum Beispiel die Rebellen-Organisationen „Leuchtender Pfad" und „Tupac Amaru" in Peru wie auch

die „Rote Armee" in Japan. Andere Gruppen streben allein nach
ethnischer oder regionaler Unabhängigkeit, so die baskische Terror-
organisation ETA in Spanien oder die kurdischen Nationalisten im
Nahen Osten.

Häufiger sind gewalttätige Gruppen in ihrem Handeln jedoch
religiös motiviert, wobei manchmal politische, nationalistische
oder ethnische Ziele hinzutreten. Die Statistik bestätigt, dass die religiös motivierte Gewalt in den letzten Jahrzehnten weltweit zugenommen hat. Verzeichnet die Liste internationaler terroristischer
Vereinigungen des US-Außenministeriums von 1980 noch so gut
wie keine religiösen Organisationen, besitzt zwanzig Jahre später
schon die Hälfte der aufgeführten Gruppen einen religiösen Hintergrund.[1] Es handelt sich um jüdische, muslimische und buddhistische Organisationen, und zählt man die vielen christlichen Bürgerwehren und anderen paramilitärischen Organisationen in den USA
hinzu, liegt der Anteil religiöser Terrorgruppen noch viel höher.
Die RAND-St.-Andrews-Chronologie des internationalen Terrorismus zeigt, dass in den späten 1990er Jahren die Zahl der religiösen
Gruppen von 16 unter insgesamt 49 registrierten Terrororganisationen innerhalb eines Jahres auf 26 unter 56 stieg.[2] Deshalb bezeichnen US-Politiker religiös und ethnisch motivierten Terrorismus gelegentlich als „das wichtigste Sicherheitsrisiko, mit dem wir es nach
dem Kalten Krieg zu tun haben".[3]

In diesem Buch will ich mich mit der merkwürdigen Anziehungskraft zwischen Religion und Gewalt beschäftigen. Auch
wenn einige Beobachter das neuerliche Zusammenwirken von Religion und Gewalt allein als das Produkt geistiger Verirrungen, als politische Ideologie oder als mutierte Form von Religion – als Fundamentalismus – darstellen, vertrete ich eine andere Ansicht. Mir geht
es darum, unsere heutige geopolitische Weltsituation aus der Perspektive einer Form der Gewalt zu betrachten, die in den Tiefen religiöser Phantasie verankert ist.

In der Geschichte der Religionen war Gewalt immer präsent –
von den biblischen Kriegen bis hin zu den Kreuzzügen und zu gro-

ßen Martyrien, sichtbar in manch einer düsteren, rätselhaften religiösen Symbolik. Bilder des Todes standen schon immer im Zentrum der religiösen Phantasie. Große Religionsforscher wie Émile Durkheim, Marcel Mauss und Sigmund Freud haben die beunruhigende Frage nach dem Warum verfolgt. Fast scheint es, als brauche die Religion Gewalt – und anscheinend braucht Gewalt auch die Religion. Warum? Weshalb sind so viele Gläubige so fest von ihrem göttlichen Zerstörungsauftrag überzeugt?

Fragen, deren Beantwortung in den letzten Jahren immer wichtiger geworden ist, denn zunehmend taucht religiöse Gewalt in Form von kalkuliertem Terror riesigen Ausmaßes auf, häufig unter Berufung auf Präzedenzfälle aus der Religionsgeschichte. Und doch ist das Zusammenspiel der Kräfte, die bei Akten religiöser Gewalt zutage treten, zu jedem historischen Zeitpunkt einmalig. Deswegen möchte ich mich auf Fallstudien religiöser Gewalt konzentrieren, sowohl im jeweiligen kulturellen Kontext wie auch mit Blick auf globale, gesellschaftliche und politische Veränderungen unserer Zeit.

Es geht um religiösen Terrorismus, um eine in der Öffentlichkeit verübte Gewalt, die ihre Motivation, Rechtfertigung, Organisation und Ideologie aus der Religion bezieht. Ich will versuchen, die Mentalität der Attentäter und ihrer Anhänger nachzuzeichnen. Ziel ist es, zu verstehen, warum solche Taten im Zusammenhang mit Religion stehen und warum sie gerade in der heutigen Zeit zugenommen haben. Jenseits jeglichen Verständnisses für Terroristen möchte ich deren Weltsicht so gut es eben geht nachvollziehen, möchte ich begreifen, wie sie und ihre Anhänger ihre Taten moralisch rechtfertigen. Es handelt sich ja nicht um Kriminelle, die eben einmal irgendwelche Verbrechen begehen, sondern um Personen, die gewalttätig werden, obwohl sie eigentlich fromme Menschen mit hohem moralischem Anspruch sind. Angesichts der hochtrabenden Rhetorik, mit der sie häufig ihre Ziele formulieren, ist es um so tragischer, dass diese Ziele durch Taten erreicht werden sollen, die Leid und Unordnung in das Leben vieler Menschen bringen, nicht nur in das der eigentlichen Opfer, sondern auch in das von weit entfernten Zeugen.

Weil es mir um die kulturellen Kontexte des Terrors geht, konzentriere ich mich mehr auf die Ideologien und Gruppen, von denen der Terror ausgeht, als auf die ausführenden „Terroristen" selbst. Der Begriff „Terrorist" ist meines Erachtens unpräzise. Zunächst differenziert er nicht zwischen den wirklichen Attentätern und ihren vielen direkten und indirekten Helfern und Anhängern: Sind sie alle Terroristen oder nur einige von ihnen? Wo ziehen wir die Grenze? – Daneben suggeriert die Bezeichnung, es gäbe einzelne Personen – „Terroristen" –, die sich der Gewalt verpflichtet hätten, wobei sie manchmal in der Religion oder in anderen Ideologien ihre Legitimation suchten. Diese Logik führt zu dem Schluss: Der Terrorismus existiert nur, weil es Terroristen gibt; gelänge es uns, die Terroristen zu stoppen, so lebten wir in einer besseren Welt.

So bestechend dieser Schluss auch sein mag, er lässt außer Acht, wie fließend die Grenze zwischen „Terroristen" und ihren „nichtterroristischen" Anhängern tatsächlich ist. Den „Terroristen" gibt es eigentlich erst dann, wenn jemand beschließt, einen Terroranschlag zu verüben. In jeder Gesellschaft existieren Kranke und Psychopathen, die von einer sadistischen Lust am Töten getrieben sind; in den seltensten Fällen sind sie aber an jenen öffentlichen Großereignissen beteiligt, die wir als Terrorismus bezeichnen. Psychologische Studien zum Terrorismus beschränken sich kaum auf die Persönlichkeitsstruktur der Täter, sie sind eher sozialpsychologisch ausgerichtet und fragen danach, wie Menschen auf bestimmte Gruppensituationen reagieren, durch welche Gewalttaten in der Öffentlichkeit ermöglicht werden.[4] Mir ist keine Studie bekannt, deren Ergebnis lautete, dass man mit einer terroristischen Veranlagung geboren wird. Natürlich gibt es in der religiösen Szene auch Terroristen, die psychische Probleme haben, andere aber scheinen gesund und gesellschaftlich gut integriert zu sein, wenden sich aber trotzdem Randgruppen und extremen Weltanschauungen zu.

Ein typisches Beispiel ist Baruch Goldstein, der am Grab der Patriarchen in Hebron über dreißig betende Muslime umgebracht hat. Aufgewachsen in der Mittelschicht von Brooklyn, studierte der spätere Arzt am Albert Einstein College of Medicine in der Bronx. Er war Anhänger eines extremen Zionismus und ging schließlich in die Siedlung Kiryat Arba nach Israel, wo er sich jahrelang politisch engagierte, unter anderem als Wahlkampfleiter für Rabbi Meir Kahane bei den israelischen Parlamentswahlen. Nie zeigte er irrationales oder aggressives Verhalten, und vor dem Anschlag fiel er lediglich durch einen Brief an den Herausgeber der *New York Times* auf.[5] Niemand kann sagen, ob Goldstein eine tief sitzende Persönlichkeitsstörung hatte, die irgendwann einmal zu Durchbruch kam und ihn zum Terroristen machte. Im Gegenteil, alle Anzeichen sprechen dafür, dass er, wie seine Gegenspieler bei der Hamas, ein anständiger Mensch war, der von dem intensiven Gefühl der Verpflichtung gegenüber einer religiösen Vision übermannt wurde, die viele Mitglieder seiner Gemeinde teilten. Die Überzeugung, dass die Grundpfeiler seiner Anschauung und seiner Gemeinde angegriffen würden, ließ ihn schließlich voller Verzweiflung die tragische Tat begehen. Sicherlich war er immer schon sehr zielstrebig und intolerant gewesen, einer, der von seiner Religion geradezu besessen war; behauptete man aber, er sei bereits vor dem Anschlag ein Terrorist gewesen, hieße das, dass er eine terroristische Veranlagung besaß, für deren Ausbruch seine Religiosität letztlich nur ein Vorwand war. Nichts weist darauf hin.

Deshalb bin ich vorsichtig mit dem Begriff „Terrorist" und verwende ihn ähnlich wie das Wort „Mörder", das sich nur auf Personen bezieht, die der Ausführung oder Planung eines Verbrechens für schuldig befunden worden sind. Die Problematik des Begriffs „Terrorist" rührt auch daher, dass sowohl die Justiz wie die Medien und schließlich jeder Mensch die Entscheidung darüber beanspruchen, was „Terrorismus" eigentlich ist. In der Formulierung „Des einen Terrorist ist des anderen Freiheitskämpfer" liegt viel Wahres. Die Bezeichnung „Terrorismus" ist zugleich eine deskriptive Aussage *und* ein subjektives Urteil darüber, ob man bestimmte Gewalttaten für legitim hält oder nicht.

Bei meinen Interviews mit militanten religiösen Aktivisten und ihren Anhängern tauchte das Wort „Terrorismus" kaum auf. Einige waren der Ansicht, ihre Gruppen seien eher militant als terroristisch. Ein lutherischer Pastor, der wegen Bombenanschlägen auf Abtreibungskliniken verurteilt worden war, sagte mir, er sei kein Terrorist, da er Gewalt an sich nicht schätze. Er verwende Gewalt nur mit einem klaren Ziel, „zur Verteidigung der Ungeborenen".[6] Die Aktivisten auf beiden Seiten des Nordirlandkonfliktes bezeichnen sich als „Paramilitärs". Ein führendes Mitglied der separatistischen Sikh-Bewegung in Indien sagte mir, er bevorzuge das Wort „militant", denn der Begriff „Terrorist" habe nur das Wort „Hexe" ersetzt und diene als Vorwand für willkürliche staatliche Verfolgungen.[7] Ein Mann, der mit al-Qaida in Verbindung steht, war grundsätzlich derselben Ansicht und sagte, das Wort „Terrorist" sei so „unsauber", dass es im Einzelfall immer noch erklärt werden müsse.[8] Diese Meinung teilte auch der politische Kopf der Hamas, den ich in Gaza getroffen habe. Er nannte die Selbstmordanschläge der Hamas „Operationen".[9] Wie viele andere Aktivisten verglich er seine Gruppe mit einer Armee, die Verteidigungsmanöver plant und dabei notwendigerweise Gewalt einsetzt. Die Wörter „Terrorist" oder „Terrorismus" kamen bei ihm nicht vor.

Es geht hier aber nicht nur um Wortbedeutungen. Ob man von „Terrorismus" spricht, hängt davon ab, ob man bestimmte Gewalttaten für legitim hält oder nicht. Auf welche Weise man das Wort benutzt, ist also eine Frage der Perspektive: Fasst man die Welt als im Grunde friedlich auf, dann gelten Gewalttaten als Terrorismus, erkennt man sie dagegen als in einem Kriegszustand befindlich, können Gewalttaten legitim erscheinen. Sie dienen dann als Präventivschläge, als Verteidigungstaktik in einem langwierigen Kampf oder als Symbole, die der Welt zeigen sollen, in welch einem konfliktbeladenen Zustand sie sich befindet.

Religiöser Wortschatz wird uns in diesem Buch vor allem dann begegnen, wenn Aktivisten solche angeblichen Konfliktzustände beschreiben. Welche Rolle fällt dabei der Religion zu? Unterscheiden sich die Gewalttaten der Hamas von denen weltlicher Bewegungen, etwa der Kurden? Unterscheidet sich der religiös motivierte Terrorismus von anderen Arten des Terrorismus?

Dieses Buch will zeigen, dass es tatsächlich Unterschiede gibt, wenigstens in einigen Fällen. Nur zu offensichtlich sind der überweltliche Moralismus, mit dem religiös motivierte Gewalt gerechtfertigt wird, und die rituelle Intensität ihrer Ausführung Eigenschaften des religiösen Terrorismus. Andere Unterschiede zu weltlicher Gewalt liegen tief in der Religion verwurzelt. Religiöse Bilder von Kampf und Verwandlung sowie Konzepte von kosmischen Kriegen werden auf weltliche soziale Konflikte bezogen. Wenn Menschen glauben, solch kosmische Kämpfe spielten sich in unserer Gesellschaft ab, kann das ein Motiv für Gewalt sein.

Daraus ergibt sich folgende Frage: Wenn Religion Gewalt rechtfertigt, wird sie dann allein für politische Ziele missbraucht? Die Frage ist komplexer, als man zunächst denkt; mancherorts übernimmt die Religion neuerdings die Rolle einer die öffentliche Ordnung fundierenden Ideologie, religiöse und politische Ideologien verschmelzen – das gilt besonders im Fall des religiösen Nationalismus. Meine Untersuchungen wollen zeigen, dass die Religion mitverantwortlich ist für den Terror. Jedoch führt Religiosität nicht per se zu Gewalt. Dies geschieht nur unter bestimmten politischen, sozialen oder ideologischen Umständen, dann nämlich, wenn Religiosität mit gewalttätigen Ausdrucksformen gesellschaftlichen Ehrgeizes, persönlichem Stolz und politischen Umsturzbewegungen zusammentrifft.

Deshalb muss die Frage, warum es gerade heute so viel religiös motivierten Terrorismus gibt, in einem Kontext gesehen werden. Mit „Kontext" meine ich die historischen und sozialen Gegebenheiten sowie die Weltanschauungen, aus denen Gewalt hervorgeht. Wenn wir das verstehen wollen, müssen wir die Denkweisen und Ideologien untersuchen, und zwar sowohl diejenigen der gewalttätigen religiösen Aktivisten als auch diejenigen der Gruppen, die sie unterstützen.

Kulturen der Gewalt – eine Innenansicht

Terrorismus ist selten das Werk von Einzeltätern. Baruch Goldstein betrat das Grab der Patriarchen mit einem Maschinengewehr und mit dem Wissen um das stille Einverständnis vieler jüdischer Siedler aus der nahegelegenen Gemeinschaft von Kiryat Arba. Die fünf Wissenschaftler der Aum-Shinrikyo-Sekte nahmen die Tokioter U-Bahnen Richtung Kasumigaseki und setzten das tödliche Saringas frei, wie ihnen von der Führung ihrer Organisation aufgetragen worden war. Der Geistliche Paul Hill erschoss auf offener Straße in Pensacola, Florida, den Arzt John Britton und dessen Leibwächter. Überall in den USA applaudierten militante christliche Abtreibungsgegner. Mohammed Atta und andere al-Qaida-Mitglieder bestiegen Passagierflugzeuge nach Boston und New York und lenkten diese wenig später in die Türme des World Trade Center. Sie waren Teil eines gut koordinierten Plans, an dem Dutzende von Mitverschwörern und Tausende von Sympathisanten aus den USA, Europa, Afghanistan, Saudi-Arabien und anderen Ländern der Welt mitwirkten.

Erfolgreiche Terroranschläge benötigen Unterstützung durch eine soziale Struktur. Außerdem gehört ein ordentliches Maß moralischer Anmaßung dazu, Zerstörungstaten solchen Ausmaßes zu rechtfertigen und brutale Anschläge auf das Leben anderer, die man kaum kennt und gegen die man persönlich nichts hat, gutzuheißen. Schließlich sind auch eine immense innere Überzeugung, die Anerkennung von anderen und die Zustimmung einer legitimierenden Ideologie oder einer Autorität, die man respektiert, vonnöten. Weil moralischer, ideologischer und organisatorischer Rückhalt für solche Taten nötig ist, werden sie meist kollektiv von einer Gemeinschaft beschlossen, so auch der Nervengasanschlag in Tokio und die detailliert geplanten Bombenanschläge der Hamas.

Oft werden Einzeltäter verantwortlich gemacht, aber wie sich zeigt, existieren im Hintergrund meist ein unterstützendes Netzwerk und eine rechtfertigende Ideologie. Hinter Yigal Amir, dem Mörder von Yitzhak Rabin, stand die große Bewegung des messianischen Zionismus, die weit über Israel hinausreicht. Hinter Timothy McVeigh und Buford Furrow, dem mutmaßlichen Urheber eines Anschlags auf eine jüdischen Kindertagesstätte, stand eine Subkultur militanter christlicher Gruppen, die überall in den USA zu finden ist. Der „Unabomber" Theodore Kaczynski, der Briefbomben an Universitäten schickte, war Teil der aktiven politischen Studentenbewegung der späten 1970er Jahre, aus der heraus er das Gefühl entwickelte, dass sich „schreckliche Dinge" abspielten.[10] Der Anschlag auf das World Trade Center von 1993 wurde zunächst einer kleinen Gruppe zugeschrieben, die mit einem blinden ägyptischen Scheich in Verbindung gebracht wurde; erst später stellte sich heraus, dass diese in Zusammenhang mit dem weltweiten al-Qaida-Netzwerk um Osama bin Laden stand. Gemeinsam ist diesen Fällen, dass sich die ausführenden Aktivisten nicht nur einer breiten Unterstützung sicher waren, sondern dass sie auch überzeugt waren, die Welt sei an sich gewalttätig und befinde sich im Zustand eines großen Krieges; deshalb maßen sie ihren gewalttätigen Aktionen eine moralische Bedeutung bei.

Zu den typischen Eigenschaften dieser „Kulturen der Gewalt" zählt die Auffassung der Täter, dass sie angegriffen würden und dass ihre Taten lediglich Antworten auf erfahrene Gewalt seien – ein Gefühl, das manchmal von Personen, die außerhalb solcher Bewegungen stehen, gut nachvollzogen werden kann. Dass sich zum Beispiel die palästinensischen Muslime unterdrückt fühlen, halten viele auf der Welt für eine zwar bedauerliche, aber dennoch verständliche Reaktion auf deren politische Situation. In anderen Fällen, etwa bei den christlichen Bürgerwehren in den USA oder der japanischen Aum-Shinrikyo-Sekte, mögen die meisten gewisse paranoide Hirngespinste erkennen, wenn sie von deren Angst vor schwarzen Helikoptern hören, die nachts über ihren Häusern kreisen, oder davon, dass die Regierungen verschiedener Länder sich zusammengerottet hätten, um sie zu unterdrücken und dem Individuum seine Freiheit zu stehlen. Schließlich gibt es Fälle, an denen sich die Geister scheiden – zum Beispiel wenn es um die militanten Sikhs in Indien, um jüdische Siedler auf der West Bank, muslimische Politiker in Algerien, katholische und protestantische Aktivisten in Nordirland und Abtreibungsgegner in den USA geht. Außenstehende zeigen hier Verständnis oft entweder für die eine oder für die andere Seite. Bei Terroranschlägen wie denen von al-Qaida und Osama bin Laden überhöht sich die Wut der Täter über bestimmte politische Missstände in eine schier überbordende religiöse Verteufelung der eigenen Feinde.

Solche Gemeinschaften empfinden ein Gefühl der Unterdrückung, ganz gleich, ob Außenstehende das nun für legitim erachten oder nicht. All diesen „Kulturen der Gewalt", die überall auf der Welt florieren, liegt eine gemeinsame Weltanschauung zugrunde, seien es jüdische Nationalisten von Kiryat Arba bis Brooklyn in ihrem täglichen Verteidigungskampf für die jüdische Nation, seien es Bergdörfer in Montana und Idaho, deren Bewohner glauben, eine riesige Verschwörung der Regierung sei im Gange, um ihnen ihre religiösen und individuellen Freiheiten zu rauben, oder seien es fromme muslimische Gemeinschaften auf der ganzen Welt, die meinen, der Islam stehe im Krieg mit der modernen Weltlichkeit heutiger Gesellschaften. Manchmal sind diese Kulturen erstaunlich klein: Die von der Hamas vertretene Kultur der Gewalt schließt nicht alle Palästinenser ein, auch nicht alle Muslime, nicht einmal alle muslimischen Palästinenser.

Ich spreche hier von „Kulturen der Gewalt". Man könnte auch terroristische „Gemeinschaften" oder „Ideologien" sagen, aber der Begriff „Kultur" scheint mir angebracht, denn er umfasst sowohl die soziale Gemeinschaft als auch die Ideen, die hinter Terroranschlägen stehen. Natürlich verwende ich den Begriff „Kultur" dabei nicht in der engen Bedeutung der Kunstproduktion einer Gesellschaft, sondern in einem weiten Sinn, der auch die ethischen und sozialen Werte einer gesellschaftlichen Einheit berücksichtigt, und ich beziehe mich dabei auf verschiedene Kulturtheoretiker. Der Begriff umfasst die Vorstellung der „episteme" im Sinne Michel Foucaults: als Weltsicht oder Paradigma, das „die Bedingungen definiert, unter denen jegliches Wissen möglich ist".[11] Dazu kommt die Vorstellung von einer Verknüpfung gesellschaftlich verankerter Bilder der Gesellschaft. Pierre Bourdieu spricht vom „Habitus", einem „von der Gesellschaft geschaffenen System kognitiver und motivierender Strukturen".[12] Es ist die gesellschaftliche Basis dessen, was Clifford Geertz als „kulturelle Systeme" eines Volkes beschreibt: die Denkmuster, Weltanschauungen und Bedeutungen, die mit den Aktivitäten einer bestimmten Gesellschaft verbunden sind. Laut Geertz zählen zu den kulturellen Systemen sowohl weltliche Ideologien als auch die Religion.[13]

Die Betrachtung des Terrorismus aus der Perspektive eines solchen kulturellen Ansatzes führt Vor- und Nachteile mit sich. Einerseits kann ich die jeweilige Weltsicht und moralische Rechtfertigung der Gruppen im Einzelnen untersuchen. Andererseits vernachlässige ich das politische Kalkül der Anführer und die internationalen Netzwerke der Aktivisten. Für diese Aspekte des Terrorismus stütze ich mich deshalb auf andere Quellen, historische Studien wie Bernard Lewis' Klassiker *Die Assassinen* oder weit ausgreifende Synthesen wie Walter Laqueurs Buch *Terrorismus – die globale Herausforderung* (*The Age of Terrorism*) und Bruce Hoffmans Werk *Terrorismus – Der unerklärte Krieg*, das sowohl Beispiele aus der Vergangenheit wie aktuelle Fälle behandelt;[14] ich beziehe mich auf sozialpsychologische Studien zum Terrorismus von Walter Reich und Jerrold Post[15], politische Analysen wie Martha Crenshaws Arbeit zur Struktur von Terrororganisationen in Algerien, Peter Merkls Analyse linksgerichteten Terrors in Deutschland[16] und die Beiträge von Paul Wilkinson und Brian Jenkins zum Terrorismus als Instrument politischer Strategie.[17]

Es gibt einige bedeutende kulturwissenschaftliche Fallstudien, die die Weltsicht der Terroristen von innen heraus betrachten, etwa die Analysen christlicher Bürgerwehren von Jeffrey Kaplan, der Christian-Identity-Bewegung von James Aho, irischer Paramilitärs von Martin Dillon, militanter Sikhs von Cynthia Keppley Mahmood, jüdischer Aktivisten von Ehud Sprinzak und der Hamas-Selbstmordattentäter von Paul Steinberg und Anne Marie Oliver.[18] Diese und andere Werke, meine eigenen Fallstudien sowie interessante journalistische Reportagen haben das vorliegende Buch ermöglicht, eine vergleichende, kulturell ausgerichtete Studie über religiös motivierten Terrorismus.

Ich beginne mit Fallstudien über religiöse Aktivisten, die Gewalt angewendet haben oder Gewaltanwendung befürworten. In der ersten Hälfte des Buches beschäftige ich mich mit Terroranschlägen jüngeren Datums, die im Zusammenhang mit den großen Weltreligionen stehen, mit Christen in Amerika, die Anschläge auf Abtreibungskliniken und Bürgerwehraktionen wie den Anschlag in Oklahoma City unterstützen, mit Katholiken und Protestanten, die den Terror in Nordirland rechtfertigen; mit Muslimen, die mit den Anschlägen auf das World Trade Center in New York und der Hamas im Nahen Osten zu tun haben; mit Juden, die die Ermordung von Premierminister Yitzhak Rabin und den Anschlag am Grabschrein der Patriarchen in Hebron befürworten; mit Sikhs, die hinter den Morden an der indischen Premierministerin Indira Gandhi und dem Ministerpräsidenten des Punjab, Beant Singh, standen; mit japanischen Buddhisten, die mit der Gruppe verbunden sind, die die Nervengasanschläge auf die Tokioter U-Bahn verübt haben.

In den Fallstudien geht es nicht nur um die eigentlichen Attentäter, sondern auch um die Weltanschauungen und Kulturen der Gewalt, aus denen heraus die Anschläge geboren werden, weshalb ich eine Reihe von Personen aus den verschiedenen Bewegungen interviewt habe. In den anschließenden Kapiteln konzentriere ich mich auf einzelne Personen, teils die Anführer bestimmter politischer Organisationen, etwa Abdul Asis Rantisi, Tom Hartley und Simranjit Singh Mann, teils redselige Aktivisten, die für Gewaltverbrechen verurteilt wurden, wie Mahmud Abouhalima, Michael Bray und Yoel Lerner, und schließlich auch Aktivisten aus den niedrigeren Chargen ihrer Organisationen, wie Takeshi Nakamura und Yochay Ron. Es sind also sehr unterschiedliche Interviews, die aber meines Erachtens jeweils exemplarisch die Weltsicht der verschiedenen Kulturen der Gewalt verdeutlichen.

Im zweiten Teil des Buches frage ich nach Mustern, einer übergreifenden Logik, die sich in allen beschriebenen Kulturen der Gewalt findet. Ich versuche zu erklären, warum und wie Religion und Gewalt sich verbinden. In Kapitel 7 geht es darum, warum religiöser Terrorismus nicht nur strategische, sondern auch symbolische Ziele hat. In Kapitel 8 und 9 beschreibe ich, wie Bilder von kosmischen Kriegen, die normalerweise mit Begriffen wie „Himmel" oder „Geschichte" assoziiert sind, von Personen, die religiöse Gewalt verüben, für weltliche politische Zwecke benützt werden. Ich versuche auch zu erklären, wie sich die Verteufelung der Gegner und die symbolische Ermächtigung zu Gewalttaten bei den Aktivisten schrittweise vollzieht. In Kapitel 10 untersuche ich, wie religiöse Gewalt Menschen, die sich ausgegrenzt fühlen, Randgruppen und visionären Ideologen, ein Gefühl von Ermächtigung gibt.

Im letzten Kapitel kehre ich zu Grundfragen zurück: Warum Menschen glauben, dass Gott Terrorismus gut heißt; warum die wiedergefundene Macht der Religion in den letzten Jahren so gewalttätige Züge angenommen hat; und was man überhaupt dagegen tun kann. Ich biete fünf Vorschläge, wie die Gewalt vielleicht beendet werden kann.

Wollen wir dem Terrorismus effizient begegnen, wollen wir ihn eindämmen statt ihn zu schüren, müssen wir verstehen, warum es ihn gibt. Neben diesem praktischen Ziel geht es mir aber auch um die Funktion, die Gewalt schon immer in der religiösen Phantasie gespielt hat, und darum, welche Vorstellungen von „Gewalt im Sinne Gottes" kursieren.

Meine beiden Ziele stehen in einem engen Zusammenhang. Ich komme nämlich zu dem Ergebnis, dass unsere heutige Zeit globaler

Veränderung, historisch gesehen, der Religion, mit all ihrer Bildlichkeit und ihren Ideen, die Möglichkeit gibt, sich wieder als gesellschaftlicher Machtfaktor zu etablieren. Hinter religiösen Unruhen und der neuerlichen politischen Rolle der Religion steht meiner Meinung nach die fast vollständige Entwertung weltlicher Autoritäten im globalen Maßstab und ein Bedürfnis nach alternativen Ideologien für die soziale Ordnung. Vielleicht ist es historische Ironie – die uns der Terrorismus deutlich vor Augen führt –, dass die Antworten auf die Fragen, warum die heutige Welt noch immer Religion braucht und warum sie dem Terror ausgesetzt ist, sich erstaunlich ähneln.

2 Kämpfer im Namen Christi

Schon vor den grauenvollen Anschlägen des 11. September 2001 in New York und Washington mussten sich die Amerikaner an schockierende Gewalttaten gewöhnen, begangen im Namen religiöser Leidenschaft. Doch die Religion hinter diesen Terrorakten war das Christentum. Neben den Terroranschlägen in Nordirland, die von beiden Konfliktparteien gleichermaßen ausgingen, zählen zu den jüngeren Beispielen für christlichen Terrorismus die Schießerei in einer jüdischen Kindertagesstätte im August 1999 in Kalifornien, das Bombenattentat bei den Olympischen Spielen von Atlanta 1996, die Zerstörung der Bundesbehörde in Oklahoma City 1995 sowie eine Flut von Anschlägen auf Abtreibungskliniken in den USA während der 1990er Jahre.

Ich will bei meinem Versuch, religiös motivierte Gewalt in der heutigen Welt zu verstehen, mit diesen Beispielen anfangen. Obgleich sich die Aufmerksamkeit der Welt immer wieder auf die Geschehnisse im Nahen Osten richtet, möchte ich meine Suche mit einem vertrauten und dennoch fremd erscheinenden Phänomen beginnen: dem militanten Christentum in der westlichen Welt. Obwohl wir wissen, dass sie existiert, können wir uns eine solche Militanz in einigen der modernsten Gesellschaften unserer Zeit kaum vorstellen. Und es scheint erstaunlich, dass Terroranschläge christlich gerechtfertigt werden.

Erinnern wir uns aber daran, dass das Christentum trotz der zentralen Grundwerte wie Liebe und Friedfertigkeit schon immer auch eine gewalttätige Seite hatte – wie übrigens die meisten religiösen Traditionen. Die blutige Geschichte des Christentums ist von gleicher Abscheulichkeit wie die des Islam oder der Sikh-Religion. Und immer wieder wird auf sie und auf die Darstellung von gewaltsamen Konflikten im Alten wie im Neuen Testament verwiesen, wenn christliche Gruppen Gewaltakte theologisch rechtfertigen wollen. So wurden Anschläge auf Abtreibungskliniken nicht nur als Angriff auf eine für manche Christen unmoralische Praxis gesehen, sondern auch als militärisches Gefecht im großen Konflikt zwischen Gut und Böse mitsamt seiner gesellschaftlichen und politischen Dimension.

Groß ist die Bandbreite der theologischen Rechtfertigungen solcher Taten. Die militanten Abtreibungsgegnern in den USA kennen mindestens zwei bedeutende Denkansätze, von denen der eine auf der Rekonstruktionstheologie basiert, der andere auf Ideen der Christian-Identity-Bewegung, die auch das ideologische Rückgrat vieler der amerikanischen Bürgerwehrbewegungen bildet. Die Gewalt in Nordirland wird hingegen mit ganz anderen theologischen Positionen begründet – von katholischer wie auch protestantischer Seite.

Wie kann ein Christ überhaupt gewalttätigen Terror unterstützen? Diese Frage führte mich zu dem amerikanischen Geistlichen Michael Bray aus Bowie, Maryland, der wegen einer Reihe von Anschlägen auf Abtreibungskliniken vor Gericht stand und den Gebrauch tödlicher Waffen gegen Klinikangestellte unterstützt. Hier der Versuch, sein verwirrtes Weltbild zu verstehen.

Mike Bray und die Bombenanschläge auf Abtreibungskliniken

Es war „eine kalte Februarnacht", als Reverend Michael Bray zusammen mit einem Freund in einem gelben Honda von seinem Haus in Bowie in das benachbarte Dover, Delaware, fuhr, eine ominöse Fracht im Kofferraum: Ein großer Stein, um ein Fenster einzuwerfen, Kanister voll Benzin, die überall im und um das Gebäude ausgegossen werden sollten, und Lumpen und Streichhölzer, um Feuer zu legen. Die Straße nach Delaware war neblig und die Brücke über die Bucht von Chesapeake vereist. Der Wagen geriet ins Schleudern, ein kleiner Unfall ereignete sich, doch die beiden ließen sich nicht von ihrem Ziel abbringen. „Noch vor Tagesanbruch", so Bray, „stand Dovers einzige Abtreibungskammer in Flammen und quittierte ihren Dienst für die Babyschlächterei."[1] Im folgenden Jahr (1985) wurden Bray und zwei weitere Angeklagte wegen der Zerstörung von sieben Abtreibungszentren in Delaware, Maryland, Virginia und dem District of Columbia angeklagt und verurteilt. Der Schaden lag bei über einer Million Dollar, und Bray saß bis Mai 1989 im Gefängnis.

Als ich viele Jahre später mit Reverend Bray in seinem Haus in einem Vorort von Bowie sprach, kam er mir weder bösartig noch extrem fanatisch vor. Er war ein freundlicher, charmanter und gut aussehender Mann Anfang vierzig, der sich Mike nennen ließ. Mike Bray entsprach so gar nicht dem Bild des ignoranten, engstirnigen Fundamentalisten, er trank ein Glas Wein vor dem Abendessen, und was er über Theologie und Politik sagte, klang durchaus fundiert.[2] Sein Verhalten unterschied sich diametral von seinem öffentlichen Auftreten. Kurz zuvor war er in der amerikanischen Fernsehshow *Nightline* in einer Sendung über Terroranschläge von Abtreibungsgegnern zu sehen gewesen.[3] Der Moderator behauptete, Bray sei der Autor eines illegalen Handbuchs namens *Army of God*, das detaillierte Anweisungen für verschiedene Formen der Zerstörung und Sabotage von Abtreibungszentren enthält. Bray bestritt diese Anschuldigung zwar nicht, gab aber auch nichts zu. Als ich ihn wenige Tage später nach der Autorschaft des Buches fragte, blieb er unverbindlich, zeigte mir aber ein Exemplar des Buchs aus seinem Besitz. Es war in einem für ihn typischen, leicht verspielt-satirischen Stil geschrieben, was für die Vermutung des Fernsehmoderators sprach. Brays Verbindung mit der Army-of-God-Bewegung war einige Jahre zuvor vor Gericht dadurch nachgewiesen worden, dass die Initialen AOG auf Gebäuden gefunden worden waren, die in Brand gesteckt zu haben er beschuldigt wurde. Als ich Bray fragte, warum er seine Autorschaft nicht bestreite, wenn nichts dran sei, antwortete er: „Ich wollte mich mit all denjenigen solidarisch zeigen, die für das Schreiben eines solchen Buches verleumdet werden."[4]

Auch wenn Bray das Buch nicht geschrieben hat, kann er als Sympathisant der darin vertretenen Ideen gelten. Als Anführer der Defensive-Action-Bewegung verteidigte Mike Bray Gewalt bei den Aktivitäten der Abtreibungsgegner. Sogar Mitglieder der Pro-Life-Bewegung bezeichneten seine Anschläge auf Kliniken wie auch seine offiziellen Publikationen als extrem. Bray publiziert eines der militantesten christlichen Mitteilungsblätter des Landes, die *Capitol Area Christian News*, die sich vor allem mit Abtreibung und Homosexualität beschäftigen, und zur Zeit der Clinton-Regierung war von deren „pathologischem Machtmissbrauch" die Rede.

Bray betätigte sich als Fürsprecher zweier Aktivisten, die wegen Mordanschlägen auf Mitarbeiter einer Abtreibungsklinik verurteilt worden sind. Sein Freund, der Geistliche Paul Hill, tötete 1994 den Arzt John Britton und dessen Leibwächter James Barrett, als sie sich auf dem Weg zu einer Abtreibungsklinik in Pensacola, Florida, befanden. Ein paar Jahre zuvor gestand ein anderes Mitglied aus Brays Netzwerk, Rachelle („Shelly") Shannon, eine Hausfrau aus dem ländlichen Oregon, eine Reihe von Bombenanschlägen auf Abtreibungskliniken. Sie wurde wegen des versuchten Mordes an George Tiller verurteilt, auf den sie geschossen hatte, als dieser seine Klinik in Wichita, Kansas, verließ. Mit dem Buch *A Time to Kill*, worin er seine eigenen Terrorakte, aber auch Mordanschläge anderer auf Ärzte aus Abtreibungskliniken verteidigt, hat Bray ein Standardwerk zur ethischen Rechtfertigung von Gewaltanwendung im Kampf gegen die Abtreibung geschrieben.[5] Und dennoch ist Michael Bray in vieler Hinsicht ein persönlich umgänglicher und interessanter Mann.

Er entstammt einer Familie, die für ihr Engagement in Sport, Kirche und Militär bekannt war. Sein Vater war Marineoffizier im nahe gelegenen Annapolis, und Mike sollte in die militärischen Fußstapfen seines Vaters treten. Als sportlicher Held führte er Kathie Epstein, das beliebteste Mädchen seiner Klasse, zum Abschlussball aus; später sollte sie als die Sängerin und Talkshowmoderatorin Kathie Lee bekannt werden. Mikes eigene Karriere begann allerdings weniger vielversprechend. Nach einem Jahr verließ er das Militär und führte, wie er sagte, ein „Lotterleben". In der Religion suchte er die Lösung für seine Ziellosigkeit, wobei er eine Zeit lang mit den Mormonen liebäugelte. Doch dann machte ihn die Mutter seiner Exfreundin Kathie Lee mit Billy Graham und dem Wiedergeburtserlebnis der Baptisten vertraut. Er konvertierte und ging nach Colorado, um an einem baptistischen Bibelseminar zu studieren, ließ jedoch die Lehre der Lutheraner, mit der er aufgewachsen war, nie ganz hinter sich. In seine Heimatkirche in Bowie zurückgekehrt, wurde er Hilfspfarrer. Als sich die verschiedenen lutherischen Kirchen Amerikas zusammenschlossen, leitete Bray eine Gruppierung seiner lokalen Kirche, die den Zusammenschluss ablehnte. Die Gesamtkirche war ihnen nicht bibeltreu genug. Mike sah sich als Kreuzritter. Zusammen mit zehn anderen Familien trennte er sich von der Gemeinde und gründete 1984 die Reformed Lutheran Church, eine unabhängige Gruppe, die der nationalen Vereinigung freier lutherischer Gemeinden angeschlossen war. Gute zehn Jahre später bestand Brays Kirche noch immer aus einer Gruppe von etwa 50 Personen ohne eigenes Gebäude. Man versammelte sich in Brays Vorstadthaus; die Garage hatte er in ein Klassenzimmer für eine christliche Grundschule umgebaut, wo er und seine Frau eine kleine Gruppe Schüler unterrichteten.

Mikes hauptsächliches Interesse galt zunehmend dem sozialen Aktivismus. Unterstützt von seiner Frau und Mitgliedern seiner Gemeinde sowie dem Hilfspfarrer Michael Colvin, der einen Doktortitel in Altphilologie der Universität Indiana führte und in der Bundesgesundheitsverwaltung arbeitete, begann Bray seinen Kreuzzug gegen die Abtreibung und schloss sich einem wachsenden landesweiten Netzwerk gleich gesinnter christlicher Aktivisten an. Deren Sorge war, dass die Bundesregierung, besonders aber die Justizministerin der Clinton-Regierung – die Mike aufgrund ihrer ablehnenden Haltung gegenüber einem bestimmten religiösen Kult in

Waco, Texas, als „Janet Waco Reno" bezeichnete – individuelle Freiheiten und moralische Werte untergrabe. Bray zufolge befand sich die amerikanische Gesellschaft im Zustand äußerster Verderbtheit, wobei sie von ihren gewählten Vertretern mit geradezu teuflischer Missachtung für die Wahrheit und das menschliche Leben regiert wurde. Präsident Clinton und andere Politiker betrachtete er als „Neo-Heiden" und verglich sie gelegentlich mit Hitler. Der Nazi-Vergleich war grundlegend für Brays Verständnis von ethischem Handeln angesichts einer bedrohlichen Situation. Die Aktionen, die zu seiner Verurteilung geführt haben, bedauert er nicht. „Was auch immer ich getan habe", sagt er, „es hat sich gelohnt."

Bray vertritt die Ansicht, die Amerikaner befänden sich in einer mit Nazi-Deutschland vergleichbaren Situation: in einer Art heimlichem Kriegszustand, in dem die Bevölkerung von den Annehmlichkeiten der modernen Gesellschaft so eingelullt sei, dass sie ihre wirkliche Situation gar nicht wahrnehme. Bray ist überzeugt, dass ein dramatischer Vorfall – ein wirtschaftlicher Zusammenbruch oder der Hereinbruch des sozialen Chaos – die dämonische Rolle der Regierung enthüllen werde, so dass das Volk die Kraft und Entschlossenheit aufbringen könne, zu den Waffen zu greifen und einen revolutionären Kampf zu beginnen. Als Ergebnis eines solchen Kampfes stellt Bray sich die Einführung einer neuen moralischen Ordnung in Amerika vor, basierend auf biblischen Gesetzen und dem göttlichen statt einem weltlichen Recht.

Bis sich diese neue moralische Ordnung durchsetzt, so Bray, müssen Menschen wie er, die die Situation erkennen und den Mut aufbringen, Widerstand zu leisten, aktiv sein. Bray glaubt, das Christentum gebe ihm das Recht, unschuldige „ungeborene Kinder" zu verteidigen, wenn nötig mit Gewalt, auch wenn dies „die Zerstörung der Einrichtungen bedeute, in denen regelmäßig Tötungen vorgenommen werden, oder das Töten derer, die die Morde begehen". Gemeint ist die Ermordung von Abtreibungsärzten.

1994 verteidigte Bray das Handeln seines Freundes Paul Hill, des Mörders von Britton und seinem Leibwächter. Brays theologische

Rechtfertigung wurde von Hill wörtlich übernommen. „Sie fragen sich vielleicht, wie es sich anfühlt, einen Abtreiber und seinen Leibwächter getötet zu haben", schrieb Hill kurz nach den Morden an Bray und seine Anhänger.[6] „Mir wurden die enormen Auswirkungen klar", die ein solcher Vorfall haben würde, schrieb er und fügte hinzu: „Der Effekt war völlig unberechenbar." Hill sagte, er habe seine Bibel aufgeschlagen und sei im Psalm 91 fündig geworden: „Dass du nicht erschrecken musst vor dem Grauen der Nacht, vor den Pfeilen, die des Tages fliegen." Hill interpretierte diesen Psalm als eine Bestätigung dafür, dass er im Einklang mit der Bibel handele.

Als ich Bray darauf hinwies, dass das Ausführen solch gewalttätiger Aktionen ein Auftreten als Richter und Vollstrecker zugleich bedeute, wollte er dem nicht folgen. Obwohl er nicht bestritt, dass religiöse Instanzen dafür zuständig seien, über jene zu urteilen, die moralische Gesetze brechen, erklärte er, die Anschläge auf Abtreibungskliniken seien im Grunde kein Akt der Bestrafung, sondern reine Verteidigung. Laut Bray „besteht ein Unterschied zwischen der Exekution eines pensionierten Abtreibers und der eines ausübenden Abtreibers, der regelmäßig Babys tötet". Das eine sei ein Akt der Vergeltung, das andere aber Verteidigung. Bray erklärte, dass die Anschläge weniger als die Bestrafung von Kliniken und Abtreibungsärzten gedacht waren, sondern vielmehr das Ziel hatten, sie davon abzuhalten, „Babys umzubringen". Er bemühte sich deutlich zu machen, dass er Gewaltanwendung nicht befürworte, dass er sie aber in manchen Fällen moralisch anerkenne.

Die theologischen Rechtfertigungen

Argumente für seine Position fand Bray in den Taten des deutschen Widerstands gegen das Nazi-Regime. Sein moralisches Vorbild war der evangelische Theologe und Pfarrer Dietrich Bonhoeffer, der kurzentschlossen einen angesehenen Forschungsauftrag am Union

Theological Seminary in New York aufgab und nach Deutschland zurückkehrte, um sich an einem Mordkomplott gegen Hitler zu beteiligen. Noch bevor es ausgeführt werden konnte, wurde das Komplott aufgedeckt, und der brillante junge Ethiker Bonhoeffer wurde von den Nazis gehenkt. Sein Märtyrertod und seine theologischen Schriften leben jedoch weiter, und häufig wird er von Moraltheoretikern als Beispiel herangezogen, wenn es darum geht, wann Christen in einer gerechten Sache Gewalt anwenden dürfen und warum sie sich manchmal gezwungen sehen, für höhere Ziele das Gesetz zu brechen.[7]

Diese Positionen wurden auch von Reinhold Niebuhr, wie Bonhoeffer Theologe am Union Theological Seminary, vertreten, der von Bray ebenfalls zitiert wird. Oft als einer der größten evangelischen Theologen des 20. Jahrhunderts gepriesen, rang Niebuhr mit der uralten theologischen Frage, wann es erlaubt sein kann, für eine gerechte Sache Gewalt anzuwenden. Ursprünglich Pazifist, akzeptierte Niebuhr im Laufe der Zeit widerwillig, dass einem Christen in einer gerechten Sache ein gewisses Maß an Gewaltanwendung gestattet sei. Dabei berief er sich auf eine Tradition religiösen Handelns, die auf die Ursprünge des Christentums zurückweist und im revolutionären jüdischen Widerstand gegen die römische Besetzung Israels wurzelt. Im Neuen Testament gibt es Hinweise, dass mindestens zwei Jünger Jesu Mitglieder der rebellischen jüdischen Partei der Zeloten waren. Zwar streitet die Wissenschaft darüber, ob auch die Bewegung um Jesus als regimefeindlich angesehen wurde, jedoch sagt das Neue Testament eindeutig, dass die römische Kolonialregierung Jesus wegen Aufruhr zum Tode verurteilte.[8]

Befürwortete Jesus tatsächlich einen gewalttätigen Aufstand gegen die Besatzungsmacht? Diese Frage lässt sich nicht eindeutig beantworten, und die Diskussion darüber, ob das Christentum Gewalt billigt, begleitet die Kirche seit ihrer Entstehung. Einerseits lässt sich argumentieren, ein Christ habe dem Beispiel der selbstlosen Liebe Jesu zu folgen: „Liebet eure Feinde, bittet für die, so euch verfolgen" (Mt 5, 44). Andererseits wird immer wieder die Vertreibung der Geldwechsler aus dem Tempel angeführt, ebenso wie Jesu rätselhafte Prophezeiung: „Ihr sollt nicht wähnen, dass ich gekommen sei, Frieden zu bringen auf die Erde. Ich bin nicht gekommen, Frieden zu bringen, sondern das Schwert" (Mt 10, 34, siehe auch Lk 12, 51–52). Die frühen Kirchenväter Tertullian und Origenes erklären, dass es den Christen untersagt sei zu töten und dass sie deshalb nicht in der römischen Armee dienen könnten. Die frühen Christen waren also im Grunde Pazifisten.

Als das Christentum jedoch im 4. Jahrhundert zur Staatsreligion avancierte, verabschiedeten sich die Kirchenoberen vom Pazifismus und vertraten nun die von Cicero begründete und von Ambrosius und Augustinus weiterentwickelte Lehre vom gerechten Krieg.[9] Diese Lehre rechtfertigte militärisches Vorgehen unter bestimmten Umständen, immer vorausgesetzt, dass die Verhältnismäßigkeit – mehr Leben mussten gerettet als zerstört werden – und die Legimitation, also die Billigung einer anerkannten Obrigkeit, stimmten. Der Missbrauch dieser Idee zur Rechtfertigung militärischer Abenteuer und der brutalen Verfolgung von Ketzern und Minderheiten brachte Thomas von Aquin im 13. Jahrhundert dazu, erneut zu betonen, dass Krieg immer Sünde sei, auch wenn er gelegentlich im Namen einer gerechten Sache geführt werde. Und doch steht die Lehre des „gerechten Krieges" auch heute noch im Mittelpunkt christlichen Verständnisses von moralisch gerechtfertigter Gewaltanwendung.[10] So wird sie von einigen modernen Theologen auf die Befreiungstheologie bezogen, wobei vertreten wird, dass die Kirche eine „gerechte Revolution" zu ihrer Sache machen könne.[11]

Reinhold Niebuhr wendete die Theorie des gerechten Krieges auf die Auseinandersetzungen um soziale Gerechtigkeit im 20. Jahrhundert an und bezog das Konzept auf die christliche Verpflichtung, für soziale Gerechtigkeit zu sorgen. Er sah die Welt in einem „realistischen" Licht, wie er es nannte, und kam zu dem Schluss, dass begütigendes Zureden im Kampf gegen soziale Ungerechtigkeiten nicht ausreiche, besonders wenn sie von Wirtschaft und Staatsmacht gestützt werden. Sein Aufsatz *Warum die christliche Kir-*

che nicht pazifistisch ist stieß auf große Resonanz. Hier erklärte er, dies sei der Grund, warum der Gewaltverzicht manchmal zugunsten einer massiveren Lösung aufgegeben werden müsse.[12] Seine Argumentation fußt auf Augustinus' Verständnis der Erbsünde, und er folgert daraus, dass gerechte Gewaltanwendung manchmal nötig sei, um Ungerechtigkeit auszumerzen und das Böse in einer sündigen Welt zu unterdrücken. Kleinere strategische Gewalttaten seien gelegentlich nötig, um größere Gewalttätigkeit und Ungerechtigkeit zu verhindern. In solchen Fällen solle Gewalt aber sparsam verwendet und so schnell und präzise ausgeführt werden wie ein chirurgischer Eingriff.[13]

Neben dem so genannten „gerechten Krieg" gibt es jedoch auch andere, weniger gerechtfertigte Beispiele religiöser Gewalt im christlichen Erbe, zum Beispiel die Inquisition oder die Kreuzzüge. Die Inquisition des 13. Jahrhunderts war der Versuch der mittelalterlichen Kirche, die Ketzerei durch Folter und Scheiterhaufen abzuschaffen. Die spanische Inquisition des 15. Jahrhunderts verfolgte besonders Juden und Muslime, die zwar zum Christentum konvertiert waren, bei denen aber dennoch die Ehrlichkeit der Bekehrung überprüft werden sollte; auch bei diesen Scheinprozessen gehörten Folter und Tod zum Standardrepertoire. Die neun Kreuzzüge begannen 1095 mit dem Aufruf Papst Urbans II. an alle Christen, sich zu erheben und die Grabeskirche in Jerusalem von den Muslimen zurückzugewinnen. Sie endeten etwa 300 Jahre später noch immer unter dem christlichen Schlachtruf „Deus volt" („Gott will es"). Die Armeen verleibten sich auf ihrem Weg von Europa ins Heilige Land arme und abenteuerlustige Leute ein. Das Ergebnis war, dass ihre militärischen Siege praktisch keinerlei bleibende Erfolge hatten, außer dass sie Tausenden von unschuldigen Muslimen und Juden das Leben kosteten. In der Verwendung von „Kreuzzug" für ein übermäßiges Engagement lebt die Erinnerung an diese tragische Epoche christlicher Geschichte noch heute.

Der religiöse Eifer von Abtreibungsgegnern wie Michael Bray, die im Kampf gegen Mitarbeiter von Abtreibungskliniken und deren staatliche Beschützer zu Gewalt greifen, lässt an einen Kreuzzug denken. Bray fand seine Rechtfertigung jedoch nicht in den Kreuzzügen, sondern in der Ethik Niebuhrs und dem Beispiel des christlichen Opfergangs Bonhoeffers in dessen Attentatsplan gegen Hitler. Diese modernen und liberalen christlichen Verteidiger der gerechten Rolle von Gewalt gaben Bray das Gefühl, seine eigenen Anstrengungen, gewaltsam die Gesellschaft zu verändern, seien von der christlichen Theologie getragen.

Doch wenn Bray die amerikanische Demokratie mit dem Nazismus vergleicht und einen bibeltreuen Religionsstaat statt einer weltlichen Regierung propagiert, unterscheidet er sich sowohl theologisch wie in seiner Interpretation der gegenwärtigen Situation vollkommen von Niebuhr und Bonhoeffer, die seine Haltung – wie übrigens die meisten Theologen der großen protestantischen Richtungen – kaum akzeptiert hätten, hielten sie doch die Trennung von Kirche und Staat für unabdingbar für die Integrität beider Institutionen. Niebuhr war gegenüber dem „Moralismus", wie er ihn nannte, dem Eindringen religiöser oder ideologischer Werte in die politische Staatsführung, besonders skeptisch.

Für seinen Entwurf eines religiösen Staats konnte sich Bray also nicht auf die Ideen der großen evangelischen Theologien berufen. Er lehnte Bonhoeffers und Niebuhrs „Behaftung" mit einer moderaten neo-orthodoxen Theologie ab, fand aber intellektuellen Beistand in einer Gruppe von Vertretern der konservativen Königreichs-Theologie *(Dominion Theology)*, die glauben, das Christentum müsse die Herrschaft Gottes über alle Dinge wieder herstellen, auch über Politik und Gesellschaft. Dieser Standpunkt führte in den 1980ern und 1990ern zu einem plötzlichen Ausbruch von sozialem und politischem Aktivismus unter der christlichen Rechten in Amerika. Zu seinen Fürsprechern gehörten Protestanten der Rechten wie Jerry Falwell und Pat Robertson.

Die christliche Bewegung der Abtreibungsgegner ist durchsetzt mit den Ideen der Königreichs-Theologie. Randall Terry, Gründer der militanten Anti-Abtreibungsorganisation Operation Rescue und

Autor für die Dominion-Zeitschrift *Crosswinds,* unterzeichnete in einer Ausgabe das „Manifest für die christliche Kirche", worin gefordert wird, Amerika müsse „als christliche Nation fungieren". Abgelehnt werden „moralische Übel" wie „Abtreibung auf Bestellung, Unzucht, Homosexualität, sexuelle Freizügigkeit, staatliche Usurpation elterlicher Rechte und gottgegebener Freiheiten, dirigistisch-kollektivistischer Diebstahl am Bürger durch die Abwertung von Geld und die Umverteilung von Wohlstand sowie die Lehre der Evolutionstheorie als alleinige Sichtweise an den öffentlichen Schulen".[14]

Am äußeren rechten Flügel der Königreichs-Theologie findet sich die relativ unbekannte Bewegung der Rekonstruktionstheologie, die auf Bray einen besonderen Reiz ausübt. Ihr Ziel ist eine christliche Theokratie. Bray besitzt ein ganzes Bücherregal voll rekonstruktionstheologischer Schriften, die er gründlich studiert hat. Und auch Paul Hill, der eine Zeit lang bei einem Gründer der Bewegung, Greg Bahnsen, am Reformed Theological Seminary in Jackson, Mississippi, studiert hatte, zitiert in seinen Schriften Rekonstruktionstheologen.[15]

Führende Mitglieder der Rekonstruktionsbewegung leiten ihre Ideen, die sie manchmal auch als „Theonomie" bezeichnen, von Cornelius Van Til ab. Van Til, ein presbyterianischer Theologieprofessor des 20. Jahrhunderts, der in Princeton lehrte, berief sich auf den Reformationstheologen Johannes Calvin aus dem 16. Jahrhundert, nach dessen Ideen eine „vorausgesetzte" Autorität Gottes in allen weltlichen Dingen notwendig sei. Anhänger Van Tils, darunter seine früheren Studenten Bahnsen, Rousas John Rushdoony und dessen Schwiegersohn Gary North, übernahmen diese „Voraussetzungslehre" *(presuppositionalism)* als Doktrin mit all ihren Folgen für die Rolle der Religion im politischen Leben.

Die Autoren dieser Richtung vertreten die Ansicht, die Geschichte des protestantischen politischen Wirkens habe besonders mit der Trennung von Kirche und Staat während der Aufklärung eine Wendung zum Schlechten vollzogen. Es geht ihnen darum, die christliche Gesellschaft „zu rekonstruieren", indem sie die Bibel zur Grundlage für Gesellschaftsordnung und Gesetzgebung erklären. Um dies zu propagieren, gründeten sie das Institute for Christian Economics in Tyler, Texas, und die Chalcedon Foundation in Vallecito, Kalifornien. Eine Zeitschrift und viele Bücher und Broschüren über die Einführung christlichen Denkens in Politik, Recht und Wirtschaft werden von ihnen dort publiziert.[16]

Gary North, der produktivste aller Autoren der Rekonstruktion, behauptet, es sei „die moralische Pflicht der Christen, alle Institutionen für Jesus Christus zurückzugewinnen".[17] Dies gelte besonders für die USA, wo sich die weltliche Gesetzgebung, so wie sie vom Supreme Court ausgelegt und von liberalen Politikern vertreten werde, in eine eindeutig unchristliche Richtung bewege, vor allem hinsichtlich Themen wie Abtreibung und Homosexualität. Letztendlich verfolgen die Rekonstruktionsanhänger aber mehr als die bloße Ablehnung des Säkularismus. Wie andere Theologen, die den biblischen Begriff des „Gottesreichs" verwenden, argumentieren sie, die Christen seien als das neue auserwählte Volk Gottes dazu bestimmt, über die Welt zu herrschen. Sie vertreten ein „postmillenniales" Geschichtsbild und glauben, dass Christus, im Sinne des Tausendjährigen Reiches der Bibel, erst nach tausend Jahren religiöser Herrschaft auf die Erde zurückkehren wird. Deshalb sehen sie es als ihre christliche Pflicht an, die politischen und gesellschaftlichen Voraussetzungen für die Rückkehr Christi zu schaffen. „Prämillennialisten" hingegen glauben, dass das Tausendjährige Reich erst nach der Rückkehr Christi kommen wird, in einem alles umstürzenden Augenblick der Weltgeschichte. Deshalb sind sie politisch weit weniger aktiv. Anhänger der Rekonstruktionstheologie wie Mike Bray, Königreichs-Theologen wie der amerikanische Politiker und Fernsehmoderator Pat Robertson und viele andere Führungsmitglieder der politisch aktiven Christian Coalition sind jedoch „Postmillennialisten". Ihnen geht es darum, das christliche Königreich noch vor der Rückkehr Christi aufzurichten. Sie verfolgen ernsthaft die Vorstellung einer christlichen Gesellschaft und einer religiös geprägten Politik, welche eine Gesetzgebung nach biblischen Vorgaben bewirken soll.

Mir gegenüber betonte Mike Bray, die Idee einer Gesellschaft, die auf christlicher Moral beruhe, sei überhaupt nicht neu, wobei er auf das „Re-" in „Rekonstruktion" verwies. Obwohl er das Modell des Papsttums prinzipiell ablehne, schätze er die Soziallehre der katholischen Kirche und sei ein großer Bewunderer des traditionellen kanonischen Rechts. Er meinte, die politische Ordnung des Westens fuße, historisch gesehen, erst seit kurzer Zeit nicht mehr auf biblischen Vorstellungen.

Bray verfolgt ernstlich das Ziel, christliche Politik an die Macht zu bringen. Unter günstigen Umständen hält er es für möglich, dass die USA von einer revolutionären Welle erfasst werden, die zu Verfassungsänderungen führt, in denen das biblische Gesetz zur Basis der amerikanischen Sozialgesetzgebung wird. Andernfalls kann sich Bray einen neuen Föderalismus vorstellen, der es den einzelnen Bundesstaaten erlaubt, eigenständig mit religiöser Politik zu experimentieren. Als ich Bray fragte, welcher Staat denn eventuell zu solchen Experimenten bereit sei, nannte er zögernd Louisiana, Mississippi und North und South Dakota.

Nicht alle Rekonstruktionstheoretiker billigen Gewaltanwendung, schon gar nicht eine Form der Gewalt, wie Bray und Hill sie für gerechtfertigt halten. Der Rekonstruktionsautor Gary North räumt ein, dass „das theonomische Feld geteilter Meinung" hinsichtlich der Gewalt ist, besonders was die Aktivitäten der Abtreibungsgegner angeht. Einige Monate vor seinem Mord an Britton und dessen Leibwächter schrieb Paul Hill – offenbar in der Hoffnung, Gary Norths Zustimmung im Voraus zu bekommen – einen Brief an North mit einem Aufsatzmanuskript, in dem er die Möglichkeit solcher Morde teils theonomisch rechtfertigte. North antwortete – aber erst nach den Anschlägen. Er bedauerte, dass er zu spät dazu komme, Hill von seinem „schrecklichen Weg" abzubringen, und tadelte ihn scharf in einem offenen, als schmaler Band erschienenen Brief, in dem er Hills Ansichten als „Theologie der Selbstjustiz" brandmarkt.[18] Laut North gibt es zwar im biblischen Gesetz Ausnahmen für die Regel „Du sollst nicht töten", diese bewegen sich aber eher in Richtung der Lehre vom gerechten Krieg, wenn man von einem „auserwählten Bevollmächtigten" in Kriegszeiten dazu autorisiert wird, sein eigenes Haus zu verteidigen, einen verurteilten Verbrecher zu töten, den Tod eines Verwandten zu rächen, eine ganze Nation zu retten oder moralische Sünder davon abzuhalten, Blutschuld über eine ganze Gemeinde zu bringen.[19]

Gemeinsam mit Bray antwortete Hill auf Norths Brief. Beide argumentierten, viele dieser Bedingungen träfen auf die Abtreibungssituation in den Vereinigten Staaten zu. Aus seiner Gefängniszelle in Starke, Florida, schrieb Hill, das biblische Tötungsverbot mache auch „Mittel nötig, sich gegen Mord zu verteidigen – einschließlich tödlicher Gewalt".[20] Überdies erachte er „das Messer des Abtreibers als Teufels Schneide in dessen gegenwärtiger Attacke". Deshalb, so Hill, seien seine Taten letztlich von theologischer Bedeutung.[21] In seinem Buch *A Time to Kill* spricht Bray über Norths Forderung, Gewalt müsse von einer legitimen Autorität oder einem „auserwählten Bevollmächtigten" autorisiert werden. Bray sprach die Möglichkeit einer „gerechten Rebellion" an.[22] So wie Befreiungstheologen unautorisierte Gewaltanwendung mit ihrer Vision einer moralischen Ordnung rechtfertigen, sieht Bray die Legitimation für Gewaltanwendung nicht nur darin gegeben, das zu verhindern, was er als Mord betrachtet, nämlich Abtreibung, sondern auch in dem Ziel einer christlichen politischen Ordnung, wie sie von Rekonstruktionstheoretikern wie Gray North angestrebt wird. Für Bray ist ein bisschen Gewalt ein geringer Preis, wenn man damit die Gesetze Gottes erfüllen und Gottes Reich auf Erden schaffen kann.

Eric Robert Rudolph und Timothy McVeigh

Der militante Abtreibungsgegner Eric Robert Rudolph kommt aus einer etwas anderen theologischen Richtung als Bray. Er wurde im Mai 2003 nach einer fünf Jahre dauernden aufwendigen Großfahndung des FBI endlich gefasst. Lang ist die Liste der Anklagepunkte gegen ihn; unter anderem soll er Bombenanschläge auf Abtreibungskliniken in Birmingham, Alabama, und Atlanta, Georgia, verübt haben; er soll eine Lesben-Kneipe in Atlanta gesprengt und die Bombe bei den Olympischen Spielen 1996 in Atlanta gelegt haben. Alle diese Ziele stehen aus Sicht christlicher Fundamentalisten für sexuelle Unmoral: für Abtreibung und Homosexualität. Laut Michael Bray hatte Rudolph die Organisatoren der Olympischen Spiele im Visier, weil die Träger der olympischen Flamme auf ihrem Weg durch die Südstaaten der USA einen Landkreis in North Carolina ausließen, der eine amtliche Verordnung erlassen hat, nach der „Sodomie den Werten der Gemeinschaft widerspricht". Rudolph habe den Umweg der olympischen Flamme als offene Unterstützung von Homosexualität seitens der Organisatoren gewertet.[23] Es ging ihm aber wohl ganz allgemein um die Toleranz der US-Behörden in sexuellen Dingen und um den „atheistischen Internationalismus", den Feind in einem modernen „Kulturkrieg".[24]

Zwar sind dies Themen vieler christlicher Fundamentalisten, bei Rudolph kommt indes hinzu, dass er aus einer besonderen fundamentalistischen Richtung, der „Christian Identity" stammt. Schon als Kind besuchte er mit seiner Mutter die Christian-Identity-Gemeinde von Dan Gayman. Presseberichten zufolge kannte er auch den verstorbenen Christian-Identity-Prediger Nord Davis. Die Christian-Identity-Bewegung predigt die Überlegenheit der „weißen Rasse" und akzeptiert einzig und allein die Gesetze der Bibel. Aus der Bewegung sind rechtsextreme, rassistische, paramilitärische und gewalttätige Gruppierungen in den USA hervorgegangen, etwa Posse Comitatus, The Order, die Aryan Nations, die Bewegung um Randy Weaver in Ruby Ridge, Herbert Armstrongs Worldwide Church of God, die Freeman-Gemeinschaft und die World Church of the Creator. Die Ideen der Christian Identity sind bei den Bürgerwehrgruppen beliebt und veranlassten Buford Furrows 1999 dazu, einen Anschlag auf ein jüdisches Zentrum in Kalifornien zu verüben.

Die Ideen der Christian Identity übernahm auch Timothy McVeigh, der Attentäter von Oklahoma City. McVeigh kannte sie aus der Bürgerwehr-Kultur, in der er sich bewegte, und von der Christian-Identity-Gemeinde Elohim City an der Grenze zwischen Oklahoma und Arkansas. Es ist nicht klar, wie weit McVeighs Verbindungen zu der Kommune gingen, fest steht aber, dass er in den Wochen und Monaten vor dem Anschlag Telefonate nach Elohim City geführt hat.[25] Einmal ist er wegen eines harmlosen Verkehrsdeliktes vorgeladen worden, begangen auf der einzigen Zufahrtsstraße zur Kommune. McVeigh las auch den Christian-Identity-Rundbrief *The Patriot Review*. Seine Freunde erzählen, McVeighs „Lieblingsbuch", ja geradezu „seine Bibel", sei der Roman *The Turner Diaries* von William Pierce[26] gewesen, einem Anführer der rassistischen Neonazi-Organisation National Alliance.[27] Ein Waffensammler erzählt, dass McVeigh das Buch regelmäßig bei Waffenshows zu Schleuderpreisen unter die Leute zu bringen versuchte und es ständig bei sich trug.[28] Aus McVeighs Telefonrechnungen geht hervor, dass er, obwohl er dies bestritt, mehrfach direkt mit dem Autor telefoniert hatte, einmal sogar kurz vor dem Anschlag.[29]

William Pierce, promovierte Physiker, hatte eine Zeit lang an der Oregon State University gelehrt und für die American Nazi Party geschrieben. Er bestreitet Verbindungen zur Christian-Identity-Bewegung, kritisiert sogar deren nach außen abgeschlossene Strukturen. Tatsächlich unterscheiden sich seine Ideen aber kaum von denen der Bewegung. 1984 gründete er eine religiöse Gemeinde, die nach den gleichen Prinzipien funktionierte wie die Gemeinden der Christian Identity. Er nannte sie Cosmotheist Community.[30]

Keine andere Publikation verbreitet die militanten Ideen der Christian Identity bzw. des „Kosmotheismus" so effektiv wie der Roman *The Turner Diaries*, den Pierce 1978 unter dem Pseudonym Andrew Macdonald veröffentlichte und worin ein apokalyptischer Krieg zwischen Freiheitskämpfern und einer diktatorischen amerikanischen Regierung beschrieben wird. Schnell wurde das Buch zum Klassiker der Subkultur und Waffen-Szene. 200 000 Stück verkauften sich bei Waffenshows und über Katalogbestellungen. Das Buch galt als Handlungsanleitung für Terroristen wie Robert Matthews, der 1984 in die Ermordung eines jüdischen Talkshow-Moderators in Denver verwickelt war. Wie auch Timothy McVeigh nahm Matthews die Prophezeiung des Romans ernst, dass eine Guerrilla-Gruppe namens „The Order" aktiven Widerstand gegen die korrupte Regierung führen werde. Matthews nannte seine eigene Gruppe „The Order", und McVeigh folgte bei seinem Bombenattentat in Oklahoma City genau der Vorgehensweise der Guerilla-Kämpfer in Pierces Roman bei ihren Anschlägen auf Regierungsgebäude.

Obwohl der Roman achtzehn Jahre vor McVeighs Anschlag geschrieben worden ist, liest sich eine Passage daraus wie ein Zeitungsbericht über die schrecklichen Ereignisse in Oklahoma City. Detailliert wird dort beschrieben, wie der fiktive Held ein Regierungsgebäude mit einem Lastwagen, beladen mit „mehr als 2000 kg" Ammonium-Nitrat-Dünger und Heizöl, in die Luft sprengt. McVeigh belud seinen Lastwagen mit derselben Menge dieser Mischung und ging dabei genau nach der Anleitung des Buches vor. Im Roman soll mit dem Anschlag der Kampf gegen die sündige Regierung aufgenommen und der Kampfgeist aller „freien Männer" geweckt werden.[31] Laut Pierce braucht die amerikanische Gesellschaft ein solches Vorgehen, um sich von der Ideologie diktatorischer Weltlichkeit zu befreien, die ihr durch eine raffinierte Verschwörung von Juden und Liberalen mit dem teuflischen Ziel oktroyiert wurde, die christliche Gesellschaft ihrer Freiheit und ihrer Grundwerte zu berauben.

Pierce und die Aktivisten der Christian Identity wollten eine Revolution zur Aufhebung der Trennung von Kirche und Staat in den USA, bzw. – da sie die etablierten Kirchen ablehnten – „Religion und Staat" zu einer neuen Gesellschaftsform verschmelzen, in der allein biblische Gesetze herrschen. Aus diesem Grund gab es auch so viele theokratisch organisierte Christian-Identity-Gemeinden wie Elohim City, das Freeman-Compound, die Aryan-Nation-Gemeinde und eben die Cosmotheist Community von Pierce. Obwohl sich die meisten Mitglieder der Gemeinden als Kapitalisten verstehen, lebten sie dort in Gütergemeinschaft. Ihre apokalyptische Weltsicht und ihr Bild von der verschwörerischen Regierung waren noch extremer als die der Rekonstruktionalisten. Sie glaubten an die kurz bevorstehende große Konfrontation zwischen der Freiheit und der Versklavung der Gesellschaft seitens der Regierung. Nur ihre mutigen, militanten Bemühungen könnten das herrschende System des Bösen erschüttern und die freiheitsliebenden Massen wachrütteln. Diese Ideen übernahm Timothy McVeigh direkt von William Pierce und seinem Buch *The Turner Diaries* und indirekt von der Christian-Identity-Bewegung.

Die Ideen der Christian Identity stammen ursprünglich aus der englischen Bewegung des British Israelism des 19. Jahrhunderts. Michael Barkun, ein genauer Kenner dieser Bewegung, schreibt, dass John Wilson, einer der Gründer, seine Vorstellungen einer großen britischen und irischen Leserschaft der Mittelklasse durch sein Werk *Lectures on Our Israelitish Origin* näher brachte.[32] Wilson behauptete, Jesus sei Arier und nicht Semit gewesen, und die ausgewanderten israelitischen Stämme aus dem Nordreich Israels seien in Wirklichkeit blauäugige Arier gewesen, die sich schließlich auf den britischen Inseln niederließen. Die „verlorenen Schafe aus dem Hause Israel" seien die heutigen Engländer.[33] Spätere Versionen dieser Theorie besagen, dass, wer sich Jude nennt, ein Schwindler sei. Manche Anhänger der Christian Identity nehmen an, die Juden seien Abkömmlinge einer sündigen sexuellen Beziehung zwischen Eva und Satan; andere behaupten, die Juden seien Außerirdische. In allen diesen Versionen nennen sich die Juden nur so, um mit ihrem Überlegenheitsanspruch die Welt zu beherrschen. Der Plan der Juden wird angeblich von protestantischen Freimaurern unterstützt.

Der British Israelism kam Anfang des 20. Jahrhunderts mit dem Prediger Gerald L. K. Smith in die USA und verbreitete sich dort durch die Schriften von William Cameron, einem Publizisten im Dienste des Automobilmagnaten Henry Ford.[34] Ford unterstützte Camerons Ansichten und gab selbst eine antisemitische Aufsatzsammlung mit dem Namen *The International Jew: The World's Foremost Problem* heraus. Autor dieser Aufsätze ist angeblich Cameron, aber allgemein werden sie Ford selbst zugeschrieben. Cameron beharrte auf der Notwendigkeit, die angelsächsische Rasse rein zu halten und ihre politische Vorherrschaft zu erhalten. Die westlichen Gesellschaften müssten auf eine auf der Bibel beruhende Regierungsform hinarbeiten. Weitergeführt wurde die Philosophie der Christian Identity von dem Vizestaatsanwalt Bertram Comparet aus San Diego sowie von Wesley Swift, einem Mitglied des Ku-Klux-Klan, der 1946 die Church of Jesus Christ-Christian gründete. Aus dieser Kirche ging die Christian Defense League hervor, in den 1960er Jahren von Bill Gale auf seiner Ranch in Mariposa in Kalifornien gegründet. Diese Bewegung brachte ihrerseits sowohl Posse Comitatus als auch Aryan Nations hervor.[35]

Übte der ursprüngliche British Israelism eine gewisse Anziehungskraft auf die britische Oberschicht des 19. Jahrhunderts aus, schlug er in den USA eine sehr viel schärfere, politische Richtung ein. Laut Jeffrey Kaplans Studie über zeitgenössische Christian-Identity-Gruppen im Mittleren Westen und Nordwesten der USA waren die meisten Anhänger relativ harmlos. Ihre Ideen wurden in der Öffentlichkeit oft vereinfacht dargestellt und ihre Gruppen als „Missbildungen" am äußeren rechten Flügel der amerikanischen Politik angesehen.[36] Tatsache bleibt aber, dass ihre Ideologie heute die Quelle einiger der gewalttätigsten Gruppen in den USA ist.

In den vergangenen Jahrzehnten konzentrierten sich die Christian-Identity-Gruppen in den USA vor allem in Idaho (mit dem Aryan-Nations-Zentrum am Hayden Lake) und im Grenzgebiet zwischen Oklahoma, Arkansas und Missouri. Auf knapp 100 Hektar Land entstand dort eine Gemeinschaft namens „The Covenant, the Sword and the Arm of the Lord" (CSA) sowie eine paramilitärische Schule namens „The Endtime Overcomer Survival Training School" („Die Überlebenstrainings-Schule für Endzeitüberlebende").[37] Nicht weit davon entfernt bauten der Christian-Identity-Pfarrer Robert Millar und Glenn Miller – früher Mitglied der Nazi

Party – Elohim City. Sie richteten ein Waffenlager ein und bereiteten sich auf eine Razzia der Bundesbehörde für Alkohol, Tabak und Schusswaffen (ATF) – wie bei der Branch-Davidian-Sekte – vor.[38] Mit dieser Gemeinschaft nahm Timothy McVeigh kurz vor seinem Anschlag auf das Bundesgebäude in Oklahoma City Kontakt auf.

Von der britischen Bewegung übernahmen die amerikanischen Versionen der Christian Identity viele paranoide Ideen, die sie aber mit der Zeit den heutigen Ängsten der Amerikaner anpassten. So wurde zum Beispiel behauptet, die UNO und die Demokratische Partei seien Komplizen in einer Verschwörung der Juden und Freimaurer mit dem Ziel, die Weltherrschaft an sich zu reißen und das Individuum seiner Freiheit zu berauben. Die Juden wurden 1982 in einem Pamphlet der Christian Identity als „Parasiten und Geier" bezeichnet, die über das internationale Bankwesen die Welt beherrschten.[39] Die letzten Schritte in „Satans Plan" seien die Gründung des Internationalen Währungsfonds, Kreditkarten sowie Papiergeld, das nicht über Gold- und Silbervorräte abgedeckt ist.[40]

Waffengesetze sind ein anderes Lieblingsthema der Christian-Identity-Anhänger. Mit diesen Gesetzen würden nämlich angeblich die „jüdisch-UN-liberalen Verschwörer" versuchen, ihnen die letzte Möglichkeit einer Rebellion gegen die Zentralmacht zu verbauen. Die Verschwörer würden dem Volk unbedingt alle Waffen zur Verteidigung gegen den tyrannischen Staat nehmen wollen. Diese Waffenbesessenheit verbindet die Anhänger der Christian Identity natürlich mit der National Rifle Association (NRA). Die Rhetorik der NRA verschafft den paranoiden Ideen der Christian-Identity-Bewegung öffentliches Gehör und schürt die Ängste der Bewegung in Bezug auf die Waffengesetze.

Ende der 1990er Jahre hatte sich die Christian-Identity-Bewegung in der amerikanischen Öffentlichkeit als eine der führenden Stimmen der radikalen Rechten etabliert. Vorsitzender war Richard Butler, ehemals presbyterianischer Pfarrer, der oft „der große alte Mann einer Kultur des Hasses" genannt wird.[41] In Butlers Aryan-Nations-Gemeinschaft in Idaho lebten zwar nur ein paar Mitglieder auf einer acht Hektar großen Farm, aber seine Internetseite hatte täglich über 500 Besucher. Großzügig finanziert wurde die Bewegung von zwei Unternehmern aus Silicon Valley, Carl E. Story und R. Vincent Bertollinni. Es wird behauptet, dass ihre Organisation („The Eleventh Hour Remnant Messenger") allein 1999 eine Million Dollar zur Förderung des Gedankenguts der Christian Identity ausgegeben hat und dass ihr weitere fünfzig Millionen zur Verfügung stehen. Sie finanzierten etwa eine Massenpostsendung mit einem Videoband, auf dem Butler seine Theorie von der „Abstammungslinie reinen Blutes seit Adam" sowie der weltweiten Verschwörung zur Zerstörung dieser Linie erklärt.[42] Auch Gruppen wie Robert Matthews' „The Order" waren mit Butlers Gemeinde lose verbunden.

Am äußersten Rand der Christian-Identity-Bewegung finden sich einzelkämpferische Terroristen, etwa Buford Furrow, der einst in Butlers Gemeinde lebte und Matthews' Witwe heiratete, oder Benjamin Smith, der Heckenschütze vom 4. Juli 1999 in Illinois und Indiana. Er gehörte einer Christian-Identity-ähnlichen Kirche an, die aber andere Christian-Identity-Gruppierungen sowie die gesamte übrige Christenheit ablehnt. Und dann gibt es Leute wie Timothy McVeigh, dessen Gruppe im Grunde eine Anti-Organisation war, ein namenloses, engmaschiges Kader.

Aus Sicht dieser Terroristen und von Leuten wie Michael Bray, alles Anhänger der Christian Identity oder der Rekonstruktionslehre, befindet sich die Welt im Kriegszustand. Die Prediger der Christian Identity zitieren häufig die Bibelstellen, in denen der Erzengel Michael die Nachkommenschaft des Bösen zerstört, und wollen so auf einen heimlichen, wenngleich „kosmischen" Kampf zwischen den Mächten der Finsternis und des Lichts hinweisen.[43] Rekonstruktionalisten zufolge ist die Welt außerdem in einen großen moralischen Kampf verstrickt. „Es geschehen Morde, und die müssen wir stoppen" so Michael Bray. Für die Christian Identity gibt es einen verborgenen Krieg zwischen gigantischen Mächten des Bösen, Seite an Seite mit den Vereinten Nationen, den USA und anderen

Regierungen, und einer kleinen Gruppe Erleuchteter, die die unsichtbaren Feinde als satanische Mächte entlarvt haben und den Mut haben, sich ihnen im Kampf zu stellen. Lehnt Bray auch die Verschwörungstheorien der Christian Identity ab und kritisiert er besonders ihren Antisemitismus, so schätzt er doch ihr Engagement im Kampf gegen weltliche Erscheinungsformen des Bösen und das Beharren auf einer christlichen Gesellschaftsordnung.

Die Gewalt von Abtreibungsgegnern ist laut Michael Bray nicht das Ergebnis eines persönlichen Rachefeldzugs gegen abweichende moralische Ansichten anderer, sondern das einer großen religiösen Vision. Er sieht sich als Teil des Kreuzzugs einer christlichen Subkultur gegen die amerikanische Gesellschaft als ganze. Das theologische Arsenal der Christian Identity- und Rekonstruktionstheologen dient dabei zur Rechtfertigung von Gewalt im Kampf gegen die brutalen weltlichen (manchmal heißt es jüdischen) und satanischen Mächte.

Das landesweite Netzwerk um Mike Bray will mit seinen Aktionen demnach nur angemessen auf die institutionalisierte Gewalt einer repressiven weltlichen Regierung reagieren. Als er also mit Benzin übergossene Teppiche in Abtreibungskliniken anzündete, sahen seine Anhänger das nicht als Anschlag auf Bürgerrechte oder als hasserfüllte Kriminalität, sondern als Auftakt zu einem großen Verteidigungskampf gegen den Staat, als Wettbewerb zwischen spiritueller Wahrheit und heidnischer Finsternis, bei dem die moralische Natur Amerikas als einer gerechten Nation auf dem Spiel steht.

Katholiken und Protestanten in Belfast

Auch hinter den Unruhen in Nordirland steht zum Teil die Vision vom großen Kampf. Seit den frühen 1960er Jahren ist das Land den Terroranschlägen beider Konfliktparteien ausgesetzt. Im August 1998 wurden zwei Geschäfte und ein Pub in Belfast von Brandbomben zerstört; zwei Wochen später verwüstete eine riesige Autobombe die Innenstadt von Omagh. 24 Menschen starben. Spätestens zu diesem Zeitpunkt wurde klar, wie zerbrechlich der im Frühjahr dieses Jahres unter Vermittlung des ehemaligen US-Senators George Mitchell ausgehandelte Frieden war. Auf der einen Seite der „Troubles" stehen irische Nationalisten, die die sechs Grafschaften Nordirlands wieder mit der Republik Irland vereinen wollen, auf der anderen Seite Protestanten, die sogenannten Loyalisten, die seit Generationen in Nordirland leben und sich und ihr Land dem Vereinigten Königreich zugehörig fühlen. Es stehen sich also Katholiken und Protestanten gegenüber, aber geht es dabei wirklich um Religion?

Zwei Wochen vor den Bombenanschlägen fragte ich den führenden Sinn-Féin-Politiker Tom Hartley in Belfast danach. Hartley war in den 1970er Jahren aktiver Mitstreiter von Gerry Adams und Bobby Sands in der IRA gewesen.[44] Ich traf ihn 1998 als gewählten Stadtrat und Parteisprecher in Belfast. Hartley, ein sprachgewandter, nachdenklicher Mann, hat einen großen Kopf voll unbändiger Haare und spricht den breiten nordirischen Dialekt der Arbeiterklasse. Bei unserem Treffen trug er Jeans und ein offenes Hemd. Sein eigentliches Büro, die Parteizentrale, liegt im Herzen des katholischen Arbeiterviertels und Kriegsgebiets um die Falls Road. Vor dem Parteigebäude sind, wie ich am Vortag selbst sah, zum Schutz vor Autobomben riesige Steine aufgereiht. Als Stadtrat hat Hartley auch ein Büro im eleganten Belfaster Rathaus, das architektonisch an das Kapitol in Washington erinnert. In seinem Arbeitszimmer an der prächtigen Marmorrundhalle kochte der ehemalige katholische Terrorist Kaffee und sprach mit mir über die religiöse Seite des Nordirland-Konflikts.

Er stimme Gerry Adams prinzipiell zu, dass Republikaner wie er gegen eine Kolonialmacht kämpfen, was mit Religion nichts zu tun habe.[45] Ihr Ziel sei schlicht, die Briten loszuwerden. Das ganze Problem habe aber im 19. Jahrhundert eine religiöse Dimension gewonnen, als die Briten in Mengen Schotten und Engländer im Norden Irlands ansiedelten. Es ergaben sich Spannungen zwischen zwei Völkern mit unterschiedlicher Konfession und Mentalität. Die Probleme hätten sich wahrscheinlich zum Teil aus den verschiedenen „Denkprozessen" in der protestantischen und der römisch-katholischen Kultur und Tradition ergeben.

Katholiken wie er dächten „hierarchisch", so Hartley. Die irischen Katholiken sehen sich typischerweise als Teil einer großen Gemeinschaft, deren Anführer sich auf die Loyalität der Mitglieder verlassen können. Als Gerry Adams Anfang 1998 an den geheimen Friedensverhandlungen teilnahm, stand die Partei hinter ihm, ohne die Details der Vereinbarung zu kennen. Adams übernahm die Rolle eines „Erzbischofs", und die Genossen von Sinn Féin waren einverstanden.

So etwas sei für die Protestanten in Irland undenkbar. Sie sind demokratisch „bis zum Abwinken", meint Hartley, dass sie überall kleine lokale Machtzentren aufbauen und allen anderen Gruppen und Instanzen misstrauen. Die Protestanten hätten ihm und anderen Katholiken schon übel zugesetzt, so Hartley, aber er habe festgestellt, dass sie sich „gegenseitig noch viel übler zusetzen". Ihre Anführer kommen nicht durch Wahlen, sondern durch Charisma an die Macht. Ihre Macht sei zwar groß, aber nur von kurzer Dauer. Wenn ein Anführer stirbt oder abtreten muss, veranstalten die Protestanten „Faustkämpfe" um die Nachfolge. Der Bombenanschlag der „Real IRA" in Omagh habe jedoch gezeigt, dass es solche „Faustkämpfe" auch unter Katholiken gebe, denn das Attentat habe Gerry Adams genauso treffen wollen wie die Protestanten und die Regierung. Adams hat tatsächlich eine viel breitere Unterstützung in der katholischen Bevölkerung als irgendeine der Leitfiguren im zerstrittenen protestantischen Lager.

Der streitlustigste Protestantenführer ist ohne Zweifel Ian Paisley. Wie kein anderer hat er Religion in die politische Auseinandersetzung eingebracht und religiöse Ideen zur Legitimierung von Gewalt benutzt. Der aufwieglerische protestantische Pfarrer schottischer Abstammung und ehemalige Baptist wurde 1926 in Nordirland geboren, hat mit allen etablierten protestantischen Kirchen gebrochen und seine eigene gegründet, die Free Presbyterian Church, mit ihrer Kerngemeinde in der Martyrs Memorial Church an der Ravenhill Road in Belfast.[46]

Als ich mir das Innere der Kirche von Paisleys Mitarbeitern zeigen ließ, fielen mir neben der schlichten Schönheit des modernen Baus vor allem die krassen nationalistischen Symbole auf. Links und rechts neben der Kanzel befinden sich der britische Union Jack und die Flagge Nordirlands mit einer (zusätzlichen) Krone im Zentrum. Seitlich sind zwei Tafeln angebracht: Auf der einen steht der Schlachtruf der Loyalisten „For God and Ulster", die andere ist eine Gedenktafel zu Ehren von Protestanten, die im Kampf um die Einheit Nordirlands mit dem Vereinigten Königreich umgekommen sind. In einem Gang vor dem Kirchenraum stehen Büsten „großer Märtyrer der protestantischen Tradition", so Paisley, darunter Luther, Calvin, John Wesley und George Whitefield. In einem anderen Raum befinden sich Kirchenfenster, die bedeutende Szenen aus Paisleys Leben darstellen.

Paisley ist ein stürmischer, von sich selbst eingenommener Prediger, der sich einst so über Margaret Thatchers Friedensangebote an die IRA geärgert hat, dass er sie in einem Gebet verdammte; Paisley stimmte im Gottesdienst an: „Oh Herr, übe zornige Vergeltung an dieser bösen, verräterischen Lügnerin", und als wolle er Gott zu schnellem Handeln bewegen, fuhr er fort: „Gewähre uns eine Demonstration Deiner Macht."[47] Niemand kann sagen, ob Gott Paisleys Gebete erhört und sich an gemäßigten britischen Politikern, irischen Katholiken, der IRA, Sinn Féin und allen anderen, die Paisley stören, rächt. Klar ist aber, dass fanatische Anhänger Paisleys die göttliche Vergeltung selbst in die Hand nehmen.

Paisley engagiert sich auch international als Vorsitzender eines großen Netzwerks ähnlich gesinnter religiöser Konservativer, wodurch seine religiös gefärbten politischen Ansichten international ein wenig Glaubwürdigkeit und Unterstützung fanden. Jahrelang war er mit dem amerikanischen evangelikalen Prediger Bob Jones befreundet, dem Gründer der nach ihm benannten Universität in

Greenville in North Carolina. Gegenseitig traten Paisley und Jones in ihren Kirchen als Gastprediger auf und gründeten zusammen den World Congress of Fundamentalists als Opposition zum liberalen Weltkirchenrat. Paisley gründete auch das European Institute of Protestant Studies – es ist in seiner Kirche untergebracht – mit den erklärten Zielen „die Bibel auszulegen und das Papsttum bloßzustellen".[48] In der ersten Ausgabe des Instituts-Rundbriefs *The Battle Standard* („Die Kampfstandarte") war 1997 zu lesen, das Institut hoffe, „Korrespondenten aus der ganzen Welt für einen globalen Blick auf die Situation des Protestantismus zu gewinnen".[49] 1999 hatte Paisleys Konfession der Free Presbyterians bereits über 70 Kirchen und mehr als 12 000 Anhänger in zwölf Ländern, auch in Deutschland, Australien und den USA.

Und schließlich ist Paisley auch Politiker, was mit seinem religiösen Engagement in Nordirland einhergeht. In jüngerer Zeit hatte er sogar drei politische Ämter gleichzeitig inne: Er war Mitglied des britischen Parlaments und der neuen nordirischen Regionalversammlung sowie Vertreter Nordirlands im Europäischen Parlament. Weil er mit den „mäßigenden Impulsen" der größten protestantischen Partei Nordirlands, der Unionists, nicht einverstanden war, hat er seine eigene Partei gegründet, die Democratic Unionist Party (DUP). Zeitweise war die DUP kurz davor, die große Mutterpartei an Wählerstimmen zu übertreffen. Die Partei übte scharfe Kritik an Nordirlands erstem Ministerpräsidenten David Trimble.

Trimble, ein Erz-Unionist und Mitglied des militanten loyalistischen Oranierordens, war Paisley nicht loyalistisch genug. 1998 verurteilte Trimble einen geplanten Oranier-Marsch durch Ballymoney, kurz nachdem drei kleine Kinder bei einem Terroranschlag verbrannt waren – ihre Eltern führten eine katholisch-protestantische Mischehe. Paisley zog als einziger Politiker mit einer stark reduzierten Oranier-Parade aus Hardlinern durch das Städtchen. Als Trimble bei den Friedensverhandlungen unter George Mitchell Kompromissbereitschaft zeigte, nannte Paisley ihn einen Verräter.

Und als Trimble gemeinsam mit dem katholischen Politiker John Hume 1998 den Friedensnobelpreis erhielt, belächelte Paisley dies als „eine nette Farce".[50]

Gibt es eine Verbindung zwischen Paisleys religiösen und politischen Ansichten? Das fragte ich Stuart Dignan, Mitarbeiter in der Belfaster DUP-Parteizentrale. Er verneinte, denn die Mitglieder des Parteirats kämen aus verschiedenen Kirchen.[51] Er bestätigte aber, dass sie alle aktive Protestanten sind, die bei moralischen und politischen Themen mit Paisley übereinstimmen, etwa in ihrer Haltung zu Abtreibung und Homosexualität. Sie seien sich auch einig, dass Religion und Politik zusammengehören, und das drücke der Slogan „Für Gott und Ulster" aus.

Paisley selbst sagt deutlich, wie Gott und die Loyalität zu Ulster (Nordirland) zusammen gehören. Wie die Rekonstruktionstheologen zieht auch Paisley die Geschichte des Protestantismus für seine Vision eines religiösen Staates heran. Auch er beruft sich auf Calvins theokratisches Modell aus dem 16. und die calvinistischen Ideen George Whitefields aus dem 18. Jahrhundert. Wie die Christian-Identity-Bewegung sieht auch Paisley das Christentum von finsteren Mächten in Form von Regierungen und anderen gesellschaftlichen Gruppen bedroht. Nur sind es in Paisleys Fall nicht Juden oder andere „Rassen", sondern seine religiöse Opposition, die irischen Katholiken, sowie abtrünnige Protestanten. Paisley brandmarkt Katholiken als Überbringer „satanischer Täuschung" und beruft sich dabei auf die Schriften Calvins und John Wesleys.[52] In einer Predigt fragte er einmal, wo man Jesus Christus heute noch finden könne und antwortete schnell selbst: „Bestimmt nicht im Vatikan."[53]

Kritiker Paisleys debattieren darüber, ob seine Sprüche über den Katholizismus und sein Ruf nach göttlicher Vergeltung nur beißende Rhetorik sind oder ob sie auch tatsächliche Gewalt ausgelöst haben. Eine Weile lang arbeitete Paisleys DUP eng mit dem paramilitärischen Ulster-Resistance-Movement zusammen. Doch 1989 verurteilte Paisley den Terrorismus öffentlich und erklärte, er werde die Verbindungen zu der Gruppe kappen. Seitdem, so Dignan, betont die Partei, dass sie Gewalt ablehnt. Trotzdem haben sich ultramilitante Gruppen, etwa die Ulster Volunter Force, öffentlich zu Paisley bekannt. Dignan fügt aber hinzu, dass die Bewunderung der Terroristen für Paisley nicht unbedingt auf Gegenseitigkeit beruhe. Klar ist aber, dass die protestantischen Terrorgruppen geistige Nahrung und moralische Unterstützung aus Paisleys Aussagen beziehen. Billy Wright, ein verurteilter Terrorist, erklärte dem BBC-Reporter Martin Dillon, Paisley sei sein Held und ein großer Kämpfer für den Glauben.[54]

Als Dillon Wright direkt danach fragte, ob der Konflikt ein „Religionskrieg" sei, antwortete Wright: „Religion spielt mit rein." Er sei nämlich nicht nur verpflichtet, seine Glaubensbrüder zu verteidigen, auch mit Gewalt, sondern die Religion gebe ihm auch die Legitimation für Gewaltgebrauch. Er und seine protestantischen Kameraden hätten „das Recht, für die Wahrheit, an die wir glauben, zu kämpfen und zu sterben".[55]

Interessanterweise sagen Aktivisten auf der katholischen Seite über ihre Motivation und moralische Rechtfertigung genau dasselbe. Allerdings ist man sich dort über die Rolle der Religion nicht ganz so einig. Es ist teils Definitionssache. Manche meinen, die Religion sei einzig Sache der Kirche und habe mit der IRA nichts zu tun. Andere haben eine breitere Vorstellung von Religion als Teil der gesellschaftlichen Kultur und sehen den republikanischen Kampf als Kreuzzug.

Die meisten aktiven Mitglieder der IRA und der Sinn Féin sind streng katholisch erzogen und haben laut Hartley eine gemeinsame „irisch-katholische Kultur".[56] Auch einige katholische Priester und Nonnen haben die IRA aus dem Hintergrund unterstützt. Denis Faul meinte, der Hungerstreik des IRA-Führers Bobby Sands im Gefängnis sei „religiös motiviert" und „theologisch gerechtfertigt" gewesen.[57] Pater Faul erklärte weiter, dass die katholische Kultur der Iren ihnen die Fähigkeit gebe, zu töten und getötet zu werden, denn der Tod „ist ein Opfer" und „die Möglichkeit der Vergebung" mindert die Schuld des Tötens.[58] Auch der Ire Conor Cruise O'Brian, der beredt über die politischen Konflikte in der heutigen Welt schreibt, bestätigt die Rolle der Religion im irischen Nationalismus. Er meint, dass Religion und Nationalismus wie die „Lungen" seines Heimatlandes seien; man brauche eigentlich beide zum Überleben, mindestens aber eine.[59] Er beschreibt den Kampf der IRA als „starke Konvergenz von Religion und Nationalismus" und als „eine Art Heiligen Krieg".[60]

Vor dem Hintergrund der religiösen Dimension, die dem irischen Nationalismus von Leuten wie Hartley und O'Brian beigemessen wird, ist es wiederum erstaunlich, wie negativ die Aktivitäten der Republikaner von den oberen Rängen der Katholischen Kirche beurteilt werden – denn laut Paisley „steht Rom hinter dem ganzen Konflikt – das ist eine unbestreitbare Tatsache".[61] So unbestreitbar ist diese „Tatsache" freilich nicht, denn die katholische Kirchen-Führung hat die IRA und Sinn Féin von Anfang an abgelehnt. Die Kritik von Erzbischof Cahal Daly fiel mehr als beißend aus. Hartley erzählte mir, dass eine Gruppe katholischer Geistlicher in Nordirland eines Tages eine Petition unterschrieben hatte, in der die republikanische Position vage befürwortet wurde. Als ihre Namen veröffentlicht wurden, sorgte die Kirche sofort dafür, dass sie unauffällig in die Republik Irland in ruhigere Gefilde versetzt wurden.[62] Es wird behauptet, dass einige katholische IRA-Mitglieder mit ihren religiösen Verpflichtungen brechen wollten, um ihre terroristischen Aktivitäten nicht beichten zu müssen.[63]

Tom Hartley äußerte Verbitterung über die fehlende Unterstützung der katholischen Kirche für eine Bewegung, die seiner Meinung nach die katholische Kultur genauso fördert wie den irischen Nationalismus. Er nennt Beispiele für das Eindringen der Kirche in den Einflussbereich von Sinn Féin. Die Kirche bekam von der britischen Regierung Gelder für die soziale Fürsorge in der katholischen Kommunität. Das wäre laut Hartley eigentlich die Rolle von Sinn Féin gewesen. In gewisser Weise war die Kirche eine ideologische und politische Konkurrenz-Organisation zu den Republikanern.

Ich fragte Hartley, ob das nicht auch andersherum gelte, ob Sinn Féin nicht die katholische Kirche in manchem ersetzt habe, besonders als Sprachrohr der katholischen Kommunität und als moralische Stimme der Massen. Schließlich habe Sinn Féin Beratungsstellen eröffnet, sagte ich, wo Menschen Zuspruch und Unterstützung in Krisenzeiten bekommen können, eigentlich wäre das die Rolle der Kirche. Hartley antwortete, diese Beratungsstellen seien zunächst für politische und soziale Probleme zuständig, nicht für persönliche Fragen oder solche des Glaubens. Sinn Féin habe aber in gewisser Weise tatsächlich die moralische Führung übernommen, die die Kirche seiner Meinung nach aufgegeben hat. Sinn Féin hat also auf merkwürdige Weise Pionierarbeit für eine neue Art religiöser Gemeinschaft geleistet, eine Art irischen politischen Katholizismus.

Obwohl also Sinn Féin kein herzliches Verhältnis zur Kirche pflegt, hat die Partei in Nordirland eine gewisse Renaissance des Katholizismus bzw. der „katholischen Kultur" ausgelöst, so Hartley. Noch stärker hat Ian Paisley mit seiner Kirche und seiner Partei die protestantische Kultur und Mentalität in seiner Kommunität neu belebt. Auf beiden Seiten steht die Gewalt im Zusammenhang mit dieser neuerlichen Rolle der Religion im öffentlichen Leben. Darin unterscheiden sich die Aktivisten beider Seiten kaum. Sie unterscheiden sich auch nicht so sehr von ihren religiös aktiven Brüdern in den gewalttätigen Bürgerwehren und von den Abtreibungs-Gegnern jenseits des Atlantiks.

3   Verrat an Zion

Friedensverhandlungen mit Palästinensern seien „Verrat", so die Meinung jüdischer Aktivisten in Israel während der erfolglosen Friedensinitiative des damaligen amerikanischen Präsidenten Bill Clinton in Wye River.[1] Mitglieder des Rats jüdischer Gemeinden in Judäa, Samaria und Gaza nannten Israels Haltung eine „erbärmliche Kapitulation" und verkündeten, der israelische Premierminister sei „nicht mehr unser Anführer".[2] Ihr schriller Tonfall verschärfte das hasserfüllte Klima und führte zu einer Reihe gewalttätiger Demonstrationen gegen die bereits geschwächte Regierung, die schließlich dem Hardliner Benjamin Netanjahu weichen musste. Ein ähnlicher Umschwung nach Premierminister Ehud Baraks gescheiterten Verhandlungen mit Yassir Arafat führte 2000 und 2003 zur Wahl von Ariel Scharon. Wut und plötzlicher Aktivismus waren allerdings nicht allein Ergebnis des politischen Missmuts, sondern auch ein Ausdruck der Frustration über die Situation der Welt insgesamt. Die Ängste der Regierungsgegner waren ebenso persönlich wie politisch und auch auf fundamentale Weise höchst religiöser Natur.

Die Demonstrationen der Friedensgegner in den 1990er Jahren erschütterten zutiefst das Selbstverständnis vieler Israelis als eines toleranten, friedliebenden Volkes. Sie folgten der tragischen Ermordung von Premierminister Yitzhak Rabin durch Yigal Amir im Jahr 1995 sowie Baruch Goldsteins 1994 verübtem Anschlag am Grab der Patriarchen in Hebron und gingen den brutalen Vergeltungsschlägen der Scharon-Regierung gegen den so genannten palästinensischen Terror in den Jahren 2001 bis 2003 voraus. Hinzu kommt, dass die gewalttätigen jüdischen Aktivisten ihre Taten oft mit frommen Argumenten rechtfertigen, mit jüdischer Theologie, historischen Präzedenzfällen und Beispielen aus der Bibel. Aus der Sicht Amirs, Goldsteins und vieler Gleichgesinnter ist das jüdische Volk in einen Krieg mit einer kulturellen, politischen und militärischen Dimension verwickelt. Im Gespräch mit verschiedenen religiösen Aktivisten aus Israel wurde mir deutlich, dass sie nicht nur das politische Gebilde des Staates Israel verteidigen wollten, sondern eine uralte Vision der jüdischen Gesellschaft.

Yoel Lerner und die Ermordung Yitzhak Rabins

Ein solcher Aktivist mit dem Ziel einer jüdischen Gesellschaftsform in Israel war Yoel Lerner. Seine Ziele waren der Wiederaufbau des biblischen Tempels in Jerusalem, eine ausschließlich jüdische Besiedlung der West Bank und die Errichtung eines Staates nach biblischen Vorschriften. 1998 besuchte ich ihn in seinem bis zur Decke mit Büchern vollgestopften Büro im Herzen der ummauerten Altstadt von Jerusalem. Lerner, der zu diesem Zeitpunkt durch die Ermordung Rabins und die anschließenden Erfolge konservativer Kandidaten der Likud-Partei sichtlich beflügelt war, musste Netanjahus späteren Auftritt in Wye River 1998 und Baraks Verhandlungen mit Arafat 1999/2000 als herben Rückschlag erleben. Als ich mit ihm sprach, hatte er gerade Rabins Mörder Yigal Amir im Gefängnis besucht bzw. hatte es versucht, war aber nicht vorgelassen worden. Stattdessen brachten Lerner und einige seiner Mitstreiter Amir einen Kuchen zu seinem 27. Geburtstag, sangen vor dem Gefängnis „Happy Birthday" und ließen sich dabei von Fotografen und Fernsehkameras ablichten. Er erklärte mir, die Gesetze Israels untersagten ihm, Yigal Amir öffentlich zu unterstützen. Selbst in einer privaten Unterhaltung „darf ich ihn nicht Held, Patriot oder Märtyrer nennen", erläuterte Lerner in einem Ton, der mir zeigte, dass er Amir für alles das hielt.[3]

Yoel Lerner, der eine dicke Brille und einen langen Bart trägt, ist kräftig gebaut und gleicht im Aussehen einem Rabbiner. Mit sei-

nem energischen amerikanischen Akzent spricht er gerne über israelische Politik, und er verfügt über das, was Ehud Sprinzak, einer
der besten Kenner der religiösen Rechten in Israel, als „logisch fol-
gernden Verstand" bezeichnet.[4] Es war bereits mein drittes Gespräch mit Lerner in den vergangenen zehn Jahren, und jedes Mal
hatten wir über seine neuesten Pläne oder die bevorstehende Gründung einer Partei zur Wiederbelebung des jüdischen Nationalismus
gesprochen – Pläne, die in der Vergangenheit schon öfter gescheitert waren. Doch jetzt wirkte er optimistischer. Mein erstes Gespräch mit ihm hatte 1989 stattgefunden. Damals hatte er gerade
eine Haftstrafe wegen der Beteiligung an der versuchten Sprengung
des Felsendoms, der heiligen Stätte der Muslime, abgesessen, der
angeblich genau an der Stelle steht, wo vor fast 2000 Jahren der
große jüdische Tempel zerstört worden war. Mehrfach unternahm
er später den Versuch, eine politische Partei zu gründen, er leistete
Widerstand gegen die Übergabe eines Teils der West Bank an die
arabische Verwaltung und bemühte sich um Unterstützung für die
Wiederherstellung des Tempelbergs in Jerusalem in seiner ur-
sprünglichen Form.[5]

Aus politischen und religiösen Gründen sind Lerner und seine
Frau vor ein paar Jahren in die Altstadt von Jerusalem gezogen.
Die Wohnung lag in der Nähe der Ausstellung der Tempelschätze,
einer modernen Touristenattraktion, die zeigt, wie der Tempel zu
biblischen Zeiten wahrscheinlich ausgesehen hat. Direkt daneben
ließ Lerner Kandidaten für ein wiederbelebtes Priestertum auftreten, man baute Musikinstrumente nach und stellte Priesterroben,
Schmuck und alles für religiöse Opfer Nötige zusammen. Man
wollte für die Fertigstellung des Tempels gerüstet sein, wobei sich
die Beschaffung der „roten Färse", eines Bestandteils der Tempelri-
ten, am schwierigsten gestaltete. Biologen bescheinigten Lerner
aber schließlich, dass man in der Lage sei, eine Sorte Vieh mit röt-
lich-braunem Fell zu züchten, die mit etwas Phantasie als rot im
biblischen Sinne durchgehen könne.

Das alles war Yoel Lerner sehr wichtig, denn er glaubte an eine

Art messianischen Zionismus, demzufolge der prophezeite Messias erst dann erscheinen werde, wenn der Tempel aufgebaut und für ihn vorbereitet sei. Der Tempel ist also nicht etwa nur Ausdruck einer kulturellen Nostalgie, sondern aus religiöser Sicht von höchster Bedeutung. Viele biblische Gesetze, so Lerner, beziehen sich auf Tempelrituale, die die Juden ohne Tempel überhaupt nicht befolgen können.[6] In Lerners Augen hängt die Erlösung der gesamten Welt vom Handeln der Juden ab, die die Bedingungen für eine messianische Rettung schaffen sollen.

Der Ort des biblischen Tempels wurde oft direkt unter der heiligen Stätte der Muslime, dem Felsendom, vermutet. Lerner versicherte mir aber, dass der Tempel nach neuesten archäologischen Erkenntnissen ein Stück neben dem Dom gestanden habe, zwischen ihm und der al-Aqsa-Moschee, weswegen die heilige Stätte der Muslime nicht vollständig zerstört werden müsse. Sprinzak meint, Lerner habe zum damaligen Zeitpunkt „das Kommen des Messias schon nicht mehr ganz so ungeduldig herbeigesehnt wie früher".[7] Nichtsdestotrotz war eine vollständige jüdische Kontrolle über die heilige Stadt für Lerner unabdingbar, und jedwedes Aufgeben biblischen Landes betrachtete er als Ketzerei. Gemeint war die Überlassung eines Teils der West Bank an die palästinensische Verwaltung, weshalb Lerner auch so enttäuscht über die Friedensverhandlungen mit den Arabern war, sich todunglücklich über die Osloer Friedensvereinbarungen zwischen Rabin und Arafat zeigte und die Ermordung Rabins durch Yigal Amir für moralisch gerechtfertigt hielt. In einem früheren Gespräch, einige Wochen vor Rabins Ermordung, sagte er mir, Israel habe seiner Meinung nach eine völlig falsche Richtung eingeschlagen, nicht nur in politischen Sicherheitsfragen, sondern vor allem hinsichtlich seines religiösen Auftrags. Später erzählte er mir, in den Monaten vor Rabins Ermordung habe es hitzige Diskussionen über die religiöse Rechtfertigung von politischen Morden – „Exekutionen", wie er es nannte – an jüdischen Politikern gegeben, deren Handeln als gefährlich und unverantwortlich angesehen werde, weswegen sie de facto Feinde des

Judentums seien. Deshalb habe ihn der Mord „nicht überrascht". Er wunderte sich nur, dass „es nicht schon früher passiert ist".[8]

Am Abend des 4. November 1995 diskutierte Israels Premierminister Yitzhak Rabin auf dem Weg zu einer großen Friedensversammlung auf dem Rathausplatz von Tel Aviv mit seiner Frau Leah, ob er sich in Gefahr befinde und welche Vorsichtsmaßnahmen nötig seien. Aufgrund seiner Friedensinitiative befürchtete Rabin Vergeltungsschläge seitens militanter Hamas-Mitglieder. Zwar wussten Rabin und seine Frau, dass der Friedensprozess militante Gegner auch auf jüdischer Seite hat, doch „haben wir uns im Traum nicht vorgestellt", so erzählte mir Leah Rabin, „dass uns ein Jude angreifen würde. Wir hielten es einfach nicht für möglich, dass ein Jude einen anderen töten würde."[9]

Vor 100 000 jubelnden Menschen sprach Rabin davon, dass Israel an den Frieden glaube und bereit sei, „dafür Risiken einzugehen".[10] Beobachter beschrieben diesen Auftritt als einen Höhepunkt seiner politischen Karriere, der ihm auch persönlich viel bedeutete. Kurz darauf verließ er die Bühne und ging zu seinem Auto, wo ein Student der konservativen Bar-Ilan-Universität in Tel Aviv eine Pistole auf den Premierminister richtete und ihn aus nächster Nähe erschoss. Während Rabin auf dem Gehweg neben seinem Auto starb, nahm die Polizei Yigal Amir fest. Er sagte, er „bereue nichts" und habe „allein nach den Befehlen Gottes gehandelt".[11]

Amir, ein ehemaliger israelischer Frontsoldat und Student des jüdischen Rechts, sagte später aus, die Ermordung des Premierministers sei von langer Hand geplant gewesen. Schon zweimal habe er es versucht, doch seien die Bedingungen nicht optimal gewesen. Seine Entscheidung, den Premierminister umzubringen, sei von der von militanten Rabbinern erlassenen Din-Rodef-Doktrin beeinflusst gewesen, die den Mord an „Verfolgern" des jüdischen Volkes nach einem aus der Thora abgeleiteten halachischen Gesetz aus dem 12. Jahrhundert erlaubt.[12] Dieses Prinzip stelle eine moralische Verpflichtung für jeden Juden dar, denjenigen, der eine „tödliche Gefahr" für Juden sei, aufzuhalten. Eine solche Gefahr sei von

Rabins Entscheidung, den palästinensischen Behörden einen Teil der West Bank zu überlassen, ausgegangen.

Yoel Lerner sagte mir, die Din-Rodef-Doktrin sei eigentlich keine hinlängliche Rechtfertigung für den Mord gewesen, denn hierfür hätte man Rabin die Absicht nachweisen müssen, Juden umzubringen. Lerner und seine Freunde nannten deswegen drei andere Gründe zur besseren Rechtfertigung von Rabins „Hinrichtung". Erstens sei Rabins Regierung „illegitim" gewesen, da sie aus einer Koalition liberaler jüdischer und arabischer Gruppen bestanden und heimlich mit der PLO verhandelt habe. Zweitens sei Rabins Politik „antijüdisch" gewesen, wodurch jüdische Autorität verloren gegangen sei. Und drittens habe Rabin, indem er jüdisches Land habe aufgeben wollen, „Verrat" begangen. Und Verrat müsse im Kriegszustand, in dem sich Israel Lerner zufolge befindet, mit der Todesstrafe bestraft werden.

Als Lerner und seine Kollegen auch Netanjahu des „Verrats" bezichtigten, fürchteten viele Israelis, das Klima des Hasses, dem Rabin zum Opfer gefallen war, sei zurückgekehrt.[13] Lerner, der wusste, dass man ihm leicht Anstiftung zur Gewalt anhängen konnte, war in seiner Wortwahl vorsichtig. Als er seine Reaktion auf die Nachricht von Rabins Ermordung beschrieb, sprach er in Metaphern. Er habe sich so erleichtert gefühlt, als sei „ein führerloser Zug" unter Kontrolle gebracht worden. Der Zug sei „angehalten" worden.[14] Jemand musste es tun, so Lerner, und Yigal Amir verdiene, als Nationalheld verehrt zu werden.

Und deshalb boten Lerner und sein Gefolgsmann Avigdor Eskin Amir vor dem Gefängnis ein Geburtstagsständchen dar. Yigal Amir ist auch ein Ehrenplatz an Lerners Wand gewidmet. In einer kleinen Lücke zwischen den vielen Bücherregalen hängen ein paar Bilder, darunter eines von Amir mit den hebräischen Worten: „Der Mann, der den Zug stoppte und die Nation von dem Bösen erlöste". Die anderen Personen auf den Bildern seien alle tot, Märtyrer im Kampf um die Freiheit der Juden, darunter auch Rabbi Meir Kahane und Baruch Goldstein. Beide seien umgebracht worden, weil ihre Feinde sie nicht nur als jüdische Freiheitskämpfer, sondern auch als Gegner des weltlichen Staates sahen. Und, so fügte ich hinzu, als jüdische Terroristen.

Baruch Goldsteins Anschlag am Grab der Patriarchen

Wie Yoel Lerner war auch Baruch Goldstein der Auffassung, die israelischen Juden seien Opfer einer Unterdrückung im eigenen Land, jedoch war in seinem Fall die Präsenz der Araber auf der West Bank keine ferne Bedrohung. Goldstein lebte dort, und täglich konnte er erleben, wie die Araber ihren vermeintlichen Anspruch auf das Land, das sie bewohnten, arrogant – so sein Eindruck – zur Schau trugen. Mit wachsendem Zorn beobachtete er, wie palästinensische Araber immer häufiger seine Mitbewohner von Kiryat Arba angriffen, einer Siedlung religiös aktiver Juden nahe der antiken Stadt Hebron oder al-Khalil, wie sie von ihrer fast ausschließlich palästinensisch-muslimischen Bevölkerung genannt wird. Goldstein, ein aus den USA stammender Arzt, genoss in der Siedlung großes Ansehen, er war gewählter Stadtrat, und das Militär benachrichtigte ihn, wenn ein jüdischer Siedler in der Umgebung überfallen worden war; im Gegenzug meldete er den Behörden, wenn es Schwierigkeiten in der Siedlung gab. Er protestierte dagegen, dass Autos jüdischer Siedler auf der Hauptstraße nach Jerusalem mit Steinen beworfen worden und mehrere Siedler dabei umgekommen waren. Nachts hörte er die Lautsprecherdurchsagen von einer Moschee auf der anderen Seite des Zauns seiner Siedlung, und manchmal vernahm auch er den schrecklichen Ruf *„Itbah al-yahud"* („Schlachtet die Juden").[15]

Am 24. Februar 1994, am Abend vor Purim – dem Fest zur Feier der Rettung der Juden vor der Auslöschung durch ihre Unterdrücker – ging Goldstein zur Grabstätte der Patriarchen in Hebron/ al-Khalil. Sie befindet sich über der Höhle von Machpelah, der angeblichen Begräbnisstelle von Abraham, Sarah, Isaak und anderen biblischen Gestalten, die von den drei so genannten abrahamitischen Glaubensrichtungen Judentum, Christentum und Islam verehrt werden. Die Grabstätte ist ein großes, festungsartiges Gebäude aus Stein, in dem sich Gotteshäuser sowohl für Muslime wie auch für Juden befinden. Im 7. Jahrhundert stand an diesem Ort die Moschee des Ibrahim (Abraham auf arabisch). Goldstein ging auf die jüdische Seite, wo sich Gläubige für eine Lesung der Schriftrolle des Buches Esther versammelten, wie es am Vorabend des Purimfests üblich ist. Seine Meditation wurde aber von heftigem Geschrei von draußen gestört. Wieder hörte er die schrecklichen Worte „itbah al-yahud", diesmal von arabischen Jugendlichen. Goldstein, der sah, dass die bewaffneten Wächter der israelischen Regierung die Unruhe ignorierten, war entrüstet über diese Beleidigung des Judentums und des jüdischen Volkes.

Er hatte genug. Am nächsten Morgen, am Purimtag, ging er noch vor Sonnenaufgang zur Grabstätte zurück und betrat die Moschee auf der muslimischen Seite, in der die Gläubigen gerade zum Morgengebet versammelt waren. Goldstein zog ein Sturmgewehr aus seinem Mantel und schoss ziellos in die Reihen der knienden Männer und Jungen. Er feuerte 111 Schüsse in die Menge, tötete dabei über dreißig Betende und verletzte Dutzende; schließlich wurde er von der Menge überwältigt und zu Tode geprügelt. Als es von einer Schießerei in der Moschee hörte, versuchte das israelische Militär, wie so oft, wenn es Probleme mit den jüdischen Siedlern gab, Goldstein zu kontaktieren. Sie wollten ihn warnen, dass es Ärger geben könne, wählten seinen Piepser an und warteten vergeblich auf eine Antwort.

Einige Monate später besuchte ich die aufwändige Gedenkstätte, die für Goldstein in der Nähe seines Wohnortes in Kiryat Arba gebaut worden war, und sprach mit Yochay Ron, einem freiwilligen Wächter. „Goldstein hat genau das Richtige getan", erklärte mir der mit Bluejeans, einem weißen T-Shirt und einem bestickten Käppchen bekleidete dünne junge Mann, ein Maschinengewehr unter dem Arm.[16] Trotz eines heftigen Gewitters hatten mehr als 1000 der 6000 Siedler an Goldsteins Beerdigung teilgenommen, und wenig später wurde das Grab zur Gedenkstätte ausgebaut. Der Platz um die erhöhte Granittafel wurde betoniert und mit dekorativen Straßenlaternen eingefasst. Yochay Ron war einer von mehreren Freiwilligen, die den Platz Tag und Nacht bewachten und Besuchern seine Bedeutung erklärten.

Nach Rabins Ermordung wendete sich die öffentliche Stimmung gegen Extremisten wie Goldstein. Daraufhin versuchte die Regierung den Bau einer Gedenkstätte an Goldsteins Grab zu unterbinden, indem ein solcher Bau am Grab von Mördern generell verboten wurde. Yoel Lerner und seine Mitstreiter protestierten gegen das Gesetz und meinten, dies müsse dann auch für Rabins Grab gelten, denn Rabin habe die Ermordung von Juden bei den Ereignissen um die „Altalena" nach der Gründung Israels 1948 autorisiert.[17] Auf dem Berg Herzl, gegenüber von Rabins Grab, organisierten Lerner und seine Mitstreiter eine Wache, und weil es ihnen untersagt war, mit ihren Plakaten direkt Bezug auf den ermordeten Premier zu nehmen, schrieben sie, um ihr Anliegen zu verdeutlichen: „Du sollst nicht töten".

Als ich Goldsteins Grab 1995 besuchte, war es ein beliebtes Ausflugsziel für Mitglieder der jüdischen Rechten. Yochay Ron wie auch Yoel Lerner betrachteten Goldstein als Patrioten. Er werde Goldstein als Führungsfigur in der Gemeinschaft zwar vermissen, aber er habe sich „gut gefühlt", als er von seiner Tat gehört habe. Er bedaure nur, dass der Tod Goldsteins keinen größeren strategischen Effekt gehabt und die Araber nicht aus Hebron/al-Khalil vertrieben habe. Während wir sprachen, sahen wir Araber zum Grab der Patriarchen gehen, um in der Ibrahim-Moschee ihr tägliches Morgengebet zu verrichten. Ron sagte, er und alle Juden ständen „im Krieg mit den Arabern", und der Frieden werde erst kommen, wenn die Araber verschwunden seien und das gesamte biblische Land wieder den Juden gehöre.

Der etwa dreißig Jahre alte Ron wurde in einem kleinen Ort am See Genezareth im nördlichen Israel geboren. Von Jugend an sehr fromm, besuchte er eine *Yeshiva*, eine Religionsschule. Als er von der neuen Siedlung hörte, die an der West Bank bei Hebron von messianischen Zionisten gebaut wurde, beschloss er, an diesem „großen religiösen Abenteuers" teilzunehmen. 1979 kroch eine kleine Gruppe von jüdischen Frauen und Kindern aus Kiryat Arba durch das Fenster eines verlassenen Krankenhauses in Hebron, besetzte es illegal und gründete dort die jüdische Siedlung Beit Hadassah.[18] Begeistert schloss Ron sich ihnen an, und mit der Zeit wuchs die Gemeinschaft auf über fünfzig Familien; knapp 500 Juden lebten in einer festungsartigen Enklave inmitten einer Stadt mit mehr als 100 000 arabischen Muslimen.

Fast alle Bewohner von Beit Hadassah hatten einen religiösen und politischen Hintergrund: Sie wollten zeigen, dass Hebron/al-Khalil noch immer jüdisch ist. Dasselbe wollten die Siedler vom benachbarten Kiryat Arba ausdrücken wie auch Tausende weiterer Siedler auf der West Bank, Anhänger der Gusch-Emunim-Bewegung und Mitglieder der Kach-Partei, die von dem ermordeten Rabbi Meir Kahane angeführt worden war. Aber nicht alle jüdischen Siedler auf der West Bank, auf den Golanhöhen und im Gazastreifen haben das Land aus religiösen Gründen besetzt. Viele wollten einfach dort wohnen, wo sie es sich leisten konnten, darunter auch russische Emigranten, die nicht nur wegen der Diskriminierung in der Sowjetunion nach Israel zogen, sondern auch weil sie hier auf ein besseres Leben hofften. Yochay Rons Frau ist eine solche russische Emigrantin, eine attraktive blonde Frau, die vor ein paar Jahren aus der Sowjetunion gekommen ist. Sie begleitete einen Bus voller frisch eingetroffener russischer Einwanderer, der gerade hielt, als ich mich mit Ron unterhielt. Als handele es sich um eine wichtige Sehenswürdigkeit, führte sie die Emigranten zu Goldsteins Grabstätte und versuchte ihnen in ausdrucksstarken russischen Worten die religiöse Wichtigkeit von Goldsteins Tat zu vermitteln. Ron sagte mir, sie erkläre auch, warum jüdische Siedlungen auf der West Bank so wichtig seien, warum der jüdische Glaube untrennbar mit dem Land verbunden sei und dass die Befreiung des Landes Voraussetzung für die religiöse Befreiung sei.

Yochay Ron stimmte ihr voll und ganz zu. Das biblische Land, besonders die antiken Stätten auf der West Bank, seien heilig, und die Juden seien von Gott dazu verpflichtet, sie zu besetzen. Ron erwähnte, er habe einmal arabische Drogendealer in einer Gasse hinter der Siedlung Beit Hadassah beobachtet – in seinen Augen ein Beispiel dafür, wie die Muslime das heilige Land entweihten. Durch den Friedensprozess, die Einführung der palästinensischen Autonomiebehörde und einer arabischen Polizei hat der Einsatz von Ron und den anderen religiösen Siedlern an Dringlichkeit nur gewonnen. Als Rivka Zerbib, eine jüdische Siedlerin aus Hebron, zum ersten Mal bewaffnete palästinensische Polizisten sah, soll sie sich „gedemütigt" gefühlt haben, „weil die nicht hierher gehören".[19]

Was für uns rassistisch klingen mag, halten sie und andere aktive religiöse Siedler nicht für anti-arabisch, sondern für pro-jüdisch. Folgt man ihnen, so verteidigen sie nur ihren Glauben, so dass Yochay Ron Goldsteins Mord an unschuldigen betenden Muslimen z. B. folgendermaßen begründen kann: „Alle Araber, die hier leben, stellen eine Bedrohung für uns dar." Sie seien so gefährlich, „weil sie die Existenz der jüdischen Gemeinschaft auf der West Bank bedrohen".[20]

Meir Kahane und jüdische Rechtfertigungen für Gewalt

Die Auffassung, eine palästinensische Regierung an der West Bank stelle nicht nur eine Bedrohung für den Staat Israel, sondern auch für die Juden allgemein und das Judentum als Religion dar, erläuterte mir vor einigen Jahren Rabbi Meir Kahane.[21] Kahane war der Gründer der rechtsgerichteten israelischen Kach („Auf diese Weise") Partei, und auch sein Bild schmückte die Wand in Yoel Lerners Büro. Kahanes Ideen übten einen starken Einfluss auf die radikale Eyal-Bewegung aus, der Yigal Amir zugerechnet wird. Baruch Goldstein übernahm Kahanes Ideen, verehrte ihn als Held und war ein treues Mitglied seiner Partei. So ist es kein Zufall, dass Goldsteins

Grab direkt neben dem nach dem als Märtyrer verehrten radikalen Rabbi benannten Kahane-Platz in Kiryat Arba gebaut wurde.

Am 18. Januar 1989, ein Jahr vor seinem Tod, konnte ich mit Rabbi Meir Kahane im direkten Anschluss an eine Versammlung im Ballsaal des Sheraton Hotel in Jerusalem sprechen, wo er die bevorstehende Gründung des neuen Staates Judäa verkündet hatte. Damals deuteten israelische Politiker zum ersten Mal eine Lösung der Probleme mit den Palästinensern an, basierend auf dem Konzept „Land für Frieden". Ein Großteil der West Bank sollte an eine palästinensische Autonomiebehörde übergeben werden, was schließlich zur Gründung eines Palästinenserstaats führen konnte. Kahane hatte die Idee, dass er, sobald Israel Land aufgebe, dieses Land sofort für seinen neuen Staat Judäa beanspruchen werde. Ich besuchte die Versammlung mit Ehud Sprinzak und einigen seiner Studenten von der Hebräischen Universität. Kahane kam mit einer neuen Flagge, die einen stilisierten Davidsstern auf blau-weißen Hintergrund zeigte und an der Wand des pompösen Ballsaals aufgehängt wurde. Mehrere hundert Teilnehmer kamen zu der Veranstaltung, die meisten davon waren Siedler von der West Bank und Anhänger der Gush-Emunim-Bewegung. Nicht alle waren mit Kahanes Führungsrolle einverstanden, und es wurde deutlich, dass die Idee eines neuen Staates eher eine symbolische Drohgebärde als ein tatsächliches politisches Ziel darstellte. Und doch erlaubte es der Vorschlag, der eine gewisse emotionale Anziehungskraft besaß, den Anwesenden, ihren Unmut über die bevorstehende Übergabe ihres Wohnorts an die Palästinenser loszuwerden. Auch brachten sie vehement ihre Gefühle hinsichtlich der historischen und religiösen Bedeutung der jüdischen Präsenz auf der West Bank zum Ausdruck.

Nach der Versammlung begab ich mich mit Rabbi Kahane an einen relativ ruhigen Ort in der Hotellobby. Nur gelegentlich wurde unser Gespräch von Anhängern Kahanes unterbrochen, zum Beispiel von einem schüchternen amerikanischen Jungen, der Kahane erzählte, er stamme aus dem selben Viertel von New York wie er selbst, sei ein großer Bewunderer von ihm und wolle sich seiner Bewegung anschließen, sobald er alt genug sei. In seinem unverkennbaren Brooklyner Akzent sprach Kahane eine Weile lang mit dem Jungen über amerikanischen Baseball, um sich dann wieder meinen Fragen zur Rolle der Religion im israelischen Nationalismus zuzuwenden. Der gebürtige New Yorker, der auf eine lange Geschichte des politisch-jüdischen Aktivismus zurückblicken konnte, hatte in den 1960er Jahren in den USA zu den Gründern der Jewish Defense League (JDL), einer gegen den Antisemitismus ausgerichteten Bewegung, gehört.[22] Eine Weile lang arbeitete er auch als FBI-Informant und übermittelte Informationen über die radikalen Gruppen, in denen er verkehrte. Nachdem er 1971 nach Israel ausgewandert war, wandte er sich einer mehr messianisch ausgerichteten Vision jüdischer Politik zu und gründete 1974 die Kach-Partei. Gegenüber Gegnern des Judentums schlug er eine harte Linie ein, was im liberalen politischen Klima der USA, wo die Juden eine Minderheit darstellen, gut funktioniert hatte. Dort wurde die JDL von den Medien als jüdisches Äquivalent zu den Black Panthers gesehen, als Gruppe, die für die Rechte einer unterdrückten Minderheit einstand. In Israel hingegen waren die Juden an der Macht, so dass Kahanes Feindseligkeiten hier oft wie rassistische Intoleranz wirkten und von manchen als eine Art jüdischer Nazismus bezeichnet wurden. Was er über Araber sagte, wurde Wort für Wort mit den Aussagen Hitlers über Juden verglichen, wobei eine oft erschreckende Ähnlichkeit zutage trat.[23] Eine Kahane-Biographie aus den 1980er Jahren trägt den boshaften Titel *Heil Kahane*.[24] 1984 wurde er in die Knesset gewählt, seine Partei wurde aber 1988 nach Ablauf seiner Amtszeit aufgrund ihrer „rassistischen" und „undemokratischen Positionen" verboten.[25]

Ehud Sprinzak beschreibt den Kern von Kahanes Denken als „katastrophischen Messianismus"[26], der auf der Idee gründet, der Messias werde im Zuge eines großen Konflikts erscheinen, aus dem die Juden triumphierend hervorgehen und Gott mit ihren Siegen lobpreisen würden. So verstand Kahane den Begriff *kiddush ha-Shem*, die „Heiligung (des Namens) Gottes". Jede Verletzung jüdischen Ehrgefühls sei nicht nur peinlich, sondern gleiche einer Rückwärtsbewegung im Streben der Welt nach Errettung. Deshalb war Baruch Goldstein an dem Abend, bevor er die Moschee am Grab der Patriarchen betrat und unschuldige Muslime erschoss, auch so außerordentlich verstört. Gemäß Kahanes Lehre wurden er und alle Juden durch den Spottruf der arabischen Jugendlichen „Schlachtet die Juden" zutiefst gedemütigt, zumal diese Beleidigungen von den israelischen Wachen weder erwidert noch gestoppt wurden.

Diese Denkweise war nicht allein Kahane eigen. Schon seit der Gründung Israels liebäugelten Zionisten mit der Vorstellung, der derzeitige weltliche Staat Israel sei nur der erste Schritt bei der Wiederherstellung des biblischen Israel.[27] Laut dem Oberrabbiner für Palästina aus der Zeit vor der Staatsgründung Avraham Yitzhak ha-Kohen Kuk ist das weltliche Israel der Vorreiter für einen zukünftigen religiösen Staat; das heutige Israel trage einen „heimlichen Lebensfunken" des Heiligen, ein von Kuk verwendetes jüdisch-mystisches Konzept.[28] Nach dem Sechstagekrieg von 1967 erfuhr der messianische Zionismus großen Zulauf. Der militärische Sieg löste große nationale Euphorie aus, und das Gefühl entstand, Israel entwickele sich plötzlich in eine expansive und triumphale Richtung. Jüdische Nationalisten, die sich Kuks Theologie zugewandt hatten, glaubten, die Geschichte bewege sich in großen Schritten auf die göttliche Erlösung und die Wiederherstellung des biblischen Staates Israel zu.

Der Unterschied zwischen dem messianischen Zionismus eines Kahane und dem Kuks liegt darin, dass Kahane auch nicht den geringsten religiösen Funken im weltlichen Staat Israel entdeckte. Auch andere jüdische Konservative vertreten die Ansicht, das biblische Israel werde noch kommen, doch Kahane glaubte, die Errichtung des biblischen Israel stehe unmittelbar bevor, und an seinen Anhängern liege es, dieses messianische Ereignis herbeizuführen. Hierbei war Kahanes Vorstellung von *kiddusch ha-Shem* höchst bedeutsam: Der Triumph der Juden und die Demütigung ihrer Feinde diene der Lobpreisung Gottes und mache das Kommen des Messias wahrscheinlicher.

Demnach ist jeder, der den Prozess der Wiederherstellung der biblischen Nation behindert, ein Feind Israels. Dazu zählen vor allem die Araber, die das Land bewohnen, das die Juden zur Wiederherstellung der biblischen Grenzen Israels zurückfordern; aber auch weltliche Juden, die die Vorstellung eines biblischen Israel nicht haben, sind hierzu zu rechnen. Kahane erklärte mir, er hasse die Araber nicht; er „respektiere sie" und wünsche ihnen, dass sie „nicht in Schande in einem besetzten Land leben müssen".[29] Darum sollten sie gehen. Das Problem sei nicht, dass sie Araber, sondern dass sie Nicht-Juden seien, die an einem Ort lebten, den Gott für das jüdische Volk ausersehen habe.[30]

Der Kampf von Kahane und der JDL gegen eine arabische Einflussnahme in der Politik beschränkte sich nicht auf den Nahen Osten. 1985 trat der Anführer des amerikanisch-arabischen Antidiskriminierungskomitees Alex Odeh in der amerikanischen Fernsehsendung *Nightline* im Streitgespräch mit einem Vertreter der JDL auf. Kurz darauf wurde er auf mysteriöse Weise in seinem Büro in Santa Ana in Kalifornien ermordet. Die drei Hauptverdächtigen – Robert Manning, Keith Fuchs und Andy Green – gehörten alle der JDL an und flohen umgehend nach Israel, wo sie sich seither der strafrechtlichen Verfolgung entziehen. Auch dort fielen sie im Zusammenhang mit antiarabischen Vorfällen auf. Manning schloss sich der Siedlung Kiryat Arba bei Hebron an, und alle drei wurden aktive Anhänger Meir Kahanes.[31]

Er habe nichts gegen die Araber, versicherte mir Kahane, aber nichts verachte er so sehr wie den weltlichen Staat Israel. Als er mir sagte, er liebe alle Juden, aber „die weltliche Regierung ist der Feind"[32], nahm er damit den Hass vorweg, der einen religiösen Juden wie Yigal Amir dazu bringen sollte, den israelischen Premierminister zu ermorden. Die Befürworter des weltlichen Staats stellten ein ernstes Hindernis für das Kommen des Messias dar. „Wunder geschehen nicht von alleine", sagte Kahane über das Kommen des Messias, „sie werden herbeigeführt." Er glaube, dass seine Anstrengungen und die seiner Anhänger „den Verlauf der Geschichte" verändern würden.[33]

Wenn dabei Gewalt nötig sei, so Kahane, dann solle es so sein. Und einer seiner Mitstreiter erklärte, „Gewaltanwendung" für religiöse Ziele stelle „kein Problem" für sie dar.[34] Es gebe ja schließlich nach jüdischem Recht zwei Arten von legitimem Krieg: den nötigen und den erlaubten. Der eine sei eine notwendige Verteidigungsmaßnahme, der andere könne aus Staatsraison geführt werden. Ob die Bedingungen für einen erlaubten Krieg gegeben seien, entscheide ein Ältestenrat – der Sanhedrin – oder ein Prophet. Im Falle eines nötigen Kriegs liege die Entscheidung bei einer Regierung, die nach dem jüdischem Gesetz, der Halacha, handelt. Da es in heutiger Zeit aber weder den Sanhedrin noch den Halacha-Staat gebe, müsse die Entscheidung bei einer anerkannten Autorität in Sachen Auslegung der Halacha liegen, zum Beispiel einem Rabbiner.[35] Als Rabbiner nahm sich Kahane diese Freiheit und urteilte über den moralischen Wert der Taten seiner Bewegung.

Wie für die meisten religiösen Traditionen gilt auch für das Judentum, dass Gewalt unter bestimmten Umständen gebilligt wird, zumindest im Fall des gerechten Kriegs. Schon am Anfang der Bibel stehen Bilder großer Gewalt: „Der Herr ist der rechte Kriegsmann", verkündet Exodus 15,3, und die ersten Bücher der hebräischen Bibel enthalten Szenen vollständiger Verwüstung durch göttliches Eingreifen.

Trotz militanter Zusammenstöße mit den hellenisierten Syrern im makkabäischen Aufstand (166–164 v. Chr.) und mit den Römern in der Revolte von Masada (73 n. Chr.) verhielt sich das Judentum später größtenteils gewaltlos. Auf staatlicher Ebene jedoch wurden Kriege durch die Rabbiner gebilligt, wobei man zwischen „religiösen" und „freiwilligen" Kriegen unterschied.[36] Verlangt jener eine moralische oder spirituelle Verpflichtung zum Schutz des Glaubens oder im Kampf gegen die Feinde Gottes, so wird dieser geführt, weil es politisch opportun erscheint. Insofern wurzeln Kahanes Denkweise, ebenso wie die von Yigal Amir bei der Ermordung von Premierminister Rabin, zum Teil in der jüdischen Tradition.

Während der Versammlung im Sheraton Hotel zur Ausrufung

des Staates Judäa rief Kahane das jüdische Volk dazu auf, sich zu erheben und die West Bank in einem „gerechten Krieg" zurückzugewinnen. Verteidigung sei nicht die einzige Basis für einen Krieg, sagte er; auch der Nationalstolz biete einen legitimen Grund.[37] Er erinnerte daran, dass der jüdische Anspruch auf die West Bank von einer 2000 Jahre alten Vision herrühre, als die Juden „die Angst und die Schande des Exils hinter sich ließen". „Was ist aus unserem Nationalstolz geworden?", fragte er und wies darauf hin, dass sich die Juden heute weder auf den Ölberg noch nach Judäa oder Samaria wagten. Er forderte sie auf, um ihr Selbstbewusstsein und ihren Stolz zu kämpfen, und rechtfertigte die Gewalt auch als Ausdruck eines bereits tobenden, aber nur selten erkannten Kriegs um die Wiederherstellung eines religiösen jüdischen Staates, dessen Feinde sowohl die Araber als auch die weltlichen Juden sind. „Jeder getötete Jude hat zwei Mörder", erklärte Kahane, „den Araber, der ihn umbringt, und die Regierung, die das zulässt."[38] Diese Logik erlaubte Kahane, Gewalt nicht nur gegen Araber, sondern potenziell auch gegen sein eigenes Volk zu billigen.

Im Kampf mit kosmischen Feinden können laut Kahane einzelne Leben keine Rolle spielen. „Wir glauben an kollektive Gerechtigkeit", erklärte einer von Kahanes Mitstreitern.[39] Damit wollte er sagen, dass jeder, der Teil einer feindlichen Gruppe ist, gerechterweise Ziel eines Anschlag werden könne. Es gebe in einem religiösen Krieg eben keine unschuldigen Passanten, jeder sei potenziell Soldat. „Krieg ist Krieg", sagte Kahane.[40] Und ein Ziel der Gewalt sei es, den Arabern „Angst einzujagen", damit sie nicht auf die Idee kämen, sie könnten in Israel ein friedliches oder normales Leben führen.[41]

Mit solchen Aussagen handelte sich Kahane den Beinamen „der Ayatollah von Israel" ein.[42] Seine Haltung führte zu einer Lawine der Gewalt – neben dem Massaker am Grab der Patriarchen und der Ermordung Rabins ist auch Kahanes eigener Tod im Jahr 1990 dazuzurechnen. Einen Tag nach seiner Ermordung wurden zwei ältere palästinensische Bauern am Straßenrand in der Nähe der Stadt

Nablus auf der West Bank erschossen, angeblich als Vergeltung für den Mord an Kahane. Und so setzte sich die Spirale der Gewalt, die Kahane unterstützt hatte, fort. Ein Leitartikel der *New York Times* bezeichnete Kahanes Leben als „leidenschaftliches Wirrwarr aus Wut und Unvernunft", sein Tod sei Ergebnis von seinem „Vermächtnis des Hasses".[43] Kahane war Teil einer Kultur der Gewalt, die er selbst mitgeformt hatte. Er und Mitstreiter wie Baruch Goldstein reagierten nicht nur auf Gewalt, sie produzierten sie auch in Form von Mord und Zerstörung.

Eine sonderbare Wendung der Geschichte liegt darin, dass der Mord an Kahane am 5. November 1990 in der Innenstadt von New York mit einem muslimischen Terroranschlag in Verbindung steht: dem Bombenanschlag auf das World Trade Center von 1993. 1990 war Kahane in seine Heimatstadt zurückgekehrt, um dort Spenden für seine radikale Kach-Bewegung zu akquirieren. Als er das Marriott Hotel an der 49. Straße, Ecke Lexington Avenue betrat, fuhr ein gelbes Taxi vor dem Hotel auf und ab, das auf den Attentäter wartete. Innen wartete der 34-jährige ägyptische Einwanderer al-Sayyid Nosair, ein Freund des Taxifahrers, geduldig auf die Rede des radikalen Rabbis. Dieser begrüßte etwa 100 orthodoxe Juden, fast alle aus Brooklyn, und ließ sich dann weitschweifig über die Gründung einer zionistischen Rettungsorganisation zur Notevakuierung von Juden nach Israel aus. Nach dem prophezeiten Kollaps der amerikanischen Wirtschaft, der einen erneuten Holocaust zur Folge haben werde, werde diese für die amerikanischen Juden nötig sein.[44]

Als sich nach der Rede die Anhänger des Rabbiners um ihn drängten, befand sich darunter auch Nosair, der bei dieser Gelegenheit ein Käppchen trug. Aus nächster Nähe feuerte er die tödlichen Schüsse auf Kahane ab, rannte dann sofort auf die Straße, wo er nach seinem Taxi Ausschau hielt. Er sah eines und stieg ein, doch es war das falsche. Der Fahrer war ein Latino aus der Bronx, und das Auto blieb nach kurzer Zeit im Verkehr stecken. Nosair floh zu Fuß weiter und wurde wenig später von einem Postangestellten überwältigt, der das Geschrei im Hotel gehört und Nosair hatte wegrennen sehen.

Dieser Mord, ein Schock für New York, stellte ein einschneidendes Ereignis in der Geschichte dreier Gruppen dar: Für die Mitstreiter des Attentäters geriet er zur Krise und bewirkte, dass sie in die Planung des ersten Anschlags auf das World Trade Center mit verwickelt waren, auch in der Hoffnung, damit Nosairs Entlassung aus dem Gefängnis durchzusetzen. Auf jüdischer Seite führte der Mord an Kahane zu einer radikalen Veränderung der von ihm begründeten Bewegung: Einige seiner Anhänger drangen auf Rache. In Kombination mit Kahanes antiarabischer Ideologie brachte dies seinen Schüler Goldstein dazu, muslimische Betende am Grab der Patriarchen in Hebron zu ermorden. Und schließlich veränderte der Mord indirekt auch die palästinensische Hamas-Bewegung, denn die Vergeltungstaten Goldsteins und anderer militanter Juden ermunterten sie dazu, ihre eigenen militanten Aktionen zu verschärfen und auch unschuldige jüdische Zivilisten ins Visier zu nehmen, was in den 1990er Jahren zu einer Serie von Selbstmordanschlägen in Jerusalem und Tel Aviv führte. Einen dieser Anschläge auf einem Jerusalemer Markt am 31. Juli 1997 wollte eine muslimische Gruppe in Brooklyn mit Bombenattentaten auf öffentliche Gebäude in New York nachahmen, was aber rechtzeitig vom FBI und der New Yorker Polizei vereitelt wurde. Diese Gruppe hatte ihrerseits Verbindungen zu den Attentätern des ersten Anschlags auf das World Trade Center – womit sich der Kreis zwischen den drei militanten Gruppen schließt.

Der Komplize, der angeblich am Steuer des gelben Taxis saß, mit dem Kahanes Mörder Nosair fliehen wollte, war Mahmud Abouhalima.[45] Wie wir sehen werden, war seine Rolle bei dem Bombenanschlag auf das World Trade Center von 1993 typisch für eine bestimmte Sorte politischer Aktivitäten militanter Muslime. Abouhalimas mutmaßliche Mitwirkung an Kahanes Ermordung und dem Anschlag auf das World Trade Center zeugt nicht nur von seinem Hass gegen Kahanes jüdischen Extremismus und die durch das World Trade Center symbolisierte globale amerikanische Macht, sondern auch von der Vision einer idealen islamischen Gesellschaft, von der er hoffte, sie würde mächtiger und dauerhafter sein als konkurrierende politische Ordnungen, seien sie nun militant jüdisch oder aggressiv weltlich. Auf merkwürdige Weise ähnelt Abouhalimas Vision einer religiösen Gesellschaft derjenigen von Meir Kahane, Baruch Goldstein oder Yoel Lerner. Doch wie der Mord an Kahane unmissverständlich zeigt, gestattet der diesen Visionen inhärente Fremdenhass keine gegenseitige Annäherung.

4 Die „vergessene Pflicht" des Islam

Dass Osama bin Laden das World Trade Center und das Pentagon als Ziele der Anschläge vom 11. September 2001 wählte, ist Teil einer makabren Tradition. Denn auch die Anschläge auf die amerikanischen Botschaften in Kenia und Tansania am 7. August 1998, auf die amerikanische Militärkaserne in Dhahran, Saudi-Arabien im Jahre 1996 und auf das World Trade Center 1993 galten Symbolen wirtschaftlicher und politischer Macht. Während sich die libanesischen Bewegungen Amal und Hisbollah bei ihren Attentaten in den 1980er und 90er Jahren vor allem auf militärische Ziele konzentrierten, waren die Aktionen bin Ladens, der Hamas in Palästina und der Gamaa Islamiya in Ägypten in den 1990er Jahren breiter angelegt. Neben Botschaften und Handelszentren wurden auch öffentliche Orte ins Visier genommen: Wohnheime, Bürogebäude, Busse, Einkaufszentren, Touristenschiffe und Cafés. In Algerien wurden ganze Dörfer niedergemetzelt, angeblich von Anhängern der Islamischen Heilsfront. Es waren Angriffe auf die Gesellschaft insgesamt.

Bei der Betrachtung dieser Anschlagsserien stellt sich folgende Frage: Warum verbinden sich die drei Komponenten –religiöse Überzeugung, Hass auf die weltlich verfasste Gesellschaft und Machtdemonstration durch Gewalt – so häufig in den neueren islamistischen Bewegungen? Meine Suche nach einer Antwort begann ich bei Mahmud Abouhalima, einem der Männer, die für den ersten Anschlag auf das World Trade Center verurteilt worden sind. Er gehörte einer Gruppe von vorwiegend ägyptischen Muslimen an, die in Vororten von New York, in Queens und in Jersey City, lebten und sich durch ihre gemeinsame visionäre muslimische Ideologie zu einer paramilitärischen Organisation unter der Führung des bemerkenswerten Scheichs Omar Abdul Rahman zusammengefunden hatten.

Mahmud Abouhalima und der Bombenanschlag auf das World Trade Center

Mahmud Abouhalima ist ein kräftiger, großer Mann, der wegen seines auffälligen roten Haarschopfs oft „der rote Mahmud" genannt wird.[1] 1990 wurde er als der Fahrer des Taxis angeklagt, das in die fehlgeschlagene Flucht des Mörders von Meir Kahane verwickelt gewesen war, allerdings konnte man ihm nichts nachweisen. Bekannt sind jedoch seine engen Verbindungen zu Kahanes Mörder, al-Sayyid Nosair, und gegenüber einem Ermittler soll er gesagt haben, er habe versucht, Waffen zu kaufen, um seine Gruppierung gegen die von Kahane gegründete Jewish Defense League (JDL) zu verteidigen. Der Mann, von dem Abouhalima angeblich die Waffen kaufen wollte, war Wadih al-Hage, ein libanesischer Muslim, der in Texas lebte und später für Osama bin Laden arbeitete. Im September 1998 wurde er als mutmaßliches Mitglied des Netzwerks hinter den Anschlägen auf die amerikanischen Botschaften in Kenia und Tansania verhaftet.[2] Zwar ist die Beziehung Abouhalimas zu bin Laden nicht geklärt, seine Verbindungen zu einem anderen radikal-islamischen Anführer, Scheich Omar Abdul Rahman, sind allerdings verbürgt, ebenso wie die zu der Gruppe, die für den ersten Anschlag auf das World Trade Center 1993 verantwortlich gemacht wird. Abouhalima wurde der Mittäterschaft angeklagt und verurteilt. Jahre danach traf ich ihn zweimal im Gefängnis, wo er seine lebenslange Haftstrafe absitzt.[3]

Einige Berichte bezeichnen Abouhalima als „Mastermind" hinter dem Anschlag von 1993 – ein eher unrühmlicher Titel, der gelegentlich auch seinem Mitstreiter Ramzi Yousef verliehen wurde.[4] In seinem Prozess wurde Abouhalima 1994 als Drahtzieher des Anschlags dargestellt. Beweismaterial belegte, dass er sich in der Lagerhalle in New Jersey aufgehalten hatte, in der die Bombe gebaut worden war, und dass er den Kleinlaster auf seinem Weg zum World Trade Center betankt hatte. Während der Explosion, zur Mittagszeit des 26. Februar 1993, soll sich Abouhalima im Schallplattengeschäft J & R Music gegenüber dem World Trade Center aufgehalten und erwartungsvoll zum Fenster hinausgeschaut haben, um schließlich voller Enttäuschung das geringe Ausmaß des Schadens zu registrieren.[5] Hätte die Bombe etwas mehr Sprengstoff enthalten und hätte man den Wagen anders geparkt, wäre der Turm wahrscheinlich umgestürzt und hätte womöglich den Nachbarturm mit sich gerissen. Statt sechs wären vielleicht 200 000 Tote die Folge gewesen: 50 000, die im World Trade Center beschäftigt waren, noch einmal so viele Touristen und Besucher und weitere 100 000 Menschen in den umliegenden Gebäuden. Sollte dies der Plan gewesen sein, ist Abouhalimas Enttäuschung nachvollziehbar. – Doch trotz seiner relativ geringen Wirkung drang der erste Angriff auf das World Trade Center wie kaum ein zweiter Anschlag vor dem 11. September in das Bewusstsein der Amerikaner und gilt deshalb als einer der bedeutendsten Terroranschläge in der amerikanischen Geschichte.

Das erste meiner Gespräche mit Abouhalima fand im August 1997 statt. Ich hatte die Sondererlaubnis erhalten, ihn allein im leeren Besucherraum des Hochsicherheitsgefängnisses von Lompoc in Kalifornien zu treffen. Das Gefängnis, der beeindruckende Nachfolger der ausgedienten Gefängnisinsel Alcatraz in der Bucht von San Francisco, nennt sich stolz „der neue Felsen". Abouhalima trug Handschellen und wurde von drei Wärtern begleitet. Seine Erscheinung war wirklich sehr markant – ein großer Mann in grüner Sträflingskleidung mit roten Haaren und Sommersprossen. Er sprach flüssiges, umgangssprachliches Englisch und beugte sich beim Sprechen oft nach vorne, flüsterte manchmal, als wolle er der Exklusivität und Wichtigkeit seiner Worte Nachdruck verleihen.

Als ich mich mit ihm unterhalten durfte, hoffte Abouhalima noch, Rechtsmittel gegen seine Verurteilung einlegen zu können, weswegen er jegliche Details über den Prozess und den Anschlag selbst vermied. Er behauptete, in allen Anklagepunkten unschuldig zu sein, was er in Briefen wiederholte, die er mir 1998 und 1999 schrieb. Aus Angst, falsch zitiert oder, wie er sagte, fälschlich mit den Verbrechen, wegen derer er inhaftiert war, in Verbindung gebracht zu werden, vermied er eigentlich Gespräche mit Journalisten oder Wissenschaftlern. Er erzählte mir von dem dramatischen Moment in seinem Prozess: Der einzige Zeuge der Anklage, ein Tankwart aus New Jersey, der an dem Abend Dienst hatte, als der Lastwagen mit der Bombe aufgetankt wurde, wurde gebeten, im Gerichtssaal auf den großen, rothaarigen Mann zu zeigen, den er im Lastwagen gesehen hatte. Doch anstatt auf Abouhalima zu zeigen, verblüffte er die Zuschauer dadurch, dass er an ihm vorbei auf einen der Geschworenen deutete und sagte: „Es war jemand, der so ähnlich aussah wie er."[6] Für Abouhalima war damit klar, dass die Beweise gegen ihn recht dünn waren, und verständlicherweise wollte er sich zum Anschlag nicht äußern.

Obwohl er also manches ausklammern musste, hatte er kein Problem damit, sich beredt über das Thema auszulassen, weswegen ich zu ihm gekommen war – die öffentliche Rolle des Islam und seine wachsende politische Dimension. Ganz offen sprach er über den Terrorismus im Allgemeinen oder über Anschläge, die nichts mit seinem Prozess zu tun hatten, zum Beispiel über Oklahoma City. Als wir uns zum zweiten Mal trafen, lief gerade der Prozess gegen Terry Nichols wegen des Anschlags von Oklahoma City, und Abouhalima diskutierte mit mir darüber; er wollte mir helfen, zu verstehen, wie es zu solchen Anschlägen kommt.

„Der Anschlag ist aus einem sehr, sehr konkreten Grund verübt worden", sagte er mir, um dem Eindruck vorzubeugen, hinter dem Anschlag in Oklahoma City lägen keine oder lediglich ganz allgemein-symbolische Gründe. „Die Angeklagten Timothy McVeigh und Terry Nichols hatten sich ein bestimmtes Ziel gesetzt, das sie unbedingt erreichen wollten", sagte Abouhalima. „Was denn für ein Ziel?", fragte ich. „Sie wollten der Regierung klar machen, dass sie es nicht tolerieren, wie sie mit ihren Bürgern umgeht."[7] Ob dies denn ein Terrorakt gewesen sei, wollte ich wissen. Er dachte kurz nach und antwortete, das ganze Bild, das man vom Terror entwerfe, sei „schief". Denn anscheinend werde der Begriff nur für die Gewalt gebraucht, die den Menschen nicht gefällt, bzw. für Taten, die die Medien als Terrorismus bezeichnen.

„Was ist mit den Vereinigten Staaten?", fragte Abouhalima. „Wie rechtfertigen die ihre Bombardierungen, ihre Morde an Unschuldigen, egal ob direkt oder indirekt, ob offen oder heimlich? Sie töten auf der ganzen Welt, gestern, heute und auch morgen. Wie nennen Sie das?" Dann beschrieb er das, was er als die terroristische Haltung der USA gegenüber der Welt bezeichnete. Die USA versuchten, „Nationen zu terrorisieren", „deren Macht zu vernichten", um ihnen klar zu machen, dass sie „ein Nichts" seien und „sich den USA anzuschließen hätten". Abouhalima meinte, dass viele Formen internationaler politischer oder wirtschaftlicher Kontrolle Terrorismus genannt werden könnten. Und er nannte Beispiele dafür, dass die USA ihre Macht dazu benutzen, willkürlich Menschen zu töten. Mit Blick auf die Atombombe sagte er: „Zum Beispiel haben sie in Japan über 200 000 Menschen umgebracht." Vielleicht war es Zufall, dass die Zahl der Toten, die Abouhalima für Hiroshima und Nagasaki nannte, der entsprach, die Experten für den Fall errechnet hatten, dass die Bombe am World Trade Center von 1993 dazu geführt hätte, dass der eine Turm auf den anderen gestürzt wäre.

War der Anschlag von Oklahoma City also Vergeltung für angeblichen Staatsterrorismus? „Genau das ist es, was ich sage", antwortete Abouhalima. „Wer auch immer sie sind – wenn diejenigen, die behaupten, den Anschlag in Oklahoma City verübt zu haben, meinen, dass die Regierung ungerechtfertigterweise die Leute in Waco umgebracht hat, dann antworten sie auf ihre eigene Weise." – „Auf ihre eigene Weise, absolut", wiederholte er eindringlich und drückte damit aus, dass er diese „Antwort" für moralisch gerechtfertigt hielt. „Trotzdem", erwiderte ich, darum bemüht, den Kontext von Oklahoma City im Auge zu behalten, „mussten viele unschuldige Menschen dabei sterben, und letztlich hat der Anschlag nichts bewirkt." – „Es ist, wie ich schon sagte", antwortete Abouhalima, „die Regierung hat verstanden, worum es geht". Wie Abouhalima mir erklärte, könne einzig und allein mit einer solchen Nachricht auf große Ungerechtigkeit aufmerksam gemacht werden. Er betonte, dass alles menschliche Streben im Grunde vergebens sei und die Bombenattentäter keine direkten, greifbaren Veränderungen in der Politik erwarten dürften, denn wirkliche, „effektive" Veränderungen „liegen nicht bei uns, sondern allein in Gottes Hand".

Es folgte eine Diskussion darüber, was er als die natürliche Verbindung zwischen dem Islam und der politischen Ordnung verstand, eine Verbindung, die von den modernen Führern islamischer Länder aufgrund des westlichen Einflusses im Allgemeinen, besonders aber desjenigen der USA, geschwächt worden sei. In seinem Heimatland Ägypten sei der Präsident beispielsweise kein echter Muslim, denn er habe das islamische Gesetz „verwässert". Ursprünglich habe Mubarak Ja zum islamischem Gesetz gesagt, dann habe er aber auch weltliche Ideen befürwortet, besonders bei Themen wie Familienrecht, Bildung und Bankenrecht, wohingegen im islamischen Recht die Wucherei verboten sei.[8] Abouhalima meinte, die Persönlichkeit vieler zeitgenössischer Politiker sei trügerisch: Zwar gäben sie vor, Muslime zu sein, in Wirklichkeit verhielten sie sich aber nach weltlichen bzw. westlichen Regeln.

Von Kindesbeinen an stand Mahmud Abouhalima unter religiösem Einfluss. Er stammt aus Kafr al-Dawar in der Nähe von Alexandria im Norden Ägyptens. Dort besuchte er ein muslimisches Jugendlager, das ihm „das erste Verständnis dafür gegeben" habe, „was es heißt, Muslim zu sein".[9] Er besuchte Kurse an der Universität von Alexandria, und sein Engagement in der islamischen Politik, besonders in der verbotenen Gamaa Islamiya des Scheichs Omar Abdul Rahman, stieg zusehends.

Vielleicht um sich dem wachsamen Auge der ägyptischen Sicherheitskräfte zu entziehen, verließ er 1981 im Alter von 21 Jahren

Ägypten und reiste mit einem Touristenvisum nach Deutschland. Anwar Sadat, der ägyptische Präsident, der zu dieser Zeit Razzien bei muslimischen Aktivisten durchführen ließ, wurde eine Woche nach Abouhalimas Abreise ermordet – angeblich von Anhängern des Scheichs Rahman. Zwar wurde der Scheich vor Gericht gestellt und der Mittäterschaft angeklagt, zu einer Verurteilung kam es jedoch nicht. Um einer drohenden Abschiebung durch die deutsche Regierung zu entgehen, arrangierte Abouhalima, der damals in München lebte, kurzfristig eine Heirat mit einer psychisch labilen deutschen Krankenschwester aus seinem Wohnblock. Das Aufenthaltsrecht in Deutschland wurde ihm gewährt.[10] Als diese Ehe 1985 aufgelöst wurde, heiratete Abouhalima eine andere Deutsche, Marianne Weber.

Eigenen Aussagen zufolge führte er in seinen frühen Jahren in Deutschland „ein korruptes Leben – Mädchen, Drogen usw.". Nach außen hin habe er den frommen Muslim gegeben, mehrmals am Tag gebetet und während des Ramadan gefastet, den wirklichen Islam aber habe er hinter sich gelassen.[11] Nach einer Weile habe ihn jedoch sein Lotterleben „gelangweilt", er habe sich wieder dem Koran zugewandt und sei zu einer religiösen Lebensführung zurückgekehrt. Damals konvertierte seine Frau Marianne, die nach eigener Aussage ebenfalls ein ausschweifendes Leben geführt hatte, zum Islam. Noch im Jahr 1985 reisten sie mit einem Touristenvisum in die USA, ließen sich in New York nieder und verlängerten ihren Aufenthalt. Sein wiedererwachtes Interesse am Islam konnte Abouhalima in der großen und aktiven muslimischen Gemeinschaft an der Atlantic Avenue in Brooklyn ausleben und vertiefen.

„Der Islam ist ein Segen", sagte er mir. Er rette die Gestrauchelten und verleihe dem Leben des Einzelnen Bedeutung. Und das habe er dringend nötig gehabt, als ihn die säkulare Gesellschaft und ihr Lebensstil zunächst in Deutschland, dann in den USA verlockt hätten. Er erzählte mir eine Geschichte, eine Art Parabel von einem Löwenbaby, das unter Schafen aufwuchs. Immer glaubte es, ein Schaf zu sein, bis endlich ein anderer Löwe daherkam und ihm sein Spiegelbild in einem Teich zeigte. So sei es auch ihm mit seinen muslimischen Lehrern und seinen religiösen Studien ergangen. Sie hätten ihm gezeigt, dass er „ein Muslim und kein Schaf" sei.[12]

1988 ergriff Abouhalima die Gelegenheit zu zeigen, dass er kein Schaf war: Er zog in den Krieg nach Afghanistan. Seinen Lebensunterhalt hatte er sich in New York als Taxifahrer verdient, daneben engagierte er sich ehrenamtlich im Flüchtlingszentrum Alkifah Afghan in Brooklyn. Durch afghanische Flüchtlinge hatte er dort vom heldenhaften Kampf der Mudschaheddin gegen die sowjetisch unterstützte Regierung Nadschibullah erfahren. – Angeblich wurde das Flüchtlingszentrum von Osama bin Laden finanziert.[13] – Und obwohl er es zuvor immer bestritten hatte, gab Abouhalima mir gegenüber zu, damals nach Afghanistan gegangen zu sein, allerdings in einer ausschließlich nicht-militärischen, „zivilen" Funktion. Dem widersprechen Berichte, die behaupten, dass seine Aktivitäten sich sehr wohl im militärischen Bereich bewegt hätten, dass er sich freiwillig als eine Art „Selbstmord-Minenräumer" gemeldet habe, um mit einem langen Stock vor den muslimischen Truppen herzulaufen und nach Minen zu stochern.[14] Doch selbst wenn er nicht direkt militärisch involviert gewesen war, hatte er sich einen sehr gefährlichen Moment ausgesucht, um nach Afghanistan zu reisen. Warum, fragte ich ihn, soll man dort sein Leben riskieren? „Es ist meine Mission als Muslim", erwiderte Abouhalima, „überall da hinzugehen, wo Unterdrückung und Unrecht herrschen, und dagegen zu kämpfen."[15]

Nach New York zurückgekehrt, wurde ihm aus dem Kreis der muslimischen Aktivisten Bewunderung für seinen Dienst in Afghanistan zuteil, und angeblich trug er in den Straßen Brooklyns weiterhin Militärkleidung und Kampfstiefel.[16] Sein Engagement für muslimische Politik wuchs, er gehörte zu denjenigen, die dafür sorgten, dass die führende Kraft der radikalen muslimischen Gemeinde Ägyptens, Omar Abdul Rahman, in die USA kommen konnte. Rahman, der zuvor in Afghanistan und dann im Sudan gewesen war, erregte mit seiner Ankunft in New York 1990 einiges

Aufsehen in der dortigen militant-muslimischen Szene. Nach kürzester Zeit hatte er sich mit dem Leiter des Flüchtlingszentrums Al-kifah Afghan, Mustafa Shalabi, einem Freund Abouhalimas, der die Einreise Rahmans ermöglicht hatte, zerstritten. Langsam kristallisierte sich heraus, dass Abouhalimas Loyalität bei dem Scheich lag, und als Shalabi 1991 ermordet wurde, fiel der Verdacht u. a. auf Abouhalima. Nun konnte der Scheich ungehindert zum Führer der militanten muslimischen Gemeinde von New York aufsteigen.

Der blinde Islamgelehrte Omar Abdul Rahman war ehemals Professor für Theologie an der angesehenen al-Azhar-Universität in Kairo gewesen. Ihm wurden Verbindungen zu einer der revolutionärsten islamistischen Bewegungen, der Gamaa Islamiya („Islamische Gruppe"), nachgesagt. Er war in die Ermordung Anwar Sadats und in mehrere gewalttätige Anschläge auf die Regionalregierung seiner Heimat, der Oasengegend Fayoum, verwickelt, wurde aber in allen Anklagepunkten freigesprochen. Allerdings blieb der Verdacht auf eine Beteiligung daran bestehen. Anhänger des Scheichs wurden für zwei weitere Morde verantwortlich gemacht, den Mord an dem ägyptischen Parlamentssprecher Rifaat Mahgub und dem Schriftsteller Farag Foda, sowie für Mordversuche an Premierminister Hosni Mubarak und dem Literaturnobelpreisträger Nagib Machfus. Als sich die Netze der Regierung um die Gruppe von Omar Abdul Rahman zusammenzogen, floh dieser zunächst in den Sudan und schließlich nach New Jersey. Dass er überhaupt in die USA einreisen konnte, lag vermutliche an einem Behördenfehler. Mitarbeiter der amerikanischen Botschaft in Khartum hatten seinen Namen auf der Liste der Personen, die eine spezielle Einreisegenehmigung benötigen, übersehen. Es besteht aber auch der Verdacht, dass der Scheich bei der CIA nicht unbeliebt war, weil er in den 1990er Jahren die antikommunistischen afghanischen Rebellen in ihrem Kampf gegen die Sowjets in Afghanistan unterstützt hatte, weswegen er zur „Belohnung" eine Einreiseerlaubnis erhalten habe.

In den USA etablierte sich Rahman in einer kleinen Moschee namens Al-Salam („Ort des Friedens"), die sich im ersten Stock über einem Chinarestaurant in Jersey City in New Jersey befand. Dort predigte er über die Übel der weltlichen Gesellschaft und veranschaulichte den Mitgliedern seiner Gemeinde die Gründe ihrer Unterdrückung – im Nahen Osten wie in den USA. Seine Verdammung galt besonders den USA, denn diese hätten geholfen, den Staat Israel zu gründen, sie hätten die weltliche Regierung Ägyptens unterstützt und im Golfkrieg Truppen nach Kuwait entsandt. All das war in den Augen des Scheichs „unislamisch".[17]

Gebannt lauschte ein wachsender Kreis männlicher islamischer Aktivisten seinen Worten. Sie waren zwischen 30 und 40 Jahre alt und kamen aus verschiedenen Ländern des Nahen Ostens. Muhammad Salameh gehörte dazu, ein arbeitsloser palästinensischer Flüchtling, Siddig Ali, ein sudanesischer Veranstaltungsmanager, Nidal Ayyad, ein gelernter Chemotechniker, Ibrahim al-Gabrowny, der Vorsitzende der Abu-Bakr-Moschee in Brooklyn, sein Cousin al-Sayyid Nosair, der später wegen des Mordes an Meir Kahane inhaftiert wurde, und ein Mann aus Pakistan, unter anderem als „Ramzi Ahmed Yousef" bekannt, der angeblich im Irak geboren und in Kuwait aufgewachsen war und der geistige Vater einiger der abscheulichsten Szenarien der jüngsten Terrorgeschichte ist. Auch Abouhalima, der dem Scheich eine Zeit lang als Chauffeur und Leibwächter diente, zählte zu diesem Kreis.

Ich wollte Abouhalima fragen, warum muslimische Aktivisten wie Omar Abdul Rahman die USA als Feind betrachten. Diese Frage beantwortete er nicht direkt, er lobte sogar die USA für ihre Religionsfreiheit – für ihn sei es leichter, in Amerika ein guter Muslim zu sein als in Ägypten. Als er jedoch über die jüdische Kontrolle der amerikanischen Medien und Banken und der amerikanischen Regierung sprach, gab er mir damit eine indirekte Antwort. In dieser Hinsicht seien die USA, die säkular und unparteiisch sein wollten, „bereits in religiöse Politik involviert".[18]

Deutlich brachte Abouhalima zum Ausdruck, dass die Verwicklung Amerikas in religiöse Politik – die Unterstützung für Israel und für „Feinde des Islam" wie Mubarak in Ägypten – nicht von Amerikas Christentum herrühre, sondern von einer Ideologie der Weltlichkeit, die nicht neutral, sondern religions-, vor allem aber islamfeindlich sei. Als besonders islamfeindlich führte er das Justizministerium an, das er als „Unrechtsministerium" bezeichnete. Auf meine Frage, ob die USA mit einer christlichen Regierung besser fahren würden, antwortete er: „Ja", denn „dann würde in diesem Land wenigstens Moral herrschen".[19]

Die Gründe der Verbitterung Abouhalimas über das Justizministerium sind in den sehr schnell durchgezogenen Gerichtsverfahren gegen ihn und seine Mitstreiter zu finden. Der erste dieser Prozesse, der am 4. März 1994 endete, konzentrierte sich auf antiamerikanische Motive des Anschlags; Muhammad Salameh, Nidal Ayyad, Ahmad Muhammad Ajaj und Abouhalima wurden wegen des Bombenanschlags auf das World Trade Center verurteilt, der flüchtige Ramzi Ahmed Yousef wurde in Abwesenheit schuldig gesprochen. Der zweite Prozess endete am 17. Januar 1996. Neun Angeklagte – darunter Scheich Omar Abdul Rahman, der eine lebenslange Haftstrafe erhielt – wurden aufgrund ihrer Beteiligung an einer „terroristischen Verschwörung" verurteilt, deren Ausmaß, so die Worte des Richters, mit dem militanten Faschismus und Kommunismus vergleichbar sei.[20] Beweisen der Anklage zufolge hatte der Kreis der muslimischen Aktivisten um den Scheich geplant, neben dem World Trade Center auch den Sitz der Vereinten Nationen in Manhattan, zwei New Yorker Pendlertunnels unter dem Hudson River und die New Yorker Zentrale des FBI in die Luft zu sprengen.

Ein dritter Prozess begann am 13. Mai 1996 und konzentrierte sich auf den geflohenen Yousef, der bei einer dramatischen Stürmung seines Hotelzimmers im Februar 1995 in Karachi in Pakistan festgenommen worden war. Yousef, mit eigentlichem Namen wohl Abdul Basit Mahmoud Abdul Karim, wurde nicht nur mit den Ereignissen in New York in Verbindung gebracht, sondern mit einer ganzen Reihe von terroristischen Plänen, unter anderem einem geplanten Anschlag auf den Papst während eines Besuchs auf den Philippinen im Jahr 1995 und dem so genannten Bojinka-Projekt, bei dem 1995 an einem einzigen Tag elf große amerikanische Passagierflugzeuge über dem Pazifik explodieren sollten. Angeblich war dieser Plan von Osama bin Laden finanziert worden und Yousef ein Agent von al-Qaida. Mit Yousefs Verurteilung wegen Verschwörung (im Falle des Bojinka-Plans) endete das Verfahren am 5. September 1996. Im August 1997 wurde er in New York wegen der Mittäterschaft beim Anschlag auf das World Trade Center vor Gericht gestellt.

Trotz all dieser Prozesse, so Abouhalima, verstehe das weltliche Amerika ihn und seine Mitstreiter noch immer nicht. Was denn noch fehle, fragte ich ihn: „Was genau verstehen wir denn nicht?"

„Die Seele der Religion, das ist es, was fehlt." Ohne sie würden westliche Staatsanwälte, Journalisten und Wissenschaftler wie ich „nie verstehen, wer ich bin", sagte er. Er kenne den weltlichen Westen zur Genüge, denn schließlich habe er in Deutschland und den USA weltlich gelebt. Siebzehn Jahre westliche Welt „reichen aus, um zu verstehen, was in den USA und Europa passiert, und um die Weltlichkeit nichtreligiöser Menschen zu kennen." „Ich", fuhr er fort, „habe ihr Leben geführt, sie aber nicht meines, und deshalb werden sie nie verstehen, wie ich lebe oder denke."

Abouhalima verglich ein Leben ohne Religion mit einem Füllhalter ohne Tinte: „Ein Füllhalter, der 2000 Dollar kostet, aus Gold usw., ist völlig nutzlos ohne Tinte, nur sie verleiht ihm Leben – Seele." Seine Ausführungen beendete er mit folgender Erklärung: „Die Seele, die Religion, das ist es, was das ganze Leben aufleben lässt. Weltlichkeit hat keine, die Amerikaner haben keine, Sie haben keine", und er sah mir dabei direkt in die Augen.

„Und was ist mit weltlichen Menschen, die das religiöse Leben nicht kennen", fragte ich, „was ist mit denen?" – „Sie bewegen sich wie tote Körper", antwortete er.

Abdul Aziz Rantisi und die Selbstmordmissionen der Hamas

Auch wenn sie nicht über solch spektakuläre Angriffsziele wie das World Trade Center verfügen, sind die Selbstmordattentate muslimischer Aktivisten der radikalen Palästinenserbewegung Hamas in Jerusalem und Tel Aviv doch von vergleichbarer Grausamkeit. Denn auch hier werden Unbeteiligte zu Opfern, auch hier drängen die Attentäter voller Verzweiflung darauf, die Aufmerksamkeit der Weltöffentlichkeit auf etwas lenken, das für sie eine religiöse und politische Dimension besitzt. Wie bei den Anschlägen auf das World Trade Center von 1993 und 2001 besteht das Zielpublikum nicht nur aus den direkt Betroffenen, sondern aus all denen, die die Medienreportagen voller Entsetzen verfolgten. In der brutalen Konfrontation von Palästinensern und Israelis haben die Aktionen der muslimischen Selbstmordattentäter seit 2002 konsequent israelische Vergeltungsschläge provoziert und die Eskalation des Konflikts forciert.

Auch aus der Distanz heraus empfinden viele eine besondere Verunsicherung bei der Vorstellung, dass sich die Attentäter in Jerusalem und Tel Aviv mit ihren Taten absichtlich selbst töten: Wer tut so etwas, und warum?

Antworten auf diese Fragen sucht man am besten bei den Ausführenden. Da sie nach erfolgreichen Selbstmordtaten naturgemäß nicht mehr interviewt werden können, habe ich mir Videobänder angesehen, die manche der Attentäter am Vorabend ihrer Tat aufgenommen haben. Diese Bänder, oft von miserabler Bildqualität, werden von Mitgliedern der Hamas teils zur Erinnerung an die jungen Männer, teils als Rekrutierungsmaterial für neue potenzielle Freiwillige aufgenommen. Unter der Hand kursieren sie in der palästinensischen Gemeinde in Gaza und in den Städten der West Bank. Ich hatte Zugriff auf einige Bänder aus der Sammlung von zwei amerikanischen Wissenschaftlern, Anne Marie Oliver und Paul Steinberg, die beide früher in Gaza gelebt hatten und über das Phänomen der Selbstmordanschläge und der anschließenden Verehrung der jungen Märtyrer forschen.[21]

Einer der bewegendsten Filme aus dieser Sammlung zeigt einen hübschen jungen Mann, höchstens achtzehn Jahre alt, der, als er über seinen bevorstehenden Opfergang spricht, merkwürdig glücklich wirkt. Von Oliver und Steinberg als „der lächelnde Junge" bezeichnet, sieht man ihn unter freiem Himmel neben einem Fels und einem Busch stehen. Er hat eine modische Jeans-Jacke an, und sein kräftiges Haar und lachendes Gesicht leuchten in der Sonne. Er und sein Freund trugen bei ihrer Mission am nächsten Tag Plastiksprengstoff, vielleicht um den Bauch geschnallt oder in einem Rucksack. Auf dem Videoband hält er aber ein Gewehr in der Hand, wahrscheinlich um martialischer zu wirken.

„Morgen ist der Tag des Zusammentreffens", sagt der lächelnde Junge. Es werde „der Tag der Begegnung mit dem Weltenherrscher" sein. Er und seine Mitstreiter würden, fuhr er fort, „ihr Blut für Gott vergießen, aus Liebe zu unserem Vaterland und für die Freiheit und Ehre unseres Volks, damit Palästina islamisch bleiben kann, die Hamas weiterhin das Licht auf dem Weg der Verwirrten, Gepeinigten und Unterdrückten ist und Palästina befreit wird."[22]

Da jeder Mensch einmal sterben müsse, so ein anderer Freiwilliger auf einem anderen Band, schätze er sich glücklich, sein Schicksal selbst in der Hand zu haben. Er erklärt, dass manche Leute „von ihren Eseln fallen und sterben", andere „werden von ihrem Esel zertrampelt und sterben". Wieder andere werden überfahren, erleiden einen Herzinfarkt oder „fallen vom Dach und sterben". „Was für einen Unterschied gibt es schon zwischen dem einen Tod und dem anderen?", fragt er und drückt damit seine Freude über die seltene Gelegenheit des selbstgewählten Märtyrertodes aus. „Es gibt wahrlich nur einen Tod", sagt er und wiederholt damit die Worte eines berühmten muslimischen Märtyrers, „darum lege den deinen auf Gottes Pfad."[23]

Die jungen Männer auf den Videobändern wirken so unschuldig und voller Leben, dass man als bewegter Betrachter am liebsten die Zeit zurückdrehen möchte, um sie von ihren tödlichen Missionen abzuhalten. Diese Sympathie verfliegt aber bei dem Gedanken an ihre unschuldigen Opfer und mit dem Mitleid, das man für diese empfindet. Denn im Gegensatz zu dem lächelnden Jungen und seinen Mitstreitern hatten die Opfer nicht die Gelegenheit, darüber zu entscheiden, ob sie ihr Leben für die gewalttätigen Aktionen lassen wollten.

An einem sonnigen Sommertag im August 1995 schob sich morgens ein mit Studenten und Polizisten gefüllter Linienbus von Haltestelle zu Haltestelle durch den dichten Verkehr eines lebhaften Wohnviertels im Norden von Jerusalem in der Nähe des Mount-Scopus-Campus der Hebräischen Universität. Um fünf vor acht griff der einzige arabische Passagier ganz hinten im Bus – einer wie der lächelnde Junge – plötzlich in seine Tasche und zündete eine hochexplosive Bombe. Nach Polizeischätzungen enthielt sie etwa fünf Kilo des chemischen Sprengstoffs Acetonperoxid.[24] Eine ungewöhnlich heftige Explosion erfolgte, die den Attentäter, eine Amerikanerin, die zufällig neben ihm saß, und drei Israelis sofort verbrannte. Die Wucht der Detonation riss die Flanke des Busses weg und erfasste einen zweiten, gerade vorbeifahrenden Bus. Neben den fünf Toten wurden 107 weitere Menschen in den beiden Bussen und auf der Straße verletzt.

Wie ich schon erwähnt habe, befand ich mich damals zufällig in Israel, um einen Vortrag über religiös motivierte Gewalt zu halten. Ich hatte in der selben Woche die Hebräische Universität auf dem Mount-Scopus-Campus besucht und war mit einem Bus derselben Linie dort hingefahren. Genau über solche Ereignisse hatte ich am Tag vor dem Anschlag mit Mitgliedern der Hamas in Gaza gesprochen, hatte die Selbstmordattentate hinterfragt, die im Frühjahr in den belebten Straßen von Tel Aviv verübt worden waren. Gute zwei Jahre und mehrere Selbstmordanschläge später – unter anderem auf den Jerusalemer Gemüsemarkt und im Einkaufszentrum Ben Yehuda – gab mir einer der Gründer der Hamas, Abdul Aziz Rantisi, in einem Interview eine ausführliche Erklärung für die Anschläge.

Ich traf Rantisi in seiner Heimatstadt Khan Yunis im Süden des Gaza-Streifens, die nur unwesentlich weniger trist als der Rest von

Gaza ist.[25] Zwar sind die Mittelmeerstrände zum Teil sehr schön, doch die Straßen von Khan Yunis sind staubig und löchrig und voller uralter Busse und Eselkarren. Rantisis schönes, neues Haus befand sich auf einem kleinen Hügel in einem Vorort. In der Einfahrt waren mehrere Autos geparkt, und auf den Säulen vor dem Eingang hingen politische Plakate.

Ich wurde in ein gemütliches Wohnzimmer geführt, in dem auf der einen Seite mehrere wuchtige Polstermöbel, auf der anderen Seite ein paar etwas formellere Stühle standen. Mir wurde ein starker arabischer Kaffee serviert. Am einen Ende des Zimmers, das wohl für Versammlungen genutzt wurde, standen Bücherregale. Bilder von Rantisi waren zu sehen, die ihn in seiner Rolle als Sprecher einer Gruppe von Hamasanhängern zeigten, die 1992 im Niemandsland zwischen Israel und dem Libanon gefasst worden war. Neben den Bücherregalen befand sich eine Art Schrein mit mehreren Zeichnungen und Bildern von Scheich Ahmed Yassin, dem geistlichen Führer der Hamas, den ich Jahre zuvor in Gaza-Stadt getroffen hatte. Der Scheich war 1997 von der israelischen Regierung aus der Haft entlassen und wenige Monate später wieder inhaftiert worden. An dem Tag, an dem ich mit Rantisi sprach, hielt sich der Scheich aus medizinischen Gründen in Ägypten auf.

Rantisi begrüßte mich herzlich. Er trug eine Brille, war mittleren Alters und sprach ausgezeichnet Englisch. Er wirkte wie der Professor und Arzt, der er ursprünglich war. Trotz der großen Hitze trug er einen eleganten Dreiteiler. Als ich in fragte, als was ich ihn beschreiben solle, antwortete er: „Als einen Gründer der Hamas." Obwohl ich mich eigentlich für seine Ansichten zum Zusammenhang zwischen Religion und Politik interessierte, fragte ich ihn zunächst nach der Rolle der Hamas in der derzeitigen Situation. Es dauerte nicht lange, und das Gespräch drehte sich um die Selbstmordanschläge.

Rantisi verbesserte mich. Ich solle nicht von „Selbstmordanschlägen" sprechen, er bevorzuge eine andere Bezeichnung, ein gängiges arabisches Wort, das er mir auf arabisch und in lateinischer Umschrift in mein Notizbuch schrieb: *Istishhadi.* „Es bedeutet ‚selbstgewähltes Martyrium'", erklärte Rantisi und fügte hinzu, dass „alle Muslime Märtyrer sein wollen". Die richtige Bezeichnung für diese Taten sei wichtig, weil dadurch ihre Bedeutung vermittelt werde. Die Bezeichnung „Selbstmordanschlag" beziehe sich auf den impulsiven Akt eines geisteskranken Menschen. Die jungen Männer der Hamas-Kader würden ihre Missionen aber sorgfältig und überlegt als Teil ihrer religiösen Pflicht wählen. „Wir fordern sie nicht dazu auf", betonte Rantisi, „wir geben ihnen nur die Erlaubnis, es zu einem bestimmten Zeitpunkt zu tun."[26]

Warum die Hamas überhaupt eine solche Erlaubnis erteile, wollte ich wissen. Ganz abgesehen von der Frage nach der Zulässigkeit eines selbstgewählten Martyriums würden dabei ja Unbeteiligte ins Visier genommen. Warum erlaubt die Hamas eine Mission, bei der unschuldige Zivilisten, Frauen und Kinder zu Opfern schrecklicher Anschläge werden?

Rantisi antwortete aus militärischer Perspektive und wiederholte, was einer seiner Mitstreiter in einem früheren Interview bereits zu mir gesagt hatte: „Es herrscht Krieg."[27] Der Krieg werde nicht nur gegen die israelische Regierung, sondern auch gegen die israelische Gesellschaft geführt. Das bedeute nicht, dass die Hamas Israel vollständig auslöschen wolle, obwohl einige Mitglieder diese Haltung verträten. Wie Rantisi betonte, sei er der jüdischen Kultur oder Religion nicht feindlich gesinnt. „Wir haben nichts gegen Juden an sich."[28] Nur wegen Israels Haltung gegenüber Palästina – und besonders gegenüber der Vision eines islamischen Palästina, wie die Hamas sie vertritt – führe die Hamas Krieg mit Israel. Israel wolle den islamischen Nationalismus zerstören, und diese Politik werde von der israelischen Gesellschaft getragen. Deshalb gebe es im Krieg zwischen Israel und der Hamas keine unschuldigen Opfer. Anfänglich, so Rantisi, hätten die Militäroperationen der Hamas nur auf Soldaten gezielt. Man habe „alles getan", um Massaker und Selbstmordanschläge zu vermeiden. Aber dann sei es zu zwei Ereignissen gekommen, die alles verändert hätten. Das eine sei der

Angriff der israelischen Polizei auf eine Palästinenserdemonstration vor der al-Aqsa-Moschee am Felsendom 1990 gewesen; das andere Baruch Goldsteins Massaker in Hebron während des Ramadans 1994. Beide Angriffe hätten Moscheen zum Ziel gehabt, und er glaube, dass Goldsteins Massaker während des Ramadans kein Zufall gewesen sei. Beides seien Angriffe auf den Islam als Religion und auf die Palästinenser als Volk gewesen. Und obwohl die israelische Regierung abstreite, die extremistischen Juden, die die beiden Vorfälle verursacht hatten, unterstützt zu haben, sei er davon überzeugt, dass das israelische Militär darin verwickelt gewesen sei. Er wies darauf hin, dass israelische Soldaten bei Goldsteins Anschlag ganz in der Nähe waren. Goldstein sei mit ihnen befreundet gewesen und habe während des Anschlags viermal sein Gewehr nachladen können, ohne dass die Soldaten eingegriffen hätten.

Allein als Antwort auf diese und andere Gewalttaten der Israelis würden die Taten der jungen Hamas-Anhänger – die Selbstmordattentate – gegen unschuldige Zivilisten genehmigt. So gesehen seien sie defensiv: „Wenn wir nicht so reagieren, machen die Israelis einfach immer weiter."

Außerdem, so Rantisi, seien die Anschläge eine moralische Lektion. Unschuldige Israelis sollten den Schmerz erfahren, den unschuldige Palästinenser aushalten müssen. „Wir wollen Israel das antun, was es uns angetan hat." Genau wie unschuldige Muslime in Hebron oder im Zuge anderer Auseinandersetzungen mit den Israelis getötet worden seien, solle das israelische Volk nun diese Gewalt am eigenen Leibe erfahren, um zu verstehen, was die Palästinenser aushalten müssten. Ähnlich äußerste sich Rantisi bei einem internationalen Fernsehauftritt im Anschluss an die israelischen Luftangriffe auf Gaza im Juli 2002, bei dem neben dem eigentlichen Ziel, dem militärischen Kopf der Hamas, mehrere Frauen und Kinder zu Tode kamen.

Rantisi sprach mit mir, als erkläre er das alles nicht nur mir, sondern dem ganzen amerikanischen Volk, als dessen Repräsentanten er mich betrachtete. „Es ist wichtig, dass Sie verstehen, dass wir Opfer und nicht Ursache des Krieges sind." Dies wiederholte er am Ende unseres Gesprächs, als ich ihn fragte, in welchen Punkten die Hamas seiner Meinung nach falsch dargestellt werde und was er ins rechte Licht rücken wolle. „Sie denken, wir seien die Angreifer. Das ist das größte Missverständnis. Wir sind nicht die Angreifer, wir sind die Opfer."

Rantisis leidenschaftliches Engagement für die Ziele der Hamas ist zum großen Teil das Ergebnis eigener Erfahrung: „Wie in den meisten palästinensischen Familien haben sich auch in meiner Familie schreckliche Vorfälle ereignet." Das stattliche Haus seiner Familie in einem Dorf zwischen den heutigen israelischen Städten Tel Aviv und Ashdod wurde zerstört. Das ganze Dorf, nicht nur der Familiensitz, wurde bei der Schaffung des modernen Israel zerstört. Als Familienmitglieder sich gegen die „Besetzung" ihres Landes wehrten, fanden Rantisis Onkel, drei seiner Cousins und sein Großvater den Tod. In den letzten Jahren musste Rantisi zusehen, wie die Israelis immer weiter in das ohnehin begrenzte Land eindrangen, das den Palästinensern zugeteilt worden war. Laut Rantisi ist ein Drittel des Gaza Streifens 1500 jüdischen Siedlern zugeteilt worden, während etwa eine Million Palästinenser auf den restlichen zwei Dritteln untergebracht sind, darunter viele Flüchtlinge. Solche Entwicklungen führten zu Frustrationen. Wenn die israelische Regierung noch mehr Siedlungen genehmigt, dann „müssen wir alle Mittel einsetzen, um sie zu stoppen".[29]

In diesem Kontext seien die Märtyrertaten verständlich; sie seien nur Antworten. Ein anderer Aktivist der Hamas, Imad Faluji, sagte mir einmal, bei den Selbstmordanschlägen handele es sich um „Briefe an Israel". Falls sie das noch nicht wüssten, werde den Israelis mitgeteilt, dass sie in eine große Auseinandersetzung verwickelt seien und dass ihre Sicherheit „gleich null" sei.[30] Außerdem zeigten die Anschläge, dass Israels Sicherheit „nicht bei Ägypten oder Libyen oder Arafat liegt, sondern bei uns".[31]

Dieses Konzept eines großen religiösen und politischen Kriegs der Hamas gegen Israel wurde mir auch von Scheich Ahmad Yassin, dem spirituellen Anführer der Hamas, erläutert, als ich einige Jahre zuvor mit ihm in seinem Haus in Gaza sprach. Die Konkurrenz zwischen der westlich ausgerichteten Palästinensischen Befreiungsorganisation (PLO) und der Hamas war so stark, dass mich der palästinensische Taxifahrer, der anscheinend der PLO unterstand, zunächst zum Hauptquartier der PLO in Gaza fuhr – es war von außen nicht als solches erkennbar –, bevor er mich zu Yassin brachte. Im PLO-Hauptquartier wurde mir gesagt, der Scheich und sein religiöser Nationalismus seien für den Kampf der Palästinenser nicht repräsentativ, und man schlug mir vor, eine Gegend von Gaza zu besuchen, die fest in der Hand der PLO war – das Flüchtlingslager von Dschabaliya –, bevor ich zu den Anführern der Hamas ging. Ich ging gerne auf diesen Vorschlag ein, allerdings ließ mir mein Taxifahrer auch keine andere Wahl. Erst danach peilte er mein eigentliches Fahrtziel an, das bescheidene Quartier von Scheich Yassin auf einem Hügel außerhalb von Gaza-Stadt.

Damals, kurz vor seiner Inhaftierung durch die Israelis, lebte der Scheich in einem motelähnlichen Gebäude mit einer Reihe von nebeneinander liegenden Räumen, in denen Wohnung, Büro, Moschee und Sitzungszimmer untergebracht waren. Die Räume waren mit heftig diskutierenden Männern zwischen 30 und 50 Jahren gefüllt. Als der Scheich auftauchte, kehrte respektvolle Stille ein, und man drängte in das Sitzungszimmer. An der Wand hing das obligatorische Bild vom Felsendom in Jerusalem und eine Zeichnung, auf der der Koran über einer Weltkarte zu sehen war. Links und rechts drangen Arme aus dem Buch, die sich auf der Karte von Algerien bis Indonesien erstreckten, also die gesamte islamische Welt umfassten. Beide Bilder repräsentierten zwei verschiedene, miteinander kompatible Perspektiven der politischen Bedeutung des Islam; der Felsendom steht für den speziell palästinensischen Beitrag zur islamischen Welt, der die islamische Welt umfassende Koran für eine transnationale islamische Kultur, die sich von Afrika bis Südostasien erstreckt.

In einem altmodischen hölzernen Rollstuhl wurde der Scheich

von seinen Betreuern aus seinen privaten Räumlichkeiten am Ende des Gebäudes die Veranda entlang zum Versammlungsraum geschoben. Er litt schon sein Leben lang an einer degenerativen Nervenerkrankung und musste von Ort zu Ort transportiert werden. Nur mit Mühe konnte er auf dem Boden des Versammlungszimmers sitzen, von Kissen gestützt, und es gelang ihm kaum, die rituellen Verbeugungen zu verrichten, die die muslimischen Gebete begleiten. Während er die heiligen Worte sprach, schwankte er hin und her. Nach den Gebeten hielt er eine kurze Ansprache, dann löste sich die Gruppe auf. Nun beantwortete er meine Frage, warum islamische Militanz zum jetzigen Zeitpunkt der Geschichte nötig sei; einer seiner Mitarbeiter übersetzte.

„Es herrscht Krieg", sagte der Scheich. Genau wie Rantisi es Jahre später beschrieb, erklärte der Scheich, dass der Kampf gegen die israelische Verwaltung Ausdruck eines größeren, unsichtbaren Kampfes sei.[32] Als ich danach fragte, warum es nicht ausreiche, dass eine säkulare palästinensische Bewegung um ihre Ziele kämpfe, war der Scheich in seiner Antwort sehr vorsichtig. Ohne in direkte Opposition zu Arafat zu gehen, erklärte er, dass die Idee einer weltlichen Befreiungsorganisation für Palästina irrig sei, da „es so etwas wie einen säkularen Staat im Islam nicht gibt".[33]

Das war auch die Meinung der Palästinensischen Muslimbruderschaft, der der Scheich lange Jahre angehörte und die enge Verbindungen zu der ägyptischen Bewegung gleichen Namens unterhielt. Die Hamas trat in den späten 1980er Jahren in Erscheinung, als sich die PLO mit ihrer urban organisierten Strategie verrannt hatte und von Seiten der ärmeren, ländlichen palästinensischen Bevölkerung ein neuer Kampf aufgenommen wurde: die *Intifada*, unterstützt von der Hamas. Das Wort *Hamas* bedeutet „Eifer" oder „Begeisterung", ist aber zugleich ein Akronym des formellen Namens der Bewegung: Harakat al-Muqawama al-Islamiya, „Islamische Widerstandsbewegung". Das Wort *Hamas* erschien zum ersten Mal öffentlich in einem Kommuniqué, das im Februar 1988 zirkulierte.[34]

Yassin und Rantisi waren von Anfang an dabei. Beide – und mit ihnen die ganze Bewegung – entstammen der Muslimbruderschaft, der Rantisi als Medizinstudent in Alexandria angehört hatte. In einem der ersten Kommuniqués beschrieb sich die Hamas als „den kräftigen Arm der Gemeinschaft muslimischer Brüder".[35] Vielleicht störte sich Rantisi deshalb an der Vorstellung, die Hamas besitze Ähnlichkeiten mit der radikalen ägyptischen Gamaa Islamiya von Omar Abdul Rahman. „Wir sind nicht wie die Gamaa Islamiya", sagte mir Rantisi, „sondern wie die Muslimbruderschaft. Wir sind seriös."[36]

Es wurde deutlich, dass Rantisi sich durchaus der Kritik bewusst war, die Hamas vertrete lediglich einen sehr geringen Teil der palästinensisch-muslimischen Gesinnung, einen der marginalsten und radikalsten dazu. Er betonte, dass prominente religiöse Persönlichkeiten von Anfang an mit der Hamas zu tun hatten, etwa Scheich 'Abd al-Aziz 'Odeh und Scheich As'ad Bayud al-Tamimi, der in Hebron lebt und Prediger in der al-Aqsa-Moschee in Jerusalem war, sowie Ahmed Yassin aus Gaza.[37] Yassin wird als „charismatischer und einflussreicher Anführer" beschrieben und war der Vorsitzende der Islamischen Versammlung, die zu fast allen Moscheen in Gaza Verbindungen unterhielt. Rantisi wies mich auch noch darauf hin, dass die religiöse Rechtfertigung für die Taten des selbstgewählten Martyriums auf einem religiösen Dekret, einer *fatwa*, beruhe, erlassen von einem Mufti aus den Golfemiraten.

In den 1990er Jahren dehnte sich die Organisation der Hamas stark aus. Obwohl sie im Grunde immer noch auf dezentralisierten, lokalen Kadern beruhte, entwickelte sie mit der Zeit eine komplexe Organisationsstruktur, die zwischen einem politischen und einem militärischen Flügel unterscheidet. Der militärische Flügel strukturiert sich in geheimen Zellen, die junge Männer für die Missionen des selbstgewählten Martyriums rekrutieren und ausbilden, wie Rantisi das nannte. Wer diesen Zellen angehört, ist in der palästinensischen Gesellschaft kaum bekannt, oft sind die Familien schockiert, wenn sie von der Mitgliedschaft ihres Sohnes erfahren, was häufig erst nach der fatalen Vollendung der Mission bekannt wird.

In der Sammlung von Oliver und Steinberg existiert ein Video, auf dem Beerdigungszeremonien für junge Märtyrer zu sehen sind; eine Gruppe junger maskierter Männer mit Maschinengewehren ist zu erkennen, die sich in die Menge schiebt und tosenden Beifall von den Massen erhält. Dies sind die „lebenden Märtyrer", die sich bereits für ihren Opfergang verpflichtet haben und nun auf den Aufruf warten. In manchen Fällen werden die jungen Männer aber erst wenige Tage vor dem Selbstmordanschlag rekrutiert, sie haben vorher nichts mit der Hamas zu tun und erhalten so gut wie keine militärische Ausbildung. Der Anschlag an einer belebten Straßenecke in der Innenstadt von Tel Aviv 1995 wurde zum Beispiel von einem 19-jährigen Studenten mit einem Rucksack voller Sprengstoff verübt. Der schüchterne, freundliche junge Mann war drei Tage zuvor von einem Hamas-Anhänger rekrutiert worden, der den Auftrag hatte, einen passenden Freiwilligen zu finden. Dieser Mann, der in der Hamas für Organisation und Rekrutierung zuständig war, gab dem Fernsehsender CBS ein Interview und erklärte dort, er habe jemanden aus seiner direkten Umgebung gefunden – seinen Cousin, der im Nachbarhaus wohnte.[38]

Eine Studie über Selbstmordanschläge von Ariel Merari und anderen Wissenschaftlern vom Zentrum für das Studium von Terrorismus und politischer Gewalt an der Universität von Tel Aviv zeigt, dass die meisten Mitglieder der Selbstmordzellen der Hamas zwischen drei Wochen und mehreren Monaten militärische Ausbildung erhielten. Bei der Auswertung von Interviews mit Freunden und Verwandten von 33 erfolgreichen Selbstmordattentätern der Hamas kam heraus, dass die meisten von ihnen über Freundeskreise in der Schule und beim Sport oder über entfernte Familienverbindungen rekrutiert wurden. Durch gegenseitige Freundschaftsbündnisse und Briefe, die sie an ihre Familien schreiben mussten und die den Familien nach ihrem Tod zugeschickt wurden, wurden sie an ihre Entscheidung gebunden. Den Eltern und nächsten Angehörigen wurden die Absichten verheimlicht, aber die Jugendlichen starben im Wissen, dass sie für ihren Tod belohnt werden würden.

Die Hamas-Führer versprachen ihnen, dass sie im Himmel 70 Jungfrauen und 70 Ehefrauen bekämen und dass ihre Familien eine Barzahlung von umgerechnet 12 000 bis 15 000 US-Dollar erhielten.[39] 2002 wurde dieser Betrag durch Zuschüsse aus dem Irak und Saudi-Arabien verdoppelt.

Israelis und andere Nicht-Palästinenser haben vor allem die militante Seite der Hamas kennen gelernt; die Einwohner Palästinas in Gaza und auf der West Bank hingegen erleben die fürsorgliche Seite der Organisation. Die Hamas hat Kliniken und Grundschulen finanziell unterstützt. Sie hat Waisen geholfen, Essensausgaben organisiert und notleidenden Menschen Geld gegeben, nicht nur den Familien der Selbstmordattentäter, sondern auch Opfern der israelischen Militärangriffe auf führende Hamasmitglieder. Als die israelische Regierung palästinensische Häuser bei Vergeltungsschlägen gegen Hamas-Anhänger zerstörte, half die Bewegung den betroffenen Familien oft mit Geldsummen, die den Wert der Häuser weit übertrafen.

Manche Palästinenser unterstützen die Hamas, obwohl sie deren Radikalität und ihre militanten Aktionen nicht befürworten; aber sie glauben, dass die Hamas Arafat und die Palästinenserbehörde auf Trab halte, wodurch die PLO gestärkt werde. „Wir brauchen die Hamas", erklärte mir ein studentischer Anhänger der Bewegung in einem Café an der Strandpromenade in Gaza; die säkulare Palästinenserverwaltung sei „zu kompromissbereit". Die Hamas müsse als Korrektiv fungieren.[40] Die Stärke der Bewegung liege in ihrer Religiosität. Weltliche Organisationen veränderten sich mit der Zeit, nicht so die Hamas, die auf „religiöse Prinzipien gegründet" sei.

Moderne islamistische Rechtfertigungen von Gewalt

Die religiösen Grundlagen der Hamas haben der Bewegung nicht nur Glaubwürdigkeit und Legitimität verschafft, sondern auch die wichtigste Machtbasis, die es gibt: die Rechtfertigung von Gewalt.

114

Die Lehre des Islam unterstützt Gewalt nicht prinzipiell. Wie alle Religionen, erlaubt der Islam zwar die Gewaltanwendung in bestimmten Fällen, vertritt aber Gewaltlosigkeit und Frieden als wichtigste religiöse Ziele. Der Koran enthält eine Vorschrift, die dem biblischen Gebot „Du sollst nicht töten" entspricht und dem Gläubigen gebietet: „Morde nicht das Leben, das Gott heilig gemacht hat."[41] Das Wort *islam* ist etymologisch verwandt mit *salam* („Frieden") und dem verwandten hebräischen *shalom*, und es beinhaltet eine Vision gesellschaftlicher Harmonie und religiöser Ruhe.

Aus diesem Grund beteuern muslimische Aktivisten oft ihren Glauben an die islamische Gewaltlosigkeit, bevor sie ihre gewalttätigen Aktionen verteidigen. Omar Abdul Rahman erklärte in einem Interview 1993 kurz nach dem Anschlag auf das World Trade Center, ein Muslim könne „nie zu Gewalt aufrufen", sondern nur zu „Liebe, Vergebung und Toleranz". Dann aber fügte er hinzu: „Wenn wir aber angegriffen werden, wenn man uns unser Land nehmen will, dann müssen wir zum Schlag gegen den Angreifer aufrufen, um die Aggression zu beenden."[42] In anderen Fällen wurde Gewalt als Ausnahme von der Regel gerechtfertigt, zum Beispiel als muslimische Anhänger der Al-Salam-Moschee in New Jersey den Mord am Rabbi Kahane verteidigten und behaupteten, da Kahane ein Feind des Islam gewesen sei, seien die Gebote des Korans durch diese Tat nicht verletzt worden.[43] In manchen Situationen hieß es auch, bestimmte Fälle von Gewaltanwendung stünden im Einklang mit islamischen Grundsätzen. Ayatollah Khomeini sagte einmal, er kenne kein Gebot, das für „Muslime so bindend sei wie das, sein Leben und Eigentum zur Verteidigung des Islam zu opfern".[44]

Und tatsächlich gibt es gewisse islamische Lehren, die den Kampf und den Gebrauch von Gewalt erlauben. Obwohl vom Koran untersagt, wird das Töten durch andere muslimische Prinzipien gerechtfertigt. Gewalt kann zum Beispiel zur Bestrafung oder zur Verteidigung des Glaubens gerechtfertigt sein. In der „Welt des Krieges" *(dar al-harb)* außerhalb der muslimischen Welt ist Gewalt ein Mittel des kulturellen Überlebens. In diesem Kontext gerät der Erhalt der Reinheit religiöser Existenz zum *dschihad* – ein Wort, das wörtlich „Bemühung" bedeutet und oft als „heiliger Krieg" übersetzt wird.[45] Dieses Konzept ist von den muslimischen Kriegern als rationale Rechtfertigung für die Expansion ihrer politischen Herrschaft in nichtmuslimische Gegenden verwendet worden. Das islamische Gesetz verbietet den willkürlichen Gebrauch des Dschihad zur persönlichen Bereicherung oder gewaltsamen Bekehrung: Bekehrung darf nur gewaltlos erfolgen, durch rationales Zurreden und persönlichen Sinneswandel.

Trotzdem ist die Geschichte des Islam von Anfang an von militärischen Auseinandersetzungen geprägt. Kaum zwölf Jahre nach der Offenbarung des Korans verließ der Prophet Muhammad 622 seine Heimatstadt Mekka und richtete im nahegelegenen Medina einen militärischen Stützpunkt ein. Treue Anhänger Muhammads zettelten eine Reihe von Überfällen auf Kamelkarawanen aus Mekka an. Als Mekka zurückschlug, wurde es in der Schlacht von Badr kurzerhand von den Kriegern des Propheten besiegt, der erste militärische Sieg auf Seiten der Muslime. Es folgten Jahre sporadischer kriegerischer Auseinandersetzungen zwischen beiden Lagern, die mit einem klaren Sieg der Muslime im so genannten Grabenkrieg endeten. Bis 630 hatte Muhammad mit seinen Muslimen Mekka und einen Großteil des westlichen Arabiens besiegt und die alte Pilgerstätte Kaaba in eine muslimisches Gebetsstätte verwandelt. Die Kalifen, die nach dem Tod des Propheten im Jahre 632 dessen Nachfolge als Führer der muslimischen Gemeinde übernahmen, bauten sowohl die militärische Herrschaft als auch den religiösen Einfluss des Islam aus. Die bemerkenswerte weltweite Ausdehnung, die der Islam im Lauf der Jahre erleben sollte, lässt sich nicht unwesentlich auf die kriegerischen Erfolge seiner militärischen Köpfe zurückführen.

Wie gesagt: Der Islam unterscheidet genau, wann militärische Gewalt erlaubt ist und wann nicht. In seiner Geschichte wurde Gewalt seitens einer etablierten militärischen oder sonstigen staatlichen Institution meistens ausschließlich zur Verteidigung des Glaubens genehmigt. Doch eine solche Rechtfertigung ist für heutige Terroranschläge kaum heranzuziehen. Aber schon im 12. Jahrhundert gab es mit den Nizari, einer Bewegung innerhalb des ismailitischen Islam, eine kriminelle muslimische Gruppe, die, um ihr kleines eigenes Reich im Norden Persiens in der Nähe des Kaspischen Meers zu errichten, Taten verübten, die man heute als Terror bezeichnen würde. Nicht gerade das Vorbild einer sittlichen Gesellschaft, nahmen sie angeblich Rauschmittel ein und wurden *Hashshashin* oder im mittelalterlichen Latein *Assassini*, „Drogenkonsumenten", genannt. Ihre politische Macht erweiterten sie, indem sie sich in gegnerische Lager einschlichen und deren Anführern die Kehle durchschnitten. Das Reich der Assassinen überdauerte nicht lange, ihr Name aber ist uns erhalten geblieben, im Englischen heißen politische Attentäter bis heute *assassins*. Doch würden die meisten Muslime diese Gruppe im Gesamtbild der islamischen Tradition eher als Randerscheinung bezeichnen.[46]

Heutige Aktivisten orientieren sich an traditionelleren islamischen Rechtfertigungen von Gewalt. Rantisi und Yassin rechtfertigen die Gewalt der Hamas beispielsweise damit, dass im Islam die Selbstverteidigung erlaubt ist, wobei beide das Prinzip der Selbstverteidigung über das leibliche Wohlergehen auf die Verteidigung von Würde und Stolz ausweiten.[47] Einer von Yassins Mitstreitern, Scheich 'Abd al-Aziz 'Odeh, erklärte, die islamische *Intifada* unterscheide sich von der *Intifada* der Anhänger der PLO dadurch, dass der islamische Kampf ein moralischer und politischer sei, der in einer religiösen Überzeugung wurzele. Außerdem stehe er in einer islamischen Tradition des Protests gegen Ungerechtigkeit.[48] Die Billigung von Gewalt zur Verteidigung des Islam wird auch auf den Kampf gegen politische und soziale Ungerechtigkeit bezogen – ein interessantes und neues Konzept. Der wohl einflussreichste Schriftsteller, der diese Idee erweitert und die traditionelle muslimische Vorstellung des Kampfs, den Dschihad, neu interpretiert hat, ist der zeitgenössische ägyptische Autor Abd al-Salam Farag. Erstaunlich überzeugend argumentiert er für einen Krieg gegen die politischen Feinde des Islam. So deutlich wie kein anderer nennt Farag in seinem Pamphlet *Al-farida al-gha'iba* („Die vergessene Pflicht") die religiösen Rechfertigungen für radikal-muslimische Taten beim Namen. Bemerkenswert an dieser zunächst in den frühen 1980er Jahren in Kairo erschienenen Broschüre ist, dass die Aktivitäten moderner islamistischer Terroristen dort fest in der islamischen Tradition verankert werden, besonders im heiligen Text des Korans und den Überlieferungen des Propheten, in den Hadithen.[49]

Farag behauptet, der Koran und die Hadithe seien im Grunde Bücher über Kriegsführung. Das Konzept des Dschihad, des Kampfs, sei wörtlich und nicht allegorisch zu nehmen. Laut Farag ist die „vergessene Pflicht" eben der Dschihad, weshalb „Kampf nötig ist, Konfrontation und Blutvergießen".[50] Jeden, der von den moralischen und gesellschaftlichen Vorgaben des islamischen Gesetzes abweicht, bezeichnete Farag als Ziel des Dschihad, sowohl Abtrünnige aus der muslimischen Gemeinde wie auch Feinde von außerhalb.

Der vielleicht erschreckendste Aspekt von Farags Denkweise ist seine Schlussfolgerung, dass friedliche und legale Mittel gegen Abtrünnige inadäquat seien. Dem wahren Soldaten des Islam ist praktisch jedes Mittel erlaubt, um sein gerechtes Ziel zu erreichen.[51] Täuschung, Betrug und Gewalt werden dem verzweifelten Soldaten besonders empfohlen.[52] Bei den erlaubten Taktiken setzt Farag gewisse moralische Grenzen; so sollen unschuldige Passanten, Frauen und Kinder bei Mordanschlägen möglichst geschont werden. Aber er betont auch, dass das Verüben solch nötiger Anschläge die Pflicht jedes Muslims sei. Nichts Geringeres als ein Platz im Paradies sei die Belohnung dafür. Als er 1982 aufgrund seiner Beteiligung an der Ermordung von Anwar Sadat verurteilt und hingerichtet wurde, erhielt vermutlich auch Farag einen solchen Platz.

Farags Standpunkt, so extrem er auch sein mag, ist kein bloß persönliches Hirngespinst. Er steht damit in einer seit mindestens einem Jahrhundert bestehenden Tradition radikal-islamischer

Schriftsteller. Der weltweit wichtigste und radikalste Denker im sunnitischen Islam war Maulana Abu al-Ala Mawdudi, Gründer und Chefideologe der pakistanischen Religionspartei Jamaat-i-Islami.[53] Seine Ideen griff auch der einflussreichste ägyptische Schriftsteller der radikal-islamischen politischen Tradition, Sayyid Qutb, auf. Qutb, 1906 geboren, wurde wie Farag wegen seiner politischen Aktivitäten hingerichtet.[54] Zwar äußerte er sich nicht so explizit wie Farag über akzeptable Terrortechniken, doch bilden seine Werke die Grundlage für Farags Verständnis des Dschihad als angemessene Antwort auf die Fürsprecher islamfeindlicher moderner Elemente.

Qutbs Attacken galten besonders denen, die die westlich dominierte Kultur, Politik und Wirtschaft der ägyptischen Regierung befürworteten. Nachdem er einige Jahre lang in den USA das dortige Bildungssystem studiert hatte, fand er sich in seiner Annahme bestätigt, die amerikanische Gesellschaft sei von Grund auf rassistisch und die amerikanische Nahostpolitik werde von Israel und der „jüdischen Lobby" in Washington diktiert.[55] Darüber bestürzt, wie sehr sich die neue ägyptische Regierung an westlichen Vorbildern und Werten orientierte, rief Qutb in den frühen 1950er Jahren zu einer radikalen Rückkehr zu islamischen Werten und Gesetzen auf. In *Dieser Glaube: der Islam* vertritt er die Ansicht, die größte Kluft zwischen den Menschen sei weder ethnischer noch nationalistischer, sondern religiöser Natur, und Töten sei einzig und allein in einem religiösen Krieg gerechtfertigt.[56] Qutb glaubte, der wirkliche Krieg tobe zwischen Wahrheit und Lüge, und die satanischen Vertreter der Lüge säßen in der ägyptischen Regierung fest im Sattel. Kein Wunder, dass die Regierung dieses Gedankengut als gefährlich empfand. Qutb wurde in den 1950er Jahren verhaftet und 1966 hingerichtet.

Es gibt in der muslimischen Welt zwei bedeutende Netzwerke, über die das Gedankengut von Mawdudi, Qutb und Farag weite Verbreitung findet: Universitäten und religiöse Einrichtungen. Beide Netzwerke treffen im muslimischen Bildungssystem aufeinander, besonders in den religiösen Schulen und Hochschulen. Es überrascht also nicht, dass viele Anhänger paramilitärischer Bewegungen wie der Gamaa Islamiya oder der Hamas ehemalige Studenten oder, wie Rantisi, hoch qualifizierte Fachleute sind.

Als ich Rantisi fragte, welche Autoren er besonders schätze, nannte der Anführer der Hamas den Gründer des modernen muslimischen Aktivismus, Mawdudi.[57] Als ich Mahmud Abouhalima im Gefängnis von Lompoc dieselbe Frage stellte, gab er mir zunächst keine eigentliche Antwort. Als ich ihm Farag vorschlug, schien er darüber überrascht, dass ich Farag kannte, und korrigierte meine Aussprache. Er räumte ein, dass er sowohl eine arabische als auch eine englische Ausgabe von Farags berüchtigter Broschüre *Die vergessene Pflicht* besitze.

Abouhalima wollte vermeiden, dass ich seine Kenntnis von Farag gegen ihn verwende. In seinem ersten Verfahren war die Tatsache, dass er Farags Buch besaß, als Beweis seiner feindlichen und gewalttätigen Einstellung gegen die weltliche Regierung interpretiert worden. Er bat mich deshalb, seine Einstellung gegenüber Farag vorsichtig auszudrücken. „Sagen Sie nicht, ich sei von ihm ‚beeinflusst' worden", instruierte er mich, „sondern lieber, dass ich ihn ‚respektiere'". Dann neigte Abouhalima seinen Kopf nach vorne zu mir und flüsterte, „aber, wissen Sie, er hatte einfach Recht".[58]

5 Das Schwert der Sikhs

Seit seiner Unabhängigkeit im Jahr 1948 kennt Indien das Phänomen der religiösen Gewalt. Immer wieder haben sich die gesellschaftlichen Spannungen zwischen Hindus und Muslimen in fürchterlichen Eskalationen entladen, wie z. B. 1992 der Zerstörung der historischen Moschee von Ayodhya durch eine Meute wütender Hindus oder den Massenmorden im Staat Gujarat im Jahr 2002. In vielen Fällen ging es um den multikulturellen Status Indiens, darum, ob es eine dominante Kultur gibt oder ob mehrere gleichwertige Kulturen nebeneinander existieren können. Daneben ging es um die Einheit Indiens als Staat, wobei die Religion eine Allianz mit dem politischen Separatismus einging. Der Unabhängigkeitskampf in Kaschmir ist ein Beispiel des religiösen Separatismus; für lange Jahre galt jedoch die Khalistan-Bewegung der Sikhs als das anschaulichste Exempel eines militant-religiösen Aktivismus.

Die Einwohner des indischen Staats Punjab hatten schon geglaubt, der Terror der sikhistischen Separatisten sei nach fünfzehn Jahren endlich Vergangenheit, als am 31. August 1995 um fünf Uhr nachmittags eine gigantische Explosion den Parkplatz des modernen Regierungsgebäudes ihrer Hauptstadt Chandigarh erschütterte. In der Explosion, die den vom französischen Architekten Le Corbusier entworfenen monumentalen Regierungskomplex erzittern ließ, wurde der Ministerpräsident des Punjab, Beant Singh, buchstäblich zerfetzt. Mit ihm fanden fünfzehn seiner Mitarbeiter und Sicherheitsbeamten den Tod, mehrere Autos brannten aus, und in der glühenden Masse, die zuvor der Staatswagen des Ministerpräsidenten gewesen war, konnte nur noch dessen Armreif *(kara)* gefunden werden, der zu seiner Identifizierung beitrug.[1]

Sehr wahrscheinlich befand sich unter den verstümmelten Leichen auch die des Attentäters. Man hatte sein Auto in der Nähe gefunden; offensichtlich war ein Komplize, der den Wagen hätte wegfahren sollen, in Panik geflohen. Das Kennzeichen führte die Polizei auf die Spur mehrerer mutmaßlicher Verschwörer, die alle einer der brutalsten Guerilla-Zellen der Sikh-Bewegung angehörten, der Babbar Khalsa. Ebenso wie die Mitglieder mehrerer anderer Gruppen, darunter der Bhindranwale Tigers oder der Khalistan Commando Force, waren sie zugleich Opfer wie Täter eines Terrors, der seit den frühen 1980er Jahren den Punjab beherrschte.

Dilawar Singh, ein junger Mann Anfang zwanzig, war der Selbstmordattentäter. Während der so genannten „strengen Verhöre" der Polizei – laut den Sikhs lediglich ein anderer Name für Folter – berichteten Komplizen Einzelheiten über seine letzten Tage.[2] Demzufolge hatte sich Dilawar wochenlang im Mittelklasse-Vorort Mohalli auf den Anschlag vorbereitet. Als er das komfortable, moderne Haus seiner Eltern verließ, wusste er, dass er ein Verbrechen begehen würde, das seinen sicheren Tod bedeutete. Auf einem Blatt Papier hinterließ er auf Punjabi eine Notiz, die besagte, seine Tat sei „dem Andenken der Märtyrer" gewidmet, womit er wohl die Märtyrer der frühen Sikh-Geschichte im Sinn hatte. Vielleicht meinte er auch seine Gefährten, die vielen Mitglieder der Babbar Khalsa, der Khalistan Commando Force und anderer Gruppen, die in ihrem erfolglosen Kampf gegen die indische Polizei ums Leben gekommen waren.

Zwischen 1981 und 1994 starben Tausende – Rebellen, Polizisten und unschuldige Zivilisten. Am spektakulärsten und von größter Wirkung war sicher der Mord an der indischen Premierministerin Indira Gandhi am 31. Oktober 1984, als dessen Kopie der Anschlag auf Ministerpräsident Beant Singh gelten kann. Und ein makabrer Zufall wollte es, dass einer der Mörder Indira Gandhis ebenfalls Beant Singh hieß, ohne dass er mit dem Mann, der später der Ministerpräsident des Punjab werden sollte, etwas zu tun gehabt hätte. Wie auch die mutmaßlichen Komplizen beim Anschlag auf

Ministerpräsident Beant Singh war der Mörder Beant Singh Mitglied der Sicherheitskräfte des Opfers. Er und ein anderer Sicherheitsbeamter, Satwant Singh, richteten ihre automatischen Gewehre auf Indira Gandhi, als sie sie auf einem blumengesäumten Fußweg von ihrem Privathaus in ihr Büro begleiteten, wo sie den britischen Schauspieler Peter Ustinov für ein Fernsehinterview treffen wollte.

Während Beant Singh an Ort und Stelle getötet wurde, wurden Satwant Singh und ein weiterer Komplize verhaftet, vor Gericht gestellt und wegen des Mordes an Indira Gandhi hingerichtet. Obwohl die Anklage nur sie betraf, kursierten noch einige Jahre lang Gerüchte über eine breit angelegte Verschwörung. Eines dieser Szenarien beschrieb Satwant Singh direkt nach seiner Festnahme während eines „strengen Verhörs". In seinem Geständnis erwähnte er mehrere Sikh-Anführer, unter anderem den älteren Aktivisten Kehar Singh und den früheren Polizeioberen Simranjit Singh Mann.

Satwant Singh identifizierte Mann als Rädelsführer der Verschwörung. Mann hatte den indischen Polizeidienst aus Protest gegen die „Operation Bluestar" quittiert, hatte gemeinsam mit militanten Sikhs die Regierung kritisiert und war untergetaucht. Wenige Wochen nach der Ermordung von Indira Gandhi wurde er von der indischen Polizei bei dem Versuch, als Bauarbeiter verkleidet in einem Lastwagen die Grenze nach Nepal zu überqueren, gefasst. Berichten zufolge soll Mann gemeinsam mit Atinder Pal Singh, einem der Anführer der militanten Sikhs, hinter einer komplexen Verschwörung zur Ermordung der Premierministerin gestanden haben.[3] Doch als Beweis hierfür lag einzig die erzwungene Aussage von Satwant Singh vor. Obwohl Mann eine Weile lang in strenger Einzelhaft saß, wurde er nie vor Gericht gestellt oder verurteilt. Seine Beziehungen zu den militanten Sikhs waren ambivalent: Manchmal unterstützte man sich gegenseitig, manchmal wurde eine klare Trennlinie gezogen. Als 1995 Punjabs Ministerpräsident ermordet wurde, lebte Mann in wohlsituierten Verhältnissen in einem zweistöckigen Wohnhaus ein paar Blocks von dem Regierungsgebäude entfernt, wo der Anschlag stattgefunden hatte. Mann stand damals noch immer unter polizeilicher Beobachtung.

Simranjit Singh Mann und die indischen Attentate

Als ich ein knappes Jahr nach der Ermordung von Beant Singh mit Simranjit Singh Mann in seinem Haus in Chandigarh sprach, stritt er jegliche Verwicklung in die Attentate an Beant Singh und Indira Gandhi ab. Aber er sagte, über beide Morde habe er „keine Träne vergossen".[4] Die Morde an den Politikern verglich er mit den Attentaten auf Hitler, und das Attentat auf Ministerpräsident Beant Singh bezeichnete er als „Bestrafung". Im Punjab sei man über die Nachricht überglücklich gewesen.

Auch zeuge dieser Mord, so Mann, von der Verzweiflung der militanten Sikhs bei ihrem Versuch, politischen Einfluss zu gewinnen. Er glaube aber nicht, dass der Mord irgendetwas bewirke. Sicher würden die „Repressalien" der indischen Regierung gegen die Sikhs nicht enden. Allerdings habe der Anschlag einen symbolischen Zweck erfüllt, denn er habe der Welt gezeigt, dass der Kampf weitergehe. „Wir befinden uns im Kriegszustand", erklärte mir Mann. „Wenn wir nur unseren Mund aufmachen, landen wir schon im Gefängnis." Der militanteste Flügel der Bewegung war zwar zerschlagen, und seit der Ermordung Beant Singhs gab es kaum Anzeichen für weitere Aktivitäten, doch Mann betrachtete die Bewegung noch immer als sehr mächtig. Sich selbst sah er als eine Art Soldat. „Es herrscht immer noch Krieg", sagte er.

Bemerkenswert an dieser Aussage war nicht nur ihr augenfälliger Widerspruch zu der Ruhe, die nach 1995 in der politischen Landschaft des Punjab herrschte, sondern auch ihr Kontrast zu den Verhältnissen, in denen Mann selbst lebte. Trotz seiner gelegentlichen militanten Äußerungen hatte er sich zu einem anerkannten Politiker entwickelt. Als ich ihn 1996 interviewte, lebte er nicht etwa in einem Bunker oder einem Guerilla-Versteck, sondern in einem großzügigen zweigeschossigen Wohnhaus, das von gehobener Bürgerlichkeit zeugte. Sorgfältig und voller Geschmack war das Wohnzimmer eingerichtet und beeindruckte durch einen großen Kaschmir-Läufer. An der Wand hingen Stiche aus britischen Punjab-Reisebüchern des 19. Jahrhunderts. Manns Lebensumstände ließen durchweg auf eine bürgerliche Erfolgsgeschichte schließen, seine elegant-kultivierte Frau, sein Sohn, der in den USA Betriebswirtschaft studierte, und sein freundlicher Cockerspaniel May eingeschlossen.

Er wirkte wie der erfolgreiche Staatsbeamte, der er ursprünglich hatte werden wollen, als er sein Studium in Chandigarh abschlossen hatte und in den Polizeidienst eingetreten war. Er hatte Polizeistationen in Faridkot, in verschiedenen Städten des Punjab und in Bombay geleitet. Wie sein Familienname sagt, gehörte Mann einer der angesehensten Untergruppen der hohen Jat-Kaste an, und als er 1984 den Regierungsdienst aus Protest gegen die von der Regierung angeordnete Stürmung des Goldenen Tempels im Rahmen der „Operation Bluestar" quittierte, sorgte das für landesweite Schlagzeilen. In seinem Kündigungsschreiben an den indischen Präsidenten Zail Singh verglich Mann das harte Vorgehen der Regierung mit den britischen Gräueltaten gegen indische Demonstranten am Jallianwala-Bagh-Platz in Amritsar im Jahr 1919. Seine Kritik wurde noch schärfer, als er der indischen Regierung vorwarf, sie sei „darauf versessen, die Sikhs vollständig auszulöschen".[5] Feindseligkeiten von Seiten eines so hochrangigen und hochqualifizierten Elitebeamten musste die indische Regierung als Beleidigung auffassen, und es verwundert kaum, dass ihm wenige Monate später eine Beteiligung an der Ermordung Indira Gandhis vorgeworfen wurde.

Seitdem befand sich Mann entweder auf der Flucht, war in Ermittlungen verwickelt oder saß im Gefängnis; nach eigenen Angaben verbrachte er insgesamt fünf Jahre in Einzelhaft. Den Behörden warf er vor, ihn gefoltert zu haben, und er zeigte mir die – wie er behauptete – Spuren dieser Gewalt. Als er seinen Bart zur Seite strich, konnte ich Narben an der Stelle erkennen, wo angeblich seine Barthaare brutal ausgerissen worden waren. Weitere Narben befanden sich an den Beinen, es fehlten Fußnägel und Zähne. Diese seien ihm gebrochen oder herausgerissen worden. Er behauptete auch, seine Genitalien seien mit Elektroschocks verstümmelt worden, sein einer Hoden habe sich in seinem Hodensack gelöst. Offiziell galt sein Gefängnisaufenthalt als Untersuchungshaft. Obwohl er insgesamt 32–mal verhaftet wurde, kam es kein einziges Mal zu einer Verurteilung. Mann sagte, Folter und Schikane seien typisch für das harte Vorgehen der Regierung gegen militante Sikhs, was der Bewegung aber nur größeren Zulauf verschafft habe.

Neben dem Vorwurf der Verschwörung zum Zwecke der Gewaltausübung wurde Mann unter anderem des Verrats und des Aufruhrs beschuldigt, aber auch diese Punkte mussten fallen gelassen werden. Mann erklärte mir, er führe keinen Krieg gegen Indien an sich. Er habe nichts gegen die indische Nation, nur gegen ihre Regierung. Mal nannte er die Regierung „weltlich", mal „hindufreundlich", und den Aufstieg der nationalistischen Hindu-Partei Bharatiya Janata (BJP) führte er als Beweis für die religiöse Orientierung der Regierung an. Mit dem Angriff auf einige Anhänger der BJP, deren Bus auf dem Weg nach Kaschmir zu einem Marsch für die Einheit Indiens durch den Punjab fuhr, wollten militante Sikhs 1992 ihre Ablehnung der religiösen Einheit Indiens demonstrieren. Fünf Anhänger der BJP kamen dabei ums Leben, weitere sechzehn wurden verletzt. Der Marsch für die Einheit „musste unbedingt gestoppt werden", sagte Mann, „wenn nötig, mit Gewalt".

Da die Sikh-Bewegung viel älter ist als der Aufstieg der BJP, da außerdem die sikhistische Akali-Partei – sicherlich nicht die Fraktion Manns – sogar Wahlbündnisse mit der BJP einging, dürfte der zunehmende Einfluss des Hinduismus auf Indiens Politik nicht der alleinige Grund für die Rebellion der Sikhs während der 1980er und frühen 1990er Jahre gewesen sein. Mann erklärte mir, Ziel der Bewegung sei nicht einfach eine Rebellion gegen die Macht des Hinduismus gewesen, sondern der „Schutz der Sikh-Gemeinde" vor weltlichen Einflüssen. Auch habe man das Durchsetzungsvermögen der Sikhs im Kampf um ihre Rechte und Forderungen stärken wollen. Die Sikhs seien eine „national-ethnische Minderheit", die zusehen müsse, wo sie bleibe.

Innerhalb der Bewegung herrschten jedoch sehr unterschiedliche Ansichten. Einer ihrer extremsten Anführer, der von Mann bewunderte Sant Jarnail Singh Bhindranwale, sah den Kampf in einer fast rein religiösen Perspektive. Seit den Anfängen der Bewegung im Jahr 1978 betätigte sich dieser Prediger aus dem Zentral-Punjab als Fürsprecher des militanten Sikhismus und blieb es bis zum Tiefpunkt der Bewegung und dem eigenen Märtyrertod 1984. Bhindranwale war ein einfacher Landprediger, der zu Reue und zur Verteidigung des Glaubens aufrief. Mann zeigte sich von seiner Fähigkeit, große Themen in einfachen Worten und simplen Bildern darzustellen, beeindruckt. Er habe „die Hegemonie der Hindumacht und das Unrecht, das die Sikhs erdulden mussten, in Worte gefasst – und das alles mit einem ausgeprägten Bewusstsein für die Geschichte und Tradition des Sikhismus".

Mich interessierten Manns Ansichten über Bhindranwale sehr, denn dessen Predigten waren der Auslöser für mein eigenes Interesse am Zusammenhang zwischen Religion und Gewalt gewesen, und sie hatten mich zu einem ersten Artikel zu diesem Thema bewogen.[6] Ich besaß damals eine Sammlung von Tonbändern und Videoaufnahmen des radikalen Sikh-Anführers sowie zusammenfassende Mitschriften seiner Predigten von Prof. R. S. Sandhu, der mir die Unterlagen freundlicherweise zur Verfügung stellte.[7] Ich erfuhr, dass Bhindranwales Abneigung, ja geradezu seine Abscheu zuallererst „den Feinden der Religion" galt.[8] Dazu zählte auch „die Dame, die in einem Brahmanen-Haus geboren wurde", Indira Gandhi. Zu seinen Feinden zählten aber auch andere Sikhs, besonders solche, die vom strengen Glauben abgefallen waren und sich einen bequemen, modernen Lebensstil angeeignet hatten. Die Ablehnung Indira Gandhis gründete sich gleichermaßen auf seinem Hass auf den Säkularismus wie auf seine Opposition gegen den Hinduismus; er glaubte sogar, bei beiden handele es sich um verbrüderte Feinde. Mit vielen Sikhs teilte er die Einstellung, dass das, was in Indien als weltliche Politik verkauft werde, in Wirklichkeit Ausdruck einer repressiven, hinduistisch dominierten Kultur sei. Manche Sikhs fühlen sich derart von der Hindu-Kultur unterdrückt, dass sie äußerst empfindlich reagieren, wenn Wissenschaftler den Ursprung des Sikhismus im mittelalterlichen Hinduismus ansiedeln.

Es war also nachvollziehbar, dass Bhindranwales Einfluss in der Sikh-Gemeinde weit über seinen Tod hinauswirkte. Seine Vorbildfunktion wurde mir vor einigen Jahren auf dem Höhepunkt der militanten Bewegung im Gespräch mit jungen Sikh-Aktivisten deutlich, die ich in einem Seitenzimmer eines Gurdwara (Gebetshaus) in Delhi traf. Als wir über die Möglichkeit diskutierten, dass sie mit der indischen Polizei zusammenstoßen und dabei getötet werden könnten, kam die Rede auch auf den Märtyrertod ihres Helden, Bhindranwale. Sie wollten so sterben wie er, sagten die jungen Männer, wie er wollten sie die Grenzregionen des Lebens suchten. Anders als die meisten Politiker, die es sich leicht machten und Kompromisse eingingen, sei Bhindranwale „für seinen Glauben in den Tod gegangen".[9]

Zu deren besten Zeiten, etwa zwischen 1981 und 1994, stießen Tausende von jungen Männern, aber auch ein paar hundert junge Frauen zu der Bewegung. Sie wurden in die geheimen Bruderschaften verschiedener rivalisierender radikaler Organisationen eingegliedert, darunter die Babbar Khalsa, die Khalistan Commando Force, die Khalistan Liberation Force, die Bhindranwale Tiger Force of Khalistan und extremistische Fraktionen der All-India Sikh Students Federation. Ihre Feinde waren weltliche Politiker, Polizeichefs, einige hinduistische Journalisten und Oberhäupter anderer Gemeinden. Mit der Zeit verwischten sich die klaren Grenzen zwischen zulässigen und unzulässigen Zielen, und fast jeder konnte Opfer des Zorns militanter Sikhs werden. Anfang 1988 ging es so weit, dass jeden Monat über hundert Menschen umgebracht wurden. Das Jahr 1991 bildete den blutigen Höhepunkt in der Auseinandersetzung zwischen der Polizei, den Radikalen und der Bevölkerung des Punjab. Mehr als 3000 Menschen starben. Ein spektakulärer Vorfall war der Anschlag von Sikh-Extremisten auf den indischen Botschafter in Bukarest. Die rumänische Regierung half dabei, die Sikh-Attentäter zu stellen, die bei dieser Aktion getötet wurden. Noch im selben Jahr übten militante Sikhs Vergeltung, indem sie einen rumänischen Diplomaten in Delhi kidnappten.

Die zunehmende Gewalt im Punjab ging Hand in Hand mit dem generellen Zusammenbruch von Recht und Ordnung, besonders in ländlichen Gegenden an der pakistanischen Grenze. Ältere Sikh-Anführer wurden von den jungen Aktivisten derart eingeschüchtert, dass sie zu deren Handlangern verkamen. In manchen Gegenden regierte auf den nächtlichen Straßen die nackte Gewalt. Der Bewegung der Sikhs war zu großen Teilen die eigene Ideologie abhanden gekommen, und zunehmend fanden auch Straßengangs und Schlägerbanden hier ihre Heimat. Hinzu trat, dass es der Bewegung nicht gelungen war, ihre politischen Ziele zu verwirklichen, weshalb der Zynismus in der desillusionierten Öffentlichkeit wuchs. Da es im Punjab keine legitime Regierung mehr gab, gerieten die ländlichen Gebiete zu einem Niemandsland kriegerischer Auseinandersetzungen zwischen militanten Sikhs und der bewaffneten Polizei.

Die älteren, verantwortungsbewussteren Führer der Jat Sikh befanden sich in den 1990er Jahren in einer Zwickmühle. Sie konnten sich nicht den städtisch-hinduistischen Repräsentanten der Zentralregierung ergeben, weil sie damit ihre Religion und Kaste aufgegeben hätten. Sie benötigten also die Unterstützung der jungen militanten Sikhs, wollten aber zugleich wieder so etwas wie eine politische Kontrolle über deren Tun gewinnen. Es liegt nahe, dass dies auch im Interesse der Zentralregierung gewesen wäre, aber die Oberen der Kongress-Partei zögerten. Einerseits widerstrebte ihnen der Umstand, dass sich moderate Sikh-Anführer mit der sikhistischen Akali-Partei und nicht mit der Kongress-Partei oder einer anderen Partei der nationalen Koalition identifizierten. Andererseits befürchteten sie, dass jedes Zugeständnis an die Führer der

Sikhs landesweite Auswirkungen haben könne. Muslime und Separatisten in Nordostindien und Kaschmir würden sofort ähnliche Ansprüche anmelden.

Im mehrheitlich muslimischen Kaschmir hatte der landesweite Aufstieg des Hindu-Nationalismus eine oppositionelle Separatistenbewegung hervorgebracht. In den Jahren 1986/87 erhob sich unter der Führung der Muslim United Front der Protest. 1988 griffen Mitglieder der Opposition zu härteren Mitteln und begannen eine paramilitärische Operation, die Kashmir Liberation Front. Ihr Ziel war, Kaschmir – angeblich mit Unterstützung Pakistans – von Indien loszulösen. Die Anhänger organisierten Demonstrationen und beantworteten Unterdrückungsversuche der Polizei mit Bomben und Maschinengewehren, was zu Blutvergießen auf beiden Seiten führte. Seit Mai 1989 nannten sich die Separatisten Mudschaheddin („heilige Krieger") und bezeichneten ihren Konflikt mit der Regierung als heiligen Krieg – ein Krieg, der zu Beginn des 21. Jahrhunderts noch nicht beigelegt ist.[10]

Obwohl die Separatistenbewegungen im Punjab und in Kaschmir nichts miteinander zu tun hatten, konnte man davon ausgehen, dass Zugeständnisse an die einen zu Forderungen der anderen Seite geführt hätten. Zugleich musste sich die indische Regierung in Acht nehmen, hätte doch ein zu harter Umgang mit der einen Seite Befürchtungen auf der anderen ausgelöst. In der Woche, als der Ministerpräsident des Punjab, Beant Singh, ermordet wurde, stand die indische Regierung gerade in äußerst komplizierten Verhandlungen über die Freilassung von ausländischen Geiseln in Kaschmir, weshalb sie sich erneute Feinseligkeiten mit den Sikhs kaum leisten konnte.

Der Aufstieg des Hindu-Nationalismus in Indien ging Hand in Hand mit dem Niedergang der Sikh-Bewegung. Wie erwähnt, herrschten unter den Sikhs unterschiedliche Ansichten über die Hindu-Politik. Nachdem die BJP in mehreren nordindischen Staaten an Stimmen gewonnen hatte, so dass 1998 eine nationale Koalitionsregierung entstehen konnte, taten sich sogar einige moderate

Sikh-Fraktionen mit der BJP zusammen. Allerdings waren diese Koalitionen zwischen Akali und BJP in den städtischen Wahlkreisen, in denen sowohl Hindus wie Sikhs lebten, wesentlich erfolgreicher als in den ländlichen Sikh-Hochburgen. Das Misstrauen der Sikhs gegenüber der Hindu-Politik wie auch der Hass zwischen vielen Sikh-Aktivisten und der weltlichen Kongress-Partei konnte nie vollständig abebben.

Premierminister Rajiv Gandhi, Mitglied der Kongress-Partei, versuchte diesen Teufelskreis aus Hass und Vergeltung mit einer Aufsehen erregenden Geste gezielt zu durchbrechen: Er entließ Simranjit Singh Mann aus der Haft. Diese Handlung, praktisch die letzte Gandhis, kam besonders überraschend, weil Mann auf seinen Prozess wegen der angeblichen Mittäterschaft an der Ermordung von Rajivs Mutter Indira Gandhi wartete. Unterdessen war Mann durch eine aus dem Gefängnis heraus geführte Wahlkampagne ins Parlament gewählt worden, doch Rajiv erklärte, die Begnadigung gründe nicht auf Manns Wahlerfolg, sondern auf seinem eigenen Wunsch, „Wunden zu heilen".[11]

Nach Manns Haftentlassung vereinigten sich unter seiner Führung die größten Fraktionen der Akali-Partei. Dieser Einheit war nur kurze Dauer beschieden, in den folgenden Jahren verlor Mann erheblich an Unterstützung. Die Partei zerfiel, und Manns Fraktion entwickelte sich zu einer der kleinsten Randgruppen der Akali. Seine politische Stärke hatte darin gelegen, Allianzen zwischen moderaten und militanten Führern der Sikh-Bewegung zu schmieden. Von militanter Seite wurde Mann anerkannt aufgrund seiner radikalen Rhetorik und der Verfolgung, die er wegen der angeblichen Verwicklung in die Ermordung Indira Gandhis erlitten hatte. Als 1990 die bewaffnete Polizei militante Sikh-Gruppen gezielt zerschlug, so dass diese ihre Machtstellung verloren, büßte auch Mann an Einfluss ein.

Mann zufolge hat sich 1992 das Blatt für die militanten Gruppen gewendet. Von innen wie von außen aufgerieben, sei ihnen die Führung abhanden gekommen. Viele der gefangen genommenen Oberhäupter der Bewegung hätten Profit aus ihrer Macht geschlagen und Klimaanlagen und teure Autos besessen. „Sie predigten den Massen zwar eine puritanische Lebensführung, selbst aber lebten sie in Saus und Braus." Das Niveau der Bewegung sei heruntergekommen. „Waffen regierten die Partei", sagte er und fügte hinzu: „Eigentlich hätte es andersherum sein sollen." Interne Streitereien seien eskaliert, und viele Militante seien nicht von der Polizei, sondern von rivalisierenden Fraktionen umgebracht worden.

In den späten 1990er Jahren gehörte Mann zu den wenigen Aktivisten, die nicht umgebracht, inhaftiert oder ins Exil nach Pakistan, England oder die USA geschickt worden waren. Wie auch andere ehemalige Aktivisten, mit denen ich in Indien und den USA gesprochen habe, beschuldigte Mann einerseits die indische Regierung, die Bewegung politisch verfolgt zu haben, andererseits warf er den extremistischen Mitgliedern der militanten Kader vor, die Bewegung von innen heraus zerstört zu haben.

Ich fragte Mann, ob nicht im Nachhinein die Militanz der Bewegung ein Fehler gewesen sei. Er antwortete, dass die geographische Lage des Punjab, der von Indien mit seiner weit überlegenen Militärmacht umgeben sei, der Bewegung eigentlich nie eine produktive militärische Kampagne erlaubt habe; einzige Ausnahme seien Fälle von „Bestrafung" und „Vergeltung" gewesen wie die Morde an Premierministerin Indira Gandhi und Ministerpräsident Beant Singh. Ansonsten habe die Gewalt kontraproduktiv gewirkt, habe sie doch der Regierung einen Grund zur Zerschlagung der Bewegung geliefert. Er hätte eine friedliche Lösung, vergleichbar dem Vorschlag zur Unabhängigkeit Québecs von Kanada, bevorzugt. Prinzipiell sei er aber der Gewaltanwendung im Dienste einer gerechten Sache nicht abgeneigt. Seine Ablehnung von Gewalt im Fall der Separatistenbewegung sei eher „strategischer" als „moralischer" Natur.

Rechtfertigungen für Gewalt bei Sikhs und Hindus

Bilanziert man fünfzehn Jahre Terror, so stellt sich die Frage, wodurch sich so viel Blutvergießen und Zerstörung rechtfertigen lassen. Nur zu offensichtlich ist der Preis der Gewalt, besonders im ländlichen Punjab, wo die gesellschaftlichen und psychischen Wunden nur langsam heilen.

Das Echo der tragischen Vergangenheit schien von den Lehmwänden im Dorf Sultanwind in der Nähe von Amritsar widerzuhallen, als ich das Dorf ein paar Jahre nach der Zerschlagung der Sikh-Bewegung aufsuchte. Gemeinsam mit meinem Kollegen Prof. Harish Puri und einer Gruppe Doktoranden vom Politikwissenschaftlichen Seminar der Guru Nanak Dev University sprach ich mit mehreren Familien früher Aktivisten. Sultanwind war in den stürmischeren Zeiten der Bewegung das Hauptquartier einer Fraktion der Khalistan Commando Force gewesen. Das Dorf hatte das tragische Ende der militanten Bewegung noch nicht verkraftet. Wir sprachen mit einem Verwandten eines Studenten aus unserer Gruppe, dem Dorfoberen Harjab Singh. Er schien allen Grund zur Freude zu haben, war er doch gerade in den Rat von Amritsar gewählt worden; er war Angehöriger einer führenden Unterkaste der Gegend, der Chauhans, und stand an der Spitze einer großen Familienlandwirtschaft, die er persönlich oder per Mobiltelefon leitete. Schon seit Generationen hat seine Familie Führungsrollen in der Sikh-Gemeinde übernommen, und an den Wänden hingen Bilder, die eine Verbindung der Familie zu Pratap Singh Kairon, dem großen Anführer des Punjab nach der Unabhängigkeit Indiens, und zu dem jüngeren Akali-Führer Simranjit Singh Mann zeigten.[12]

Trotz Harjap Singhs Erfolgen war die Trauer in seiner Familie allgegenwärtig. Die Wohnzimmerwand glich einer Gedenkstätte für seinen jüngeren Bruder Kanwarjit Singh, den die Familie als Märtyrer der Sikh-Gemeinde verehrte. Der 1966 geborene Kanwarjit hatte in seiner Jugend zwei große Leidenschaften verfolgt: Sikhismus und Sport, besonders Hockey. 1982 ging er im zarten Alter von

16 Jahren zu einer Veranstaltung von Jarnail Singh Bhindranwale und wurde von der Romantik und Abenteuerlust der militanten Sikh-Bewegung gepackt. Obwohl dem gut aussehenden jungen Athleten bereits mehrere Familien Heiratsangebote gemacht hatten, ging Kanwarjit zur Khalistan Commando Force. Zwei Jahre später, mit 21 Jahren, wurde er Oberbefehlshaber der gesamten Organisation.

Es waren aufregende Zeiten, erinnert sich die Familie, denn ihr kleines Dörfchen wurde zum Zentrum einer sehr aktiven und bedeutenden Organisation. Man war stolz auf Kanwarjits Führungsrolle, alle anderen jungen Männer aus dem Dorf unterstanden entweder seinem Kommando oder verhielten sich still. Gerüchte gab es über „Aktionen" von Kanwarjits Leuten, die zum Tod von Regierungsvertretern, Polizeioberen und Politikern aus der Region führten, aber die Einwohner von Sultanwind – sogar Polizisten – hatten nichts zu befürchten, solange Kanwarjit am Leben war.

Doch sein Schicksal glich dem der meisten militanten Sikh-Führer – seine Rolle und sein Leben fanden ein jähes Ende. 1989 wurde er mit zwei Gefolgsleuten in einem Haus in der Nähe der Stadt Jalandhar von der Polizei in die Enge getrieben. Den Polizisten war wohl nicht klar, wen sie da gefangen hatten, und sie wollten die Gruppe im Auto auf die Polizeistation zum Verhör bringen. Einer von Kanwarjits Mitstreitern sprang aus dem Wagen. Da er seit einer früheren Auseinandersetzung mit der Polizei eine Metallplatte im Bein hatte, konnte Kanwarjit selbst nicht fliehen. Er schluckte eine Zyanid-Kapsel, die er für solche Fälle bei sich trug. Wie viele militante Führer bevorzugte er es, sein Leben selbst zu beenden, als zu Tode gefoltert zu werden oder unter der Folter Aussagen über die Bewegung zu machen. Kanwarjit Singh war damals 23. Wenige Monate später waren fast alle jungen Männer aus dem Dorf tot. Fast eine ganze männliche Generation wurde dem Dorf genommen.

Man hat sie nicht vergessen. Neben der Gedenkstätte im Wohnzimmer hatte Kanwarjits schon nicht mehr junge Mutter eine weitere, noch intimere Gedenkstätte für ihren Sohn in ihrem Schlafzimmer errichtet, in dem er geboren war. Harjap und seine Söhne kannten die Geschichten aus der Blütezeit der Bewegung. Er und die anderen Dorfoberen errichteten ein Denkmal auf dem Dorfplatz für „alle unsere verlorenen Söhne", die in der Zeit des Terrors bei Auseinandersetzungen mit der Polizei umgekommen waren. Eine neue Schule wollten sie nach den „verlorenen Söhnen" benennen, doch gab es Streit mit der Regierung, die es für unangemessen hielt, eine staatliche Institution nach Staatsfeinden zu benennen. Schließlich erhielt die der Schule angeschlossene Bibliothek den Namen.

Über die Feindschaft seines Bruders mit der Regierung wollte Harjap nicht mit mir sprechen, aber er wurde sehr beredt, als es um die Tugenden seines Bruders als politischer Anführer ging. „Kanwarjit hat seine Macht nie missbraucht, um sich zu bereichern", erklärte mir Harjap stolz, „er kämpfte nur für Prinzipien." Andere militante Gruppen wie die Bhindranwale Tigers hätten bewaffnete Kriminelle aufgenommen, die sich mit ihren Waffen Geld, Drogen und Frauen verschafften. Kanwarjits Gruppe, die Khalistan Commando Force, habe solche schlimmen Elemente manchmal „eliminiert", um das Ansehen der Bewegung zu bewahren. Sie eliminierten auch Mitglieder ihrer eigenen Gruppe, falls diese ihre Macht missbrauchten.[13]

Was für eine Macht das gewesen sei, welche Ziele die Bewegung gehabt habe, wollte ich wissen. Zuerst schien er nicht zu wissen, wie er antworten sollte, doch dann sagte er: „Die Unterstützung der Sikh-Gemeinde."

Hat es etwas gebracht? Oder waren der Tod seines Bruders und der vielen anderen vergebens?

Harjap Singh antwortete indirekt. „In der Geschichte der Sikhs ziehen junge Männer in den Kampf und kehren nicht zurück. Sie sind unsere Märtyrer."

Diese simple Rechtfertigung des Kriegertums junger Männer – töten und getötet werden in einem heiligen Kampf – ist tief in den religiösen Traditionen Indiens verwurzelt. Lange bevor sich der Sikhismus im 16. Jahrhundert zu einer eigenen Religion entwickelte, in den vedischen Zeiten des alten Indien, riefen Krieger die Götter dazu auf, sich an ihren Kämpfen zu beteiligen und mit göttlichem Einsatz den Sieg herbeizuführen. Anschaulich wurde die göttliche Macht in mythischen Geschichten voller grausamer Konflikte und blutiger Racheakte dargestellt.[14]

Die Religionen Indiens entwickelten sich weiter, doch die Bilder vom Krieg blieben. Die großen Epen *Mahabharata* und *Ramayana* enthalten ausführliche Berichte über Kriege und Schlachten, und die große Predigt des Krishna, die *Bhagavadgita*, soll laut der *Mahabharata* auf einem Schlachtfeld gehalten worden sein. Die *Gita* kennt mehrere Gründe, warum es erlaubt ist, im Krieg zu töten. Einer davon ist, dass die Seele niemals wirklich stirbt: „Wer mordet, mordet nicht; wer ermordet wird, wird nicht ermordet." Ein weiterer Grund basiert auf dem *dharma* (der moralischen Verpflichtung): Zur Pflicht der Mitglieder der Ksatriya (Krieger)-Kaste gehört *per definitionem* das Töten; Gewalt ist gerechtfertigt, um die soziale Ordnung aufrechtzuerhalten.[15] Mohandas Gandhi und viele andere moderne Hindus, die die *Gita* verehrten, sahen die Kriege in der *Gita* als reine Allegorie für den Konflikt zwischen Gut und Böse.[16] Gandhi, der Gewaltlosigkeit an sich vertrat, ließ Gewalt einzig dann zu, wenn sie, strategisch und dosiert eingesetzt, größere Gewalt abwenden konnte.[17] Die meisten Verfechter des Hindu-Nationalismus aber nahmen eine andere Haltung zur religiösen Notwendigkeit von Gewalt ein. Die hinduistische Rashtriya Swayamsevak Sangh („Nationaler Freiwilligenbund") bildete bereits in den 1920er Jahren paramilitärische Kader zur Verteidigung der Hindu-Kultur aus. Ein ehemaliges Mitglied der RSS ermordete Mahatma Gandhi, und Anhänger der RSS stürmten 1992 die Moschee in Ayodhya und lösten damit Krawalle unter Muslimen und Hindus in ganz Indien aus, bei denen Tausende starben. Viele Köpfe der nationalistischen Hindu-Partei BJP entstammen der RSS; und als 1998 die BJP an die Macht kam, bestand eine ihrer ersten Taten darin, die eigene militärische Stärke durch einen Atombombentest zu demonstrieren.

Gewalttätige Auseinandersetzungen sind auch in der Geschichte des Sikhismus zu finden, meist im Zusammenhang mit der Verteidigung der Religion gegen ihre Feinde.[18] Und doch gleicht die blutige Geschichte des Sikhismus einem Paradox. Guru Nanak, der geistige Vater und anerkannte Gründer des Sikhismus aus dem 16. Jahrhundert, wird in der Literatur als edle Seele, als einer der großen mittelalterlichen Heiligen Indiens dargestellt.[19] Seine Nachfolger gerieten aber mit mughalischen Eindringlingen in Konflikt, und Angehörige des Volksstammes der Jats gesellten sich Ende des 16. Jahrhunderts zur Sikh-Gemeinschaft. Sie waren Krieger und zwangen der Gemeinde ihre martialischen Werte und Symbole auf.[20] Einige Beobachter des Sikhismus vertreten die Ansicht, die militantesten und aggressivsten Aspekte der Religion – auch der Aufstand in den letzten Jahrzehnten des 20. Jahrhunderts – seien ein Erbe der Jats.

Der zehnte und letzte Lehrer in der Abfolge der Sikh-Meister, Guru Gobind Singh, befehligte im ausgehenden 17. Jahrhundert eine beachtliche Armee. Denjenigen, die dazu bereit waren, ihr Leben der Sache zu opfern, galt der Märtyrertod als höchste Ehre. Die Symbole, die Guru Gobind Singh seinen Anhängern 1699 gegeben haben soll und die noch heute von Gläubigen getragen werden, sind militante Embleme wie etwa das Schwert und ein armbandähnlicher Schild, der am Handgelenk getragen wird. Die häufigsten Symbole des Sikhismus unserer Zeit sind die zweischneidige Klinge in einem Kreis – vielleicht soll es ein Kessel sein – und ein Paar Krummsäbel. Der Krieg ist also nicht nur ein Teil der Sikh-Geschichte, sondern ein zentrales Element seiner Ikonographie.[21]

Das 18. Jahrhundert kannte mehrere Sikh-Armeen mit jeweils eigenem Einflussbereich; im frühen 19. Jahrhundert wurden das Gebiet und auch die Armeen der Sikhs unter Maharadscha Ranjit Singh ausgebaut. Sein Reich erstreckte sich über den größten Teil des Punjab, der letzten unabhängigen Region Indiens, welche die Briten erst in der zweiten Hälfte des 19. Jahrhunderts in einem schwierigen Krieg besiegen konnten. Nach dem Niedergang der

Sikhs während der britischen Kolonialzeit gelang es einer 1873 einsetzenden Reformbewegung, alte Traditionen wiederzubeleben und neue Glaubensrichtlinien und Praktiken einzuführen. Die Singh-Sabha-Bewegung störte sich an so genannten Hindu-Kunstwerken, wie sie im Goldenen Tempel oder in anderen Sikh-Gebetsstätten und *gurdwaras* (wörtlich „Türschwelle zum Guru") zu finden waren.

1920 begannen Sikh-Gruppen Reformen in der Gurdwara-Verwaltung zu fordern; man wollte die für die Gebetsstätten Verantwortlichen entfernt wissen, aber auch alle Udasis (Angehörige einer Sekte, die angeblich vom Sohn des Guru Nanak abstammt und die Hindu-Götter und -Schriften sowie Guru Nanak als einzigen der zehn Gründergurus des Sikhismus verehrt). Die britische Regierung willigte 1925 ein und errichtete ein Kontrollkomitee, das Shiromani Gurdwara Prabandhak Committee, das zum Großteil aus gewählten Vertretern bestand. Es sollte zur Arena der Sikh-Politik werden. Eine Gruppe von Partisanen aus der Gurdwara-Reformbewegung, die Akali Dal („Bande des Unsterblichen") entwickelte sich später zu einer politischen Partei, die nach der Unabhängigkeit Indiens beachtliche Wahlerfolge erreichen konnte und der es wie der Kongress-Partei gelang, Regierungen auf staatlicher Ebene zu stellen. Sikh-Politiker unterstützten Indiens Kampf um die Unabhängigkeit von Großbritannien, obwohl sie voller Skepsis auf die Dominanz der Hindus in der Unabhängigkeitsbewegung blickten.[22] Nachdem es Mohammad Ali Jinnah gelungen war, in Pakistan einen muslimischen Staat zu errichten, kamen auch viele Sikhs zu der Überzeugung, es müsse einen eigenen Sikh-Staat geben.

Mit der Unabhängigkeit Indiens im Jahr 1948 ging auch eine Ernüchterung unter den Sikhs einher, die zuvor den Unabhängigkeitskampf gegen die Briten unterstützt hatten, sich nun aber von der indischen Politik marginalisiert fühlten. Da sie weniger als die Hälfte der Wählerschaft des Punjab stellten, besaßen sie nicht einmal die Kontrolle über ihre eigene Region. In den 1950er Jahren entstand eine politische Bewegung, die verlangte, die indische Regierung solle ihr Versprechen einhalten und die Staatsgrenzen wie bei anderen Staaten entlang der Sprachgrenzen ziehen. Man wollte, dass im Punjab nur Punjabi sprechende Menschen lebten, was der Forderung nach einem Staat gleichkam, in dem die Sikhs die Mehrheit stellten. Der damalige charismatische Sikh-Anführer Sant Fateh Singh trat in einen medienwirksamen Hungerstreik und drohte damit, sich auf dem Gelände des Goldenen Tempels zu entleiben. Die indische Regierung unter Premierministerin Indira Gandhi willigte schließlich ein, und 1966 wurden die Grenzen des Staates entlang der Sprachgrenzen neu gezogen. Es entstand ein neuer, kleinerer Punjab, in dem die Sikhs nun ein knappe Bevölkerungsmehrheit stellten.

Diese frühen Kampagnen für die Autonomie und den politischen Einfluss der Sikhs waren die ersten Anzeichen einer neuen Bewegung, deren Intensität und religiöse Prägung sich noch steigern sollten.[23] Diese Bewegung entstand 1978, als eine Gruppe Sikhs mit den Sant Nirankaris in Konflikt geriet, einem Zweig der Nirankari-Bewegung, der sich von den Sikhs abgespalten hatte und eine eigene Linie von Gurus für sich beanspruchte. Der Führer der Sikhs hieß Jarnail Singh. Er war ein junger Landprediger und hatte sich in jungen Jahren der Damdami Taksal angeschlossen, die religiöse Schule und Meditationszentrum zugleich war und mit dem großen Sikh-Märtyrer Baba Deep Singh in Verbindung stand. Jarnail Singh wurde schließlich der Leiter des Zentrums und nahm den Namen seines Vorgängers an, der aus dem Dorf Bhindran gekommen war, weshalb er „Bhindranwale" (aus Bhindran stammend) genannt wurde. Jarnail Singh Bhindranwale beobachtete die religiösen Praktiken der umliegenden Sikh-Gemeinde und empfand die Verehrung eines lebenden Gurus, wie von den Nirankaris praktiziert, als anmaßend und beleidigend. Es folgten gewalttätige Auseinandersetzungen zwischen beiden Gruppen, in denen Kämpfer beider Seiten ums Leben kamen. 1980 wurde der Guru der Nirankari ermordet. Viele Leute meinten, Bhindranwale sei in das Attentat verwickelt gewesen, aber er wurde weder angeklagt noch verurteilt.

Bald wurde Bhindranwale in einer neuen Organisation aktiv, der

Dal Khalsa („Gruppe der Reinen"), die von Sanjay Gandhi, dem jüngeren Sohn der Premierministerin, und anderen führenden Politikern der Kongress-Partei, einschließlich des Präsidenten Indiens, Zail Singh, unterstützt wurde.[24] Sie wollten die Akali Dal als führende Partei im SGPC ersetzen, wozu es aber nie kam. Im folgenden Jahr wurde der Herausgeber einer Reihe von Hindu-Zeitungen im Punjab, der Bhindranwale kritisiert hatte, erschossen. Wieder hieß es, Bhindranwale sei darin verwickelt gewesen, und wieder wurde er weder angeklagt noch verurteilt. Als Antwort auf seine Verhaftung und die Vernichtung seiner persönlichen Papiere wendete sich Bhindranwale gegen die Regierung. Banden junger Sikhs begannen, wahllos Hindus zu ermorden. Später, im Jahre 1981, entführten junge Sikhs in Pakistan ein Flugzeug der Indian Airlines. Die Gewalt hatte begonnen.

Die Situation eskalierte, als Indira Gandhi am 5. Juni 1984 unter dem Codenamen „Operation Bluestar" Truppen in den Goldenen Tempel der Sikhs schickte. Mehr als zweitausend Menschen starben während einer chaotischen Militäraktion, die sich über zwei Tage hinzog, darunter viele Unschuldige, die sich aus rein religiösen Gründen dort aufhielten. Nicht nur über den Tod ihres Anführers war die Sikh-Gemeinde schockiert, sondern auch über die Entweihung ihrer heiligsten Gebetsstätte. Selbst moderate Sikhs auf der ganzen Welt waren von der Horrorvorstellung, wie indische Truppen in Kampfstiefeln durch diesen heiligsten aller Orte trampelten und Löcher in die filigrane Marmorfassade schossen, bestürzt. Die Ermordung von Indira Gandhi am 31. Oktober 1984 wurde allgemein als Rache für diesen Frevel angesehen. Mehr als 2000 Sikhs in Delhi und anderen Städten wurden am Tag danach von den aufgebrachten Massen gelyncht, eine Vergeltungsaktion, die angeblich von der Polizei inszeniert worden war.[25]

Die Predigten Bhindranwales geben Hinweise auf seine religiösen Anliegen und deren politische Konsequenzen. In ausschweifender, volkstümlicher Sprache ruft er seine Anhänger dazu auf, in diesen schweren Zeiten am Glauben festzuhalten; er predigt die Angst der Sikhs nach, ihre Identität in der Flut des auflebenden Hinduismus zu verlieren oder schlimmer noch in einem Meer aus Weltlichkeit. Eines seiner Lieblingsthemen war das Überleben der Sikh-Gemeinde; für „Gemeinde" benutzte er das Wort *qaum*, das auch über eine politisch-nationale Konnotation verfügt.[26] Was die Idee einer eigenen Sikh-Nation namens Khalistan angeht, so Bhindranwale, sei er „weder dafür noch dagegen".[27] Allerdings war Bhindranwale ein großer Befürworter der Idee des *miri-piri*, des sikhistischen Gedankens, dass religiöse und weltliche Macht zusammengehören.[28] Er entwarf ein Bild vom großen Krieg zwischen Gut und Böse – „ein Kampf … für unseren Glauben, die Sikh-Nation, die Unterdrückten".[29] Inständig bat er seine jungen Anhänger, sich zu erheben und die Kräfte der Rechtschaffenheit walten zu lassen. „Der Guru wird euch Stärke geben", versicherte er.[30]

Zwar war die Gewalt kein zentrales Thema seiner Aufrufe, doch bei seinen Ansichten darüber, was *miri-piri* in einer ungerechten Welt heißen könne, umging Bhindranwales diesen Aspekt nicht.[31] Er beteuerte, dass, wie die meisten Religionen, auch der Sikhismus im Normalfall die Gewaltlosigkeit unterstütze und das Töten verbiete.[32] Er räumte ein, dass „es für jeden Sikh eine große Sünde ist, Waffen zu besitzen und zu töten". Und doch, so fuhr er fort, sei punktuelle Gewalt unter außergewöhnlichen Umständen gerechtfertigt; und es sei „eine noch größere Sünde für einen Sikh, Waffen zu besitzen und sie nicht für die Gerechtigkeit einzusetzen".[33] Er lobte die jungen Flugzeugentführer und verlangte von indischen Politikern, vollständig auf seine Forderungen einzugehen, sonst würden „ihre Köpfe" rollen.[34]

Sohan Singh, dessen Name im Zusammenhang mit einer der wichtigsten Organisationen der militanten Sikh-Bewegung, dem Sohan Singh Panthic Committee steht, räumte ein, dass Gewalt im Sikhismus zulässig sei, normalerweise jedoch nur zum Zweck der Selbstverteidigung. Er war bereits über achtzig, als ich ihn in dem Ort Mohalli in der Nähe von Chandigarh interviewte.[35] Ausführlich äußerte er sich über die bedeutende Rolle der Nächstenliebe im Sikhismus und erklärte, dass Bekehrungsversuche nur durch gütliches Zureden vollzogen werden dürften. Wenn einen allerdings jemand umbringen will, dann ist man dazu berechtigt, den Angreifer zu töten. Die Gewalt, die in den vergangenen Jahren von den Sikhs ausging, sei primär eine Antwort auf staatliche Gewalt gewesen. Er behauptete, die Morde der militanten Sikhs hätten immer einen konkreten Grund gehabt; niemals sei das Töten Selbstzweck gewesen.[36] Außerdem, so Sohan Singh, seien vorab immer Warnungen herausgegeben worden, und eine Bestrafung habe nur dann stattgefunden, wenn die Betroffenen ihr beleidigendes Verhalten gegenüber den militanten Sikhs nicht geändert hätten.

Man fragt sich vielleicht, woher die militanten Sikhs die moralische Autorität beziehen konnten, andere zu verurteilen und Strafen an Leib und Leben zu vollstrecken. In einer bemerkenswerten Reihe von Interviews mit militanten Sikhs, die von Cynthia Keppley Mahmood in ihrem Buch *Fighting for Faith and Nation* wiedergegeben und analysiert worden sind, scheinen die Interviewten an der Frage der moralischen Autorität ihres Handelns uninteressiert.[37] Nach der Tradition der Sikhs genügt ein Rat aus fünf Führern zur moralischen Leitung der Gemeinde; im Sikhismus gibt es keine Hierarchie aus Priestern oder sonstige systematische Autoritäten. 1986, kurz nach dem Tod Bhindranwales, stellten militante Sikhs ein eigenes Panthic Committee (ein mit Vollmacht ausgestattetes Komitee mit einem Ältestenrat aus fünf Mitgliedern) auf. Eines ihrer Mitglieder, Bhai Dhanna Singh, erzählte Mahmood, Aufgabe der Gruppe sei es, für alle Sikhs zu sprechen. Der Begriff *Sikh* beziehe sich auf jeden, „der auf den Befehl des Gurus hört". Der Befehl des Gurus, so Dhanna Singh, sei, „sich gegen Ungerechtigkeit auszusprechen". Weiter sagte er: „Wer sich einem repressiven Regime fügt, kann kein Sikh sein."[38]

Deshalb glaubten die Militanten, eine göttliche Befugnis zu haben, Unrecht zu beseitigen und die öffentliche Ordnung zu sichern. Sohan Singh ging davon aus, dass ihm und seinen Gefolgsleuten die moralische Rechtsprechung über Leben und Tod in seinem Wahlkreis obliege, besonders weil die moralisch korrupte Regierung dazu unfähig sei. Es gehe darum, zu zeigen, dass er und seine Gefährten in der Lage seien, ihre öffentliche Rolle als Verteidiger politischer Rechtschaffenheit verantwortungsbewusst auszuüben. Er führte auch ein Beispiel für die guten Manieren der Militanten an, nämlich ihre Entschuldigung an die Familien der unschuldigen Opfer des Anschlags auf den Ministerpräsidenten des Punjab, Beant Singh; Beant Singh sei „ein Mörder" gewesen, der „mitten in der Schlacht" ums Leben kam. Diese Entschuldigung zeige den „moralischen Mut" der Militanten.[39]

Im Gegensatz zu Sohan Singh, der ein unverkrampftes Verhältnis zur Gewaltanwendung der Militanten hatte, zeigte sich Simranjit Singh Mann wesentlich zögerlicher. Obgleich auch er keine Skrupel besaß, wenn es um die Vernichtung von Glaubensfeinden der Sikhs ging, war er doch der Ansicht, dass strategische Entscheidungen zu treffen seien. Er unterschied zwischen „willkürlichem" und „gezieltem" Töten. Ersteres verängstige nur die Bevölkerung und setze sie womöglich Vergeltungstaten in Form von noch mehr staatlichem Terror aus. Gezieltes Töten könne zu mehr Unterstützung für die Bewegung führen, denn die Eliminierung von ruchlosen Menschen führe zu Sympathie bei der Bevölkerung. Die Ermordung von Ministerpräsident Beant Singh sei ein hervorragendes Beispiel für das gezielte Töten, weil dieser ein Symbol der Staats-Tyrannei gewesen sei. Auch der ehemalige Polizeichef des Punjab, Kanwar Pal Singh Gill, sei ein solches Symbol. Werde er getötet, so sei das auch ein Symbol für das gemeinsame Urteil der Sikhs und die fortwährende Kraft der Bewegung.

Ein weiterer ehemaliger Anführer der militanten Bewegung, Generalmajor Narinder Singh, bestätigte, dass Ministerpräsident Beant Singh „getötet werden musste" und dass Kanwar Pal Singh Gill bald dran sei, „morgen", wie er sagte.[40] Narinder Singh konnte solche Taten problemlos rechtfertigen, er akzeptierte Gewalt zum Ziel der Verteidigung oder Bestrafung. Er meinte, die militante Bewegung sorge in einer Zeit, in der Anarchie und Korruption herrschten, für

Stabilität. Er glaubte aber auch, die militante Bewegung sei weit über ihr Ziel hinausgeschossen und habe sich in einen törichten, aussichtslosen Machtkampf verstrickt.

In den Jahren des Terrors, die den Punjab heimgesucht haben, so fasste Narinder Singh zusammen, seien „die Jungs" (wie die militanten Sikhs im Punjab allgemein genannt wurden) „manchmal etwas hitzköpfig" gewesen.[41] Ihre übermäßige Leidenschaft sei ihnen zum Verhängnis geworden. „Die Leute hatten die vielen Morde einfach satt", sagte er zur Erklärung, warum die Bewegung sich totgelaufen habe. Irgendwann werde sie aber wieder auferstehen. Aber nicht jetzt, „die Jungs sind ja alle tot".

6 Armageddon in der U-Bahn von Tokio

Wahrscheinlich ist der Buddhismus die Religion, die wir zuletzt als Quelle von Gewalt nennen würden, und kaum würden wir vermuten, ausgerechnet im modernen urbanen Japan auf religiös motivierten Terrorismus zu stoßen. Und doch war es gerade ein Ableger des japanischen Buddhismus, die Aum-Shinrikyo-Sekte, die schlagartig das Interesse der Welt auf sich zog, als einige ihrer Mitglieder das giftige Saringas in der Tokioter U-Bahn freisetzten, womit sie mehrere Passagiere töteten und Tausende verletzten. Weltweit war dies einer der wenigen Fälle von religiösem Terrorismus unter Einsatz von Massenvernichtungswaffen. Und erstaunlicherweise hatte der Anschlag gar nicht den Tod möglichst vieler Menschen zum Ziel, vielmehr diente er dazu, die Prophezeiungen eines Sektenführers über einen bevorstehenden apokalyptischen Krieg zu bewahrheiten.

Am Morgen des 20. März 1995 bestiegen um 7.45 Uhr fünf Wissenschaftler des Elite-Ministeriums für Wissenschaft und Technik der Aum Shinrikyo mehrere Züge an verschiedenen Enden des weitverzweigten U-Bahnnetzes von Tokio. Gemäß Fahrplan sollten alle Züge etwa dreißig Minuten später an der Haltestelle Kasumigaseki mitten im Regierungsviertel, nahe dem Parlament, den Ministerien und dem Kaiserpalast, einfahren.

Während sich ein junger Doktorand der Physik von der Tokioter Universität in einem Zug der Hibiya-Line niederließ, befand sich ein weiterer Physikdoktorand am anderen Ende dieser Linie. Die Chiyoda-Linie bestieg ein ehemaliger Herzchirurg, der in den USA und an der Keio-Universität in Japan studiert hatte. Ein früherer Physikstudent der Waseda-Universität befand sich am einen Ende

der Marunouchi-Linie, am anderen Ende wartete ein Elektroinge-
nieur.[1] Was diese fünf leidenschaftlichen jungen Männer verband,
war nicht nur ihre hohe naturwissenschaftliche Qualifikation, sondern auch die tiefe Verehrung für ihren Meister Shoko Asahara.
Und noch etwas war ihnen an diesem Morgen gemein: Sie alle trugen einen vorne angespitzten Regenschirm und eine lose einge-
packte Zeitung bei sich. In den Zeitungen befanden sich Plastiktüten mit flüssigen Chemikalien.

Als sich die Züge der Station Kasumigaseki näherten, legten sie
die Zeitungen auf den Boden und stachen mit den Regenschirmen
in die Plastiktüten. Rasch verließen sie an den nächsten Stationen
die Züge und ließen die angestochenen Tüten zurück. Ein übler Geruch drang aus ihnen und verbreitete sich in den Waggons. Saringas ist an sich geruchlos, da die Aum-Wissenschaftler es jedoch mit
anderen Substanzen vermischt hatten, enthielt es Unreinheiten, die
den Geruch verursachten. Manche Zeugen sagten aus, es habe nach
Senf gerochen, andere sprachen von brennendem Gummi.[2]

Innerhalb weniger Minuten mussten die Passagiere husten, wür-
gen und sich vor Übelkeit winden. Als die Züge anhielten, drängten
sie aus den Wägen, übergaben sich und lagen krampfartig zuckend
auf den Bahnsteigen. Trotzdem schlossen sich die Türen wieder,
und die Züge fuhren weiter nach Kasumigaseki. Mitfahrende brachen auf dem Boden zusammen, wanden sich vor Schmerz, litten
unter Krämpfen, hatten Schaum vor dem Mund und konnten nicht
atmen. Doch auch wer es geschafft hatte, auszusteigen, litt noch ta-
gelang an Sehstörungen und Übelkeit. Selbst die Ärzte und Krankenschwestern, die die verseuchten Passagiere behandelten, klagten
über Halsweh und Augenirritationen. Zwölf Personen starben noch
in den U-Bahnstationen oder im Krankenhaus, über 5500 trugen
Verletzungen davon, großteils dauerhafte.

Die japanische Öffentlichkeit reagierte schockiert und ungläu-
big. Unfassbar schien es, dass unschuldige Menschen auf so gezielte
und bösartige Weise angegriffen werden konnten. Und dies gerade
an einem Ort, den die meisten Japaner als den alltäglichsten und

verlässlichsten im öffentlichen Leben Tokios begreifen: das U-Bahnsystem. Als Polizeiermittlungen ergaben, dass es sich bei den Attentätern um prominente Mitglieder einer der allgegenwärtigen neuen religiösen Bewegungen in Japan handelte, schlug die öffentliche Haltung in Zorn um. Eine unglaubliche Flut von Reportagen erlaubte es der japanischen Öffentlichkeit, die voranschreitenden Ermittlungen der Polizei genauestens zu verfolgen. Ein Jahr nach dem Vorfall wurden Shoko Asahara, der Führer der Bewegung, und sein engerer Kreis unter dem Vorwurf der Planung und Ausführung des Anschlags festgenommen. Während des mehrere Jahre dauernden Prozesses saßen sie in Untersuchungshaft. Erst 2002 wurden drei der Attentäter für schuldig befunden und zum Tode verurteilt.

Der Nervengasanschlag auf die Tokioter U-Bahn war eines der meistdiskutierten Ereignisse im Japan des ausgehenden 20. Jahrhunderts. Viele Japaner sahen darin die düstere Seite einer modernen städtischen Gesellschaft und das Ergebnis einer verzweifelten Suche nach gesellschaftlicher Identität und geistiger Erfüllung. Forscher, die sich mit sozialer Gewalt beschäftigen, waren von dem Fall fasziniert, stellte er doch eine neue Art von Terrorismus dar: Einer endzeitlichen Vision der Weltgeschichte wegen wurde ein gigantisches Ereignis veranstaltet, wobei zum ersten Mal Massenvernichtungswaffen eingesetzt wurden. In meinen Bemühungen, die Kulturen der Gewalt zu verstehen, stellte sich mir die Frage: Wie kann Religion, wie kann vor allem der Buddhismus zu so einer grauenvollen Tat führen?

Meine Suche nach Antworten führte mich nach Tokio, wo ich sowohl dem kulturellen Kontext der Ereignisse wie auch der Gesinnung der Mitglieder der Aum-Shinrikyo-Bewegung nachgehen wollte. Trotz des überwältigenden öffentlichen Interesses an dem Fall sowie der nahezu einmütigen Verurteilung der Bewegung durch die japanische Gesellschaft erklärten sich einige Aum-Funktionäre dazu bereit, mich in ihrer Tokioter Zentrale zu treffen – wenige Tage vor deren Schließung durch die Regierung. Die Zentrale befand sich in einem kleinen Bürogebäude an einer großen Kreuzung im Aoyama-Viertel. Als ich das Gebäude betrat, musste ich mich durch eine Phalanx von Fernsehkameras, Journalisten und Polizeisperren schieben.

Damals, ein knappes Jahr nach dem Anschlag, saßen das geistige Oberhaupt Shoko Asahara und der Sprecher Fumihiro Joyu in Haft. Die Mitglieder, mit denen ich sprach, der Generalsekretär und der Leiter der Öffentlichkeitsarbeit der Tokioter Büros, kümmerten sich vor allem darum, die Organisation am Leben zu erhalten.[3] Versuche der Regierung, Aum Shinrikyo zu verbieten und vollständig aufzulösen sowie die liberalen Gesetze bezüglich religiöser Körperschaften zu revidieren, erfüllten nicht nur die Mitglieder von Aum Shinrikyo mit Sorge, sondern auch viele andere Japaner. Man befürchtete ein hartes Vorgehen der Regierung gegen die Religionsfreiheit und eine Verfolgung der vielen neuen religiösen Bewegungen in Japan.[4]

Die Anhänger von Aum Shinrikyo sorgten sich auch um das Wohlergehen ihres geistigen Oberhaupts. Der Leiter der Öffentlichkeitsarbeit, Yasuo Hiramatsu, sagte mir, Meister Asahara streite die ihm zugeschriebene Rolle bei dem Anschlag ab. Er versicherte mir: „Unsere Mitglieder vertrauen unserem Meister noch immer." Doch Hiramatsu gab auch zu, dass er gewisse Zweifel hege. Auf meine direkte Frage, ob er glaube, dass Asahara den Nervengasanschlag geplant habe, sagte er: „Ich weiß es nicht." Was denn wäre, wenn er sich als schuldig herausstellen würde, fragte ich weiter. „Das wäre für uns sehr schwer zu erklären", antwortete Hiramatsu in einem Ton, der von starker Untertreibung zeugte. Aber „auch wenn er es wirklich war", erklärte der Leiter der Öffentlichkeitsarbeit, könne das seinen Glauben oder sein Vertrauen in Meister Asahara und Aum Shinrikyo nicht erschüttern. Denn sollte der Meister etwas damit zu tun haben, dann müsse es auch „einen religiösen Grund" dafür geben.[5] Viele Mitglieder, mit denen ich sprach, teilten diese Ansicht, so die Mitarbeiter der Aum-Shinrikyo-Buchhandlung, die sich in einem oberen Stockwerk eines Bürohochhauses im Tokioter Viertel Shibuya befand. Als ich mit ihnen sprach, stand die Buchhandlung, die letzte einer ehemals florierenden Kette, unmittelbar vor dem Aus.[6]

Ein kritischer Zeitpunkt in der Geschichte der Bewegung war erreicht, nicht nur wegen der breiten öffentlichen Kritik, sondern auch weil das Weltbild, dem sich die Mitglieder so unterwürfig und ohne allen Zweifel ergeben hatten, zerbrochen war. Die beste Darstellung dieses Weltbilds vor, aber auch nach dem Anschlag erhielt ich von einem jungen Mann, der als Angestellter im Tokioter Büro der Bewegung gearbeitet hatte. Dieses ehemalige Aum-Shinrikyo-Mitglied, hier „Takeshi Nakamura"genannt, stieg in den turbulenten Tagen nach dem Anschlag aus der Bewegung aus. Als ich ihn im Januar 1996 – kein Jahr nach dem Anschlag – im International House in Tokio sprach, zeigte er noch immer viel Respekt für die Lehren der Bewegung und dafür, dass sie ihm Hoffung und Selbstvertrauen gegeben hatte.

Takeshi Nakamura und der Anschlag von Aum Shinrikyo

Takeshi Nakamura, ein dünner, nervöser junger Mann, war im Januar 1995, zwei Monate vor dem Anschlag, zu der Bewegung gestoßen.[7] Er hatte zu dieser Zeit beruflich und persönlich schwierige Zeiten durchlebt und war von der Kritik der Bewegung an der traditionellen japanischen Religion beeindruckt. Denn, so Nakamura, die meisten Formen des Buddhismus in Japan existierten lediglich für die Wissenschaft oder böten schöne Beerdigungszeremonien. Aums Variante dagegen gab ihm genau das, was er suchte: einen persönlichen Bezug und eine soziale Botschaft.

Schon früher hatte sich Nakamura für Religion – vor allem Zen-Buddhismus – und für soziale Reformen interessiert. Das japanische Gesellschaftssystem empfand er als hierarchisch und machtgetrieben – alles andere als ein Beispiel für Gerechtigkeit, Fairness und Freiheit. Laut Nakamura bot das System kaum Platz für gesellschaftliche Veränderungen. Aum Shinrikyo gewährte ihm hingegen nicht allein die Möglichkeit mystischer Erfahrung, sondern stellte sich ihm auch als eine egalitäre Gemeinschaftsform dar, die eine Vision gesellschaftlicher Veränderung besaß, die Nakamuras sozialen Anliegen sehr entgegenkam.

Trotz dieser attraktiven Seiten der Bewegung waren weitere Zeichen nötig, um Nakamura davon zu überzeugen, dass Aum der richtige Weg für ihn war. Kurz nachdem er mit der Aum-Lehre in Kontakt getreten war, hatte er ein einschneidendes Erlebnis: Er spürte, dass sich seine Seele außerhalb seines Körpers bewegte. Und als schließlich im Januar 1995 ganz Japan von einem Erdbeben erschüttert wurde, das die Stadt Kobe dem Erdboden gleich machte, nahm Nakamura beide Vorfälle als Zeichen dafür, dass die Welt aus den Fugen geraten sei und große Veränderungen bevorstünden. Am 23. Januar schickte er eine Postkarte an die Aum-Shinrikyo-Bewegung, mit der er sein Interesse bekundete, wenig später wurde er Mitglied.

Der Beitritt zur Bewegung war nicht sehr teuer. Neben einer Aufnahmegebühr von 10 000 Yen (ca. 100 Euro) fiel ein monatlicher Beitrag von 1000 Yen an. Die Publikationen, Videobänder und sonstigen Materialien über den Glauben der Bewegung konnten gegen Barzahlung erworben werden. Zu Beginn seiner Mitgliedschaft musste Nakamura Bücher über Aum Shinrikyo studieren, darunter auch solche von Shoko Asahara. Er war dazu angehalten, sich per Tonband und Video die Lehren des Meisters zu Gemüte zu führen und Meditationsübungen im Lotussitz zu machen. Ein strenger Lebensstil wurde ihm auferlegt: Sportereignisse hatte er ebenso zu meiden wie Fernsehen, Kino oder Geschlechtsverkehr. Und wie auch andere Mitglieder durfte er die Nachrichten wegen „der Unreinheit des Informationsgehalts über die Welt"nicht verfolgen. Zu seiner großen Freude stellten sich während seiner Meditationsübungen und der Rezitation der fünf Prinzipien von Aum bald mystische Erlebnisse ein. Er sah helles Licht auf sich einströmen, hörte Glockengeläute in der Dunkelheit und fühlte sein Bewusstsein sich erheben. Nakamura beschrieb das als das Erwachen seines *kundalini*, eine Bezeichnung, die der hinduistischen Meditationspraxis entliehen ist und das persönliche Energiezentrum bezeichnet.[8]

Nakamura war zur Initiation bereit. Die Prozedur begann am 5. März und dauerte vier Tage. Zusammen mit drei anderen Kandidaten wurde Nakamura in ein kleines Zimmer gebracht. Nachdem sie sich vollständig ausgezogen hatten, wurden sie mit Windeln und Roben bekleidet. Sie durften nur dann essen, schlafen oder zur Toilette gehen, wenn man es ihnen ausdrücklich erlaubte. Und sie mussten unterschreiben, niemandem von den Initiationsriten zu erzählen und sich nicht zu beschweren. Lange Zeit wurde sie alleine gelassen und dann gebeten, den Satz „Ich bin …"zu beenden. Danach sollten sie darüber spekulieren, was nach dem Tod komme. Man versicherte ihnen aber, Meister Asahara werde sie in jedem Fall auf ihrer letzten Reise begleiten.

Höhepunkt der Initiation war das Erscheinen des Meisters selbst. Da Nakamura sich vom Charisma Asaharas zu der Bewegung hingezogen gefühlt hatte, betrachtete er dessen Auftritt als einschneidendes Ereignis, so als sei ihm Jesus Christus erschienen: Asahara schien eine so tiefgründige Kenntnis von Religion zu haben, so sicher in seinen Vorhersagen zu sein, so klar in seinen Erklärungen über die Kräfte, die die Welt aus dem Lot brachten und in Verwirrung stürzten.

Die Aura Asaharas beruhte zum Teil auf seiner Blindheit. Kurz nach seiner Geburt im Jahr 1955 in einem kleinen Dorf auf Japans südlicher Insel Kiuschu erkrankte er am grünen Star. Ein Auge war vollständig erblindet, die Sehfähigkeit des anderen stark eingeschränkt. Als er schulpflichtig wurde, wurde er mit seinem gänzlich sehunfähigen Bruder in ein spezielles Internat für Blinde geschickt. Seine geringe Sehkraft soll ihm dort große Macht über die anderen Schüler verliehen haben.[9] Man gab ihm Geld und schmeichelte ihm, nur damit er seine Sehfähigkeit dazu benutzte, den anderen die Welt zu beschreiben und sie durch den Ort zu führen. Eine der Aufseherinnen beschrieb ihn als „herrschsüchtig und gewalttätig".[10]

Nachdem Asahara, der in Tokio studieren wollte, durch zwei Hochschulaufnahmeprüfungen gefallen war – eine davon an der angesehenen Universität von Tokio –, nahm er seine religiösen Studien in die eigene Hand. Er schloss sich der neuen religiösen Bewegung Agonshu an, die von einer sehr charismatischen Persönlichkeit mit hellseherischen Fähigkeiten geleitet wurde. Die Lehre der Bewegung bestand aus großzügig zusammengestellten Versatzstücken verschiedener buddhistischer Traditionen, bis hin zu taoistischen Ideen aus China oder indischen Yoga-Praktiken. Bei Agonshu lernte Asahara auch den hinduistischen Begriff des *kundalini* kennen – eine Art inneres Bewusstsein, das durch Yoga-Übungen im Selbst aufsteigen soll. Als sich Asahara 1985 enttäuscht von Agonshu abwandte, übernahm er die Ideen der Bewegung und ein Dutzend ihrer Mitglieder, um mit ihnen eine eigene Gruppe zu gründen. 1986 reiste er in den Himalaja, wo ihm angeblich mystische Visionen von Hindu-Meistern widerfuhren; anschließend kehrte er nach Japan zurück. Er legte seinen eigentlichen Namen Chizuo Matsumoto ab, um sich fortan Shoko Asahara zu nennen. 1987 bezeichnete er seine neue Gruppe als Aum Shinrikyo. *Aum* ist eine andere Schreibweise für das Hindu-Mantra *om*. *Shinri* ist das japanische Wort für „höchste Wahrheit", und *kyo* bedeutet „religiöse Lehre". Seinen Anhänger galt praktisch jedes Wort von seinen Lippen als höchste Wahrheit.

Der Auftritt des Meisters während der Initiationszeremonie war also mehr als der Höhepunkt der Veranstaltung, er *war* die Veranstaltung. Mit einer Gefolgschaft von zwanzig Assistenten betrat der Meister den Raum und ließ sich auf einem Kissen nieder. Und obwohl er mit dem einen Auge wahrscheinlich noch ein bisschen sehen konnte, wirkte Asahara nahezu blind. Sein Auftreten war ernst, fast zornig, und Nakamura glaubte, Asahara beurteile sie alle einzeln. Er nahm einen Schluck aus einem Glas und reichte es in ritueller Weise an die neuen Mitglieder weiter. Wie befohlen trank Nakamura daraus. Dann hielt Asahara eine kleine Ansprache. Er erklärte, dass er sowohl Shiva als auch Buddha verehre und von seinen Schülern eine totale Hingabe erwarte.

Nach der Ansprache wurden die Adepten in einen anderen Raum geführt, wo sie sich auf eine vibrierende Matte setzen mussten. Während sie ein Mantra sangen und die fünf Prinzipien Asaharas rezitierten, fühlten sie, wie die Vibration ihre Wirbelsäulen durchdrang. Das Getränk, von dem Nakamura vermutete, dass es mit LSD versetzt war, entfaltete seine Wirkung. Nakamura begann zu halluzinieren, und wie die anderen hatte er mystische Erlebnisse. Nun mussten sie berichten, was sie sahen und fühlten. Sie wurden ermahnt, dass sie, falls sie einen Angst einflößenden Gott sehen würden, nur an Meister Asahara denken sollten, und schon werde die Angst verschwinden. Dann betraten Schauspieler den Raum, die laut Nakamura als „schreckliche" und „friedliche" Götter verkleidet waren. Den Adepten wurde gesagt, sie befänden sich nun in der Hölle und sollten darüber nachdenken, was sie denn getan hätten, dass sie dort gelandet seien. Nakamura gestand, er habe große Angst gehabt, aber eine Frau, ein erfahrenes Mitglied, habe ihm zur Seite gestanden und ihn damit beruhigt, dass der Glaube an Asahara ihm helfen werde zu überleben. Nach tränenreichen Bekenntnissen wurde Vergebung erteilt, die Wirkung des Tranks ließ nach, und die Initiation war beendet. Sie schauten sich Videofilme ihres Meisters an, machten Meditationsübungen und bekamen Injektionen, um ihr Fasten zu beenden.

Nakamura durfte nach seiner Initiation nicht nach Hause zurückkehren; er wurde in ein Aum-Kloster verwiesen, wo er sich der Meditation widmete. Schließlich kam er wieder in das Büro nach Tokio. Doch nur wenige Tage später sah Nakamura die Bewegung und das Tokioter Büro im Zentrum der öffentlichen Aufmerksamkeit. Es war der 20. März 1995, ein spektakulärer Nervengasanschlag hatte sich in Tokio ereignet.

Als Nakamura die Nachricht hörte, wusste er genau, was sie bedeutete. Er glaubte, die „unheimliche Zeit sei gekommen".[11] Auf meine Frage, was er damit meinte, flüsterte er: „Armageddon."

Asaharas zentrale Prophezeiung war die einer großen Wolke, die ihren Schatten über die Zukunft werfe: das Schreckgespenst einer

Weltkatastrophe ungeahnten Ausmaßes. Hatte der Zweite Weltkrieg katastrophale Auswirkungen für die japanische Gesellschaft gehabt, sollte die Zerstörungskraft der von Asahara als Dritter Weltkrieg angekündigten Katastrophe die nukleare Massenvernichtung von Nagasaki und Hiroshima bei weitem übertreffen. Der Begriff, den Asahara für dieses endzeitliche Ereignis wählte, war interessanterweise „Armageddon", ein Wort, das der biblischen Offenbarung des Johannes entstammt und den Ort benennt, an dem der letzte Kampf zwischen Gut und Böse stattfinden soll.[12] Die Bibel prophezeit, dass eine große Stadt durch ein Gewitter gespalten werde; in der darauf folgenden Katastrophe würden alle Völker untergehen.

Asahara reicherte die Prophezeiungen der neutestamentlichen Offenbarung mit Elementen aus dem Alten Testament und Aussagen des französischen Astrologen Nostradamus aus dem 16. Jahrhundert an. Von Nostradamus übernahm er auch den Gedanken, dass die Freimaurer heimlich an einer Verschwörung zur Übernahme der Weltherrschaft arbeiteten. Damit verquickte er noch die Angst vor einer jüdischen Weltverschwörung, wie sie auch von den Denkern der Christian Identity gepredigt wird, und selbst die CIA spielte bei ihm eine Rolle. Außerdem ließ Asahara hinduistische und buddhistische Vorstellungen von der Zerbrechlichkeit des Lebens in seine Prognose der Weltentwicklung einfließen und behauptete, seine düsteren Prophezeiungen würden sich nicht zuletzt deshalb bewahrheiten, weil die Menschheit eine Lektion über die Sterblichkeit nötig habe. „Armageddon" müsse kommen, „weil die heutigen Einwohner des Menschheitsreichs nicht erkennen, dass ihr Schicksal der Tod ist".[13]

Wenn Armageddon gekommen sei, würden die Kräfte des Bösen mit den schlimmsten nur vorstellbaren Waffen zuschlagen: „Radioaktivität und andere furchtbare Dinge – Giftgas, Epidemien, Nahrungsmittelknappheit – werden vorkommen".[14] Überleben würden nach Angaben des Meisters nur Menschen „mit einem großen Karma" und die, die unter dem Schutz der Aum-Shinrikyo-Organisation ständen: „Sie werden überleben und eine neue, transzendente menschliche Welt schaffen."[15]

Asaharas Prophezeiungen gaben Nakamura das Gefühl, Klarheit über die ihn umgebende Welt gewonnen zu haben, und sie verhießen ihm eine hoffnungsvolle Zukunft. Gerne wollte er einer der Überlebenden sein und sich am Aufbau einer besseren Welt beteiligen. Wie viele Japaner seiner Generation empfand er die Wirklichkeit um sich herum als zu rasant und intensiv, als dass er sich darin noch hätte wohl fühlen können. Bevor er sich der Bewegung anschloss, war sein Leben leer und unbefriedigend gewesen. Und dass irgendjemand von seiner Unzufriedenheit profitierte, schien ihm einleuchtend. Als Asahara über einen internationalen konspirativen Kader sprach, der die Welt versklaven wolle, verunsicherte ihn das zwar zutiefst, doch Asaharas Ansichten hatten ihn intuitiv überzeugt.

Des Meister Prophezeiungen kamen ihm wieder zu Bewusstsein, als er von den Ereignissen des 20. März hörte. Es sei wie in einem Theaterstück gewesen, bei dem man plötzlich aus dem ruhigen Seitenflügel auf die stürmische Bühne gerufen wird. Asahara hatte verkündet, Armageddon stünde 1997 zu erwarten, und deshalb erkannten Nakamura und seine Gefährten die Vorfälle in der U-Bahn nur als Vorboten. Sie waren sich vollkommen sicher, dass in den nächsten Tagen oder Monaten weitere schreckliche Ereignisse zu erwarten waren. Das Drama, so Nakamura, hatte begonnen.

Ein Grund, warum er sofort davon überzeugt war, dass der Nervengasanschlag ein Vorläufer von Armageddon sei, war der Ort der Geschehnisse. Es handelte sich ja nicht einfach um die U-Bahn, sondern die betroffenen Züge liefen an der Haltestelle Kasumigaseki in der Tokioter Innenstadt zusammen. Da diese Station im Herzen des Regierungsviertels liegt, dachten viele Journalisten sofort, der Anschlag habe der Regierung gegolten. Doch in der Zentrale von Aum Shinrikyo gingen die Mitglieder, die nichts von der Verwicklung ihrer Führer in den Anschlag wussten, von einem anderen Szenario aus. Nakamura und seine Gefährten glaubten zwar auch, dass ein Anschlag auf die Regierung stattgefunden habe, aber mit ganz anderen Hintergründen. Sie dachten, dass Regierungsbeamte selbst den Anschlag inszeniert hätten, um von dem nun beginnenden Dritten Weltkrieg abzulenken und davon, dass die japanische Regierung von den USA heimlich gekidnappt worden sei. Diese Theorie sahen sie durch den Einsatz von Nervengas bestätigt, denn ihre Führer hatten ihnen erzählt, einzig die amerikanische Armee besitze in Japan solche Waffen.[16]

Ein Buch mit Asaharas Prophezeiungen, das wenige Monate zuvor erschienen war, wies noch auf einen anderen, vielleicht bedeutenderen Grund für die Wahl von Kasumigaseki hin. Bei den Vorhersagen des Meisters über die große Feuersbrunst am Ende des 20. Jahrhunderts hieß es, dass Nervengas gegen die Massen eingesetzt werde. Explizit war von Saringas die Rede. Asahara forderte die Öffentlichkeit auf, sich dringend Bewegungen wie Aum Shinrikyo anzuschließen, um sich auf den bevorstehenden Angriff vorzubereiten. Die japanische Regierung könne nämlich keine ausreichenden Vorkehrungen treffen; sie habe nur „eine jämmerliche Verteidigung gegen den bevorstehenden Krieg"zur Verfügung.[17] Nur eine einzige U-Bahnstation sei tief genug gebaut, um im Fall eines Atombomben- oder Giftgasangriffs als Zufluchtsort dienen zu können. „Nur die U-Bahnstation Kasumigaseki in der Nähe des Parlamentsgebäudes kann als Bunker dienen", aber auch diese sei verwundbar.[18] Mit der Wahl dieser Haltestelle wurde demonstriert, wie zerbrechlich Japans Sicherheit ist, und Asaharas Behauptung, allein seine Organisation könne das japanische Volk im Armageddon retten, wurde untermauert. Außerdem suggerierte der Anschlag, dass die ersten Kriegswellen bereits hereingebrochen seien.

Da die Aum-Organisation angeblich Vorkehrungen getroffen hatte, um ihre Mitglieder vor Massenvernichtungswaffen zu schützen, fühlte sich Nakamura sicher. Auch hielt er es für höchst bezeichnend, dass kein Aum-Mitglied bei dem Anschlag verletzt worden war. Mit einem anderen Mitglied war er sich einig: Dieses Ereignis beweise, dass Asahara für die Sicherheit seiner Anhänger sorge. „Der Meister hat einen Gasanschlag vorhergesagt", sagte das dankbare Mitglied und fügte hinzu, durch diese Warnung „hat er uns gerettet".[19] Da ihnen jeder Zugang zu den Medien untersagt war, konnten Nakamura und die anderen von der Verwicklung ihres Meister in die Anschläge anfänglich nichts wissen. Als sie später die Berichte in den Medien hörten, glaubten sie ihnen nicht und vermuteten, dass es sich bei ihnen um den Versuch handele, die Bewegung zu diskreditieren.

Einen guten Monat später wurde Nakamura in ein anderes, etwas außerhalb von Tokio gelegenes Aum-Büro versetzt. Er bekam Streit mit dem dortigen Direktor. Als er helfen wollte, das Büro zu verschönern, wurde ihm das untersagt, da er dafür noch nicht religiös genug sei. Nakamura fand, der Direktor respektiere ihn nicht, und beschloss, am nächsten Tag zu gehen. Seine Entscheidung, Aum Shinrikyo zu verlassen, hatte also nichts mit dem Nervengasanschlag zu tun; es ging um seinen Stolz. Er hatte sich der Bewegung angeschlossen, weil sie ihm ein Selbstwertgefühl gegeben hatte. Das wollte er nicht wieder verlieren. Er wollte sich nicht erniedrigen lassen.

Das International House, in dem ich mich ein halbes Jahr später mit ihm unterhielt, lag nur wenige U-Bahnstationen von Kasumigaseki entfernt. Seit seinem Weggang hatte er bei der Betreuung einiger der etwa tausend Mitglieder geholfen, die die Bewegung aufgrund der negativen Schlagzeilen verlassen hatten. Aus Furcht vor Vergeltung hielt er seine Adresse geheim. Noch immer aber sehnte er sich nach seelischem Beistand und persönlicher Hilfe, weswegen er sich dem Christentum zugewandt hatte. Ein Pfarrer half ihm, und regelmäßig besuchte er nun die Kirche.

Als ich Nakamura fragte, wie er die Aum-Lehren im Nachhinein beurteile, sagte er mir, dass er nie an alle Aspekte der komplizierten Weltverschwörungstheorie geglaubt habe. Besonders weit hergeholt erschien ihm die Rolle der Freimaurer. Aber er glaube immer noch, dass Armageddon möglich sei. Wenn es jedoch so weit sei, könnten wir nichts dagegen unternehmen. Deshalb müssten wir uns auf die Gegenwart konzentrieren. „Warum über die Weltgeschichte spekulieren?", fragte er mich.[20]

Inzwischen war auch Nakamura der Überzeugung, das Asahara für den Nervengas-Anschlag verantwortlich sei. Auf meine Frage nach Asaharas Motiven nannte er drei mögliche Gründe: Erstens wollte Asahara Japan kontrollieren und „wie ein König sein". Der Anschlag gab ihm das Gefühl von Macht. Und da Asahara bereits für mehrere Morde an ehemaligen Mitgliedern und Kritikern der Organisation verantwortlich gemacht wurde, ihm aber nie etwas passiert sei, habe er geglaubt, auch diesmal davonzukommen. „Er dachte, er könne tun und lassen, was er will."Zweitens fühlte er sich von den polizeilichen Ermittlungen in die Enge getrieben und wollte „mit einem großen Knall abtreten". Schließlich, so Nakamura, „wollte Asahara als Retter gesehen werden", er wollte etwas unternehmen, auf dass seine Prophezeiungen in Erfüllung gingen. „Er wollte sein wie Jesus."[21]

Lässt sich buddhistische Gewalt rechtfertigen?

Weder Christus, Buddha noch all die anderen religiösen Helden Asaharas waren Mörder. Wie erklärt man, dass eine Gemeinschaft von solch intensiver Religiosität einen derart grausamen Gewaltakt verüben konnte? Sicher ist es möglich, die Taten Asaharas mit seinem Größenwahn zu begründen, doch damit ist noch lange nicht geklärt, warum so viele sensible und intelligente Menschen wie Takeshi Nakamura Asaharas Taten unterstützen konnten. Auch deckt es nicht auf, welche so genannten „religiösen Gründe"Asahara für den Anschlag gehabt haben soll.[22]

Man möchte erwarten, dass die Lehre des *ahimsa* (Gewaltlosigkeit) jede buddhistische Organisation – auch eine so eklektische wie Aum Shinrikyo – vor religiös motivierten Terroranschlägen bewahren müsste. Doch auch die Geschichte und die Lehren des Buddhismus entbehren nicht der dunklen Seiten. So wurden die militärischen Eroberungen der singhalesischen Königreiche in Sri Lanka im Namen der buddhistischen Tradition und oft mit dem

Segen buddhistischer Mönche durchgeführt. In Thailand verlangte die buddhistische Tradition, dass die Könige, die mit dem Schwert regierten, zunächst die Disziplin des buddhistischen Klosters kennen lernten. Sie mussten „sich von der Welt lossagen", bevor sie „Welteroberer" werden konnten, wie es der Anthropologe Stanley Tambiah aus Harvard ausdrückt.[23]

Manche traditionellen buddhistischen Lehren, die davon handeln, in welchen Fällen die Regel der Gewaltlosigkeit durchbrochen werden darf, akzeptieren den Gedanken, dass aufgrund besonderer Umstände von der Anklage auf Mord oder versuchten Mord abgesehen werden kann. Hierbei werden fünf Bedingungen genannt, die sicherstellen sollen, dass ein Gewaltakt tatsächlich stattgefunden hat: Ein Lebewesen muss getötet worden sein; der Mörder muss gewusst haben, dass es gelebt hat; der Mörder muss die Absicht gehabt haben, es zu töten; der Tötungsakt muss tatsächlich stattgefunden haben; das Lebewesen muss tatsächlich tot sein.[24] Typischerweise ist das Fehlen der dritten Bedingung – der Tötungsabsicht – der Punkt, an dem die Regel der Gewaltlosigkeit abgeschwächt werden kann. Viele Buddhisten essen zum Beispiel Fleisch, solange sie selbst nicht gewollt haben, dass das Tier getötet wird, oder sie selbst an der Tötung nicht beteiligt waren. Zwar ist Gewalt, die nicht der Verteidigung dient, sondern der politischen Expansion, nach buddhistischen Regeln verboten. Bewaffnete Verteidigung, ja sogar Krieg sind jedoch dann gerechtfertigt, wenn sie als Antwort und nicht aufgrund eigener Willkür auftreten. Vergleichbar dem Islam, konnte sich der Buddhismus in verschiedenen Teilen der Welt nur durch die Unterstützung von siegreichen Königen und Militärmächten ausweiten, deren kriegerische Taten angeblich allein der Verteidigung des Glaubens gegen Treulose dienen sollten und dem Ziel einer friedlichen und moralischen Ordnung.

In Sri Lanka, dessen singhalesische Geschichte große Schlachten im Namen des Buddhismus kennt, fanden Gewalttaten singhalesischer Aktivisten im ausgehenden 20. Jahrhundert immer wieder Unterstützung von Seiten buddhistischer Mönche. Ein Mönch, der am gewalttätigen Protest gegen die Regierung teilgenommen hatte, erklärte mir, dass Gewalt „in Zeiten der *dukkha*" – dem Zeitalter des Leidens, das Buddhisten als typisch für die menschliche Geschichte ansehen – keinesfalls vermieden werden kann.[25] In solchen Zeiten sei es nur natürlich, dass Gewalt zu neuer Gewalt führe. Also müssten skrupellose religionsfeindliche Politiker darauf gefasst sein, dass ihre Taten als karmische Vergeltung Blutvergießen nach sich ziehen würden. Die singhalesische Geschichte kenne solche Epochen, und die skrupellosen Herrscher seien abgesetzt worden. „Wir glauben an das Gesetz des Karma, und wer nach dem Gesetz des Schwertes lebt, wird auch durch das Schwert sterben."[26] Der Mord an Sri Lankas Premierminister S. W. R. D. Bandaranaike 1959 durch einen buddhistischen Mönch zeigt, dass auch Buddhisten, vergleichbar ihren Pendants in anderen Religionen, Gewalt moralisch oder übermoralisch gerechtfertigt haben.

Solche Präzedenzfälle zur Rechtfertigung von Mord sind im japanischen Buddhismus weitgehend unbekannt. Vielleicht zog Shoko Asahara deshalb andere Formen des Buddhismus und andere Interpretationen des Karma heran, um Gewaltakte im Namen der Religion begehen zu können. Jedenfalls behauptete er, im tibetischen Buddhismus eine solche Ausnahme gefunden zu haben. Dabei geht es nicht etwa um den Einfluss eines Mordes auf die moralische Reinheit des Täters. Vielmehr stehen der Getötete und der seelische Zugewinn, den dieser durch seinen Tod erfährt, im Mittelpunkt. Das Konzept des *phowa*, demzufolge das Bewusstsein eines Lebenden auf einen Sterbenden im Moment seines Todes übertragen werden kann, damit er eine höhere seelische Ebene erreicht, wurde von Asahara dahingehend erweitert, dass manche Menschen tot einfach besser dran seien als lebendig.[27] Folgt man Asaharas Interpretation des tibetischen Prinzips, so erweisen Mörder ihren Opfern dann einen großen Gefallen, wenn es sich bei Letzteren schlichtweg um Schurken handelt oder um Menschen, deren Verstrickung in bestimmte gesellschaftliche Verhältnisse nur zur weiteren Anhäufung ihres schuldbeladenen Karmas führen würde. Ihr vorzeitiger Tod gleiche einem Gnadentod, welcher es den Seelen der Opfer gestatte, eine höhere spirituelle Ebene zu erreichen.

Wie Wissenschaftler, die die Aum-Bewegung erforscht haben, von Insidern erfuhren, war diese Lehre Asaharas in Büchern zu finden, zu denen nur fortgeschrittene Mitglieder Zugang besaßen.[28] Ian Reader, ein britischer Wissenschaftler, der sich mit den neuen Religionen Japans beschäftigt und diesen Text gesehen hat, beschreibt ihn als ein 360 Seiten langes photokopiertes japanisches Manuskript. Zahlreiche Bezugnahmen auf „Gnadentötungen"seien darin enthalten, und „das Recht des Gurus und anderer spirituell fortgeschrittener Anhänger, diejenigen zu töten, die ansonsten in der Hölle enden würden", werde hochgehalten.[29] Auf meine Nachfrage bezweifelten Gelehrte des tibetischen Buddhismus, dass eine solche Lehre in den anerkannten buddhistischen Texten zu finden sei. Sie scheint Asaharas eigene Erfindung zu sein. Für seine Anhänger klang sie aber wahr.

Und noch eine andere seiner Lehren war unter seinen Anhängern verbreitet: das hinduistische Prinzip der Bewusstseinsebenen. Nakamura erzählte mir, der Meister könne sich in Sekundenbruchteilen innerhalb verschiedener Ebenen hin- und herbewegen. Dies erkläre auch zum Teil, warum Asahara Dinge getan habe, die aus menschlicher Sicht außergewöhnlich seien. Hiromi Shimada, der Asahara einmal öffentlich verteidigte, worauf er seine Professur für Religionswissenschaft verlor, meint, Asahara habe seinen Anhängern gelehrt, dass er in einer nichtmateriellen Welt lebe.[30] Offensichtlich hatte sich Asahara hinduistische Vorstellungen von verschiedenen Existenzebenen angeeignet. Auf deren unterster Stufe befindet sich die weltliche Ebene, Schauplatz der normalen historischen Vorgänge; darüber liegt die kausale Ebene, die Quelle aller Bedeutung der materiellen Welt; eine Stufe höher ist die astrale Ebene angesiedelt, die keinen Bezug zur materiellen Welt hat. Die Mitglieder von Aum Shinrikyo glaubten nun, Asahara könne auf der astralen Ebene existieren, seinen weltlichen Anhängern zuliebe aber schwebe er auf der kausalen und materiellen Ebene. So hätten diejenigen, die an ihn glaubten, die Möglichkeit, ihre eigene Seele auf eine höhere Ebene zu bringen.

Weil er aber auf einer höheren Ebene lebte, konnte er Dinge sehen, die gewöhnlichen Menschen verborgen blieben. Seine Handlungen standen also im Einklang mit der kausalen Ebene, nicht mit der unsrigen. Alle dem Normalsterblichen merkwürdig erscheinenden Taten Asaharas – etwa seine Verwicklung in Mordverschwörungen – ließen sich damit erklären, dass sie ihre Quelle und Rechtfertigung auf einer höheren Wirklichkeitsebene besaßen. Sowohl Mörder wie Opfer waren schlicht Schauspieler in einer göttlichen Szenerie. Als Asahara inhaftiert wurde, nahmen laut Nakamura die Mitglieder der Bewegung dies wie eine Szene aus einem Theaterstück wahr: Nach einem Drehbuch, das sie nicht kannten, und aus Gründen, die nur dem Meister vorbehalten waren, spielte Asahara die Rolle des Sträflings.

Armageddon war das Szenario, das Asahara am drastischsten beschrieben hatte, und dieser Begriff war es, der das Töten rechtfertigen sollte. Wenn man in einen kosmischen Krieg verwickelt ist, so Asahara, sind normale Verhaltensregeln außer Kraft gesetzt. „Die Weltwirtschaft wird zum völligen Stillstand gelangen", sagte er. Mitte der 1990er Jahre legte er den Zeitpunkt hierfür auf die Zeit um den 1. August 1999 fest.[31] „Die Erde wird heftig beben, und große Wasserwände werden alles wegwaschen ... Neben Naturkatastrophen", prophezeite Asahara, „steht der Schrecken der Atomwaffen bevor."[32] Auch Nervengas werde in diesem schrecklichen Krieg eingesetzt, besonders Saringas.[33]

In einer sehr differenzierten Analyse der Aum-Shinrikyo-Bewegung verbindet Ian Reader das Konzept des kosmischen Krieges mit dem Gefühl der Erniedrigung. Danach gehe Asaharas Begriff des Armageddon Hand in Hand mit der Ablehnung, die er und die Mitglieder seiner Bewegung ihr Leben lang erfahren hatten. Das Gefühl, abgelehnt zu werden, habe die Bewegung zum Konflikt mit ihrer Umwelt geführt, was wiederum der Auslöser größerer Ablehnung gewesen sei. Diese Abwärtsspirale aus Demütigung und

Konfrontation habe schließlich zum paranoiden Gefühl von „Aum gegen den Rest der Welt"geführt.[34]

Auf merkwürdige Weise war die paranoide Haltung ihrer Anführer vielleicht gerade der Grund der Anziehungskraft von Aum. Wie viele andere neue Religionen in Japan fand die Bewegung Zulauf, weil sie eine Opposition zum Mainstream der japanischen Gesellschaft darstellte. Im Gegensatz zur hierarchischen Gesellschaftsstruktur Japans boten diese neuen Religionen ein Gefühl familiärer Freundschaftsverhältnisse – wenn auch unter Führung starker Vater- und Mutterfiguren. Während die Werte der Gesellschaft materiell waren, vermittelten die Bewegungen den Eindruck metaphysischer Spiritualität.

Susumu Shimazono, der angesehenste Professor für zeitgenössische Religionen an der Universität Tokio, meint, dass Japans neue religiöse Bewegungen zwei Wellen des Aktivismus durchlebt haben: Die erste fand Anfang der 1970er, die zweite Ende der 1980er und während der 1990er Jahre statt. Laut Shimazono war die jüngste dieser Wellen von Bewegungen wie dem Institute for Research and Human Happiness und Worldmate geprägt. Aum Shinrikyo galt in dieser Entwicklung lediglich als kleine und verschwiegene Variante. Die meisten Bewegungen verfolgten politische Ziele, verbunden mit einem wiedererwachenden Nationalismus und Prophezeiungen zur Jahrtausendwende. Hierin spiegeln sich nach Shimazono japanische Zukunfts- und Identitätsängste angesichts einer globalisierten Gesellschaft wider, zudem ein mangelndes Vertrauen in die Fähigkeit der Politiker, in Zeiten der gesellschaftlichen Unordnung moralische Werte und soziale Solidarität angemessen zu vertreten.[35]

Vielleicht fanden diese Organisationen einen so enormen Zulauf, weil sie auf die dringlichsten gesellschaftlichen Sorgen der Japaner eingingen. Selbst das infame Verhalten von Aum Shinrikyo konnte das öffentliche Interesse an solchen Organisationen kaum mindern. Und es ist bezeichnend, dass Aum Shinrikyo sich weiterhin eines großen Interesses erfreut. Während des Prozesses gegen

Asahara, der in den 1990er Jahren begann und bis ins Jahr 2003 dauerte, soll die Organisation erneut regen Zulauf erhalten haben, nicht nur in Japan, sondern auch in Russland und andern Ländern, in denen sie schon früher über eine ansehnliche Anhängerschaft verfügte.[36] Sie hat sich in Aleph umbenannt, aber ihre Lehren und Anführer sind dieselben geblieben. Überlegungen der japanischen Regierung, die Religionsfreiheit einzuschränken und die Aum-Bewegung vollständig zu verbieten, wurden fallen gelassen. Im Gegenteil genießen in Japan neue religiöse Bewegungen – darunter auch Aum – einen großen Freiraum in ihren Handlungen und öffentlichen Äußerungen.

Vermutlich hatte Nakamura recht, als er mir am Ende unseres Gesprächs sagte, die Aum-Shinrikyo-Bewegung sei vom Untergang weit entfernt. Ihr Zentrum zu zerstören bedeute wahrscheinlich, sie zu stärken, weil dadurch Splittergruppen und abtrünnige Kader in der Bewegung ihre eigenen Machtbasen gründen könnten. Die Bewegung sei so stark, weil sie das Bedürfnis der Menschen nach Sicherheit und einem festen Rahmen zum Verständnis der unsichtbaren Kräfte in der Welt befriedige. Diese Suche habe auch ihn ursprünglich zu Aum geführt. Obwohl er jetzt als „Verräter" eingestuft sei, vermisse er oft, was Aum seinen Gläubigen biete. Für ihn persönlich sei die Suche nach dem, was ihn zu Asahara brachte, noch nicht beendet.[37]

Die Logik religiöser Gewalt

7 Theater des Terrors

Gibt es eine Verbindung zwischen all diesen Ausbrüchen von Zerstörungswut und religiösem Fanatismus? Angesichts der vielen religiös motivierten Terroranschläge weltweit ist dies eine entscheidende Frage. Ist dem nicht so, dann lassen sich der Terror und all die schrecklichen Gewaltakte womöglich auf eine weltweite Lockerung des Gesellschaftsgefüges zurückführen. Gehen wir aber von Gemeinsamkeiten unter den Ereignissen aus und gelingt es uns, diese Vermutung überzeugend zu belegen, dann können wir vielleicht auch herauszufinden, warum Religiosität und Gewalt in unserer Zeit eine so ausgeprägte Renaissance erleben und warum sie so häufig gemeinsam in Erscheinung treten. Wir müssen nach den Verbindungen fragen zwischen Michael Bray, Timothy McVeigh, Ian Paisley, Yoel Lerner, Baruch Goldstein, Osama bin Laden, Mahmud Abouhalima, Abdel Aziz Rantisi, Simranjit Singh Mann, Takeshi Nakamura und den vielen anderen religiösen Aktivisten.

Vielleicht sollten wir zunächst darüber nachdenken, welche Art von Gewalt überhaupt vorliegt. Denn schließlich handelt es nicht etwa um die bloße Zerstörung von Sachwerten, sondern um regelrechte Blutbäder, vorsätzlich und medienwirksam inszeniert. Rohe Gewalt, so scheint es, wird ins Extrem getrieben, einzig um Wut auszulösen.

Die katastrophalen Angriffe auf das World Trade Center und das Pentagon, die Bombenanschläge auf die amerikanischen Botschaften in Afrika, auf die Bundesbehörde in Oklahoma City, auf Diskotheken in Bali und eine jüdische Ferienanlage in Kenia, Brandstiftungen in Abtreibungskliniken und der Mord an einem Arzt, Mordanschläge auf israelische und indische Politiker, das

Massaker unter Besuchern einer Moschee, der Anschlag auf einen Bus voller Hindu-Pilger am Fuße des Himalaja durch eine Gruppe radikaler jugendlicher Sikhs, die tödlichen Folgen des Nervengasanschlages in der Tokioter U-Bahn und das blutige Chaos, ausgelöst von Selbstmordattentätern auf den Straßen von Jerusalem und Tel Aviv. – All das sind nicht etwa spontane Einzelfälle; es handelt sich um kaltblütig berechnete Akte extremer Gewalt.

Die spektakulären Flugzeugattacken auf das World Trade Center und das Pentagon vom 11. September 2001 verdeutlichen auf erschreckende Weise, mit welcher Theatralik Gewalt inszeniert wird. Tausende starben bei den Angriffen. Aber schon ein einziges Mordopfer reicht aus, um die Macht des Terrorismus zu unterstreichen. Welch entsetzlicher Anblick bot sich etwa einigen Dorfbewohnern in Kaschmir, als sie am 13. August 1995 auf einem Fußweg in der Nähe des Bergdorfs Pahalgam auf die verstümmelte Leiche von Hans-Christian Ostro stießen. Der 27-jährige Norweger war nach Indien gekommen, um dort Tanz zu studieren. Er hatte der Auskunft einer staatlichen Touristeninformation in Neu-Delhi vertraut, man könne in Kaschmir gefahrlos wandern. Die Separatisten, die Ostro und einige amerikanische, britische und deutsche Touristen entführt hatten, drohten mit der Ermordung der Geiseln, würden ihre Forderungen nicht erfüllt. Weil man darauf nicht einging, töteten sie Ostro und stellten seine Leiche höchst provokant zur Schau: Sie köpften ihn und legten ihm den Kopf in den Schoß.

Sinn der Aktion war es, Terror mit den „denkbar grauenerregendsten Methoden" zu verbreiten, wie sich der protestantische Aktivist Kenny McClinton in Belfast ausdrückt.[1] In einem Interview mit einem britischen Journalisten erklärte er, er sei dafür, im Kampf gegen irische Republikaner Katholiken zu enthaupten und deren Köpfe am Zaun eines Parks in dem protestantischen Belfaster Stadtviertel Shankill aufzuspießen.[2] Seine Gruppe, die sich „Schlächter von Shankill" nannte, wurde angeklagt, zu Zwecken politischer Einschüchterung mehr als dreißig blutrünstige Morde begangen zu haben. Man wollte die Macht der protestantischen Bevölkerung demonstrieren und die Katholiken verängstigen, damit sie die IRA nicht weiter unterstützten. Und so überfielen sie völlig willkürlich einen Katholiken – er war Wachmann im Grenzgebiet zwischen einer katholischen und einer protestantischen Region – auf seinem Weg zur Arbeit. Er wurde langsam und brutal getötet: Nachdem man ihn nackt ausgezogen und gefesselt hatte, verstümmelte man ihn mit Messern, als sei er ein Stück Holz.[3] Mit 147 über den ganzen Körper verteilten Wunden wurde er – noch lebend – mit einer Schlinge, die sich langsam zuzog, an einem Balken aufgeknüpft. Er erstickte. Und seine verstümmelte Leiche wurde sichtbar für alle, Protestanten wie Katholiken, präsentiert.

Doch auch Terroranschläge, die weniger direkt sind – Autobomben etwa oder Selbstmordanschläge –, sind häufig auf den Schockeffekt hin angelegt. Oft werden Ziele ausgesucht, die sicher und vertraut erscheinen: Einkaufszentren, Diskotheken oder Knotenpunkte öffentlicher Verkehrsmittel. Und meist ist der Zeitpunkt der Anschläge so gewählt, dass sich möglichst viele Menschen am Zielpunkt aufhalten – so bei den Anschlägen auf das World Trade Center oder die US-Botschaften, auf die Behörde in Oklahoma, die Tokioter U-Bahn und auf Einkaufszentren in Tel Aviv. Zumeist geht es weniger darum, Gebäude zu beschädigen, man will vor allem Menschen verletzen. Um die Opfer möglichst stark zu verstümmeln, waren die Bomben der Hamas-Selbstmordattentäter oft mit Nägeln gefüllt. Und damit es von möglichst vielen Menschen eingeatmet würde, spielten die Wissenschaftler der Aum-Shinrikyo-Sekte mit dem Gedanken, dem tödlichen Saringas Blumenduft beizumischen.[4]

Als im August 1998 eine Bombe in der Kleinstadt Omagh in Nordirland detonierte, hatten die Attentäter die Behörden vorab darüber informiert. Aber sie hatten den falschen Ort angegeben. Und so kam es, dass die Polizei zwar das genannte Gelände räumte, dass sich aber viele ahnungslose Passanten gerade an dem Platz aufhielten, wo die Bombe schließlich explodierte. Hätte es keine Ankündigung gegeben, wäre die Zahl der Opfer geringer ausgefallen. Als die Sprecher der Real IRA, die sich zu dem Anschlag bekannten, behaupteten, es sei nicht ihre Absicht gewesen, so viele Zivilisten zu töten, hatten die Behörden erhebliche Zweifel. Und die große Mehrheit der Bevölkerung stimmte der Einschätzung des Nordirland-Ministers zu, die Aussage der Real IRA sei „ein jämmerlicher Versuch, sich für den Massenmord zu entschuldigen und sich herauszureden".[5] Man war davon überzeugt, dass die Real IRA mit ihrer Fehlinformation so viele Menschen wie möglich auf abscheuliche Weise töten wollte.

Viele Terroranschläge zielen bewusst auf ein Maximum an Opfern. Hätte die Saringasmischung am 20. März 1995 in der Tokioter U-Bahn 70 bis 80 Prozent reinen Sarins enthalten, wären Tausende gestorben. Doch um die Mitglieder der Aum-Sekte, die es dort deponierten, zu schützen, waren nur ca. dreißig Prozent enthalten. 20 000 Menschen wären einige Wochen später einem weiteren Anschlag am Bahnhof von Shibuya in Tokio zum Opfer gefallen, wäre die Apparatur nicht defekt gewesen und durch das Aufsichtspersonal noch rechtzeitig entdeckt worden.[6] Der Sprengstoff, der 1993 bei dem Anschlag auf das World Trade Center verwendet wurde, war schwächer als von den Tätern vermutet. Sonst wären schon damals beide Türme eingestürzt und hätten mindestens 200 000 Menschen mit in den Tod gerissen. Oft war es reines Glück, dass nicht noch viel mehr Menschen bei solchen, auf maximale Zerstörung angelegten Anschlägen umgekommen sind.

Inszenierungen maßloser Gewalt: Ein verblüffendes und faszinierendes Spektakel wird geboten, im Mittelpunkt stehen die Taten selbst. Unfassbare, abnorme und abscheuliche Morde werden so arrangiert, dass sie die schreckenserregende Seite der Gewalt mit höchster Anschaulichkeit zeigen, arrangiert in einer eindrucksvollen Szenerie aus Kampf und Verkündigung. Mord und Verstümmlung sind immer gewalttätiger Natur, doch überschreiten Terroranschläge dieser Art alles Leid, das etwa durch Krieg oder die Todesstrafe hervorgerufen wird, bei weitem, denn sie zielen auf

Wirkung. Sie werden demonstrativ ausgeführt, um Wut und Abscheu zu erwecken.

Inszenierung von Gewalt

Welchen Sinn können solch theatralische Formen der Gewalt haben? Kann man sie etwa als Teil einer Strategie betrachten – mit der logischen Konsequenz, dass der Terrorismus damit Teil einer politischen Strategie wäre? Tatsächlich wird Terrorismus von einigen Sozialwissenschaftlern genau so, als „verdeckt geplante Gewaltanwendung durch eine Gruppe zum Zweck politischer Ziele" definiert.[7] Und für manche Fälle trifft diese Definition sicher auch zu, denn Gewalttaten können politische Ziele durchsetzen und direkten Einfluss auf die Rechtsordnung nehmen.

Ein Beispiel aus Israel: Kurz nach Yitzhak Rabins Ermordung hatte dessen Nachfolger Shimon Peres gegenüber seinem Gegenspieler Benjamin Netanjahu bei den Wählern einen Vorsprung von zwanzig Prozent. Doch nach einer Reihe von Selbstmordattentaten der Hamas in Jerusalemer Bussen verschwand dieser Vorsprung, so dass Netanjahu Peres bei den Wahlen im folgenden Mai mit knapper Mehrheit aus dem Rennen warf. Viele Beobachter meinten, Netanjahu – gewiss kein Freund islamischer Radikaler – verdanke seinen Sieg den Terroristen der Hamas.

Als der für die Anschläge von 1996 verantwortliche Hamas-Anhänger verhaftet worden war, wurde er gefragt, ob er die Wahlen absichtlich habe beeinflussen wollen. Er verneinte dies und erklärte, die israelische Innenpolitik interessiere ihn nicht besonders. Allerdings war er kein ranghoher Vertreter der Hamas, so dass über die Ziele seiner Vorgesetzten nur spekuliert werden konnte. Als ich jedoch dem politischen Kopf der Hamas, Abdel Aziz Rantisi, dieselbe Frage stellte, klang seine Antwort nahezu identisch: Die Anschläge hätten nichts mit israelischer Innenpolitik zu tun; die Hamas kenne keinen Unterschied zwischen Peres und Netanjahu.

171

Einer wie der andere seien für sie Gegner des Islam.[8] „Vielleicht war es Gottes Wille", kommentierte das Hamas-Mitglied Netanjahus Wahlsieg. Auch wenn man unterstellt, die Antwort der Hamas-Führer sei nicht ganz ehrlich gewesen, muss man festhalten, dass die meisten Selbstmordattentate politisch sinnlos blieben.

Auch andere Fälle des religiösen Terrorismus hatten – strategisch gesehen – keinen großen Wert. Weder der Nervengasanschlag in der Tokioter U-Bahn noch die Anschläge auf das World Trade Center brachten den Attentätern einen greifbaren politischen Vorteil. Zwar bewegt sich der finanzielle Schaden der Anschläge vom 11. September in Schwindel erregenden Höhen, aber es gibt keine Hinweise darauf, dass Osama bin Laden und andere al-Qaida-Mitglieder die Anschläge planten, um die Wirtschaft der USA zu schädigen. Mahmud Abouhalima, der als Mitschuldiger am Anschlag auf das World Trade Center von 1993 verurteilt wurde, sagte mir, Anschläge auf öffentliche Gebäude verfolgten andere Ziele. Sie würden dafür sorgen, „dass die Regierung als Feind ausgemacht wird". Die „politischen und wirtschaftlichen Ziele" solcher Taten sind also eher vage.[9]

Der Politikwissenschaftlerin Martha Crenshaw zufolge kann der Begriff „strategisches Denken" sehr weit ausgelegt werden, wenn damit nicht nur ein auf direkte politische Erfolge zielendes Denken bezeichnet werden soll, sondern auch eine innere Logik, die eine Gruppe zu Terroranschlägen veranlasst. Laut Abouhalima rechtfertigen viele Täter ihre Anschläge damit, dass sie auf breite und langfristige Erfolge hoffen.[10] Sicher hat Crenshaw recht: In den meisten Fällen ist terroristisches Handeln das Ergebnis eines überlegten Plans und entspringt nicht dem bloßen Zufall oder einem verwirrten Kopf. Doch zögere ich, den Begriff „Strategie" dafür zu verwenden. Denn „Strategie" bedeutet Berechnung und ist mit dem Erreichen eines klaren Ziels verknüpft. Dies ist bei solch theatralischen Machtdemonstrationen wie der Zerstörung der Zwillingstürme des World Trade Centers nicht zu erkennen. Solche Ausgeburten des Terrorismus verfolgen keine strategischen Ziele. Sie bleiben symbolisch.

Nenne ich religiös motivierte Terroranschläge „symbolisch", will ich damit sagen, dass sie auf etwas hinweisen, das über den direkten Angriff hinaus reicht, auf einen großangelegten Feldzug oder einen Kampf, dessen Dimension all das übersteigt, was zunächst vor Augen liegt. Laut Abouhalima kann uns ein Bombenanschlag auf ein öffentliches Gebäude sehr drastisch demonstrieren, dass es sich bei den durch das Gebäude repräsentierten Regierungen oder Wirtschaftsmächten um Feinde handelt, die als satanische Widersacher angegriffen werden. Das eigentliche Ziel eines derartigen Angriffs liegt also darin, der Welt einfach und anschaulich den Feind vorzuführen. Solch explosive Szenarien haben nichts mit „Taktik" zu tun, sie richten sich auch nicht auf ein direkt greifbares oder strategisches Ziel; als dramatische Ereignisse wollen sie vielmehr einen symbolischen Eindruck hinterlassen. Man kann sie deshalb genau so analysieren wie Symbole, Rituale oder religiöse Handlungen.

Entwerfen wir eine Skala zwischen „strategisch" und „symbolisch", so können die verschiedenen Terroranschläge irgendwo zwischen beiden Polen angesiedelt werden. Die Geiselnahme in der japanischen Botschaft in Peru durch die Tupac Amaru – ein Versuch, die Freilassung von Mitgliedern der eigenen Bewegung von der peruanischen Regierung zu erpressen – wäre eher am strategisch-politischen Ende der Skala einzuordnen. Bei Fällen wie den Tokioter Giftgasanschlägen, zweifellos eher von symbolischem denn strategischem Wert, war kein direktes politisches Ziel intendiert; man zielte auf etwas Größeres, weniger Greifbares.

Die spektakulären Anschläge vom 11. September waren nicht nur tragische Gewaltakte, sie dienten auch als Aufsehen erregendes Theater. Bezeichne ich Terrorismus als „Theater" oder „Performance", so will ich damit keinesfalls suggerieren, Terroranschläge seien Spielerei oder aus einer Laune heraus entstanden. Gleich religiösen Ritualen oder dem Straßentheater sollen sie ein Drama vorführen, das „das Publikum" betroffen macht. Die Zeugen der Gewalt werden zu einem Teil der „Aufführung" – selbst dann noch, wenn sie nur aus weiter Entfernung durch die Medien daran teilnehmen. Dabei besitzt die symbolische Bedeutung dieser Akte genau so viele Facetten wie andere öffentliche Rituale. Von verschiedenen Beobachtern werden sie unterschiedlich wahrgenommen.

Daher ist es möglich, die Inszenierungen verschiedener religiös motivierter Terroranschläge vergleichend zu analysieren. Über die enge Verbindung zwischen öffentlichen Handlungen und kulturellen Performationen gibt es schon etliche Studien[11] – zum Beispiel über die umstrittenen Paraden des protestantischen Oranierordens durch katholische Wohngegenden in Nordirland, die nicht allein als kulturelle Ereignisse verstanden werden, sondern auch als politische Aussagen.[12] Öffentliche Gewalt also tritt als eine Art von Aufführung oder Performance in Erscheinung.

Das englische Wort *„performance"* steht nicht allein für Theateraufführungen, es besitzt auch eine sprachwissenschaftliche Bedeutung; im Deutschen spricht man von der Performanz. Der Begriff entstammt der Linguistik und bezeichnet Sprechakte oder Sprachformeln, denen unmittelbar eine soziale Funktion und Wirkung zukommt; ein Beispiel ist das Ehegelöbnis.[13] Sprechakte bilden die Realität nicht nur ab, sie verändern sie. Dasselbe kann auch für nonverbales symbolisches Handeln gelten, für den Startschuss bei einem Rennen oder das Schwenken der weißen Fahne als Zeichen der Niederlage – und eben auch für Terroranschläge.

Terroranschläge sind sowohl theatralische Aufführung mit symbolischer Aussage als auch ein performativer Akt im linguistischen Sinn: Etwas wird verändert. Als Mohammed Atta das amerikanische Passagierflugzeug ins World Trade Center lenkte, als Yigal Amir seine Pistole auf den israelischen Premierminister richtete und als Sikh-Aktivisten vor dessen Amtssitz des Punjab per Autobombe ein Attentat auf den Ministerpräsidenten verübten, wussten sie, dass sie ein gigantisches Spektakel veranstalteten. Sicher hofften sie alle, mit ihren Taten etwas zu verändern – wenn nicht direkt, dann indirekt. Mit einem gewaltigen Spektakel wollten sie die Menschheit dazu zwingen, die Welt mit anderen Augen zu sehen.

Dass Attentäter hoffen, ihre Taten würden etwas bewirken, heißt aber noch lange nicht, dass dem wirklich so ist. Öffentliche Symbole haben nicht für alle dieselbe Bedeutung, eine symbolische Darstellung kann den gewünschten Effekt verfehlen. Ausschlaggebend für die Bedeutung der Tat ist, wie Täter und Opfer sie jeweils erleben. Dies gilt übrigens auch für performative Sprechakte. Der bedeutende Sprachphilosoph J. L. Austin hat darauf hingewiesen, dass die Wirkung von Sprechakten etwas damit zu tun hat, wie sie verstanden werden: Kinder, die eine Hochzeit nachspielen und das Gelöbnis nachsprechen, sind deshalb nicht verheiratet.[14]

Der französische Soziologe Pierre Bourdieu entwickelte den Gedanken, dass die Wirkung von Aussagen in einem gesellschaftlichen Kontext zu sehen ist, weiter. Er vertrat die Ansicht, dass die Wirkung von Sprachformeln – z. B. Gelöbnissen oder Taufen – fest in der sozialen Wirklichkeit verwurzelt ist und von den Gesetzen und Konventionen der Gesellschaft abhängt.[15] Auch ein terroristischer Akt entsteht aus einer ihm zugrundeliegenden Kraft und legitimierenden Ideologie. Ob Terroranschläge jedoch einem nachgespielten Ehegelöbnis oder einem rechtskräftigen Akt gleichkommen, hängt zum Teil davon ab, wie sie gesehen werden. Es kommt darauf an, ob ihre Bedeutung geglaubt wird.

Damit kehren wir zum Bereich des Glaubens zurück. Traditionell sind öffentliche Rituale Teil der Religion. Umso natürlicher ist es, dass sich Extremisten mit einem religiösen Hintergrund zu inszenierter Gewalt hingezogen fühlen. In einer Aufsatzsammlung zum Zusammenhang von Religion und Terrorismus schrieb David C. Rapoport vor einigen Jahren, dass beide Themen sich nicht nur deshalb so nahe seien, weil es in der Geschichte der Religionen viel Gewalt gegeben habe, sondern auch, weil Terrorakte einen symbolischen Aspekt besäßen, worin sie religiöse Riten nachahmten. Die Terroropfer stellten für die Täter keine Bedrohung dar, so Rapoport, sondern sie seien „Symbole, Werkzeuge, Tiere oder korrupte Wesen, die mit einem speziellen Weltbild oder Bewusstsein" der Täter in Verbindung ständen.[16]

Sowohl das Straßentheater wie auch die inszenierte Gewalt zwingen ihren Zuschauern – direkt oder indirekt – dieses „Bewusstsein" und diese andere Weltsicht auf. Die Täter erlangen damit eine gewisse Berühmtheit, und sie haben die Illusion, ihre Taten seien bedeutend. Der Schriftsteller Don DeLillo stellt sogar fest, dass „nur wer so gläubig ist, dass er für seinen Glauben tötet und stirbt", in der modernen Gesellschaft ernst genommen wird.[17] Wenn wir Terroranschläge beobachten und ernst nehmen, wenn sie uns anwidern und abstoßen, wenn wir anfangen, unserer friedlichen Umwelt zu misstrauen, dann hat die Aufführung ihr Ziel erreicht.

Der Bühnenaufbau

Wollen wir den religiös motivierten Terrorismus als Theater betrachten, dann müssen wir mit der „Bühne" beginnen, mit dem Ort, an dem die Anschläge „aufgeführt", also verübt werden. Als Mitglieder von al-Qaida nach einem geeigneten Ort suchten, an dem sie ihrer Abneigung gegen die USA und deren weltweite Wirtschafts- und Militärmacht effektiv Ausdruck verleihen konnten, wählten sie genau denjenigen, den sich schon zuvor eine andere, verwandte Gruppe ausgesucht hatte. Die damaligen Attentäter standen mit einem in New Jersey lebenden muslimischen Scheich in Verbindung. Das gut sichtbare World Trade Center war für die Gruppe aus Jersey City im wahrsten Sinne des Wortes das „offensichtlichste" Ziel weit und breit. Und aufgrund seiner vielfältigen Symbolik war es gut gewählt.

Damals waren die Zwillingstürme, konzipiert als die höchsten Gebäude New Yorks, noch die höchsten Bauwerke der Welt. Ihre 110 Stockwerke beherbergten die Hauptsitze zahlreicher internationaler Unternehmen und Finanzdienstleister. Auch der Bundesgeheimdienst und der Gouverneur des Staates New York hatten hier ihren Sitz. In diesem riesigen Komplex, in dem es auch ein Hotel, Geschäfte und mehrere Restaurants gab, befanden sich täglich mehr als 50 000 Angestellte. Aus dem Fenster des Penthouse-Restaurants „Windows on the World" konnten die Manager, die hier zu Mittag aßen, Jersey City und die anderen Industriestandorte jenseits des Hudson River vage erkennen.

Auf der anderen Seite des Flusses, von Jersey City aus, sah man die Zwillingstürme so hoch in den Himmel ragen, dass sie sogar bei schlechtem Wetter als einzig sichtbares Element der New Yorker Skyline über dem östlichen Horizont in der Luft zu schweben schienen. Als Muhammad A. Salameh am 24. Februar 1993 den Parkplatz der Lastwagenvermietung Ryder auf dem belebten Kennedy Boulevard in Jersey City betrat, um sich dort einen Transporter des Typs Ford Ecoline zu mieten, konnte er in der Ferne das World Trade Center sehen.

Zwei Tage später wurde der Wagen zur Mittagszeit auf der Ebene B2 der Tiefgarage des World Trade Centers geparkt. Eine gewaltige Detonation erschütterte die unterirdischen Stockwerke, brachte einige Stockwerke zum Einsturz, tötete mehrere Arbeiter und riss ein 60 Meter langes Loch in die Wand des U-Bahnhofs der Trans-Hudson-Bahn. Im Restaurant auf dem 110. Stock hörten und fühlten junge Geschäftsleute, Teilnehmer an einem karriereträchtigen Mittagessen, einen dumpfen Schlag, der einem leichten Erdbeben oder Donnergrollen glich. Als der Strom ausfiel, wurden sie aufgefordert, das Gebäude zu verlassen – Generalprobe für die überstürzte Evakuierung vom 11. September 2001. Doch herrschte 1993 zunächst keine große Angst, die Manager sangen auf ihrem Weg nach unten gut gelaunt „One Hundred Bottles of Beer on the Wall". Diese gute Laune wich aber abrupt nervöser Angst, als ihnen immer mehr Ruß und Rauch entgegenströmten, während sie sich 110 Stockwerke im Dunkeln hinuntertasteten. Unten angelangt, fanden sie Chaos und Schrecken vor.[18]

Weltweit zeigten die Medien Bilder einer erschütterten amerikanischen Wirtschafts- und Staatsordnung. Öffentliche Stellen glaubten, das World Trade Center sei vor allem als ein Symbol der USA angegriffen worden, weswegen noch am selben Nachmittag eilig Sicherheitskräfte zu symbolträchtigen Gebäuden und nationalen Denkmälern in Washington beordert wurden. Und obwohl bei dem Anschlag sechs Menschen den Tod gefunden hatten, galt die Aufmerksamkeit der Medien vornehmlich den Zerstörungen am Gebäude. Eine Stunde später wurde ein Anschlag auf ein Café in Kairo verübt, angeblich von derselben Gruppe. Doch obgleich hierbei mehr Menschen umkamen als in New York, fand dieser Vorfall außerhalb Kairos kaum Beachtung. Ein Café ist eben nicht das World Trade Center. Die Türme waren auf ihre Art so typisch amerikanisch wie die Freiheitsstatue oder das Washington-Denkmal, und so hinterließ der Angriff Spuren auf einem sehr amerikanischen Symbol.

Ähnliches gilt für den Bombenanschlag auf das Alfred-P.-Murrah-Gebäude in Oklahoma City am 19. April 1995 durch Timothy McVeigh und Terry Nichols. Da die Zahl der Toten bei weitem höher ausfiel als bei dem Anschlag auf das World Trade Center 1993, wurde alle Aufregung über den Sachschaden am Gebäude durch die enormen öffentlichen Trauerbekundungen überschattet. Und dennoch existieren einige Gemeinsamkeiten zwischen beiden Anschlägen: McVeigh und Nichols benutzten eine ähnliche Mischung aus Ammoniumnitrat und Diesel, wie sie am World Trade Center verwendet wurde. Und als wollten sie den Anschlag auf das World Trade Center imitieren, verwendeten auch sie einen Miettransporter der Lastwagenvermietung Ryder. Wie Mahmud Abouhalima und dessen Mittäter führten diese selbsternannten Soldaten einen pseudo-religiösen Krieg gegen die amerikanische Regierung und wählten ein Gebäude, das sie als Symbol einer tyrannischen Regierungsmacht auffassten.

Das Murrah-Gebäude, ein imposantes Bauwerk im Zentrum von Oklahoma City, wurde als Regional-Hauptsitz gleich mehrerer Bundesbehörden genutzt. Die meisten dieser Behörden waren für Bereiche wie Sozialhilfe und Sozialversicherung zuständig. Aber auch die Regionalabteilung der Bundesbehörde für Alkohol, Tabak und Schusswaffen (ATF) war in dem Gebäude untergebracht. Diese

Büros des ATF waren es, aus denen Beamte nach Waco, Texas, entsandt worden waren, um für die Durchsetzung der Schusswaffengesetze in einer Auseinandersetzung zu sorgen, die schließlich zur Belagerung des Zentrums der Branch-Davidian-Sekte führte. Schon häufig waren die ATF-Büros von Oklahoma City sowie der Regionalsitz des FBI, etwa 50 Blocks vom Murrah-Gebäude entfernt, Ziel rechtsgerichteter Bürgerwehrgruppen gewesen. Regelmäßig kam es auf dem Gehweg vor dem Murrah-Gebäude zu Demonstrationen gegen die Regierung, veranstaltet von beiden Enden des politischen Spektrums, von linksgerichteten Kriegsgegnern und von rechtsgerichteten Verfechtern des freien Gebrauchs von Feuerwaffen.

Das Gebäude galt als exemplarisch für die Präsenz der Bundesregierung in diesem Teil der USA. Als sich am Morgen des 19. April 1995 nach der Explosion der Staub gelegt hatte, war die gesamte Fassade weggerissen. 168 Menschen waren tot, über 500 verletzt. Unter den Toten und Verletzten befanden sich Hunderte von Kindern aus der angeschlossenen Kindertagesstätte. Von den Mitarbeitern des ATF wurden nur vier verletzt. Es wurde deutlich, dass der Anschlag weniger den leitende Beamten oder den Behörden an sich galt, sondern die einfachen Angestellten und das Gebäude selbst treffen sollte.

Das Ziel war ein Symbol der täglichen Regierungsarbeit, und deshalb musste das Leben der Mitarbeiter wie das Gebäude selbst als Kulisse einer terroristischen Inszenierung herhalten. Sie bildeten die Bühne für den dramatischen Akt. Hätte der Anschlag nachts stattgefunden, hätte die Explosion weder die Regierungsarbeit besonders behindert, noch hätte die Öffentlichkeit allzu sehr darunter gelitten. Hätten die Attentäter die Angestellten mit einem Maschinengewehr niedergeschossen, als sie ihre Büros verließen, und das Gebäude unberührt gelassen, wäre die Symbolik des Anschlags hinsichtlich der Regierungsarbeit unvollständig geblieben. Ziele wie das World Trade Center und das Regierungsgebäude in Oklahoma City boten sich als Sinnbilder einer stabilen und scheinbar unverwundbaren wirtschaftlichen und politischen Macht an. Aber jedes

Gebäude kann zerstört werden. Und Terroristen wie Mohammed Atta, Mahmud Abouhalima und Timothy McVeigh haben sich redlich darum bemüht, dies anschaulich zu demonstrieren.

Einige Gruppen, die auf den Lebensnerv der modernen Gesellschaft zielen, haben ein anderes zentrales Symbol der modernen Gesellschaft ins Visier genommen: die öffentlichen Verkehrssysteme. Die belebtesten Orte heutiger Großstädte sind die Flughäfen. Da ihre Bedeutung sich an Länge und Anzahl der Landebahnen, dem Verkehrsaufkommen und der weitläufigen Architektur ablesen lässt, werden v. a. Flughafengebäude und Landebahnen zum Ziel terroristischer Anschläge.

Doch der Luftverkehr an sich ist schon Ausdruck der wirtschaftlichen Vitalität einer Gesellschaft, weswegen Terroristen oft die Flugzeuge selbst zu ihrer Bühne wählen. Als eindrucksvolles Beispiel hierfür mag der Bojinka-Plan von Ramzi Yousef gelten, der Anschläge auf elf amerikanische transpazifische Flüge vorsah, angeblich mit finanzieller Unterstützung durch Osama bin Laden. Beabsichtigt war eine Katastrophe gewaltigen Ausmaßes, die sich an einem einzigen Tag im Jahr 1995 abspielen sollte. „Bojinka" ist der Name einer Computerdatei auf der Festplatte von Yousefs weißem Toshiba-Laptop, die im Detail auflistete, wann bestimmte Flüge starten, welche Routen sie fliegen und wann die an der Verschwörung Beteiligten die Flugzeuge wieder verlassen sollten, nachdem sie zuvor Bomben an Bord gebracht hatten. Yousef, der sich im späteren Gerichtsverfahren selbst vertrat, führte als Hauptargument zu seiner Verteidigung an, dass jeder, der Ahnung von Computern habe, die Datei auf seine Festplatte habe laden können. Aber es gelang ihm nicht, die Aussagen von Zeugen zu entkräften, die ihn über den Plan hatten sprechen hören. Zudem hatte eine Stewardess der philippinischen Fluggesellschaft beobachtet, dass Yousef genau auf dem Platz gesessen hatte, unter dem während des folgenden Fluges die Bombe detonierte. Im Dezember 1994 soll Yousef das Flugzeug bestiegen und nach dem Abflug auf der Toilette einen hochbrennbaren Cocktail aus flüssigem Nitroglycerin gemixt haben. Die Flüssigkeit habe er in ein Gefäß gefüllt, das er verschlossen und mit einer Sprengkapsel und einem Zeitzünder versehen habe. Zu seinem Platz zurückgekehrt, habe er die Vorrichtung unter dem Sitzkissen befestigt. Nach der nächsten Landung verließ er das Flugzeug, die Bombe explodierte während des folgenden Fluges. Vielleicht hat sich Ähnliches am 17. Juli 1996 in der TWA-Maschine, Flug 800, kurz nach Abflug vom John-F.-Kennedy-Flughafen in New York abgespielt, zwei Monate nachdem der Strafprozess gegen Yousef begonnen hatte. Manche Journalisten vermuteten sofort, es handele sich um einen Anschlag von muslimischen Extremisten aus dem Umfeld Yousefs.[19]

In der Chronologie der Terrorattentate, die Bruce Hoffman, Mitglied der RAND-Corporation und der Universität von St. Andrews, führt, ist nachzulesen, dass seit 1970 weltweit auf 22 Fluggesellschaften Bombenanschläge verübt worden sind. Für jede Nation gleicht ein Bombenanschlag auf eine ihrer Fluggesellschaften einem Angriff auf die eigene Ehre, auch dann, wenn sich die Maschine irgendwo weit entfernt in der Welt befindet. So wie die Pan Am 103: Eine in einem Kofferradio versteckte Plastiksprengstoffbombe ließ die Maschine 1988 über dem kleinen schottischen Ort Lockerbie explodieren. Inzwischen hat die libysche Regierung zugegeben, dass der Hauptdrahtzieher der Anschläge ein Mitglied des libyschen Geheimdienstes war.

Als ein Jumbo Jet der Air India 1985 vor der irischen Küste explodierte, ging man ebenfalls von einem Terroranschlag aus. Auch in diesem Fall war das Flugzeug weit von seiner Heimat entfernt, weit entfernt auch vom Kampf der Sikhs um ein eigenes Gebiet im nordindischen Punjab. Dennoch meinten viele, der Anschlag stehe damit in Verbindung. Obwohl Sikh-Extremisten bestritten, dass ihre Gruppen etwas damit zu tun hätten – „Das hätte unserem Ziel einfach nicht gedient", erklärte mir ein führender Sikh –, ist es wahrscheinlich, dass der Anschlag von jemandem verübt worden ist, der gegen die indische Regierung kämpfte, womöglich von einer abtrünnigen Sikh-Gruppierung, von der nicht einmal die Sikh-Anführer etwas wussten.[20] Und obwohl sich der Anschlag viele tausend Kilometer von Indien entfernt ereignet hatte, betrachteten ihn die indische Presse und die Regierung als direkten Angriff auf ihr Land.

Liegen den Terroranschlägen lokale Fehden zugrunde – zum Beispiel Auseinandersetzungen zwischen zwei ethnischen Gruppen oder zwischen einer Separatistenbewegung und dem Staat –, werden zumeist lokale und nicht internationale Verkehrssysteme angegriffen. Busse in Tel Aviv und Jerusalem sind häufige Ziele der Selbstmordattentäter im Konflikt zwischen der militanten islamischen Hamas-Bewegung und dem Staat Israel. Während der Blütezeit der Sikh-Bewegung in den späten 1980er Jahren waren Busse und Eisenbahnen auch ein bevorzugtes Ziel von Sikh-Extremisten im Punjab.[21]

In den USA ließen Saboteure einen Zug der Eisenbahngesellschaft Amtrak in der Nähe von Phoenix, Arizona, entgleisen. Dabei starb eine Person, 78 weitere wurden verletzt. An der Unglücksstelle fand sich ein Bekennerschreiben der kleinen, kaum bekannten rechtsgerichteten Gruppe „Söhne der Gestapo". Angeblich war der Anschlag ein Vergeltungsakt für die Brutalität der Regierung in Waco und Ruby Ridge. Und obwohl Amtrak kein Staatsbetrieb ist, genügte es den Attentätern offenbar, dass Amtrak-Züge im öffentlichen Verkehrsnetz durch die Wüste von Arizona rollten, um die Eisenbahngesellschaft als Symbol der Gegenwart einer repressiven Regierung in der amerikanischen Provinz zu verstehen.

In den 1990er Jahren war die Pariser U-Bahn Ziel mehrerer Terroranschläge, begangen vermutlich von algerischen Anhängern der Islamischen Heilsfront (FIS), die damit ihrem Missmut über die französische Unterstützung für das algerische Militärregime Ausdruck verleihen wollten. Das algerische Regime hatte Wahlen in der ehemaligen französischen Kolonie verhindert, die die FIS an die Regierung gebracht hätten. Einer der aufsehenerregendsten Anschläge in Paris ereignete sich an der sehr belebten U-Bahnhaltestelle St. Michel in der Nähe der Kathedrale Notre Dame. Die Art und Weise, wie dort die Bombe gelegt wurde, erinnert in erstaunlichem Maße an die Terroranschläge, die an einem ganz anderen Ort auf der Welt, nämlich in Tokio, von der Aum-Shinrikyo-Bewegung verübt worden waren.

In beinahe allen Fällen von religiösem Terrorismus in der jüngeren Zeit wurden die Anschläge auf Gebäude, Transportmittel, Strukturen oder Orte verübt, die symbolisches Gewicht besaßen. In manchen Fällen hatte der Ort eine ganz spezielle Symbolik; zum Beispiel die zerbombten Abtreibungskliniken in den USA oder die Touristenschiffe und Hotels in Ägypten, angeblich Symbole einer aufgezwungenen fremden Kultur. Scheich Abdul Rahman bezeichnete touristische Orte als „sündig" und erklärte, das „Land der Muslime wird nicht als Bordell für Sünder aller Rassen und Hautfarben dienen".[22] Auch die Grabstätte der Patriarchen in Hebron, der Ort, an dem Baruch Goldstein Dutzende von betenden Muslimen ermordete, besitzt eine bestimmte symbolische Bedeutung. Goldstein und seine Gruppe erkannten darin das Sinnbild der muslimischen Besetzung jüdischen Landes.

Die Symbolik anderer Anschlagsziele war allgemeiner und verwies auf die Macht und Stabilität der Gesellschaft an sich. Die Symbolik von Gebäuden wie dem Pentagon, dem World Trade Center oder dem Bundesgebäude in Oklahoma City ist eher allgemein. Die islamistische Bewegung al-Fuqra („die Verarmten") mit Sitz im Norden des Staates New York griff die Regierungsmacht im wörtlichen wie im übertragenen Sinne an. Sie wurde angeklagt, einen Plan entwickelt zu haben, die Stromversorgung von Colorado auszuschalten.[23] Auch Computernetzwerke und Internetkanäle sind als zentrales Kommunikationssystem Symbole staatlicher Macht. Schon viele Computerviren haben bewiesen, dass solche Sabotageakte Großunternehmen und Regierungsbehörden lahm legen können. Als Antwort auf die Bombardierung Serbiens und des Kosovo sowie den ersten Krieg gegen den Irak schafften es Hacker immer wieder, in die Computersysteme verschiedener amerikanischer Regierungsbehörden einzudringen und dort Anti-Kriegs-Nachrichten zu hinterlassen.

Indem verschiedene Bewegungen die Verwundbarkeit der stabilsten und mächtigsten Seiten einer Nation aufdecken, erreichen ihre Sabotageakte fast jedes Glied der Gesellschaft. Jeder hätte in den USA mit dem Aufzug im World Trade Center fahren, das Bundesgebäude in Oklahoma City besuchen, im Pan-Am-Flug 103 mitfliegen oder einen Computer benützen können. Als Folge der Anschläge wird nun in den USA die Sicherheit von öffentlichen Gebäuden, öffentlichen Verkehrsmitteln und Kommunikationssystemen mit anderen Augen gesehen.

Warum ist die „Bühne" der Terroranschläge so bedeutsam? David Rapoport definiert Regierungsmacht als die Kontrolle über ein bestimmtes Hoheitsgebiet.[24] Ethnisch-religiöse Gruppen beziehen ihre Identität historisch immer aus ihrer Herrschaft über bestimmte Orte. Roger Friedland und Richard Hecht, die den Streit zwischen Hindus und Muslimen um eine heilige Stätte in der indischen Stadt Ayodhya mit den Auseinandersetzungen zwischen Juden und Muslimen um den Tempelberg in Jerusalem vergleichen, glauben, dass es in religiösen Konflikten nicht um Orte allgemein geht, sondern immer um zentrale Orte.[25]

Solche zentralen Orte sind Machtsymbole, auf die die Terroranschläge symbolisch Besitzansprüche anmelden. Indem sie ihn angreifen und verwüsten, zeigen die Terrorgruppen für einen gewissen Augenblick, dass sie einen zentralen Ort beherrschen können, auch wenn sie über ihn im Normalfall keine Macht besitzen. Zwar konnten die meisten Unternehmen, die im World Trade Center ihren Sitz hatten, wenige Tage nach der Zerstörung der Zwillingstürme ihren Betrieb wieder aufnehmen, indem sie auf an anderer Stelle gelagerte Sicherungskopien ihrer Informationssysteme zurückgriffen. Und auch die Behörden in Oklahoma City begannen kurz nach der Verwüstung des Murrah-Gebäudes wieder mit ihrer Arbeit. Dennoch zeigen die Terroristen in dem kurzen spektakulären Augenblick, in dem sie zentrale Dinge und Gebäude angreifen und zerstören, dass sie, und nicht die Regierung, die Kontrolle darüber besitzen.

Manchmal ist der Anschlag selbst mehr als bloß symbolischer Natur. Durch die Demonstration ihrer Verwundbarkeit werden Staatsmacht und Regierung geschwächt. Und weil Macht oft davon abhängt, wie sie wahrgenommen wird, besitzen symbolische Handlungen eine reale gesellschaftliche Wirkung. Dieser geringe Verlust an Glaubwürdigkeit einer Regierung steht jedoch in keinerlei Verhältnis zu der gewaltigen Zerstörungskraft des Anschlags. Viel bedeutender ist der Eindruck – obwohl es meist nur eine Illusion ist –, dass die Attentäter über enorme Macht verfügen und dass ihre Ideologie von unermesslicher Bedeutung ist. Im Krieg zwischen religiösen und weltlichen Mächten ist die Unfähigkeit von Regierungen, die Sicherheit an öffentlichen Orten zu gewährleisten, ein Erfolg für die religiöse Seite.

Das Töten hat seine Zeit

Ähnlich verhält es sich mit der dramatischen Zeit – dem Datum oder der Uhrzeit eines Terroranschlags. Wir alle kennen zentrale Punkte in Raum und Zeit, etwa Geburtstage oder Jubiläen; Feiertage grenzen sich dank ihrer besonderen gesellschaftlichen Bedeutung von anderen Tagen ab. Wird die Aufmerksamkeit der Welt durch einen Akt performativer Gewalt auf ein bestimmtes, für eine agierende Gruppe bedeutsames Datum gelenkt, zwingt die Gruppe damit ihre eigene Perspektive – das, was sie für wichtig hält – allen anderen auf.

Mit der Wahl eines bestimmten Datums für ihren Anschlag in Oklahoma City zwangen Timothy McVeigh und seine Mitstreiter letztlich die Gesellschaft zu einer – dramatischen – öffentlichen Anerkennung ihres Feiertags. Aus mehreren Gründen war der 19. April für McVeigh und andere Christian-Identity-Aktivisten von besonderer Bedeutung. In Neuengland war es der Patriot's Day, der Tag, an dem im Jahre 1775 der amerikanische Unabhängigkeitskampf begonnen hatte; um die jüdischen Einwohner während des

Passahfestes zu töten, drangen 1943 die Nazis an diesem Tag ins Warschauer Ghetto ein; 1993 brannte an diesem Tag das Anwesen der Branch-Davidian-Sekte in Waco, Texas, nieder; und schließlich sollte 1995 an diesem Tag der Christian-Identity-Aktivist Richard Wayne Snell wegen mehrfachen Mordes hingerichtet werden. Laut Kerry Noble, wie Snell ein Mitglied der Gruppe The Covenant, the Sword, and the Arm of the Lord (CSA) aus Arkansas, hatte Snell bereits 1983 geplant, das Bundesgebäude in Oklahoma City aus Protest gegen angebliche dämonische und repressive Taten der US-Regierung in die Luft zu sprengen.[26] Verschiedene Umstände verhinderten dies. War es also Zufall, dass das Gebäude am Tag der Hinrichtung Snells zerstört wurde? Noble vermutet, dass McVeigh Snell über Elohim City kannte, eine andere Gemeinde der Christian Identity, die McVeigh mehrfach besucht hatte. Der Leiter von Elohim City, Robert Millar, war Snells Mentor und Verteidiger.

Nur zu offensichtlich ist die Bedeutung, die der 19. April für McVeigh besaß. Kurz nachdem Snells Hinrichtungstermin bekannt gegeben war, fälschte McVeigh seinen Führerschein, indem er den 19. April als sein Geburtsdatum eintrug. Tatsächlich hatte er am 23. April Geburtstag. Elf Tage vor dem Anschlag soll McVeigh zusammen mit einem der Leiter von Elohim City in einer Bar gegenüber einem anderen Gast geprahlt haben: „Sie werden sich am 19. April an mich erinnern."[27] Stunden nach dem Bombenanschlag in Oklahoma City, als Snell auf seine Hinrichtung vorbereitet wurde, konnte er in Fernsehausschnitten das zerstörte Gebäude sehen, auf das er es einst selbst abgesehen hatte. „Gepriesen sei dieser Triumph", soll er kurz vor seiner Hinrichtung gerufen haben.[28] Er wurde in Elohim City beerdigt.

Solche für eine Gruppe heiligen Tage sind meist nur innerhalb der Gruppe selbst oder in bestimmten Kreisen bekannt. Laut Noble kannte „der gesamte rechte Flügel Snells Hinrichtungstermin". In manchen Fällen sind es religiöse Feiertage, die für bestimmte Personen als markante Zeitpunkte gelten, weswegen sie sich für Anschläge geradezu prädestinieren. Noble warnte die Behörden davor, radikale Gruppen aus Kreisen der Christian Identity zu drei bestimmten Zeiten im Jahr zu provozieren. Mitte April wird mit Ostern und der Auferstehung Christi assoziiert; manche Gruppen glauben, dass jeder, der in dieser Zeit stirbt, drei Tage später auferstehen wird. Mitte August ist aus historischer Perspektive eine Zeit der Judenverfolgung, wobei es um die „wirklichen Juden" im Sinne der Christian Identity geht. Und schließlich sind September und Oktober die Monate des Laubhüttenfests, eine Zeit, in der Wunder geschehen.[29]

Auch Baruch Goldsteins Massaker am Grab der Patriarchen in Hebron fand während eines religiösen Feiertags statt. Am Purimtag feiern die Juden die Rache gegen Amalek. Laut dem Buch Esther war Haman ein direkter Abkömmling des amalekitischen Königs Agag, weswegen ein israelischer Autor behauptet: „Goldstein hat keine unschuldigen Betenden umgebracht, sondern Haman und Hitler und Arafat; er heiligte den Namen Gottes, indem er sich an Amalek rächte."[30] In diesem Sinn appellierte Goldstein an alle Juden, sich auf ihre Traditionen zu besinnen, die Demütigung der Juden nicht hinzunehmen und ihren Feiertagen eine direkte politische Bedeutung zu geben.

Das Datum von Goldsteins Anschlag ist aber nicht nur den Juden heilig. Wie es der Zufall wollte, lag der Tag auch im heiligsten muslimischen Monat, im Ramadan. Da viele Hamas-Aktivisten diese Tatsache nicht ignorieren konnten und glaubten, der Anschlag habe nicht nur die jüdische Tradition zelebrieren, sondern auch den Islam diskreditieren wollen, sahen sie sich in ihrer Meinung durch Gerüchte bestätigt, Goldstein sei kein Einzeltäter gewesen, sondern habe auf Geheiß der israelischen Regierung und Armee gehandelt. Ob dies der Wahrheit entsprach oder nicht, für die Hamas zählten nur die Fakten: Der Anschlag geschah in einer Moschee während des Gottesdienstes, und er geschah im Ramadan. „Da die Israelis während des heiligen Monats unsere Frauen und Kinder töteten", erzählte mir ein Hamas-Oberhaupt, „wollten wir Israel dasselbe antun, wir wollten ihnen zeigen, dass auch ihre

Frauen und Kinder verwundbar sind: Niemand ist unschuldig."[31] Offenbar war das Timing für die Hamas-Oberen ebenso wichtig wie für Goldstein, denn viele ihrer Selbstmordanschläge fielen auf die Todestage ihrer von Israelis umgebrachten Helden. Die Wahl solcher Zeitpunkte setzt den Märtyrern ein makabres Denkmal.

Während des Ramadan kam es auch in Algerien vermehrt zu Gewalt. Seit den Wahlen von 1991/92, die das Militär stoppte, um damit der FIS den Sieg zu nehmen, wurde das Land von Gewalttaten heimgesucht. Die schrecklichsten darunter waren die nächtlichen Massenmorde an Dorfbewohnern. Willkürlich scheinen die Dörfer für quasi rituelle Opfergänge ausgewählt worden zu sein: Man schlitzte den Dorfbewohnern die Kehlen auf eine Weise auf, die an die rituelle Schlachtung von Tieren erinnerte. Am häufigsten fanden diese Massaker in den Wochen vor dem Ramadan statt. Im Dezember 1998 wurden sieben Bewohner des Dorfs Merad, hundert Kilometer westlich von Algier, auf diese Weise angegriffen – zwei Wochen vor dem Ramadan.[32] Weitere dreißig wurden am Ende des Monats in einem Nachbardorf umgebracht.[33]

Es war der amerikanische Unabhängigkeitstag, der 4. Juli, an dem sich Benjamin Nathaniel Smith 1999 mit seinem Gewehr auf eine Spritztour durch Illinois und Indiana machte. Willkürlich schoss er auf Angehörige ethnischer Minderheiten: Smith, Mitglied einer Kirche, die die Überlegenheit der weißen Rasse vertrat, erschoss einen schwarzen Basketball-Trainer und einen koreanischen Studenten. Er verwundete sechs orthodoxe Juden, einen taiwanesischen Studenten und zwei weitere Schwarze. Glaubt man seiner ehemaligen Freundin, dann war die Wahl des Unabhängigkeitstages alles andere als ein Zufall. Er wollte die Befreiung des weißen Amerika vom zunehmenden Pluralismus in der amerikanischen Gesellschaft verkünden, meinte sie.

„Das Töten hat seine Zeit", schrieb Michael Bray, eine Stelle aus dem alttestamentarischen Buch Kohelet paraphrasierend.[34] Damit bezog er sich jedoch nicht auf ein bestimmtes Datum, sondern auf eine historische Epoche, auf einen Augenblick, der „Verteidigungsaktionen im Namen des ungeborenen Lebens" bzw. Terroranschläge gegen Abtreibungskliniken und ihre Angestellten rechtfertigen sollte. Solch eine adäquate Zeit konnte sich aus Brays Perspektive aus einer ganzen Reihe von Ereignissen zusammensetzen, die schließlich auf ein praktisch unvermeidbares Gewaltgeschehen hinausliefen. Und so erkennt er einen Zusammenhang zwischen dieser Art von Zeit und dem Mordanschlag seines Freundes Paul Hill auf John Britton und dessen Leibwächter vor einer Klinik in Florida. Laut Bray sei die Zeit dafür reif gewesen, und hätte Hill es damals nicht getan, dann hätte er sich selbst dazu berufen gefühlt.[35]

Bray erläuterte den Zusammenhang: Seit langem waren er und seine Gefolgsleute davon überzeugt, dass der Mord an Mitarbeitern von Abtreibungskliniken gerechtfertigt sei. Ihr moralisches Kalkül beruhte auf der Lehre vom gerechten Krieg, die eine kleine Gewalttat rechtfertigt, wenn dadurch ein viel schrecklicherer Übergriff verhindert wird. Die vielen „ungeborenen Babys", so seine Formulierung, die täglich umgebracht würden, verlangten nach einer Gewalttat, um der Schlächterei Einhalt zu gebieten. Es stellte sich also nicht etwa die Frage, ob sich diese Taten rechtfertigen ließen, sondern nur, wann sie ausgeführt werden sollten.

Es ging ums Timing. Zwei Mordanschläge auf Mitarbeiter von Abtreibungskliniken waren schon gescheitert, und Bray und Hill fanden, es müsse endlich ein Erfolg verbucht werden. Es war für sie von größter Bedeutung, dass eine solche „Verteidigungstat" gelang. Im Vorfeld von Hills Anschlag hatte bereits Michael Griffin am 10. März 1993 in Pensacola, Florida, dem Abtreibungsarzt David Gunn dreimal in den Rücken geschossen; er war sofort tot. Hill, überglücklich darüber, trat in einer amerikanischen Fernseh-Talkshow auf und lobte Griffins Tat. Als der Fall jedoch vor Gericht kam, verteidigte sich Griffin damit, dass die Pro-Life-Bewegung für sein unüberlegtes Handeln verantwortlich sei. Angesichts von Bray und Hill habe er die Nerven verloren.[36] Bray zufolge war Hill von dieser Wendung zutiefst enttäuscht. Er habe gehofft, dass der Mord zu einem Wendepunkt in der Pro-Life-Bewegung führen und einen paramilitärischen Aufstand nach sich ziehen werde, vergleichbar dem der IRA. Dies geschah nicht, und Hill warf Griffin vor, er habe seiner Tat die ihr angemessene Bedeutung geraubt.

Ebenso enttäuscht zeigte sich Hill von einem anderen gescheiterten Attentat. Im August 1993 versuchte Shelly Shannon, eine Frau aus Brays und Hills Kreisen, George Tiller vor einer Abtreibungsklinik in Wichita, Kansas, zu ermorden. Nachdem sie auf den Arzt geschossen hatte, wurde sie sofort festgenommen. Als die Polizei sie abführte, soll sie geschrien haben: „Habe ich ihn umgebracht?" Die Antwort war Nein. Der Arzt war nur leicht verletzt. Shannon, die nicht versuchte, sich aus der Anklage herauszureden, bekam eine hohe Haftstrafe. Da der Arzt aber bereits am nächsten Tag seine Arbeit wieder aufnehmen konnte, war der Anschlag in den Augen von Bray und Hill gescheitert. „Shelly war von gutem Charakter, aber sie hat versagt", sagte Bray und erklärte weiter: „Griffin hat den Job zwar gut gemacht, aber er hat einen schlechten Charakter."

Aus beiden Anschläge ergab sich laut Bray Handlungsbedarf – er sprach von einem „Wink des Schicksals" – für einen dritten Anschlag, der diesmal gelingen musste. Eine effektive Militäroperation sollte es sein, ausgeführt von einem Soldaten mit gerechten und unerschütterlichen Motiven. Michael Bray wäre in Frage gekommen, aber das Los fiel auf seinen Freund Paul Hill. Wie Bray mir sagte, habe Hill die christliche „Berufung" zu der Tat gehabt.[37] „Der Herr hat mich gerufen und er hat mir den Weg gezeigt", schrieb Hill nach dem Mord in einem Brief an Bray und andere Weggefährten.[38]

Als am Freitag, den 29. Juli 1994, John Britton, sein Leibwächter James Barrett und dessen Frau June vor ihrer Klinik vorfuhren, schoss Hill beiden Männern durch das Fenster des Wagens in den Kopf; sie waren sofort tot, Barretts Frau wurde verletzt. Als Hill abgeführt wurde, schrie er: „Heute werden in dieser Klinik keine unschuldigen Babys sterben."[39] Da die Polizei weitere Gewalt befürchtete, standen Bray und andere aus seinen Kreisen nach dem Anschlag unter Beobachtung. Doch laut Bray war diese Sorge unbegründet, denn nach Hills geglückter Tat sei keine weitere mehr nötig. Endlich sei die Tat gelungen, Hill habe sich dafür geopfert. Der Moment sei vollkommen gewesen, und jetzt könne die Zeit ihren weiteren Verlauf nehmen.

Dieses Verspüren einer großen historischen Dynamik, die auf einen endzeitlichen, mit Gewalt durchzusetzenden Moment zuläuft, ist auch für andere Bewegungen typisch. Das spektakulärste Beispiel dafür war vielleicht der Nervengasanschlag in Tokio. Kurz vor dem Anschlag glaubten die Anführer von Aum Shinrikyo, die Netze der Polizei und der Regierung zögen sich wegen früherer Verbrechen wie Mord und Entführung langsam um sie zu. Der Nervengasanschlag brachte den Knoten zum Platzen und lenkte die Polizei ab. Aber es gab noch einen anderen, umfassenderen Grund für den Anschlag, der mit der endzeitlichen Geschichtsvorstellung der Bewegung zusammenhing: Armageddon.

Asahara zufolge sollten seine schlimmsten Vorhersagen um das Jahr 2000 in Erfüllung gehen. Entsprechend groß waren die Erwartungen unter seinen Anhängern, als sich das Jahrtausend seinem Ende neigte. Den Giftgasanschlag nahmen viele unter ihnen voller Aufregung und Erleichterung wahr. Sie sahen die Prophezeiungen des Meisters bestätigt und meinten, endlich kündige sich Armageddon an. Das glaubte auch Takeshi Nakamura, der dachte, die „unheimliche Zeit" habe begonnen.[40]

Doch auch für andere Bewegungen war das Jahr 2000 bedeutsam. Anfang 1999 wurden vierzehn Amerikaner aus einer Gruppe, die sich „Concerned Christians" nannte, plötzlich aus Israel ausgewiesen, wo sie sich auf die Jahrtausendwende vorbereiteten. Ihren materiellen Besitz hatten sie in ihrer Zentrale in Denver, Colorado, zurückgelassen und waren mit der Erwartung nach Jerusalem gekommen, mit dem Ende des Jahrtausends werde sich der in der Offenbarung des Johannes prophezeite apokalyptische Kampf – Armageddon – ereignen, und Christus werde zur Erde zurückkehren. Der Gruppe wurde die Planung einer ganzen Reihe von Terroranschlägen vorgeworfen, die offensichtlich das Erscheinen von Armageddon beschleunigen sollten, wobei auch ein Massenselbstmord im Zuge der Ereignisse beabsichtigt gewesen zu sein scheint. Auch andere religiöse Gruppierungen erwarteten ein apokalyptisches Ende des Jahrtausends. Über hundert Christen aus Europa und den USA waren Mitte 1999 nach Jerusalem gezogen, um dort das Kommen des Messias mitzuerleben. Die israelischen Behörden befürchteten, dass manche von ihnen die Pläne der Concerned Christians teilten und Armageddon mittels Terroranschlägen – „den schwerwiegendsten Verbrechen gegen die staatliche Sicherheit", wie es der zuständige israelische Magistrat nannte – herbeiführen wollten.[41]

In all diesen Fällen war die Wahl eines bestimmten Zeitpunkts, die „Vorbühne" des Ereignisses, entscheidend. Indem die Täter einem besonderen Tag oder Zeitpunkt ihrer Tat die Aura des Besonderen verliehen, versetzten sie sich selbst in eine transzendente zeitliche Dimension, immer auch mit dem Ziel, ihren Missionen transzendente Bedeutung zu verleihen. Letztlich ging es ihnen darum, die für eine Gesellschaft zentralen Zeiten und Orte für sich zu erobern und neu zu besetzen.

Entscheidend ist, dass solche symbolisch zentralen Orte, Zeitpunkte oder auch Dinge – z. B. U-Bahnen oder Flugzeuge – als Verkörperungen der Macht auftreten. Sie sind Zentren im Sinne von Clifford Geertz: „konzentrierte Punkte bedeutsamen Handelns".[42] Solche Orte und Zeiten stellen die „Arenen" der Gesellschaft dar, „in denen ihre zentralen Ideen mit ihren zentralen Institutionen zusammentreffen" und in denen „bedeutende Ereignisse" erwartet werden.[43] Indem Aktivisten solche zentralen Orte, sei es das World Trade Center oder die U-Bahnstation von Kasumigaseki, in einem bedeutsamen Augenblick angriffen, forderten sie die Macht und Rechtmäßigkeit der Gesellschaft als solcher heraus.

Das Publikum erreichen

Der Schriftsteller Don DeLillo hat einmal gesagt: „Terrorismus ist die Sprache, die einem Gehör verschafft."[44] Würde Terrorismus nicht wahrgenommen, er existierte nicht. Töten allein ist noch kein Terroranschlag: Mord und vorsätzliche Übergriffe sind in den meisten Gesellschaften so sehr Teil des Alltags, dass sie nur selten den Weg in die Medien finden. Eine Tat ist dann ein terroristischer Akt, wenn man durch sie in Angst und Schrecken versetzt wird. Was wir Terrorismus nennen, sind geplante Ereignisse, Anschläge an solchen Orten und zu solchen Zeiten, dass sie mit Sicherheit wahrgenommen werden. Terrorismus ohne schockierte Zeugen gliche einem Theater ohne Zuschauer.

Etwa in diesem Sinn äußerte sich auch Michael Bray, als er sich über den Nebeneffekt von Anschlägen auf Abtreibungskliniken ausließ. Zwar räumte er ein, dass ein oder zwei Anschläge keine allzu großen Auswirkungen auf die Abtreibungsrate eines einzigen Tags in den USA hätten. Aber sie besäßen einen „symbolischen Wert", da sie Abtreiber und deren Klientinnen abschreckten und einschüchterten.[45] Damit deutete er das Hauptziel der Anschläge an: Die Bilder von verbrannten und zerstörten Kliniken mussten die ganze Nation erreichen. Diese Bilder waren wichtiger als der direkte Effekt der Anschläge.

Das vielleicht eindrücklichste Bild des Bombenanschlags von Oklahoma City war die Fotografie eines blutigen, entstellten Kleinkinds in den Armen eines Rettungssanitäters, der verzweifelt – und leider vergeblich – versuchte, das Leben des Kindes zu retten. Kein anderes Bild hätte das Pathos der verlorenen Unschuld derart prägnant darstellen und bei vielen Menschen eine so heftige Erregung über die grausam und sinnlos erscheinende Tat auslösen können. Natürlich haben die Täter selbst das Bild weder gemacht noch es weltweit auf die Titelseiten der Zeitungen gesetzt. Und doch war das Bild, waren seine weite Verbreitung und die öffentliche Entrüstung, die es hervorrief, Teil des

Terroranschlags – denn damit reichte der Schrecken weit über die Zahl der direkt Betroffenen hinaus.

Vielen Terroristen geht es genau darum: zu zeigen, dass sie über die Medien die Aufmerksamkeit der Öffentlichkeit erregen können. Als ich Mahmud Abouhalima nach der in seinen Augen größten Bedrohung für den Islam fragte, nannte er überraschenderweise dessen falsche Darstellung in den Medien.[46] Er sagte, die säkularisierte Welt habe die Medien derart unter ihrer Kontrolle, dass der Islam über keine Plattform verfüge, um seine Sicht des Zeitgeschehens zu verbreiten. Womit er wohl ausdrücken wollte, dass Terroranschläge wie derjenige von 1993 auf das World Trade Center darauf zielen, die Bilder und Schlagzeilen der weltweiten Medien für sich zu beanspruchen – wenigstens für einen Augenblick. Abouhalima war sehr medienbewusst. Er las die Presseberichte über sich und seine Gruppierung sehr gründlich und merkte an, welche er für fair (zum Beispiel *Time*) und welche er für völlig abwegig hielt (die *New York Times* und *Newsday*). Besonders regte er sich über das von einigen *Newsday*-Reportern geschriebene Buch *Two Seconds under the World* auf, worin er als Drahtzieher des Anschlags auf das World Trade Center dargestellt wurde.[47] Andererseits bewahrte er voller Stolz eine Ausgabe der *Time* in seiner Zelle auf, die sein Bild auf dem Titelblatt zeigte und seine Lebensgeschichte als Aufmacher benutzte. Diesen Artikel bewertete er als fair und unvoreingenommen.

In meinen Interviews mit Aktivisten, die an Terroranschlägen beteiligt waren oder sie unterstützten, fiel mir häufig die Offenheit auf, mit der sie mir ihre Geschichten erzählten. Gewöhnlich knüpfte ich die ersten Kontakte zu ihnen über Wissenschaftler oder Journalisten. Viele Aktivisten zeigten sich interessierter, wenn der Kontakt über die Medien zustande kam – je internationaler der Medienkonzern, desto besser. In Japan sagten mir die Mitarbeiter von Aum Shinrikyo, sie seien zu einem Gespräch bereit, solange ich weder japanische Wissenschaftler noch japanische Journalisten mitbrächte. Ich hatte den Eindruck, dass es dabei nicht nur um Objektivität ging – in dem Sinne, dass Nicht-Japaner die Situation der

Organisation ehrlicher beurteilen könnten –, sondern auch um die Breite ihres Publikums. Indem sie mit einem amerikanischen Wissenschaftler sprachen, hofften sie dieses stark zu erweitern.

Freilich hätten die japanischen Medien auch kaum Neues über Aum Shinrikyo erfahren können: Der Markt war mit Berichten gesättigt, denn der Nervengasanschlag hatte eine schiere Medienhysterie initiiert, die über Jahre andauerte und Hunderte von Fernsehstunden und Tausende von Artikeln und Büchern füllte. Eine Journalistin wurde dadurch selbst zum Medienstar und zur gefragten Interviewpartnerin.[48] Ein amerikanischer Journalist in Japan sagte mir, die Geschichte sei „größer als das Erdbeben in Kobe, größer als der O.-J.-Simpson-Prozess – die japanische Öffentlichkeit kann einfach nicht genug davon kriegen".[49] So wie sich die amerikanische Öffentlichkeit durch die Medien in die Ereignisse nach den Bombenanschlägen auf die US-Botschaften in Afrika, das World Trade Center und das Bundesgebäude in Oklahoma City hineinziehen ließ, und so wie in der Berichterstattung über den Nahen Osten Terroranschläge von muslimischen und jüdischen Aktivisten dominieren, betrachteten auch die Japaner den Terrorismus als eine Art nationales Drama.

Als die *New York Times* 1995 darüber entscheiden musste, ob man das 35 000 Wörter lange Manifest des Una-Bombers abdrucken sollte, stellte sich die Frage, welche Rolle den Medien damit eigentlich aufgezwungen werde. Konnte man durch die Bereitschaft, den Text des Attentäters abzudrucken, dem Terrorismus beikommen, wäre es gar möglich, auf diese Weise seine Identität herauszubekommen? Oder würde der Abdruck des Manifests im Gegenteil zu verstärkten Terroraktivitäten führen, da andere Aktivisten auch auf die Idee kommen könnten, die Bereitschaft der Zeitung für ihre Zwecke auszunutzen. Der Verleger der *New York Times*, Arthur Sulzberger, bedauerte es, die „Seiten unserer Zeitung einem Mann überlassen zu müssen, der Menschen ermordet hat". Er fügte aber hinzu, dass er „überzeugt" sei, es handle sich dabei „um das kleinere Übel".[50]

Da Theodore Kaczynski schließlich aufgrund dieser Publikation von seinem Bruder David als der Attentäter identifiziert wurde, hatte sich die Entscheidung des Verlags als richtig erwiesen. Einer siebzehn Jahre andauernden Gewaltserie, bei der drei Menschen getötet und 23 weitere durch insgesamt sechzehn Briefbomben verletzt wurden, wurde somit ein Ende gesetzt. Aber wir wissen nicht, ob die Einwilligung der Zeitung nicht andere Terroristen zu neuen Taten motiviert hat. Das visuelle Medium Fernsehen bietet Terroristen die ideale Bühne. Denn der auf Sensation ausgerichtete Charakter ihrer Taten entspricht genau dem auf sofortige und unmittelbare Wirkung ausgerichteten Fernsehen.

Aufgrund seines Einflusses auf das öffentliche Bewusstsein über den Weg der elektronischen Medien bezeichnet Jean Baudrillard den Terrorismus des ausgehenden 20. Jahrhunderts als eine „von unserer Hypermoderne hervorgebrachte Gewalt". Laut Baudrillard entsteht terroristische Gewalt „nicht aus Leidenschaft, sondern kommt vom Bildschirm, sie ist von der selben Art wie die Bilder".[51] Baudrillard geht sogar so weit, seinen Lesern zu raten, „sich nicht in der Öffentlichkeit, wo das Fernsehen zugange ist, aufzuhalten, denn es besteht die hohe Wahrscheinlichkeit eines Gewaltereignisses, das gerade durch die Gegenwart des Fernsehens verursacht wird".[52] Dies ist natürlich übertrieben, verdeutlicht aber, dass Terroranschläge mit dem Ziel einer großen Medienaufmerksamkeit verübt werden und dass sie vielleicht seltener oder anders geartet wären, wäre nicht die riesige Medienmaschinerie sofort vor Ort, um für deren Bekanntmachung zu sorgen.

Die weltweite Berichterstattung zu den Anschlägen auf das World Trade Center oder die Nachtclubs auf Bali, auf israelische Märkte und das Bundesgebäude in Oklahoma City macht eine neue Entwicklung im Terrorismus deutlich: die außergewöhnliche Erweiterung seines Publikums. War dieses in der Vergangenheit meist auf Regierungsbeamte und deren Mitarbeiter oder auf rivalisierende Gruppen beschränkt, hat es sich in den vergangenen Jahren stark ausgeweitet, mitunter fast auf den gesamten Globus.

Fühlen sich Terrorgruppen durch das Fernsehen nicht adäquat repräsentiert, greifen sie häufig auf das Internet als effektive Alternative zurück. Hamas oder Aryan Nations haben z. B. ihre fest etablierten Internetauftritte. Eine Anti-Abtreibungs-Seite namens The Nuremberg Files, auf der die Ermordung von Abtreibungsärzten propagiert wurde und eine Liste mit potenziellen Opfern einzusehen war, wurde vom Provider aus dem Netz entfernt, nachdem dort der Name von Barnett Slepian am Tag nach seiner Ermordung rot durchgestrichen war. Der Verantwortliche für den Auftritt, Neal Horsley, bezeichnete diese Entwicklung als „vorübergehenden Rückschlag" und versprach, ins Internet zurückzukehren.[53] Andere Gruppen, darunter die Christian Identity und andere Bürgerwehren, haben ihre Internetauftritte durch Passwörter geschützt, die allein Mitgliedern den Zugang gestatten. Doch auch wenn der Kreis des Publikums auf diese Weise eingeschränkt ist, wird noch immer ein öffentliches Medium zur Verbreitung des eigenen Gedankenguts benützt.

In manchen Fällen will eine Gewalttat zwei Botschaften transportieren: eine allgemeine, die sich an die große Öffentlichkeit richtet, und eine spezifische, für eine kleinere Zielgruppe bestimmte. In Fällen islamischer Gewalt in Palästina oder des Sikh-Terrorismus in Indien ging es beispielsweise auch darum, den Mitgliedern der Bewegung zu verdeutlichen, dass ihre Führung noch in der Lage war, Todeskommandos auf den Weg zu schicken. In anderen Fällen sollten Anhänger so eingeschüchtert werden, dass sie sich zu den Hardlinern bekannten und jede Kompromissbereitschaft aufgaben.

Solche Motive erklären auch eine der merkwürdigsten Formen zeitgenössischer Gewalt: den „verschwiegenen Terrorismus". Das Zielpublikum dieser besonders rätselhaften Terrorakte ist nicht sofort erkennbar. Schon manches Mal war die Öffentlichkeit über Attentate verwundert, die mit einem schier gespenstischen Schweigen einhergehen und weder ein Bekennerschreiben noch sonst eine Erklärung für die Tat nach sich ziehen. Nach dem Bombenanschlägen auf die amerikanischen Botschaften in Kenia und Tansania am

7. August 1998 verstrichen die Tage, und man fragte sich, warum sich niemand dazu bekannte und seine Ziele damit propagierte. Niemand hat sich je zu den Anschlägen vom 11. September 2001 bekannt, auch nicht Osama bin Ladens al-Qaida. Wenn der Anschlag verübt wurde, um die Ziele der Gruppe in die Öffentlichkeit zu tragen – warum bekannte man sich dann nicht dazu?

Diese Frage hatte sich schon bei anderen ungeklärten Terroranschlägen gestellt. Ob im Fall des Bombenanschlags auf einen Linienflug der Air India, der Autobombe, die ein jüdisches Zentrum in Buenos Aires zerstörte, im Fall der Anschläge auf Diskotheken auf Bali oder auf das israelische Feriendomizil in Mombasa, Kenia: Den Anschlägen folgte jeweils nur Schweigen. Und auch in Fällen, in denen die anonymen Attentäter identifiziert werden konnten, wie bei dem Pan-Am-Flug, der von libyschen Regierungsbeauftragten über Lockerbie gesprengt wurde, blieb ein Bekennerschreiben aus.

Selbst wenn die Angeklagten überführt und verurteilt wurden, wie das bei den Anschlägen von 1993 auf das World Trade Center, auf die Bundesbehörde in Oklahoma City oder die Tokioter U-Bahn der Fall war, stritten die Täter ihre Beteiligung ab. Mahmud Abouhalima, der für die Mitwirkung an dem Anschlag auf das World Trade Center im Jahre 1993 verurteilt worden war, erklärte er mir, er habe sich „gar nicht in der Nähe" des Gebäudes aufgehalten und unterhalte keine Beziehungen zu Scheich Omar Abdul Rahman.[54] Wenn wir aber davon ausgehen, dass die Regierung handfeste Beweise gegen ihn vorliegen hat und er wirklich an dem Anschlag beteiligt war, stellt sich die Frage, warum er oder jeder andere Aktivist, der an einem Anschlag mitwirkt, das abstreitet.

Als wir über Oklahoma City sprachen, sagte Abouhalima, es komme überhaupt nicht darauf an, wer die Attentäter seien; gehe es doch allein darum, zu zeigen, dass die amerikanische Regierung der Feind sei. Er selbst sei über die Selbstgefälligkeit der amerikanischen Öffentlichkeit zutiefst enttäuscht, die offensichtlich nicht die tiefe Verstrickung der amerikanischen Regierung in weltweite Konflikte erkennen wolle. Anschläge auf öffentliche Gebäude machten die Realität dieses heimlichen Krieges sichtbar. Da Terrorismus Theater ist, sind all die Katastrophen um das World Trade Center, Oklahoma City oder die amerikanischen Botschaften in Afrika als Botschaften an die Weltöffentlichkeit zu verstehen. Aus Sicht der Attentäter reichte das aus; die Botschaft wurde erfolgreich ausgesandt, man musste sich nicht auch noch damit brüsten.

In einer Welt, in der Information Macht bedeutet, ist es öffentlichen Demonstrationen von Gewalt auf sehr wirksame Weise gelungen, Botschaften zu übermitteln. Können Terrorgruppen zeigen, dass es in ihrer Macht steht, Verwüstungen an verschiedenen Stellen auf der Welt zugleich anzurichten – zum Beispiel bei den Anschlägen in Afrika –, so ist das eine noch beeindruckendere Vorführung als ein Einzelereignis. Und dies umso mehr, wenn der Teil des Publikums, der die Identität der Täter kennt und ihre Kontrolle über Tod und Leben bewundert, selbst der Gruppe zugehört. Die Tat ist der Beweis, dass man in der Lage ist, einen Vorgang mit weltweiten Auswirkungen zu inszenieren.

In mindestens zweierlei Hinsicht war der religiöse Terrorismus der vergangenen Jahrzehnte global: sowohl in der Auswahl seiner Ziele wie in der Beschaffenheit der konspirativen Netzwerke selbst. Allein der Name des World Trade Centers steht für einen globalen, grenzüberschreitenden Handel, und unter den Opfern befanden sich Staatsbürger aus 86 Ländern. Die für diesen und andere Anschläge verantwortlichen Mitglieder von al-Qaida kamen aus verschiedenen Ländern, darunter Saudi-Arabien, Ägypten, der Sudan, Afghanistan, Pakistan und Algerien. So unterschiedliche Länder wie Deutschland, Spanien, der Sudan, Marokko und die USA dienten den Anschlägen als Planungsstätte. Und auch die Wirkung der Vorfälle war global, allein schon aufgrund der sofortigen weltweiten Berichterstattung. Nicht nur für das Fernsehen allgemein, sondern speziell für CNN war dieser Terrorismus konzipiert. Bei den Anschlägen von al-Qaida kam noch al-Dschazira dazu, ein Nachrichtensender aus Katar, der den Nahen Osten medial versorgt.

Zunehmend wurde der Terrorismus für ein Fernsehpublikum auf der ganzen Welt veranstaltet. In diesem Sinn ist er so global wie das Wirtschaftsgeschehen. Paradoxerweise hat sich der Terrorismus zu einer einflussreicheren globalen Macht entwickelt als die politischen Organisationen, die sich darum bemühen, den Terrorismus zu kontrollieren und einzudämmen. Weder haben die Vereinten Nationen die militärischen noch die geheimdienstlichen Möglichkeiten, den Terrorismus in den Griff zu bekommen. Stattdessen mussten sich verschiedene Staaten zusammentun, um ihre Informationen zu teilen und gemeinsame Operationen durchzuführen, die die Kräfte der Gewalt auf internationaler Ebene angehen sollen.

Die globale Dimension der terroristischen Organisationsstrukturen und des Publikums sowie die grenzüberschreitenden Antworten darauf sind für das Verständnis von Terrorismus als einer öffentlichen Aufführung von Gewalt – d. h. als einer gesellschaftlichen Veranstaltung mit realen und symbolischen Aspekten – höchst bedeutsam. Bourdieu hat festgestellt, dass unser öffentliches Leben ebenso sehr von Symbolen wie von Institutionen geprägt ist. Aus diesem Grund helfen symbolische Taten – „institutionelle Riten" – dabei, öffentlichen Raum abzugrenzen und anzuzeigen, was in einer Gesellschaft überhaupt von Bedeutung ist.[55] In einer auffälligen Imitation solcher Riten veranstaltet der Terrorismus seine eigenen dramatischen Ereignisse. Diese Gewaltriten vermitteln uns eine alternative Sicht der öffentlichen Realität; es geht nicht nur um Veränderungen in einer Gesellschaft, sondern um eine Welt, die mit schrillen religiösen Visionen von einem einschneidenden Wandel konfrontiert wird.

8 Der kosmische Krieg

Die Welt befindet sich im Kriegszustand, so erklärte Osama bin Laden schon Jahre vor den Anschlägen auf das World Trade Center und das Pentagon. In einer Fatwa von 1998, Monate vor den Bombenanschlägen auf die amerikanischen Botschaften in Kenia und Tansania, deren Planung und Finanzierung ihm zugeschrieben worden sind, wollte er deutlich machen, dass nicht er, sondern die Amerikaner und deren Engagement im Nahen Osten für den Krieg verantwortlich seien. Hierin habe eine „deutliche Kriegserklärung an Gott, dessen Vertreter und die Muslime" gelegen.[1] Seine eigenen Gewalttaten galten ihm lediglich als Antworten in einem groß angelegten, langwierigen Kampf, was er auch in seinen öffentlichen Äußerungen nach den Anschlägen vom 11. September 2001 betonte. Doch auch die amerikanischen Medien beschrieben die Anschläge nicht etwa als kriminelle Taten einer kleinen verbrecherischen Gruppe, sondern genau so, wie bin Laden sie verstanden wissen wollte: als Kriegshandlungen. Als amerikanische Zeitungen nach dem 11. September verkündeten, die Welt befinde sich im Kriegszustand, wählten sie damit die Worte bin Ladens. Ein Krieg, der von US-Präsident George W. Bush denn auch als „Krieg gegen den Terrorismus" bezeichnet wurde. Doch wie schon die Rhetorik der Krieges hat auch der Krieg selbst viele Facetten.

Bin Ladens Krieg ist nicht der einzige, den religiöse Aktivisten zu führen glauben; auch ist er nicht der einzige, der vom Terrorismus taktisch Gebrauch macht und Amerika ins Visier genommen hat. Als Bo Gritz, der Chef des American Patriot movement, im August 1998 ein Polizeiaufgebot in die Wälder von South Carolina führte, um den militanten Abtreibungsgegner Eric Robert Rudolph zu jagen, erklärte er, dass Rudolph sich als „Soldat in einem Krieg" gegen die amerikanische Regierung verstehe. Gritz musste wissen, wovon er sprach, denn auch viele seiner Bürgerwehr-Kameraden verstanden sich als ebensolche Krieger. Die Abkürzung RAHOWA, die für „racial holy war" (heiliger Rassenkrieg) steht, ist Begrüßungsformel und Schlachtruf in der World Church of the Creator, einer Gemeinde, die im Zusammenhang mit Benjamin Nathaniel Smiths Mordanschlägen auf Angehörige ethnischer Minderheiten in Illinois und Indiana im Juli 1999 steht.

„Der Herr, unser Gott ist ein rechter Kriegsmann", erinnerte Kerry Noble, Oberhaupt der Christian Identity, seine Anhänger aus der Bewegung The Covenant, The Sword, and the Arm of the Lord in Arkansas.[2] Nachdem er seine Haftstrafe abgesessen und die Bewegung verlassen hatte, bedauerte Noble zwar seinen früheren Rassismus, aber er erklärte auch, die damaligen Gewalttaten seien nötig gewesen, damit seine Gruppe „verstand, dass die Zeit gekommen war, die Grenze zur Gewalt zu überschreiten" und dass diese Taten „Gott willkommen" seien.[3] Bob Matthews, ein früherer Weggefährte Nobles, nahm diesen Auftrag zur Gewalt ernst und beteiligte sich an der Ermordung eines jüdischen Talkshow-Moderators. Anschließend versteckte er sich auf Whidbey Island, nördlich von Seattle, von wo aus er verlauten ließ, er und seine Kameraden befänden sich „in einem totalen und unerbittlichen Krieg" gegen die US-Regierung.[4] Die Bibel sei „ein Buch des Krieges, des Hasses" erklärte ein anderer Anhänger der Christian Identity.[5]

Wie ein roter Faden ziehen sich Bilder göttlich sanktionierter Kriege durch den religiösen Aktivismus. Den großen Szenarien, die hinter den zeitgenössischen Gewaltinszenierungen stehen, liefern sie Gehalt und Thema zugleich. Oft sind diese Bilder nicht neu, sondern entstammen einem teilweise jahrtausendealten religiösen Erbe; die heiligen Schriften verschiedener Religionen liefern Beispiele von Kriegen im Überfluss. In einer Broschüre mit dem Titel *Prepare War!* („Rüstet euch für den Krieg!") bemühte sich Noble um eine biblische Grundlegung für seine martialische Haltung und seine Mitgliedschaft in der Christian Army of God. Da Gott „ein rechter Kriegsmann" sei (2. Mose 15,3) und sich an seinen Feinden räche, sei es nur angebracht, dass seine Anhänger dasselbe täten. Wie viele andere Aktivisten, die sich dem Terror verschrieben haben, war er von der Vorstellung eines kosmischen Krieges getrieben.

„Kosmisch" ist ein solcher Krieg, weil all diesen Vorstellungen etwas Übernatürliches zugrunde liegt. Schlachten einer legendären Vergangenheit werden beschworen, in deren Zentrum sich metaphysische Konflikte zwischen Gut und Böse befinden. Die Vorstellungen von kosmischen Kriegen sind sehr individuell, sie können aber auch auf eine gesellschaftliche Ebene übersetzt werden. Letztlich aber übersteigen sie jedwede menschliche Erfahrung. Die Brutalität und Unnachgiebigkeit religiöser Gewalt resultiert daraus, dass religiös besetzte Bilder eines göttlichen Kampfs – eines kosmischen Kriegs – in den Dienst weltlicher, politischer Kriege gestellt werden. Daher dient religiös motivierter Terror nicht allein als taktisches Manöver in einer politischen Strategie, er ist immer auch die Beschwörung einer viel weitreichenderen spirituellen Konfrontation.

Der kosmische Krieg liefert das Drehbuch für fast alle im ersten Teil unserer Untersuchung behandelten Fälle performativer Gewalt. Die Schriften vieler christlicher Bewegungen, etwa die der Bürgerwehren oder der christlichen Patrioten, aber auch Timothy McVeighs Lieblingsbuch, *The Turner Diaries*, sind voll von Bildern des Krieges.[6] Eine Broschüre der der Christian Identity zuzurechnenden Aryan Nations macht folgende Aussage zum Teil des Glaubensbekenntnisses: „Wir GLAUBEN an einen Krieg, der zwischen den Kindern der Finsternis (heute als Juden bekannt) und den Kindern des Lichts (Gottes), der arischen Rasse, dem wahren Israel der Bibel, ausgefochten wird."[7]

Michael Bray beschrieb seine gewalttätigen Protestaktionen gegen Abtreibungskliniken als Teil eines in den USA geführten „Kulturkriegs", der unter anderem folgende Themen behandelt: „großer oder geringer Einfluss der Regierung, hohe oder niedrige Steuern, Waffengesetze oder keine Waffengesetze, Abtreibungsrechte oder keine Abtreibungsrechte, Recht auf widernatürliche Unzucht oder kein Recht darauf".[8] Ian Paisley, der sich häufig einer militanten Rhetorik bediente, wenn er über Glauben und Politik sprach, gab im Oktober 1997 in Nordirland eine neue Zeitschrift namens *The Battle Standard* („Die Kampfstandarte") heraus.[9] Ein wegen Terrorverbrechen verurteilter Anhänger Paisleys bekannte sich dazu, dass Angriffe auf irische Katholiken Teil eines „religiösen Krieges" seien.[10]

Doch auch auf jüdischer Seite waren etwa Anhänger des Rabbi Meir Kahane davon überzeugt, dass ihre Gewalttaten als Waffen in einem göttlichen Krieg gerechtfertigt seien. Baruch Goldsteins Massaker am Patriarchengrab in Hebron wurde als militärischer Akt gewertet. „Alle Juden", so einer seiner Anhänger mit größter Selbstverständlichkeit, „befinden sich mit den Arabern im Krieg."[11]

Auch Anhänger der Hamas erklären, sie befänden sich „im Krieg", und zwar im Krieg gegen Israel.[12] Dieser Konflikt sei es gewesen, der die Existenz der Hamas erfordert habe, verdeutlichte mir Scheich Ahmed Yassin.[13] Und Mahmud Abouhalima warnte mich, dass die Amerikaner keine Ahnung davon hätten, dass „Krieg herrsche".[14] Kurz vor dem ersten Anschlag auf das World Trade Center, als Abouhalima noch als Taxifahrer arbeitete, fuhr zufällig ein ABC-Reporter in seinem Wagen. Er erinnert sich, wie Abouhalima ihm während der Fahrt einen Vortrag darüber hielt, dass die USA den Krieg gegen den Islam verlieren würden, ohne überhaupt zu wissen, dass sie darin verwickelt seien, vielleicht würden sie das erst nach ihrer vollständigen Niederlage begreifen.[15]

Der islamische Begriff für Kampf – *dschihad* – wurde schon vor Jahrhunderten in einer Debatte entwickelt, die zwei Dinge miteinander verband: das persönliche Seelenheil und die politische Erlösung. Ayatollah Khomeini, der „das Leben" als „Glaube und Kampf" verstand, wies darauf hin, dass die Idee des Kampfes zu den Grundlagen menschlicher Existenz gehöre, gleichwertig mit der religiösen Hingabe.[16] Und Abd al-Salam Farag und andere instrumentalisierten den Begriff des *dschihad*, um zu physischer Gewalt im Kampf gegen alle Ideen, Ideologien und politischen Institutionen aufzurufen, die sie als dem Islam entgegengesetzt erachteten. Jedoch ist der *dschihad* nicht generell ein Freibrief für Gewalt. Ob man ihn als Rechtfertigung für nichtdefensive Gewalt – z. B. für Terroranschläge – heranziehen könne, wird unter muslimischen Theologen höchst kontrovers diskutiert. Bruce Lawrence, ein amerikanischer Islamwissenschaftler, vertritt die Ansicht, dass der Begriff seine Bedeutung je nach historischem Kontext verändere, und schon immer habe er eine gesellschaftliche, wirtschaftliche, militärische und politische Dimension besessen.[17]

Doch jenseits aller Nuancen bedeutet der Begriff zunächst „Kampf"; und eben dieses Bild vom Kampf ist es, das die Rhetorik gewalttätiger religiöser Aktivisten aller Glaubensrichtungen dominiert. Als Jarnail Singh Bhindranwale seine Gefolgsleute zum Handeln aufforderte, rief er zu einem „Kampf" auf, zu einem „Kampf … für unseren Glauben, die Sikh-Nation und die Unterdrückten".[18] Auf individueller Ebene geht es um Glauben oder Nicht-Glauben, auf gesellschaftlicher aber um Gut oder Böse. Anhänger der Bharatiya-Janata-Partei beschwören Bilder großer Kriege, wie sie in den Hindu-Epen *Mahabharata* und *Ramayana* niedergelegt sind. Das Haupt der Aum-Shinrikyo-Bewegung glaubte an einen globalen Krieg unermesslichen Ausmaßes, der an Brutalität und Zerstörungskraft die beiden Weltkriege in den Schatten stellen würde.[19]

Die Kenntnis dieser fast allgegenwärtigen Bilder von Kriegen, die bei vielen militant-religiösen Gruppen zur Jahrtausendwende kursierten, ist für ein Verständnis des Zusammenhangs zwischen Gewalt und Religion, dem sich unsere Untersuchung nun zuwendet, unerlässlich. In diesem und im folgenden Kapitel wird davon die Rede sein, auf welche Weise die Vorstellung des kosmischen Krieges als Vorlage für Gewaltinszenierungen militant-religiöser Aktivisten dient und wie sie mit Begriffen wie Eroberung und Scheitern, Martyrium und Opfer zusammenhängt. Kapitel 10 soll zeigen, wie die Gewalt Teil einer übergeordneten Selbstrechtfertigung bestimmter Gruppen sein kann, die damit auf persönlicher wie auf ge-

sellschaftlicher Ebene Einfluss zu gewinnen versuchen. Im abschlie-
ßenden Kapitel betrachten wir die Art und Weise, wie die Bilder
von Krieg und Kampf dazu beitragen, die Religion zu einer Ursache von Ehre und Legitimierung zu machen, wodurch die Religion
als Ordnungsideologie für das öffentliche Leben an Stellenwert gewinnt.

Groß angelegte Szenarien

Krieg ist der Zusammenprall von unvereinbaren Gegensätzen in einer absoluten Auseinandersetzung. Es geht nicht etwa um die Lösung von Meinungsverschiedenheiten oder um einen fairen Wettbewerb. Der Krieg trägt zur Artikulation und Klärung von
Differenzen nichts bei. In einem Kampf gegen einen Feind, den
man zerstören will, geht es um alles oder nichts, Kompromisse
sind nicht gefragt. Allein die Existenz des Gegners stellt eine Bedrohung dar, so dass man bis zum Zeitpunkt seiner Vernichtung oder
Unterwerfung der eigenen Existenz nicht sicher sein kann. Das Bemerkenswerte an einer kriegerischen Haltung liegt in der Selbst-
gewissheit der Kriegsführenden und darin, dass sie bereit sind, für
ihre Weltsicht bis zum bitteren Ende zu kämpfen oder sie ihrem
Gegner aufzuzwingen.

Keine der beiden Seiten handelt rational, auch wenn die Selbst-
gewissheit der Kriegsführenden von den eigenen Anhängern als
edel, von den Gegnern hingegen als bedrohlich eingeschätzt werden mag. Eine der wichtigsten Regeln zur Konfliktlösung besteht
darin, zu akzeptieren, dass man selbst Fehler begeht. Dessen muss
man sich immer bewusst sein, will man mit anderen auskommen
und Gewalt vermeiden.[20]

Was aber, wenn Gewalt gar nicht vermieden werden soll? Feindschaft widerspricht von Grund auf dem Gedanken des Kompromisses und gegenseitigen Verständnisses. Ein von Beginn an starr mili-
tantes Auftreten wirft die Frage auf, welche Motive dahinter stehen.

206

Eine kriegerische Haltung impliziert, dass kein Kompromiss als möglich erachtet wird oder – ebenso wahrscheinlich – dass von Anfang an keine friedliche Lösung beabsichtigt wurde. Wenn das Ziel also gar nicht Übereinkunft ist, sondern das Erringen von Macht unter Einsatz von Gewalt, dann liegt es im Interesse des Angreifers, Krieg zu führen. Der Krieg ist dann nicht nur der Kontext der Gewalt, er ist auch deren Rechtfertigung. Das gilt auch, wenn die diesseitigen Themen, um die es in einem Konflikt geht, eigentlich keinen so drastischen Standpunkt erfordern würden.

Womöglich ist hierin der Grund zu finden, warum Terroranschläge für alle, die sich außerhalb der agierenden Gruppen befinden, so verwirrend, für deren Anhänger aber vollkommen nachvollziehbar sind. Die Reaktion auf die Anschläge auf Abtreibungskliniken und -ärzte ist ein gutes Beispiel dafür. Von vielen Menschen in den USA wird das Thema Abtreibung als ein ernstes moralisches Anliegen gesehen, als eine Aufgabe der Sozialpolitik, über die diskutiert, debattiert und gestritten werden darf. Doch so strittig dieses Thema auch ist, nur wenige würden auf die Idee kommen, dafür ihr Leben zu riskieren oder gar zu töten.

Anders Michael Bray. Er verteidigt die Notwendigkeit, dafür zu töten und, wenn nötig, auch zu sterben. Nicht, weil er damit sozialpolitische Ziele verfolgen würde. Vielmehr glaubt er, in Gesetzen, die Abtreibung und Homosexualität erlauben, Symptome eines viel größeren Konflikts und einer irrigen Form gesellschaftlicher Herrschaft zu erkennen. In seinen Augen befindet sich die amerikanische Gesellschaft seit einiger Zeit fest im Griff dämonischer Kräfte, und der Befreiungskampf habe gerade erst begonnen. Ein großer Krieg herrsche, der jedoch aufgrund des bedächtigen und raffinierten Vorgehens des Feindes kaum wahrgenommen werde. Die Bevölkerungsmehrheit sei sich der Macht dieses Feindes nicht bewusst und bleibe von deren Wirkung unbeeindruckt.

Aus seiner Perspektive herrscht heute eine dem Zweiten Weltkrieg vergleichbare Auseinandersetzung. „Die Themen, die Gewalt rechtfertigen", so Bray, „sind heute dieselben."[21] Beeindruckt zeigt er sich von den enormen Schuldgefühlen vieler Christen, die damals untätig zugesehen haben, wie der Einfluss der Nationalsozialisten auf die deutsche Gesellschaft wuchs. Die Nürnberger Prozesse hätten ans Licht gebracht, wie viel stille Komplizenschaft mit den Nazis es unter ansonsten durchaus sensiblen Christen gegeben hatte. Heute, so Bray, sagten sich viele Christen: „Ich wünschte, wir hätten früher gehandelt und das Morden gestoppt." Abtreibungen sind für Bray dem nationalsozialistischen Morden vergleichbar.

Nicht allein „das Schlachten von Ungeborenen" beunruhigt Bray, sondern eine von ihm als nazistisch empfundene Haltung der die heutige amerikanische Gesellschaft dominierenden Mächte, die in der Missachtung menschlichen Lebens und in einem Hang zum willkürlichen Morden zutage trete. Eine offene Rebellion und Revolution gegen diese Macht könne nur mit dem wirtschaftlichen Zusammenbruch und einem gesellschaftlichen Chaos einhergehen. Allein so könne die Bevölkerung endlich auf die eigentliche Realität gestoßen werden, um dann „die Kraft und die Begeisterung aufzubringen, um zu den Waffen zu greifen".[22] In der Zwischenzeit müssten „Verteidigungstaten" – die meisten würden freilich von Terrorismus sprechen – die Öffentlichkeit an den heimlich herrschenden Krieg erinnern und die Amerikaner wachrütteln.

Mit seiner Vision einer Welt, die kurz vor der endzeitlichen Konfrontation zwischen den guten und den bösen Mächten auf dem Schlachtfeld der Politik steht, ist Bray nicht allein. Ähnliche Ideen werden vertreten von den militanten Sikhs in Indien, Aum Shinrikyo in Japan, Kahanes Kach-Partei in Israel, Scheich Omar Abdul Rahmans Gefolgschaft in Ägypten und New Jersey und von anderen Gruppen, die im Zusammenhang mit jüngeren Terroranschlägen stehen. Alle handeln aus Verzweiflung über eine vermeintlich ausweglose Situation, über eine Welt, die aus den Fugen geraten ist. Was erstaunt, ist, dass alle Kulturen, denen diese Gruppen entstammen, ein sehr ähnliches Bild vom derzeitigen Kriegsgeschehen auf der Welt besitzen.

In Japan glauben die Mitglieder von Aum Shinrikyo, die Welt

befinde sich kurz vor einer dem Zweiten Weltkrieg vergleichbaren Katastrophe, wobei dort der Zweite Weltkrieg weniger mit Hitler und dem Holocaust in Verbindung gebracht wird als mit der Auslöschung japanischer Städte durch amerikanische Flächenbombardements und den größten Massenvernichtungswaffen, die jemals eingesetzt worden sind, nämlich den Atombomben von Hiroshima und Nagasaki. „Neben den Waffen, die im Dritten Weltkrieg verwendet werden", so Asahara zu seinen Anhängern, „nehmen sich Atom- und Wasserstoffbomben wie Spielzeuge aus."[23] Obwohl die volle Wucht des großen Krieges noch bevorstehe, seien bereits vor Jahren die ersten Wellen von Armageddon gegen die japanischen Küsten gebrandet.

Ausführlich ließ sich Asahara über Armageddon aus. Es sei beabsichtigt, „die Städte vollständig auszulöschen, einen Zustand der Anarchie herbeizuführen und schließlich eine einzige politische Macht weltweit zu etablieren".[24] Hinter dieser Verschwörung stünden jüdische Kapitalisten, Freimaurer, die amerikanische Armee und die japanische Regierung. Das Vordringen ihrer Macht vollziehe sich aber so unauffällig, dass die meisten es gar nicht bemerkten. Und dieser Punkt war in den prophetischen Lehren von Aum Shinrikyo von größter Bedeutung, denn er erlaubte es den wenigen Erleuchteten, Vorbereitungen für das bevorstehende Desaster zu treffen. Die Anhänger glaubten, die Herstellung von Nervengas in den Chemielaboren von Aum diene lediglich der Entwicklung vorbeugender Medikamente. Schutzgeräte würden für die Mitglieder der Bewegung hergestellt, die man am Tage von Armageddon bräuchte, wenn die bösen Mächte ihre chemischen Waffen gegen die Massen einsetzten. Asahara muss klar gewesen sein, dass nur die loyalsten seiner Anhänger diese Prophezeiungen langfristig ohne einen Beweis für den einsetzenden Dritten Weltkrieg glauben würden. Also musste der Nervengasanschlag in der Tokioter U-Bahn als Beweis für die Prophezeiungen dienen – wenigstens für seine Anhänger, und auch nur so lange, bis herauskam, dass Asahara selbst dahinter steckte.

Doch auch der kosmische Krieg, wie ihn die Christian Identity versteht, besitzt den Charakter einer *self-fulfilling prophecy*. Ihren Lehren zufolge liegen die Wurzeln heutiger sozialer Auseinandersetzungen in Konflikten, die so alt sind wie das Universum selbst. Luzifer, der satanische Widersacher Gottes aus der Unterwelt, sei auf Gottes Ordnung eifersüchtig gewesen, weswegen er beschlossen habe, die Welt zu erobern und sein eigenes Reich des Bösen zu errichten.[25] Zwar sei das Christentum ein bedeutender Versuch Gottes gewesen, Luzifer Einhalt zu gebieten, doch von Anfang an sei es von Luzifers Kräften befallen gewesen. Einige Vertreter Luzifers, die in Menschengestalt erschienen seien, hätten fälschlich behauptet, Juden zu sein. Nach der Doktrin der Christian Identity waren die eigentlichen Juden jedoch Arier. Selbst der Apostel Paulus erscheint suspekt. Der römische Katholizismus als dominierende Form des europäischen Christentums gilt ihnen als „Betrug". Die Freimaurer sind ein Teil der Verschwörung; in jüngerer Zeit hätten die „jüdisch-katholischen Freimauer-Agenten Satans" in den Kommunisten und Liberaldemokraten mächtige Mitstreiter gefunden.

Um zu beweisen, dass sich all diese Kräfte gegen eine relativ kleine Gruppe weißer Protestanten verschworen haben, ziehen die Anhänger der Christian Identity ein Buch heran: *Die Protokolle der Weisen von Zion*. Dieses Dokument – eine Fälschung – soll aus einem 1897 stattgefundenen zionistischen Kongress in Basel unter der Führung von Theodor Herzl hervorgegangen sein. Laut dem Soziologen James Aho sind darin 24 konkrete Schritte verzeichnet, die einer jüdisch-kommunistischen Weltverschwörung zur Macht verhelfen sollen. Trends einer globalen Gesellschaft finden sich geschildert, die wahrscheinlich der Zeit entstammen, da das fiktive Dokument tatsächlich geschrieben worden ist, die aber als Prophezeiungen aus der Zeit seiner angeblichen Entstehung gegen Ende des 19. Jahrhunderts interpretiert werden. Zu diesen Trends gehören die Einrichtung von Konzernmonopolen, Rüstungswettläufe, die Förderung von Bürgerrechten für Minderheiten, die Befürwortung der freien Rede, die Förderung von Pornographie, die progressive

Besteuerung und die Einrichtung einer Nationalbank (wie die amerikanische Notenbank, die von Anhängern der Christian Identity allgemein als Instrument bösartiger Wirtschaftskontrolle angesehen wird).[26] Als weitere Anzeichen für eine zunehmende Kontrolle durch die Regierung werden elektronisch zurückverfolgbare Kreditkartenzahlungen und der Missbrauch von Sozialversicherungsnummern zum Zweck der Identifikation angeführt. Die Tatsache, dass all dies heute Teil der modernen Gesellschaft ist und von der Regierung gefördert oder geschützt wird, gilt den Aktivisten der Christian Identity als Beweis für eine solche Verschwörung und für ihren Erfolg.

Heutige christliche Milizen sehen sich also als Antwort auf einen uralten, noch immer andauernden Krieg, in dem die Christian-Identity-Aktivisten ihr Leben und ihren Lebensstil verteidigen müssen. Die Michigan Militia, eine 12 000 Mann starke paramilitärische Überlebensorganisation, mit der auch Timothy McVeigh in Verbindung stand, vertritt etwa die Idee, dass die US-Regierung bereits an einem Programm arbeite, das darauf ziele, das Leben eines jeden Amerikaners vollständig zu kontrollieren. Indem sie sich mit der Guerilla-Kriegsführung vertraut machen und Überlebenstraining betreiben, wollen sie sich angeblichen Plänen der Bundesregierung widersetzen, die darauf aus seien, mithilfe von ausgemusterter sowjetischer Militärausrüstung, von Horden chinesischer Truppen und von Straßenbanden aus Latinos und Schwarzen Streitkräfte der Vereinten Nationen zu mobilisieren, um jegliche Opposition zu vernichten.

Der von Ideen der Christian Identity beeinflusste Roman *The Turner Diaries* beschreibt ein Szenario, in dem anfangs ein mehrheitlich liberaler Kongress den Privatbesitz von Feuerwaffen per Gesetz untersagt. Um das Gesetz durchzusetzen, ziehen Legionen brutaler Bundesagenten durch die Lande und konfiszieren Waffen, wo immer sie sie finden. Eine Gruppe weißer christlicher Patrioten erkennt dies als einen Schritt in Richtung Diktatur und leistet Widerstand. Sie arbeiten mit Guerilla-Taktiken, bauen eine Bombe aus

Ammonium-Nitrat und Dieselöl, beladen damit einen Lastwagen, den sie vor dem FBI-Hauptquartier in Washington abstellen. 700 Menschen finden in dem Roman durch die Bombe den Tod. Die *Washington Post* erhält einen Anruf mit der Nachricht: „Das weiße Amerika lebe hoch!" Detailliert wurde dieses Szenario von Timothy McVeigh und seinen Mitstreitern bei dem Bombenanschlag auf das Bundesgebäude in Oklahoma City nachgespielt.

Doch auch in anderen Teilen der Welt treten Bilder gigantischer Feldzüge in religiösen Auseinandersetzungen in Erscheinung, auch wenn sie weniger irrational wirken, da es hier um begründete Ansprüche auf Land geht. Yochay Ron, der junge israelische Aktivist, mit dem ich am Grab von Baruch Goldstein bei Hebron sprach, erklärte mir, der Krieg mit den Arabern habe nicht mit der Intifada in den 1980er Jahren begonnen, auch nicht mit der Gründung des Staates Israel. Er gehe auf „biblische Zeiten" zurück, womit Ron die heutigen Araber als die modernen Abkömmlinge der biblischen Feinde Israels klassifiziert, gegen die Gott einen Rachekrieg entfesselt habe.[27] Natürlich könne der Krieg beendet werden, aber nur dann, wenn die Araber das Land verließen und Israel restituiert sei. Sarah Nachshon, die wie Ron in der umkämpften Siedlung Beit Hadassah in Hebron lebte, glaubte auch, dass die heutige Gewalt Teil eines Kriegs sei: „In der Bibel steht, dass es einen großen Krieg gibt, bis der Messias kommt, und zwar in Jerusalem."[28]

Von Kräften wie diesen wird der palästinensische Konflikt als etwas gesehen, das die bloße Auseinandersetzungen zwischen Juden und Arabern übersteigt: als ein Kampf geradezu manichäischer Dimension. Diese Auffassung teilen Aktivisten beider Seiten. In nahezu endzeitlichen Begriffen beschreibt Scheich Yassin den Konflikt als „Gefecht zwischen Gut und Böse". Als die USA 1990 nach Saddam Husseins Einmarsch in Kuwait Truppen in der saudischen Wüste stationierten, erklärte die Hamas in einem Kommuniqué, das sei eine „weitere Episode im Kampf zwischen Gut und Böse", ein „abscheulicher christlicher Komplott gegen unsere Religion, unsere Zivilisation und unser Land".[29]

212

Wie wohl keine zweite Gruppe hat Osama bin Ladens al-Qaida in den letzten Jahren die Metapher des Kriegs konsequent dazu bemüht, ihre Sicht eines globalen Kampfs zu charakterisieren. Letztlich beschreibt bin Laden diesen Kampf nicht als eine politische oder ökonomische Auseinandersetzung, sondern als einen Kampf zwischen transzendenten und weltlichen Zielen, zwischen Religion und Anti-Religion. Da jedoch ein solch polares Denken eine metaphysische Dualität zwischen einer geistigen und einer materiellen Ordnung voraussetzt, ist es aus theologischer Sicht nicht mit einem strikten Monotheismus vereinbar, dem gemäß die Sphäre Gottes letztlich alles in sich vereint. Khomeinis einstiger Freund Bani Sadr, der sich ausführlich mit dem Begriff des Kampfs auseinander setzte, erklärt denn auch, dass der Islam – obwohl sein Monotheismus keine Trennung zwischen Welt und Geist erlaubt – dennoch den Kampf gegen diese Dualität selbst zulässt.[30] Deshalb ist laut Bani Sadr ein großer Konflikt innerhalb der theologischen Grenzen des Islam möglich. In einem solchen Kampf geht es um eben die Dualität, wie sie sich in der amerikanischen Trennung von Religion und Staat widerspiegelt, die auch von Osama bin Laden abgelehnt wird.

Der Absolutismus des kosmischen Krieges schließt den Kompromiss praktisch aus, und wer eine Schlichtung vorschlägt, wird genauso vernichtend kritisiert wie der Feind selbst. Im Streit um Palästina verdammen die extremen Lager beider Seiten den von Yitzhak Rabin und Yassir Arafat mühsam ausgehandelten Kompromiss. „Es kann keine Koexistenz geben", erklärte mir Yoel Lerner, denn es sei biblisches Gebot, dass die Juden das biblische Land besäßen und darauf lebten. Deshalb verachtet er die Friedensvereinbarungen und betrachtet die israelischen Politiker, die sie unterschreiben, als Verräter.[31] Als ich mich im Anschluss an mein Gespräch mit Lerner mit Hamas-Oberen in Gaza traf, bekam ich von Abdul Aziz Rantisi in etwa dasselbe zu hören. Auch er sprach von der Notwendigkeit, dass die arabischen Muslime ihr Heimatland Palästina besetzten. Wie Lerner brachte auch Rantisi seine Wut über die weltliche Führung – in seinem Fall über Arafat – zum Ausdruck, die einen gefährlichen und sinnlosen Weg in Richtung auf eine Einigung eingeschlagen habe, die einfach nicht möglich sei.[32] Auf beiden Seiten wollten die Extremisten, Lerner und Rantisi, lieber den Krieg als den Frieden.

Ein Grund, warum man Krieg bevorzugt, ist, dass Krieg als moralische Rechtfertigung für Gewalt herhält. Gewalt wiederum schafft die Illusion von Macht. Christliche Rekonstruktionstheologen halten öffentliche Hinrichtungen in Kriegszeiten für angebracht, auch glauben sie, dass es ihnen und nicht dem Staat obliegt, Strafurteile zu fällen. In die gleiche Richtung zielt der Anspruch der Christian Identity, in Kriegszeiten heilige der Zweck die Mittel, womit sie ihre Versuche rechtfertigen, das weltliche Alltagsleben zu sabotieren. Gefragt, ob er sich vorstellen könne, die Trinkwasserversorgung einer amerikanischen Großstadt zu vergiften, antwortete ein Mitglied von Phineas Priesthood: „In Kriegszeiten muss ich mir so etwas leider überlegen.“[33] Michael Bray kennt eine ethische Unterscheidung zwischen dem, was in einer friedlichen Gesellschaft und was in einer Kriegssituation legal ist: Letztere erlaube auch die Verletzung von Eigentumsrechten und Mord. Interessanterweise ähnelt Brays Argumentation der des Mörders von Mohandas Gandhi, Nathuram Godse, der sich in seinem Prozess ausführlich damit rechtfertigte, dass sein Mord an dem Mahatma zwar „illegal“, aber „moralisch“ sei.[34]

Dieser Begriff des Krieges ist mehr als bloße Ansichtssache; es geht um eine Weltsicht und um die Behauptung von Macht. In Kriegszeiten zu leben heißt in einer Welt zu leben, in der man weiß, wer man ist, warum man leiden muss, wer einen demütigt und was es kostet, durchzuhalten. Durch den Begriff des Krieges lassen sich Kosmologie, Geschichte und Eschatologie vereinen und die Zügel politischer Kontrolle in die Hand nehmen. Womöglich sind die damit einhergehende Hoffnung auf Sieg und die Wege, diesen zu erreichen, von noch größerer Bedeutung. In der Bildlichkeit des kosmischen Kriegs ist der siegreiche Triumph ein großer Moment gesellschaftlicher und persönlicher Verwandlung, der alle weltlichen Grenzen überschreitet. Solche Erwartungen gibt man nicht so leicht auf. Sie aufzugeben, käme der vollständigen Aufgabe aller Hoffnung gleich.

Der symbolische Krieg

„Das war das Tollste, was ich je erlebt habe", erklärte Richard Butler, als er der Christian Identity seine spontane Reaktion auf die Theorie vom kosmischen Krieg schilderte. „Mir ging ein Licht nach dem anderen auf, zack zack zack", erzählte der Dekan der Identity-Bewegung 1999 einem Journalisten der *Los Angeles Times*.[35] Weiter erklärte Butler, das Wissen um „einen seit sechstausend Jahren andauernden Krieg zwischen den Söhnen Kains und den Söhnen Gottes" sei eine läuternde Erfahrung für ihn gewesen, „die mir eröffnete, wer wir sind, woher wir kommen und warum wir existieren". Er fügte hinzu, diese Erleuchtung sei das Packendste gewesen, was er je erlebt habe, und von diesem Moment an sei ihm seine „Mission klar gewesen".

„Wow, das ist es!", rief ähnlich aufgeregt Denver Parmenter aus, als er beschrieb, wie er die Lehren der Christian Identity entdeckte. Er behauptete, diese Sicht eines seit Urzeiten andauernden Krieges habe ihn mit einem Schlag zu einem Bewusstsein verholfen, das ihm „die Gründe, warum die Dinge falsch laufen", erschlossen habe.[36] Dieses große Szenario habe ihm eine Weltanschauung zum Mitmachen gegeben, durch die er sein Schicksal nicht nur verstehen, sondern selbst lenken konnte.

Wie die durch Traditionen vererbten religiösen Rituale ist auch der Krieg ein Drama, das zur aktiven Teilnahme auffordert und die grundlegenden Aspekte des Lebens aufzeigt und erklärt. Für Menschen wie Butler und Parmenter, die ihr Leben nicht nur als verwirrend empfinden, sondern sich von unsichtbaren Kräften bevormundet fühlen, ist das Prinzip Krieg deshalb von größtem Reiz. Parmenter konnte sich an diesem Kampf direkt beteiligen, als er an einem Komplott zur Ermordung eines jüdischen Talkshow-Moderators mitwirkte, den er und andere Mitglieder der Christian Identity für einen Agenten Satans hielten.

Schon lange pflegt das Prinzip Krieg eine beängstigend enge Beziehung zur Religion. Die Geschichte ist überfüllt mit offen ausgetragenen religiösen Konflikten wie den Kreuzzügen, den muslimischen Eroberungen oder den Religionskriegen, die die französische Politik im 16. Jahrhundert beherrschten. Diese wurden häufig als Kriege im Namen der Religion bezeichnet und nicht etwa als Kriege, die religiös geführt wurden. In ihrer Studie zu den religiösen Aufständen im Frankreich des 16. Jahrhunderts gelang es der Historikerin Natalie Zemon Davis, das aufzudecken, was sie „Riten der Gewalt" nennt. Diese bestanden aus „einem Handlungsrepertoire, das aus der Bibel, der Liturgie, der politischen Praxis oder traditionellen populären Volksbräuchen abgeleitet war und das Ziel verfolgte, die religiöse Gemeinschaft zu läutern und den Feind zu erniedrigen, um ihm seine Gefährlichkeit zu nehmen". Davis beobachtet, dass die Gewalt auf „klare Ziele ausgerichtet war, die aus einem Repertoire traditioneller Bestrafungen und Zerstörungsformen stammten".[37] Nach Davis hatten auch die „extremsten Formen von Leichenschändung – Leichen wurden durch die Straßen geschleift und Hunden vorgeworfen, Genitalien abgeschnitten und zur Belustigung auf der Straße feilgeboten – und die Entweihung von religiösen Gegenständen perverse Verbindungen" mit religiösen Begriffen der Entweihung und Läuterung, der Ketzerei und Blasphemie.[38]

Der Anthropologe Stanley Tambiah konnte zeigen, dass dieselben „Riten der Gewalt" bei den religiösen Aufständen in Südostasien vorkamen.[39] Es gab Fälle, in denen unschuldige Passanten von der Menge überwältigt und lebendigen Leibes verbrannt worden sind. Nach Tambiah wurden diese grauenvollen Morde an wehrlosen Opfern auf rituelle Weise durchgeführt, als „Pseudoimitation des Selbstopfers von Kriegsdienstverweigerern und des letzten Ritus der Einäscherung".[40]

Auf makabre Weise waren die wilden Schlachten, die Davis und Tambiah beschreiben, religiöse Ereignisse. Bedenkt man aber, wie ausgeprägt die Rhetorik der Kriegsführung im religiösen Vokabular vertreten ist – im traditionellen wie im modernen –, lässt sich umgekehrt argumentieren, dass es oft die religiösen Ereignisse sind, die bei ihren Teilnehmern die Heraufbeschwörung von Bildern des Kampfes provozieren. Man könnte sogar sagen, dass eine der Hauptaufgaben der Religion darin besteht, quasi stellvertretend Kriegserfahrung zu evozieren – auch wenn man sich diese auf einer spirituellen Ebene angesiedelt vorstellen muss.

In fast allen Kulturen existiert die Metaphorik des Krieges. Die Vorstellung von einer disziplinierten religiösen Organisation liegt sowohl der christlichen Heilsarmee wie einer Dal Khalsa („Armee der Gläubigen") im Sikhismus zu Grunde. Häufiger sind jedoch die Bilder des religiösen Krieges anzutreffen. Am bekanntesten ist der *dschihad*, doch große Kriege existieren auch in buddhistischen Legenden. In der Kultur Sri Lankas zum Beispiel wird den historischen Legenden der Pali-Chroniken *Dipavamsa* und *Mahavamsa*, die über triumphale Schlachten buddhistischer Könige berichten, ein fast schon kanonischer Status zugeschrieben. In Indien trägt der kriegerische Aspekt zum Pathos der großen Epen *Ramayana* und *Mahabharata* bei. Diese Epen, Geschichten von nahezu endlosen Konflikten und militärischen Intrigen, haben die daraus hervorgegangene Hindu-Kultur mehr geprägt als die vedischen Rituale. Ganze Bücher der hebräischen Bibel handeln von den militärischen Heldentaten großer Könige, deren Auseinandersetzungen in blutrünstigen Details beschrieben werden. Zwar ist ein solcher Schlachtruf im Neuen Testament nicht zu vernehmen, dafür bescherte die spätere Kirchengeschichte der Christenheit eine blutige Folge von Kreuzzügen und Religionskriegen.

Krieg ist für die Religionen aber nicht nur Teil der eigenen legendären Überlieferung; seine Symbolik ist auch in der Gegenwart sehr präsent.[41] Nehmen wir den Protestantismus: Obwohl sich die reformierte Tradition stark pazifistisch gibt, strotzen ihre Rhetorik und Symbolik nur so von kriegerischer Bildlichkeit. Weltweit haben protestantische Pfarrer ihre Gemeinden immer wieder zum Krieg gegen die Mächte des Bösen aufgerufen, und Lieder über die „Soldaten Christi" erklingen im Gottesdienst, die „den guten Kampf" kämpfen, ihn „mannhaft weiterkämpfen".[42] Ihre Studien zum populären Protestantismus führten die Wissenschaftlerin Harriet Crabtree auch zu Untersuchungen über die in der Bildlichkeit von neueren protestantischen Kirchenliedern, Traktaten und Predigten anzutreffende „Populärtheologie". Dabei konnte sie feststellen, dass das „Muster des Kriegs" zu den dauerhaftesten Bildern gehört.[43]

Besonders fiel Crabtree auf, dass die Kriegsbilder in der populären protestantischen Rhetorik über eine reine Metaphorik hinausgehen. Wenn die Verfasser von Kirchenliedern die „Soldaten des Kreuzes" dazu antreiben, „sich für Jesus zu erheben", wurde dies als wirklicher, wenn auch geistiger, Kampf interpretiert. Protestantische Autoren wie Arthur Wallis behaupten: „Christliches Leben *ist* Krieg." Wallis bezeichnet Krieg nicht als „Metapher oder Redewendung", sondern als „wörtlich zu nehmende Tatsache"; die Art des Kriegs jedoch, „die Sphäre, die Waffen und der Feind", sind geistiger, nicht materieller Natur.[44] Nach Crabtrees Ansicht ist die Bildlichkeit der Kriegsführung deshalb so anziehend, weil sie „dem Zuhörer oder Leser seinen Platz in dem religiösen Kosmos zuweist".[45]

Der moralische Wert, den dieser religiöse Kosmos im Protestantismus besitzt, ist nicht in allen religiösen Traditionen gegeben. Die Schlachten des *Mahavamsa*, der hebräischen Bibel und der Hindu-Epen zeugen zum Beispiel von einem ganz anders gearteten endzeitlichen Konflikt. Allgegenwärtig in diesen mythischen Kriegsszenen ist jedoch das Motiv des „Wir gegen die Anderen", der Kampf des Bekannten gegen das Unbekannte. In den Schlachten der hebräischen Bibel oder in Epen wie dem *Ramayana* sind die Feinde oft Fremde von einem schattenhaften Rand der Zivilisation, aus Orten wie Kanaan, dem Land der Philister oder Lanka. Häufig ist in diesen Feinden das Finstere ihrer Herkunft verkörpert; sie stehen für Chaos und Unsicherheit in der Welt und für all das, was den Rahmen des Üblichen sprengt. In Fällen, in denen der Feind ein bekanntes Gesicht trägt – etwa im *Mahabharata*, das einen Krieg unter

Vettern schildert –, übernimmt die Schlacht selbst die Rolle des Chaos. Wie Arjuna zu Beginn seines Zusammentreffens mit Krishna auf dem Schlachtfeld bemerkt, ist es die Verruchtheit des Kriegs an sich, die beschrieben wird.[46] Sich in eine solche Umgebung zu begeben heißt, sich auf die Unordnung der Welt einzulassen, auch wenn die Kampfparteien wissen, dass sich über dieser Unordnung eine höhere, kosmische Ordnung befindet, die jenseits von Töten und Getötetwerden liegt. Genau dies verkündet Krishna Arjuna in der *Bhagavadgita*.[47]

Letztlich sind solche Schlachten Kämpfe gegen den einen Aspekt unserer Existenz, der uns fundamental irritiert, den Tod. Die Wissenschaftler sind sich darüber einig, dass die religiöse Einbildungskraft immer um Entwürfe kreist, die das Leben nach dem Tod und die menschliche Vergänglichkeit und Verderbtheit berühren, was häufig durch Rituale symbolisiert wird, in denen es um die Vermeidung eines Reinheitsverlusts geht. Egal, ob es sich um den jüdischen Begriff der Auferweckung der Toten handelt oder um die christlichen und muslimischen Vorstellungen von Himmel und Hölle, ob der katholische Begriff des Fegefeuers oder die buddhistische Vorstellung von Bewusstseinsebenen (in der Mahayana-Tradition von himmlischen Häusern) bemüht werden oder etwa hinduistische Theorien karmischer Zyklen der Wiedergeburt – all das sind Wege, die um die eine Gewissheit herumführen sollen: Jeder wird irgendwann sterben. Jüdische, hinduistische, aber auch andere Reinigungsriten sollen sogar Verfall und Verwesung des Körpers aufhalten können. Doch all das läuft immer auf das hinaus, was Ernest Becker „die Verneinung des Todes" nennt.[48]

Erstaunlich ist dabei, dass die Religion Symbole der Gewalt nicht nur zur Verneinung des Todes einsetzt, sondern auch zur Kontrolle über alles, was eng mit dem Tod zusammenhängt: Chaos, Zerstörung und Verfall. Indem sie Bilder vom Krieg zugleich heraufbeschwört und eindämmt, will die Religion eine symbolische Herrschaft über die Gewalt und jedwede Unordnung im Leben gewinnen. Hierbei mag es interessant sein, dass das englische Wort für Krieg – „war" (im Altenglischen „werra", im Altfranzösischen „guerra") – etymologisch „Verwirrung", „Uneinigkeit" und „Zwist" bedeutet. In diesem Sinn ist Krieg der äußerste Zustand der Verwirrung, was viele aus dem Krieg heimgekehrte Soldaten bestätigen können.

Indem religiöse Kulturen den Krieg anerkennen und letztlich als beherrschbar darstellen, inszenieren sie das kosmologische Spiel vom Primat der Ordnung über das Chaos neu. Nicht von ungefähr wird in den Glasfenstern der großen europäischen Kathedralen Christus als König dargestellt, der, gleich einem siegreich heimkehrenden General, seinem Grab entsteigt. Die Künstler brachten damit etwas zum Ausdruck, das grundlegend für das Christentum, aber auch für alle anderen Religionen ist: Die Religion bestätigt den Vorrang der Ordnung, und dieser Vorrang verlangt, dass Gewalt und andere Formen der Unordnung besiegt werden.

Paradoxerweise steht damit trotz all der blutigen Bilder immer der Frieden im Zentrum des Glaubens. Um jedoch den Zustand der Harmonie überzeugend darstellen zu können, musste die Religion sowohl die Disharmonie wie auch die eigene Fähigkeit, diese einzudämmen, hervorheben. Die Beschäftigung der Religion mit Gewalt resultiert also nicht allein daraus, dass widerspenstige Gewalt gezähmt wird, sondern auch daraus, dass die Religion den Primat der Ordnung im Angesicht des Chaos untermauern muss. Deshalb war die Religion immer schon ordnend und lebensbejahend, auch wenn sie in bestimmten Fällen das Töten rechtfertigte. Die heroische und aufopfernde Tat Jesu, sein qualvoller Tod, wird von den Gläubigen als ein monumentaler Akt der Erlösung der Menschheit gesehen, wodurch die Verteilung der Macht verschoben werden und der Kampf für die Ordnung vom Erfolg gekrönt sein konnte.

Religiöse Bilder sind immer wieder Mechanismen, mit deren Hilfe Frieden und Ordnung Gewalt und Chaos besiegen können. Daher ist es auch verständlich, dass, in welcher Weise auch immer, die Gewalt in religiösen Darstellungen kontrolliert in Erscheinung tritt – man bedenke, mit welcher Selbstverständlichkeit zum Beispiel der „Leib Christi" im christlichen Abendmahlsritual gegessen wird und dass kaum ein Christ an religiösen Liedern Anstoß nimmt, in denen es um Blut und Kampf geht. Im Ritual erfährt die Gewalt ihre symbolische Verwandlung. Das Blut des eucharistischen Weins wird von den Gläubigen demütig aufgenommen und Teil des lebendigen Organismus; das Blut birgt neues Leben. Eine ähnliche beruhigende Verwandlung ereignet sich im Gesang in der akustischen Verinnerlichung solcher Bilder. Die christliche Theologie erklärt, dass die Gewalt durch Christus eingedämmt wurde. Christus starb, damit der Tod besiegt werde, und sein Blut wurde geopfert, damit seine Anhänger vor einer so schrecklichen Bestrafung wie der seinen bewahrt würden.

Andere Religionen kennen einen ähnlichen Umgang mit der Gewalt. Im Sikhismus etwa steht das doppelschneidige Schwert für die Domestizierung von Gewalt. Das bekannte Symbol, auf Medaillons getragen, ziert stolz Geschäfte und Gartentore, es befindet sich vor den Gebetshäusern, den Gurdwaras, wo die Sikhs es so ehrfurchtsvoll verehren wie die Christen ihr Symbol von Zerstörung und Triumph, das Kreuz. Auch andere Bilder der Gewalt besitzen im Sikhismus eine Funktion, die der ihrer Gegenstücke im Christentum sehr ähnelt: Auch ihre Devotionalien kennen blutende Wundmale, nur dass sich anstelle christlicher Heiliger hier Sikh-Märtyrer abgebildet finden. Sie sollen daran erinnern, dass die Gläubigen, da das Blut der Märtyrer geflossen ist, nichts zu befürchten haben. Wie die Theologen und Schriftsteller des Christentums waren auch die des Sikhismus immer darum bemüht, die Bedeutung solcher Symbole und Geschichten allegorisch auszulegen. Sie verweisen auf den Krieg zwischen Glauben und Unglauben, der in der Seele eines jeden Menschen wütet. Ähnlich haben auch die Gelehrten der jüdischen und der islamischen Kultur ihre kriegerischen Bilder ausgelegt. Die Chronisten der hebräischen Bibel sahen den Krieg als Rache Gottes. Das Gleiche gilt für Historiker des Islam; einige islamische Mystiker haben sogar den wahren *dschihad* als einen Kampf in der Seele jedes einzelnen Menschen beschrieben.

Bilder der Gewalt wurden religiös interpretiert und eingedämmt. Die Taten, egal, wie schrecklich sie tatsächlich waren, erfuhren ihre Läuterung, indem sie zu Symbolen wurden; man nahm ihnen ihre Grausamkeit und gab ihnen religiöse Bedeutung. Sie wurden gerechtfertigt und damit als Teil eines religiösen Musters, das größer ist als Mythos und Geschichte, entlastet. Sie sind Elemente eines rituellen Bühnenaufbaus, der es den betroffenen Menschen erlaubt, das Drama des kosmischen Kriegs aus sicherer Position zu erleben.

Wenn Symbole töten

Sollen religiöse Bilder Gewalt besiegen, eröffnet sich eine schwierige Frage: Warum und wie stehen diese symbolischen Gewaltdarstellungen in Verbindung zu tatsächlicher Gewalt? Obwohl sie die Gewalt verhindern sollen, indem sie den menschlichen Eroberungs- und Machtdrang in harmlosen Riten ableiten, wissen wir leider nur zu gut, dass oft das Gegenteil der Fall ist. Die von Natalie Davis und Stanley Tambiah beschriebenen wilden Gewaltriten und die zahlreichen Beispiele eines religiös motivierten Terrorismus, die ich in diesem Buch anführe, zeigen, dass religiöse Gewalt zuweilen brutalste Wirklichkeit ist.

Die Frage, warum Bilder kosmischer Kämpfe in tatsächliche Gewalt übersetzt werden, ist komplex, da die Grenze zwischen symbolischer und realer Gewalt verfließt. Symbole sind oft mehr als rein fiktive Repräsentationen eines echten Geschehens. Opferriten implizieren etwa häufig reales Töten, und nicht selten enden heldenhafte Märtyrertaten im Tod. Die Symbiose zwischen symbolischer und wirklicher Gewalt reicht tief, sie führt uns zum Kern der religiösen Einbildungskraft. Im folgenden Kapitel wollen wir genauer darauf eingehen.

Hier wollen wir darüber nachdenken, welche Bedingungen für die Austragung kosmischer Kriege auf einer weltlichen Bühne existieren. Ein Ansatz ist, die Eigenschaften religiösen Denkens zu erörtern, die dazu führen, dass sich der religiöse Kampf mit weltlichen Konflikten verbindet. Diese Methode diente mir vor Jahren dazu, die Rhetorik der religiösen Gewalt im Sikhismus zu untersuchen. Ergebnis war eine Liste von Bedingungen (von denen ich hier drei nenne), die zeigt, wann der Sikhismus – aber auch jede andere Religion – anfällig für die Ausübung echter Gewalt ist: Die Gläubigen gehen davon aus, dass der kosmische Krieg in dieser und nicht in einer mythischen Welt spielt; sie identifizieren sich persönlich mit dem Kampf; und der Kampf hat einen kritischen Punkt erreicht, an dem die Tat eines Einzelnen alles entscheidend sein kann.[49]

In vielen der genannten Fälle waren es aber nicht nur die Eigenschaften der Religion, die religiösen Menschen Anlass zu Gewalttaten boten, sondern umgekehrt wurden Gewaltsituationen religiös gerechtfertigt. Doch widersprechen beide Herangehensweisen einander nicht: Religiöser Extremismus hat zu Gewalt geführt – und gewalttätige Konflikte bedurften einer religiösen Rechtfertigung. In meiner früheren Studie habe ich mich auf den ersten Ansatz konzentriert, weshalb ich mich nun dem zweiten zuwende.

Statt bei den religiösen Bildern setzen wir nun bei den tatsächlichen Lebensumständen an. Die Frage ist also weniger, warum Religion zu Gewalt führt, vielmehr fragen wir, warum die Religion in diesseitige Konflikte hineinspielt. Folgende Eigenschaften, die auf den Fallstudien dieses Buchs basieren, zeigen, wann eine weltliche Konfrontation gute Aussichten hat, unter dem Deckmantel des kosmischen Kriegs ausgetragen zu werden:

Welche Auseinandersetzungen haben die Tendenz, als „kosmische Kriege" angesehen zu werden?

1. *In dem Kampf geht es angeblich um die Verteidigung von Identität und Würde.* Wenn dem Kampf eine letzte Bedeutung beigemessen wird – als Verteidigung nicht nur einzelner Menschenleben, sondern ganzer Kulturen, etwa der des Sikhismus oder des Islam –, ist die Wahrscheinlichkeit größer, dass er als ein Kulturkrieg mit reli-

giösen Dimensionen aufgefasst wird. Die Konflikte in Nordirland bekamen einen religiösen Aspekt, als Ian Paisley sie als Angriff auf den Protestantismus interpretierte; der Kampf der Palästinenser erhielt eine religiöse Aura, als eine Reihe von Scheichs und Mullahs ihn als Verteidigung des Islam auslegten. Anderen Fällen wird eine religiöse Note zuteil, weil allein die Natur von Streitpunkten wie Abtreibung religiöse Aktivisten, etwa die Anhänger der Christian Identity oder der Rekonstruktionslehre, anzieht. Das Gefühl der persönlichen Erniedrigung, wie bei Baruch Goldstein, kann auch zu verzweifelten Versuchen führen, die persönliche Ehre und den kulturellen Stolz zu retten.

2. *Eine Niederlage ist undenkbar.* Liegt der negative Ausgang eines Konflikts jenseits menschlicher Vorstellungskraft, kann der Kampf auf einer geschichtstranzendenten Ebene angesiedelt werden. Manche palästinensischen Muslime weigern sich etwa, die Idee von einem jüdischen Staat auf arabischem Land auch nur in Betracht zu ziehen. Ebenso halten einige radikale Juden die Rückgabe biblischen Landes an die Araber für absolut undenkbar. Je konkreter und verbissener um die Ziele gekämpft wird, desto wahrscheinlicher ist es, dass sie vergöttlicht und mit der Erfüllung heiliger Schriften identifiziert werden.

3. *Der Konflikt ist festgefahren und kann weder in absehbarer Zeit noch zu realistischen Bedingungen gewonnen werden.* Hier liegt der vielleicht wichtigste Aspekt. Wenn der Kampf in menschlichen Dimensionen als hoffnungslos erachtet wird, kann er auf eine sakrale Ebene projiziert werden, auf der die Möglichkeit des Sieges in Gottes Hand liegt. Als Shoko Asahara sich von der japanischen Polizei umzingelt fühlte, sorgte er für ein Ereignis, von dem er hoffte, es werde den Kampf auf die Ebene eines kosmischen Krieges heben; ähnlich Jim Jones in Guyana, der beschloss, durch einen selbstmörderischen Gewaltakt seiner Gefangennahme und Niederlage zu entgehen. Laut Weston LaBarre wird in solchen Momenten der Verzweiflung die Religion beschworen. Er nennt einen einschneidenden historischen Moment im Jahr 1870, als eine Gruppe von Prärieindianern umzin-

gelt war und spontan in ein Ritual aus Tanz und hypnotischer Trance verfiel, das als Geistertanz-Religion bekannt ist.[50] LaBarres Studie zeigt, wann Religion und wann ihre Szenarien eines kosmischen Kriegs am meisten gebraucht werden: in hoffnungslosen Augenblicken, in denen eine mythische Kraft die einzige noch verfügbare Quelle ist.

Ist eine dieser drei Bedingungen gegeben, ist es wahrscheinlich, dass ein eigentlich weltlicher Kampf als kosmischer und heiliger Krieg verstanden wird. Sind alle drei gegeben, ist die Wahrscheinlichkeit umso höher. Ein Kampf, der weltlich beginnt, kann sich zu einem kosmischen Krieg entwickeln, wenn Lösungen unwahrscheinlicher werden und das Bewusstsein für die katastrophalen Folgen einer Niederlage wächst. Der arabisch-israelische Konflikt wurde zum Beispiel von beiden Seiten bis Ende der 1980er Jahre kaum als heiliger Kampf gesehen. Dann überholte der Prozess der sakralen Überhöhung den Konflikt und veränderte ihn so, dass er in den Augen religiöser Aktivisten beider Seiten zu einem kosmischen Krieg avancierte.

Gerät ein Kampf auf eine religiöse Ebene, können Vorfälle, die zuvor als kleinere Zusammenstöße oder Meinungsdifferenzen gesehen wurden, plötzlich monumentale Bedeutung bekommen. Der Gebrauch von Gewalt wird legitimiert, und schon die kleinste Provokation oder Beleidigung genügt, um zu Terroranschlägen zu führen. Einfache Gegner werden zu kosmischen Todfeinden. Das folgende Kapitel zeigt, dass der Prozess der Dämonisierung einen weltlichen Kampf zu einem Wettkampf zwischen Märtyrern und Dämonen werden lassen kann. Leider endet das unentrinnbare Drama unter Feinden nicht, solange die Mythologie nicht ihre Richtung ändert oder eine der beiden Seiten vollständig untergeht.

9 Märtyrer und Dämonen

Anlässlich der Verkündung seines Todesurteils erhielt Timothy McVeigh die Gelegenheit, einige Worte vor Gericht zu äußern. Angesichts seines fundamental gegen die Gesellschaft gerichteten Anschlags erschien vielen der Anwesenden die Reaktion des Attentäters von Oklahoma City als zutiefst befremdend: Er zitierte Richter Louis Brandeis vom Obersten Bundesgerichtshof, der in einer Stellungnahme zu Zeiten der Prohibition die US-Regierung vor Missbräuchen im Einsatz von Abhörgeräten gewarnt hatte: „Unsere Regierung ist der mächtige, allgegenwärtige Lehrer", schrieb Brandeis, „ob gut oder böse, sie ist Vorbild für das ganze Volk."[1]

Man vermutete, McVeigh habe der Regierung demonstrieren wollen, dass sie mit der Verhängung des Todesurteils ein schlechtes Vorbild gebe. Der typische Fall eines Mörders schien vorzuliegen, der sein eigenes Opfer der Tat beschuldigt: Nicht er, McVeigh, sei es, der morde, sondern die Regierung. In gewisser Weise war das jedoch nichts anderes, als was McVeigh immer gesagt hatte: dass die Regierung der eigentliche Feind sei. In einem dramatischen Augenblick konnte er sich vor Gericht damit brüsten, seine Taten seien Teil eines höchst bedeutenden historischen Kampfes zwischen Freiheit und Versklavung, eines kosmischen Krieges, in dem er und die Regierung zwei entscheidende, gegensätzliche Rollen spielten.

Das Todesurteil hätte das Ende eines Krieges bedeuten können, den McVeigh dann verloren hätte. Indem er seinen Taten aber einen übergeordneten historischen Zusammenhang verlieh, ließ McVeigh wissen, dass der Krieg längst noch nicht vorüber und sein Ausgang offen sei. Ähnlich äußerte sich Abdul Aziz Rantisi, der politische Kopf der Hamas, hinsichtlich des Kampfes seiner Bewegung gegen Israel. Zwar gab er zu, dass die Dinge für die Hamas derzeit relativ schlecht ständen, wie er mir aber versicherte, werde der Kampf noch viele Jahre andauern, vielleicht über Generationen hinweg. „Betrachten Sie die Geschichte", sagte er: „Schon einmal war Palästina besetzt, 200 Jahre lang, dann wurde es befreit. Diesmal sind es erst fünfzig Jahre. Wir müssen abwarten."[2] Womöglich werde der Triumph nicht mehr zu seinen Lebzeiten erreicht, vielleicht aber zu denen seiner Kinder. Irgendwann werde sie kommen.

Vielleicht wollte Rantisi sagen, dass die Pointe einer Geschichte immer erst an deren Schluss zu finden sei. Wird das Szenario des kosmischen Krieges als Geschichte oder Erzählung begriffen, ist damit immer auch ein Streben nach Abschluss und Vollendung verknüpft, das Hoffnung verheißt. Hoffnung, nicht Angst, denn niemand wünscht eine Geschichte ohne Happy End. Wer akzeptiert, dass sein Lebenskampf Teil eines größeren, kosmischen Krieges ist, weiß sich selbst einer langen Geschichte zugehörig, die irgendwann siegreich enden wird, auch wenn dieser Sieg nicht immer einfach oder schnell zu erreichen ist. Möglicherweise liegt es in der epischen Struktur einer Geschichte, dass das Happy End lange auf sich warten lässt – manchmal über die Lebenszeit des einzelnen Kriegers und die seiner Nachfahren hinaus. Diese Zeit kann von Trauer und Qualen geprägt sein. Christen wissen, dass sich Jesus dem grausamen, demütigenden Spektakel der öffentlichen Kreuzigung überliefern musste, um über den Tod zu triumphieren.

Ziel eines Krieges ist es, Niederlagen und Erniedrigungen zu überwinden. Wie die Kriegsgeschichte lehrt, gehören Rückschläge und Demütigungen zu den Erfahrungen eines jeden Kriegers. Da im Fall des kosmischen Krieges die eigentliche Schlacht noch bevorsteht, werden erst nach seinem Ende ruhmreiche Zeiten des Triumphs anbrechen. Bis dahin muss der Krieger kämpfen, manchmal nur mit der Hoffnung bewaffnet. Angesichts solcher Erzählungen gewinnen die persönlichen Leidensgeschichten an Bedeutung. Die Sagen von Unterdrückung und Befreiung beflügeln den Einzelnen, erklären ihm sein Leid und rücken es in ein ehrenvolles Licht. In manchen Fällen führt das Leid die Ehre des Martyriums mit sich. Dann lassen die Bilder des kosmischen Kriegs Verluste und sogar den Tod als Siege erscheinen.

Opfer

Beispielhaft findet sich die Idee des verwandelnden Heldentodes in der Architektur der Gedenkstätte für Baruch Goldstein bei Hebron verwirklicht: Ein eleganter Platz tut sich auf, umgeben von Gedenktafeln mit Votivkerzen, die an katholische Kreuzwegstationen erinnern. Nur zu deutlich gilt dieses Ehrenmal jemandem, den der junge Wächter als Märtyrer und „Kriegshelden" beschreibt.[3] Ein ähnliches Bild bieten freilich auch die Trauerfeiern für die jungen Muslime, die ihr Leben in einem „selbst gewählten Martyrium" gelassen haben, wie die Selbstmordanschläge von den Oberen der Hamas bezeichnet werden. Diese Feiern sind als außergewöhnliche Ereignisse auf genau den Videobändern festgehalten, auf denen sich auch die leidenschaftlichen letzten Worte der jungen Attentäter am Vorabend ihres Todes finden und die unter der Hand als Rekrutierungsmaterial in Gaza und auf der West Bank zirkulieren. Es handelt sich jedoch nicht eigentlich um Trauerfeiern, was sich schon daran ablesen lässt, dass süßer und nicht bitterer Kaffee getrunken, dass Süßigkeiten gegessen und Hochzeitslieder gesungen werden. Die Feiern gleichen einer Mischung aus Trauung und religiösem Fest, sie sind ein modernes Beispiel für ein uraltes religiöses Ritual: die Heiligsprechung von Märtyrern.

Märtyrer anderer Religionen werden ähnlich geehrt. So stellen Sikh-Aktivisten voller Stolz das Bild ihres Oberhaupts Sant Jarnail Singh Bhindranwale zur Schau, der 1984 im Zuge einer von Indira Gandhi angeordneten Militäroperation starb. Sein Konterfei wird ebenso demonstrativ ausgestellt wie die Bilder der Gurus aus der Gründungszeit, und sowohl zu seinem Geburtstag wie auch am

Tag seines Märtyrertods gedenkt man seiner, um seine beispielhafte Hingabe zu verehren. Ein junger Anhänger sagte mir: „Er ging für seinen Glauben in den Tod."[4] Der Bruder eines in einer Auseinandersetzung mit der Polizei umgekommenen Führers der Khalistan-Bewegung meinte, Bhindranwale habe „nicht nur geredet, er hat seinen Worten Taten folgen lassen".[5]

Ähnlich äußerte sich Michael Bray über seinen Freund Paul Hill. Als dessen Hinrichtungstermin näher rückte, ging Bray mit einer Reihe von Publikationen über Hills bevorstehendes Martyrium an die Öffentlichkeit. Wollte er einerseits Kräfte mobilisieren, um die Vollstreckung vielleicht doch noch zu verhindern, zielte er andererseits darauf, die Hinrichtung, so sie schon nicht abzuwenden sei, religiös zu besetzen. Bray schrieb: „Wir müssen an die maßgeblichen Regierungsstellen appellieren", einen Mann zu verschonen, „den Gott als den aufopfernden, öffentlichen Zeugen berufen hat, der er war", und der dafür zum Tode verurteilt wurde, „dass er gerecht handelte und Mitleid hatte". Bray wetterte gegen die Brutalität einer Regierung, die einer solch edlen Persönlichkeit das Leben nehmen wollte.[6]

Freilich fehlte Brays Entrüstung jeglicher Respekt für das Leben von John Britton und dessen Leibwächter James Barrett, die Hill durch seinen brutalen Doppelmord „abgetrieben" hatte, wie Bray sich ausdrückte. Dank einer merkwürdig verdrehten Logik stand Hill als Opfer da und nicht als der Mörder, als den ihn der Staat und die Mehrheit der amerikanischen Öffentlichkeit ansahen. Hierin gleicht Bray all denen, die etwa den Tod Goldsteins, Bhindranwales oder der Selbstmordattentäter der Hamas betrauern. Billy Wright, der wegen seiner Beteiligung an Terroranschlägen der paramilitärischen Ulster Volunteer Force in Nordirland verurteilt wurde, sagte einmal, dass „in zweifellos jedem Terroristen die Überzeugung steckt, er sei das Opfer". Dadurch könne der Terrorist seine Tat „moralisch vor sich selbst" rechtfertigen.[7]

Ähnlich argumentierte auch Rantisi, als er im Gespräch betonte, die arabischen Muslime seien nicht die brutalen Selbstmordattentäter, als die sie in den westlichen Medien dargestellt würden; vielmehr seien sie die eigentlichen Opfer des Konflikts. Noch einmal zählte er die Ungerechtigkeiten auf, denen er, seine Familie und andere Araber über Jahre hinweg ausgesetzt waren, um zu verdeutlichen, dass all diese Erniedrigungen den Selbstmordanschlägen vorausgegangen waren. Ähnlich die Argumentation Osama bin Ladens in seiner Fatwa vom Februar 1998: Mit seinen „Verbrechen und Sünden" habe Amerika den Muslimen im Nahen Osten den Krieg erklärt.[8] Die Terroranschläge von Rantisi, Osama bin Laden und ihren Gefolgsleuten wurden von eigenen Anhängern als Verteidigungstaten edler Krieger gerechtfertigt. Kehrten die Krieger unversehrt von ihren geglückten Missionen zurück, waren sie Helden; kamen sie dabei um, waren sie Märtyrer.

Der Begriff des Martyriums besitzt in verschiedenen Religionen eine lange Tradition. Christus war ein Märtyrer, aber auch Husain, die Gründerfigur der islamischen Schia. Das Wort stammt von dem altgriechischen *martyrion* („Zeugnis") im Sinne eines Zeugnisses für eine Religion. Zumeist gilt das Martyrium nicht allein als Zeugnis dafür, wie sehr man seinem Glauben verpflichtet ist, sondern auch als Vollzug eines religiösen Akts, besonders natürlich der Selbstaufopferung.

Diese Dimension verbindet das Martyrium mit dem, was von einigen Wissenschaftlern als die fundamentalste Form von Religiosität angesehen wird: dem Opfer. Das Opfer ist ein Zerstörungsritus, der bemerkenswerter Weise in fast allen religiösen Traditionen der Welt zu finden ist. Das lateinische Wort für Opfer – *sacrificium* – bedeutet „heilig machen". Dem Zerstörungsakt wird eine religiöse Dimension beigemessen, so dass das Opfer paradoxerweise nicht nur getötet, sondern durch seine Opferung aufgewertet wird. Der religiöse Kontext, in dem sich die Zerstörung bewegt, verkehrt das Töten ins Positive. Wie alle religiösen Opferbilder symbolisiert auch das Martyrium eine Form von Gewalt, die durch den übergeordneten Rahmen der religiösen Sprache erobert oder zumindest eingedämmt worden ist.

Mit größter Wahrscheinlichkeit bildete das Töten von Lebewesen das Zentrum religiöser Opferriten vergangener Zeiten. Die spätere Domestizierung des Opfers in entwickelten Formen religiöser Praktiken wie etwa im christlichen Abendmahlsritual verdeckt die Tatsache, dass in den meisten frühen Formen von Opferritualen lebende Tiere, manchmal sogar Menschen, auf dem Schlachtblock oder Altar dargereicht wurden. In der hebräischen Bibel, der heiligen Schrift der Juden, Christen und Muslime, werden im 3. Buch Mose detaillierte Anweisungen zur Vorbereitung von Tieren für die Opferschlachtung gegeben. Allein an der Architektur des antiken israelitischen Tempels lässt sich die zentrale Rolle der Opfer ablesen. Im vedischen Agnicayana-Ritual, das mit 3000 Jahren das wahrscheinlich älteste heute noch existierende Ritual ist, wird ein kunstvoller Altar errichtet, auf dem früher vermutlich Menschenopfer dargebracht worden sind.[9] Und vom Aztekenreich wissen wir, dass besiegte Soldaten, um sie auf ihre Opferung vorzubereiten, zunächst königlich behandelt wurden. Dann fiel man sie mit Messern an, ihre noch schlagenden Herzen wurden ihnen herausgerissen, Huitzilopochtli und anderen Göttern dargereicht und schließlich von den Gläubigen verspeist. Die Gesichter der Opfer häutete man, um rituelle Masken herzustellen.

Warum nahmen derart blutrünstige Opfertaten eine so zentrale Rolle in der Religion ein? Schon seit über hundert Jahren setzen sich Wissenschaftler mit dieser Frage auseinander. Die Erkenntnisse von Vordenkern wie Émile Durkheim und Sigmund Freud sind von Jüngeren wie Maurice Bloch, René Girard, Walter Burkhert und Eli Sagan aufgegriffen worden, um auf soziologischen und psychologischen Wegen zu erforschen, weshalb Gewalt in religiösen Bildern und Ideen fast universal vertreten ist.[10] Zumeist wird den Gewaltsymbolen eine letztlich gewaltfreie, der Gesellschaft zuträgliche Rolle zugewiesen.

Freud vertritt die Ansicht, dass die Gewalt in religiösen Symbolen und Opferriten gewalttätige Triebe hervorruft, um sie auf diese Weise abzubauen. Girard modifiziert Freuds These dahingehend, dass die Motivation für Gewalt eher einem „mimetischen Begehren" – dem Drang, einen Rivalen zu imitieren – entspringe als psychologischen Instinkten wie Sexualität oder Aggression. Mit Freud glaubt jedoch auch er an einen positiven gesellschaftlichen Nutzen ritualisierter Gewalt. Indem Gewaltsymbole es dem Einzelnen erlauben, seine feindseligen Gefühle gegenüber anderen Mitgliedern eines Gemeinwesens auszuleben, schaffen sie einen größeren sozialen Zusammenhalt. „Funktion des Rituals ist es", so Girard, „die Gewalt zu ‚reinigen', d. h. sie zu ‚täuschen' und an Opfern auszulassen, die mit Sicherheit nicht gerächt werden."[11] Teilnehmer solcher Riten sind sich freilich der sozialen und psychologischen Bedeutung ihrer Taten nicht bewusst, denn laut Girard schlagen „bestimmte religiöse Formen ... aus dieser außerordentlichen Möglichkeit Profit".[12]

Freuds und Girards Erkenntnisse über die Funktion symbolischer Gewalt scheinen stimmig. Zwar bezweifle ich, dass Girards Konzept des mimetischen Begehrens der einzig ausschlaggebende Faktor für religiöse Gewalt ist, jedoch spielt die Mimesis sicher eine bedeutende Rolle. Ebenso ist der von Freud stammenden und von Girard übernommenen Ansicht zuzustimmen, dass die Ritualisierung der Gewalt zum Abbau von Aggressionen beiträgt und so zu mehr Frieden auf der Welt führt. Entscheidend bleibt jedoch die Frage, ob das religiöse Opfer wirklich den Rahmen für die Betrachtung aller andern Formen religiöser Gewalt vorgibt, wie Girard und Freud behaupten.

Ich glaube, dass der Krieg den Rahmen für religiöse Opferungen bildet und nicht umgekehrt. Natürlich kann der religiöse Krieg als Zusammenspiel von religiösem Opfer und Martyrium angesehen werden: als Opferung von Gegnern und Opferung eigener Märtyrer. Doch hinter diesem schrecklichen Wechselgesang steht etwas, das sowohl das religiöse Opfer als auch das Martyrium einschließt – und noch vieles mehr: der kosmische Krieg. Durkheim weist darauf hin, dass die religiöse Sprache Begriffe innerster und äußerster Spannung kennt, die er als Unterscheidung zwischen dem Heiligen und dem Profanen beschreibt. Diese fundamentale Dichotomie ruft Bilder eines Zusammentreffens kosmischer Kräfte hervor – Ordnung versus Chaos, Gut versus Böse, Wahrheit versus Falschheit –, das in weltlichen Kämpfen imitiert wird. Es ist das Bild des Krieges – und nicht des religiösen Opfers –, das diesen inneren Widerspruch in sich aufnimmt.

Während eines vergleichend angelegten Seminars zum Thema Ordnung und Unordnung hinterfragte ein Forscher Girards Annahmen über den anthropologischen Ursprung des Opfers. Er meinte, Girard täusche sich, in Wirklichkeit sei zuerst die Urjagd da gewesen, das Opferritual habe die Jagd nachgeahmt. „Wenn ich ihre Theorie akzeptiere", antwortet Girard, „kann ich meine Theorie des Begehrens nicht mehr mit meiner Theorie der Opferrolle verbinden." Das Publikum reagierte mit Gelächter.[13] Mit nervösem Gelächter, wie ich glaube, denn der Einwand von Eric Gans verdeutlichte, was die meisten Teilnehmer des Seminars wohl nur zu gut wussten: Das gesellschaftliche Handeln in einem organisierten Konflikt, sei dieser gegen ein gejagtes Tier gerichtet oder gegen Menschen, ist eine ursprüngliche menschliche Handlungsweise. Krieg teilt die Menschen in „Wir" und „die Anderen" ein und strukturiert die Geschichte in eine Abfolge von Verfolgung, Konflikt, Hoffnung auf Erlösung, Befreiung und Sieg.[14] Das bleibende und anscheinend allgegenwärtige Bild des kosmischen Krieges, von den Anfängen der Geschichte bis heute, verleiht den Opferriten ihre Bedeutung.

Ich glaube, dass der Begriff des religiösen Opfers nur im Zusammenhang mit dem kosmischen Krieg Sinn ergibt. Der Geopferte steht für ein dem Kampf innewohnendes Zerstörungspotential. Wie der Feind – und die Gewalt selbst – ist der Geopferte oft keiner klaren Kategorie zuzuordnen, er ist vielmehr Symbol der Unordnung an sich. Solche Uneindeutigkeit entscheidet. Da sie eine zweideutige Position zwischen dem Tierreich und dem Menschen einnehmen, werden z. B. Haustiere häufig als Opfertiere herangezogen.

Auch Menschenopfer entstammen oft einer uneindeutigen Kategorie. Als verheiratete Frauen ohne lebenden Ehemann galten die Opfer der indischen Witwenverbrennung als anomal.[15] Die Huronen und Seneca-Indianer kannten die Opferung fremder Krieger: Wurde ein Feind während einer Stammesfehde gefangen genommen, führte man ihn in die eigene Gemeinschaft ein. An Stelle eines im Kampf umgekommenen Sohnes nahm man ihn in einen Haushalt auf, und er spielte eine Zeit lang dessen Rolle. Man feierte und verehrte den Kämpfer, um ihn anschließend rituell zu Tode zu martern. Am Ende des Rituals wurden ihm bei lebendigem Leib die Augen ausgerissen und die Genitalien zerquetscht und verstümmelt. Er aber akzeptierte mutig sein Schicksal.[16]

In manchen Fällen wurden die Götter selbst oder eine göttlich inspirierte Person, deren Existenz an sich außergewöhnlich war, geopfert. Denken wir an Jesus oder Husain. Nicht nur ihre Opferung ließ sie göttlich erscheinen, sondern umgekehrt prädestinierte sie gerade ihre fast übermenschliche Heiligkeit für die Schlachtung. Herman Melvilles Geschichte *Billy Budd* spielt mit diesem Thema: Der stotternde Billy ist von einer solch moralischen Reinheit, wie sein Gegenspieler Claggert boshaft ist. Seine reine Güte genügt, damit er von der Gesellschaft ausgeschlossen wird und schließlich getötet werden muss. Eine Forschergruppe, die den Stellenwert von Heiligkeit und Tugendhaftigkeit in verschiedenen Kulturen verglichen hat, kam hinsichtlich der Heiligen zu sehr ähnlichen Erkenntnissen: Soziale Außenseiter haben die besten Chancen, zu Heiligen zu werden. Damit ihr Martyrium und ihre Selbstaufopferung als echt beurteilt werden, müssen sie nur exzentrisch genug sein.[17]

Auch die Opfer in religiös motivierten Terroranschlägen in den letzten Jahren stehen im Einklang mit diesen Erkenntnissen. In einer Studie über die jungen Männer, die von der Hisbollah und der Amal-Miliz im Libanon als Märtyrer für Selbstmordanschläge auf amerikanische und israelische Ziele ausgewählt worden sind, zeigt Martin Kramer, dass die traditionellen Kriterien für religiöse Opferungen – Reinheit und Anomalität – erfüllt waren. Die jungen Männer waren keine Kinder mehr, aber auch noch nicht verheiratet, sie waren Mitglieder der Gesellschaft, hatten aber noch keine

Familienverpflichtungen, und sie waren fromm, aber keine Geistlichen.[18] In ihren letzten Videoaufnahmen und Gesprächen mit ihren Familien wirkten diese Jugendlichen oft wie brave und etwas schüchterne Kinder. Ernsthaft und vielleicht nicht ganz in ihre soziale Gruppe integriert, wurde ihnen mit den Selbstmordanschlägen die höchste gesellschaftliche Anerkennung zuteil; freudig wurden ihre Taten als Martyrium gefeiert.

Rantisi wehrte sich, als ich von „Selbstmordattentätern" sprach. Weder würden die Taten im Alleingang ausgeführt noch unüberlegt. Als „selbstgewählte Märtyrer" wollte er sie verstanden wissen, Soldaten in einem großen Krieg, die ihr Leben gewissenhaft und ehrerbietig zum Wohle der Gesellschaft und der Religion hingeben. Wie die Videobänder zeigten, wollten die jungen Männer dem Leben nicht aus dem Weg gehen, sondern es mit einer Tat erfüllen, die sie als persönliche und gesellschaftliche Erlösung ansahen.

Die Erfindung des Feindes

Jeder Kampf kennt seine Helden, er kennt aber auch – noch wesentlicher – seine Feinde. Wie James Aho in einer Studie über Bürgermilizen in Idaho und Montana feststellt, ist der Begriff des Feindes „gesellschaftlich konstruiert".[19] Unsere Erörterung der kosmischen Kriegsszenarien hat gezeigt, dass für nahezu alle Fälle von religiösem Terrorismus gilt: Wenn es die Feinde nicht gibt, müssen sie erfunden werden. Verfolgen solche Szenarien das Ziel, den eigenen Anhängern ein Gefühl von Machtgewinn und Hoffnung zu verleihen, so kann dies ohne Feindbild oder negative Kontrastfigur, über die man sich erhebt, nicht gelingen. Anders gesagt: Ohne Feind kein Krieg.

Deshalb müssen Feinde manchmal produziert werden. Wie Stanley Tambiah in seiner Analyse ethnischer Konflikte bemerkt, führten die „Gewaltriten" religiöser Aufstände in Südasien unweigerlich zur „Dämonisierung der Opfer und ihrer Vertreibung oder

Auslöschung, ganz im Sinne des Exorzismus".[20] Fühlt man sich von einer konkreten übermächtigen und brutalen Macht unterdrückt oder verletzt, fällt die Dämonisierung des Gegners nicht schwer. Ist dies nicht der Fall, fehlen konkrete Gründe zu einer Dämonisierung weitgehend, weswegen die Wege, aus relativ unschuldigen Feinden satanische Wesen zu machen, phantasievoller ausfallen müssen.

Aum Shinrikyo nannte eine bemerkenswerte Melange von Feinden ihr Eigen. Zu ihr zählte neben den USA die japanische Regierung, die sich laut dem Oberhaupt der Bewegung nur für materielle Werte interessiere und deshalb jede Form von Spiritualität auslöschen wolle. Die Errichtung amerikanischer Militärbasen in Japan war Asahara Grund genug zu der Annahme, die USA wollten die Weltherrschaft an sich reißen.

Sind solche Gedankengänge noch nachvollziehbar, wird es mit der Anwesenheit von Freimaurern und Juden in Aums Pantheon der Gottlosen schon schwieriger, käme man spontan doch kaum auf den Gedanken, dass ausgerechnet sie der japanischen Gesellschaft etwas anhaben wollten. Asaharas Angst vor den Freimaurern entspringt wohl den Schriften europäischer Mystiker, die hinter den geheimen Vereinigungen und mysteriösen Sprüchen der Freimaurer Verrat vermuteten. Asahara vertrat die Ansicht, die Freimaurer wollten Armageddon herbeiführen, weil „sie glauben, nur dann werde die Herrschaft Christi anbrechen, wenn ein letzter Krieg gekämpft werde".[21] Aufgrund ähnlicher Verschwörungstheorien, nach denen es die Juden weltweit auf Einfluss in Wirtschaft und Politik abgesehen hätten, gehörten auch sie zu den Feinden Aums. Bücher über die so genannte jüdische Gefahr sind in Japan recht gefragt.[22] Schließlich hetzte Asahara noch gegen einen sehr vagen und allgemeinen Feind, gegen eine nicht weiter definierte böse Kraft, die von der japanischen Polizei, den Medien und praktisch jedem, der womöglich etwas gegen Asahara im Schilde führte, verkörpert werden konnte.

Auch die Feinde des Sikhismus, wie sie von Bhindranwale aufgeführt wurden, fallen in ihrer Art sehr unterschiedlich aus. Sowohl bestimmte Politiker zählen zu ihnen wie auch vage, namenlose Figuren. Grundsätzlich verabscheute Bhindranwale jeden „Feind der Religion", womit er einerseits auf Ketzer zielte, die den Schoß der wahren, disziplinierten Sikh-Gemeinschaft verlassen hatten, um die Annehmlichkeiten des modernen Lebens zu suchen. Ferner war damit „die Dame aus dem Haus der Brahmanen" gemeint – Indira Gandhi. Mit dem der indischen Ministerpräsidentin zugeordneten Epitheton klagte Bhindranwale zugleich weltliche wie hinduistische Politiker an, Erstere wegen ihrer Parteizugehörigkeit, Letztere aufgrund ihrer Kaste: zwei Übel, die in Bhindranwales Augen oft Hand in Hand einhergingen. Wie viele Sikhs war auch er der Meinung, dass das, was in Indien als weltliche Politik verkauft werde, in Wirklichkeit eine Form hinduistischer Kulturherrschaft sei.

Einen ähnlich politischen Anstrich weist die Dämonisierung der Katholiken auf, wie sie der nordirische Protestantenanführer Ian Paisley betreibt. Als er den Papst einen „Junggesellen im schwarzen Mantel" nannte, beleidigte er damit eine Kirche, von deren Mitgliedern er und viele Protestanten befürchteten, dass sie allein aufgrund ihrer Anzahl die Oberhand in Nordirland gewinnen könnten, womöglich mit Unterstützung durch die katholische Kirche der angrenzenden Republik Irland. Paisley wollte damit aber auch einen gewöhnlichen Gegner – das Oberhaupt der rivalisierenden religiösen Gruppierung – karikieren und verunglimpfen. Bei anderen Gelegenheiten sagte er, die Katholiken seien keine Christen, sie seien nicht einmal Menschen. Er behandelte sie als Todfeinde, indem er ihr Menschsein bestritt.

Die Karikatur des Feindes kann auch sehr konkret ausfallen. Michael Bray neigt dazu, in seinen Rundbriefen Karikaturen von Abtreibungsärzten und Politikern als knollennasige Witzfiguren abzudrucken. Er veröffentlichte auch ein Buch nach dem Schema der Ostfriesenwitze, in dem natürlich immer Abtreibungsärzte die Dummen sind. Ein Witz daraus lautet: „Woran erkennt man, dass ein Abtreibungsarzt Klasse hat? – Die Wörter auf seinen Tättowierungen sind richtig buchstabiert." Da das Wort „Tättowierung" –

wohl versehentlich – falsch geschrieben ist, geht der Schuss nach hinten los. In einer anderen Ausgabe des Rundbriefs schrieb Bray, dass Witze, die sich über „Übeltäter lustig machen", eine „angemessene Haltung des Abscheus anstelle fröhlicher Toleranz" fördern.

Bray räumt ein, dass er mit seinem Humor versuche, den Feind zu entpersonifizieren. Genau das betreiben fast alle Gruppen – besonders wenn es sich um einen riesigen, satanischen Feind in einer kosmischen Kriegsphantasie handelt. Nachdem Benjamin Nathaniel Smith elf Angehörige ethnischer Minderheiten getötet bzw. verletzt und sich schließlich selbst umgebracht hatte, betrauerte Matthew Hale, das Oberhaupt der World Church of the Creator, „den Verlust eines weißen Mannes". Er meinte Smith, der ein Mitglied seiner Gemeinde war. Die elf Toten und Verletzten zählten nicht – sie waren laut Hale „Untermenschen" und minderwertige „mudpeople", ein Begriff, der ebenso auf die dunkle Hautfarbe der Opfer anspielt, wie er ihnen den Schlamm als eigentliche Heimat unterstellt. Damit verwendete Hale Diskriminierungen aus dem Repertoire der Christian Identity.[23]

Auch Robert Matthews, Anführer von The Order, einer Splittergruppe der Aryan Nations, der später bei einer Schießerei mit Regierungseinheiten ums Leben kam, benützte den Begriff „mudpeople" für Schwarze und Latinos. Er trat dafür ein, sie und die „so genannt weißrassischen Verräter" – also Weiße, die die Schwarzen unterstützen – in einem „rassischen und religiösen Armageddon" auszulöschen.[24] Richard Butler, der Urvater der Christian Identity, lud seine Anhänger einmal auf sein Anwesen nach Hayden Lake in Idaho zur „Sommerkonferenz mit Negerwettschießen" ein. Sollten Schwarze auftauchen, schrieb er, würden sie wie „lebende Zielscheiben" behandelt, und „weigern sie sich wegzurennen oder können sie nicht rennen, dann werden sie an die Hunde verfüttert".[25]

Nicht gegen Schwarze richtet sich jedoch primär der Zorn der Christian Identity, sondern gegen Juden. Nach der Ideologie der Christian Identity haben die Juden die Lehren der Bibel von Anfang an untergraben, indem sie von sich behaupteten, die wahren

Juden zu sein, die Erben des Reiches Gottes, und nicht etwa, wie die Christian Identity glaubt, die Kinder Satans. Denver Parmeter erklärte, die Lehre der Christian Identity habe ihn dazu veranlasst, an einem Komplott zur Ermordung des jüdischen Radiotalkshow-Moderators Alan Berg aus Denver teilzunehmen: Juden „müssen getötet werden". Wie er erläuterte, würden die Schwarzen zwar „die weiße Rasse verunreinigen", weswegen sie verachtenswert seien, viel schlimmer seien jedoch die Juden, da in ihnen laut Christian Identity „der Ursprung allen Übels" liege.[26]

Wenn man bedenkt, welch entmenschlichenden Diffamierungen Juden über Jahrhunderte hinweg ausgesetzt waren, ist es bestürzend, zu beobachten, wie manche jüdischen Aktivisten nun selbst eine vergleichbare Haltung gegenüber ihren Feinden, den Arabern, an den Tag legen. Nirgends war diese entmenschlichende Haltung offenkundiger als bei der Beerdigung von Baruch Goldstein. Rabbi Yitzhak Ginsburg, Leiter der Jeschiwa, der höheren Talmudschule in Nablus, tröstete die versammelten Anhänger Goldsteins damit, dass nichtjüdisches Blut weniger wert sei als jüdisches.[27] Auf ihrem Weg zu Goldsteins Beerdigung zeigten Anhänger der Kach-Partei in einem Bus Bilder der von Goldstein ermordeten Araber. Auf einem war ein Mann zu erkennen, dem die graue Gehirnmasse aus dem aufgeschossenen Schädel quoll. „Schau an, die Araber haben doch ein Hirn!", rief ein Teenager. Seine Freunde lachten darüber, verteilten Plastikbecher mit süßem Kiddusch-Wein und stießen auf Goldstein an.[28]

Kollektive Charakterisierungen eines Volkes erleichtern den Prozess der Entmenschlichung. Denn es ist ungleich schwieriger, jemanden zu erniedrigen oder zu töten, den man kennt und gegen den man persönlich nichts hat. Aus Jahrhunderten antisemitischer Anfeindungen wissen die meisten Juden, um wie vieles leichter es ist, ein ganzes Volk als kollektiven Feind abzuqualifizieren, als einen Einzelnen zu hassen. Die Aktivisten der Christian Identity betrachten die Juden als Kollektiv, und einige jüdische Extremisten brandmarken die Araber auf eben diese Weise. Vielen Muslimen und muslimischen Aktivisten gelten Amerika und die Amerikaner als kollektiver Feind, auch wenn Details darüber, wie und warum die USA das muslimische Volk und ihre Kultur bedrohen, ungenannt bleiben. Seit dem 11. September betrachten auch einige Amerikaner die Muslime kollektiv als Feinde.

Das Phänomen des gesichtslosen kollektiven Feindes kann erklären, warum oft ganz normale Menschen zum Ziel terroristischer Anschläge werden – Menschen, die mehrheitlich als unschuldige Opfer gesehen werden. So sind in den Augen derjenigen, die als Drahtzieher hinter den Anschlägen auf Busse in Jerusalem und Tel Aviv stehen, israelische Schulkinder und Hausfrauen alles andere als unschuldig: Sie sind Repräsentanten des Kollektivs der israelischen Gesellschaft, des Feindes im Allgemeinen. Auf der Gegenseite bestätigte mir ein Israeli, dass er alle Araber als Feinde betrachte, in einem „Kulturkrieg" gebe es keine Zivilisten.[29] Diese Einstellung fand ich bei einem Oberen der Hamas wieder, der mir erklärte: „Es gibt keine Unschuldigen im Krieg zwischen Arabern und Juden."[30] Alle Israelis, auch Frauen oder Kinder, galten ihm zumindest potenziell als Soldaten. Auf einem Videoband, das ein Interview mit Osama bin Laden wiedergibt, aufgezeichnet einige Wochen nach den Anschlägen vom 11. September 2001, sieht man das Oberhaupt von al-Qaida freudestrahlend von den erfolgreichen Anschlägen auf das World Trade Center und das Pentagon berichten und Gott dafür danken; keinerlei Reue wegen der Tausenden von Toten ist zu erkennen.

Da es relativ leicht ist, jemanden umzubringen, den man nicht kennt, neigen manche Terroristen nach ihren Taten dazu, diese zu rechtfertigen, so Mitglieder der Real IRA nach ihrem Bombenanschlag in der Kleinstadt Omagh. Häufiger jedoch reagieren die Attentäter eher defensiv, sobald sich das Ausmaß des von ihnen angerichteten Leids abzeichnet. Timothy McVeigh etwa spielte bei seiner Beileidsbekundung an die Familien der Opfer von Oklahoma City mehr oder minder eine Szene aus *The Turner Diaries* nach. In dem Roman kämpfen sich die Attentäter nach ihrem Anschlag auf ein Bundesgebäude durch die Trümmer und helfen einer

240

verletzten Frau, deren „hübsches Gesicht verschmiert und zerkratzt war ... Blut spritzte aus einer tiefen Wunde in ihrem Oberschenkel." Die Attentäter bedauern zwar den Tod so vieler „tausend unschuldiger Opfer", sind aber weiterhin überzeugt, es gebe „keinerlei andere Möglichkeit, das System zu zerstören, ohne dabei vielen tausend unschuldigen Menschen wehzutun – gar keine".[31]

Aufgrund ihrer Gesichtslosigkeit können die Opfer einen kollektiven Feind wie das amerikanische „System" repräsentieren oder – noch diffuser – einen „allgemeinen Feind". Wohl voller Absicht äußerte sich Jarnail Singh Bhindranwale in seinen Predigten sehr vage über die Identität des Feindes. „Um die Religion zu zerstören", so Bhindranwale, „bedarf es hinterhältiger Taktiken, und die kommen von allen Seiten und in vielen Formen."[32] Aber statt zu erklären, wer diese Mächte nun eigentlich sind und warum sie die Religion zerstören wollen, ließ sich Bhindranwale darüber aus, wie man mit ihnen umgehen soll: mit der Bereitschaft zu kämpfen und den Glauben zu verteidigen – wenn nötig bis zum bitteren Ende. „Junge Männer, mit gefalteten Händen flehe ich euch dazu an", so die inständige Bitte Bhindranwales, denn die letzte Entscheidung zwischen Wahrheit und Übel liege in ihren Händen.[33]

Das Bild vom schattenhaften Feind – von den „mudpeople" –, einer fast untermenschlichen Figur, kann auch „poetisch" verwendet werden. Da es in der Vision vom kosmischen Krieg um den Triumph der Ordnung über die Unordnung geht, ist es verständlich, dass die Feinde ungestalt sein müssen. Sie sind Symbole der Gestaltlosigkeit an sich. Wurden auch bestimmte Völker oder Regierungen – die Juden, die Araber oder Amerika – zu solchen Symbolen gewählt, blieben sie doch so allgemein, dass ihnen ein geradezu metaphorischer Charakter innewohnt.

Die Vorstellung vom Feind ist so dehnbar, dass damit auch mehrere Gruppen zugleich gemeint sein können. Ehud Sprinzak glaubt sogar, die Versuche, einen Gegner zu „entlegitimieren", indem man ihn als Feind einstuft, seien oft „gespalten". Der Hass, dessen Anwachsen mit der „Radikalisierung einer Extremistengruppe" einhergeht, richtet sich auf „zwei verschiedene Wesen", einen primären und einen sekundären Feind.[34] Als sekundärer Feind gilt im Grunde jeder, der den primären Feind unterstützt oder verteidigt.

Kann der primäre Feind ein religiöser Rivale oder eine die Aktivistengruppe direkt bedrohende örtliche Polizeibehörde sein, so ist der sekundäre Feind weniger klar konturiert. Sekundäre Feinde können zum Beispiel in moderaten Führungsgestalten im eigenen Lager oder in einer zu Kompromissen bereiten Regierung erkannt werden. Beide können den Zorn von Aktivisten erregen, deren Welt sich aus Helden und Feinden in einem kosmischen Krieg zusammensetzt. Sekundäre Feinde wie Regierungsbehörden werden beschuldigt, den Hauptfeind zu verteidigen und – vor allem – die Vorstellung vom kosmischen Krieg nicht anzuerkennen. Ihr vielleicht größtes Versagen liegt eben darin: Sie begreifen den Gedanken vom absoluten, heiligen Kampf nicht, stattdessen behandeln sie ihn wie eine rationale Meinungsverschiedenheit und wollen ihn womöglich noch vernünftig beilegen – eine grauenhafte Vorstellung für die, die glauben, dass die Welt vom Krieg beherrscht wird.

Einige seiner wüstesten Beschimpfungen behielt sich Ian Paisley für die „Abtrünnigen", die Moderaten aus dem eigenen protestantischen Lager vor. Tolerante Prediger wie Billy Graham zählten ebenso dazu wie ökumenische Vereinigungen wie der Weltkirchenrat. Als ihn eine protestantische Delegation besuchte, die zwar ihren Respekt vor seiner Haltung nicht verbarg, ihn aber aufforderte, seine Meinung etwas zurückhaltender zu formulieren, drohte er mit dem Rausschmiss. Später erklärte er, wer ihn da besucht habe: „Ausgestoßene aus der Hölle, das waren sie, geschickt von Beelzebub mit Satans Auftrag, den Mann Gottes zum Kompromiss aufzurufen."[35]

Heftig war die Kritik Jarnail Singh Bhindranwales an den modernen Sikhs. Sein besonderer Zorn richtete sich gegen diejenigen, die entgegen aller Tradition ihre Bärte und Haare schnitten und „nach Posten im Dienste der Regierung schielten".[36] Aktivisten der Christian Identity hassen weiße Bürgerrechtler fast noch mehr als

Schwarze. „O. J. Simpson war ein Nationalheld", erklärte der Anführer der Aryan Nations anlässlich von Simpsons mutmaßlichem Doppelmord an seiner weißen Frau und ihrem jüdischen Freund, schließlich habe er „einen Juden und eine Rassenverräterin auf einen Streich erledigt".[37]

Regierungsbehörden gelten gewöhnlich als sekundäre Feinde, die den Hauptfeind schützen und sich dem Gedanken eines kosmischen Krieges verweigern. Als Ordnungshüter sind sie freilich immer auch der natürliche Feind all derer, die ein gewisses Maß an revolutionärer Unordnung zur Veränderung des Systems für nötig halten. Rabbi Meir Kahane erzählte mir, er verachte Israels weltliche Regierung mehr als die palästinensischen Araber, für die er eher Mitleid als Hass empfinde.[38] Mahmud Abouhalima betonte, er verabscheue weltliche Muslime wie den ägyptischen Präsidenten Mubarak, die in seinen Augen gar keine Muslime seien. Mubarak betrachtete er als einen Wolf im Schafspelz, der zwar nach außen als Muslim auftrete, das islamische Gesetz jedoch „verwässere".[39] Und Ian Paisley lehnte zwar die britische Regierung ab, zugleich aber verlangte er von ihr, seine politischen Ziele zu unterstützen. Die moderate, kompromissbereite Haltung der Regierung gegenüber den Katholiken machte ihn so wütend, dass er Margaret Thatcher als „böse, verräterische Lügnerin" beschimpfte.[40]

Der Hass auf die Regierung als primärer und sekundärer Feind zugleich lässt hochrangige Politiker zu Zielen von Mordanschlägen werden. 1979 ermordeten irische Nationalisten der Provisional IRA den britischen Politiker Lord Mountbatten. 1981 wurde der ägyptische Präsident Anwar Sadat von muslimischen Extremisten aus dem Kreis der al-Dschihad-Bewegung umgebracht. 1984 fiel Indira Gandhi als Vergeltung für ihren Befehl an die indische Armee, in den „Goldenen Tempel" einzudringen, einem Anschlag ihrer eigenen Sikh-Leibwächter zum Opfer. 1990 wurde der Sprecher der ägyptischen Nationalversammlung, Rifaat al-Mahgub, von Mitgliedern derselben radikal-muslimischen Gruppe umgebracht, die schon Sadat ermordet hatte. 1992 töteten vermutlich Anhänger der verbotenen FIS den zivilen Vorsitzenden des vom Militär gestützten algerischen Staatsrates. 1995 wurde der vom Friedensabkommen mit den Palästinensern beflügelte Premierminister Israels, Yitzhak Rabin, von einem jüdischen Extremisten niedergestreckt, dem die Vorstellung eines Kompromisses mit den Arabern unerträglich war. Der Ermordung Rabins folgten Monate der zunehmenden Verteufelung israelischer Politiker. Schon ein Jahr davor zeichnete sich eine ablehnende Haltung gegenüber weltlich orientierten Politikern in Israel ab, zum Beispiel bei der Beerdigung des Attentäters von Hebron, Baruch Goldstein. So wie Mitglieder der Hamas die israelische Regierung beschuldigten, Goldstein heimlich unterstützt und damit den Tod unschuldiger Muslime verursacht zu haben, warfen Goldsteins Anhänger der Regierung vor, eine stillschweigende Vereinbarung mit den Arabern getroffen zu haben. Obwohl Goldstein von Arabern zu Tode geprügelt wurde, die versuchten, dem Massaker ein Ende zu bereiten, machten seine Anhänger bei der Beerdigung die israelische Regierung für seinen Tod mitverantwortlich. Allein die Erwähnung Rabins und anderer Regierungsvertreter löste Pfeifen und Buhrufe aus. In dem Bus, mit dem Anhänger der Kach-Partei zu Goldsteins Beerdigung fuhren, erzählte eine Frau voller Stolz, ihr Sohn habe Bilder von Rabin und anderen Regierungsmitgliedern, über deren Gesichter er konzentrische Kreise gezogen habe, in der Toilette aufgestellt, um sie als Zielscheiben beim Pinkeln zu benutzen.[41]

Feindbild Amerika

Mehr als jedem anderen Land fällt Amerika die Rolle eines primären und sekundären Feindes zu. Die Anschläge vom 11. September 2001 haben gezeigt, dass sich der Zorn nicht nur gegen Regierungssymbole, sondern auch gegen Symbole der Wirtschaft richtet – nicht allein das Pentagon wurde angegriffen, sondern auch das World Trade Center. Das Spektrum der Ziele hat sich erweitert, so dass mittlerweile auch amerikanische Geschäftsleute oder die amerikanische Kultur hierzu zählen, daneben das amerikanische „System" – ein sehr allgemeiner Begriff für jeden, der Verantwortung trägt, und für all das, was dieses Land politisch, wirtschaftlich und gesellschaftlich ausmacht. Laut der RAND-Chronik des internationalen Terrorismus stehen die USA seit 1968 an der Spitze der Länder, auf deren Staatsangehörige und Gebäude Anschläge verübt worden sind.[42] Die Antiterroreinheit des amerikanischen Außenministeriums stellte fest, dass vierzig Prozent aller Terroranschläge weltweit gegen amerikanische Bürger und Einrichtungen gerichtet waren.[43]

Osama bin Laden erklärte Amerika zum globalen Feind. Der Grund dafür, so Mahmud Abouhalima, sei nicht allein darin zu finden, dass die USA säkulare Regierungen wie die Ägyptens unterstützt hätten, sondern auch in den eigenen Terrortaten der USA. Abouhalima verglich den Atombombenangriff auf Hiroshima mit dem Bombenanschlag auf das Bundesgebäude in Oklahoma City.[44] Und Scheich Omar Abdul Rahman, der religiöse Mentor Abouhalimas, nahm die Verkündung seines Urteils wegen der Verschwörung zum Bombenanschlag auf das World Trade Center von 1993 zum Anlass, in einer langen Rede zu prophezeien, ein „rachsüchtiger" Gott werde Amerika vom Erdboden „hinwegfegen".[45]

In einem Interview erklärte Osama bin Laden, die USA verdienten es, zur Zielscheibe zu werden, da sie „die größten Terroristen der Welt" seien.[46] Da mag es Zufall gewesen sein oder nicht, dass der nationale Sicherheitsbeauftragte der USA, Samuel Berger, Osama bin Laden nach den Anschlägen auf die Botschaften in Afrika „den gefährlichsten nicht-staatlichen Terroristen der Welt" nannte, eine Bezeichnung, die bin Laden seit dem 11. September in der US-Berichterstattung unauslöschlich anhaftet.[47] Als Gründe, warum die USA ins Visier zu nehmen seien, nannte bin Laden eine Reihe von „Verbrechen", darunter die „Besetzung islamischen Landes am heiligsten aller Orte, auf der arabischen Halbinsel – die Plünderung ihrer Schätze, die Bevormundung ihrer Herrscher, die Demütigung ihrer Völker, die Terrorisierung ihrer Nachbarn und den Ausbau der dortigen amerikanischen Militärbasis zur Speerspitze im Kampf gegen die benachbarten muslimischen Völker".[48] Als Antwort auf die von ihm so genannte amerikanische Kriegserklärung gegen die Muslime erließ bin Laden eine Fatwa, die „jeden Muslim" im Sinne einer „persönlichen Pflicht" aufrief, sich ihm in einem gerechten Krieg anzuschließen, „um die Amerikaner und ihre Alliierten zu töten". Pflicht sei es nicht nur, „die Amerikaner zu töten, sondern auch ihr Geld zu plündern, wo und wann immer es aufgefunden wird". Er schloss seine Fatwa mit der Versicherung, dass all dies „im Einklang mit den Worten des allmächtigen Gottes" stehe und dass „jeder Muslim, der an Gott glaubt und hofft, dafür belohnt zu werden, sich Gottes Befehl fügen" solle.[49]

Warum ist Amerika der Feind? Diese Frage können Beobachter der internationalen Politik nur schwer beantworten, und für den Durchschnittsamerikaner ist es noch weniger nachzuvollziehen. In den grauenvollen Stunden des 11. September mussten viele Amerikaner mit Schrecken zusehen, wie Landsleute und nationale Symbole von Menschen vernichtet wurden, die niemand kannte und die aus Kulturen stammten, die auf der Weltkarte kaum zu finden waren, aus Gründen, die sich niemandem erschlossen. Das Bezugssystem derjenigen, die Amerika als Feind betrachten, liefert mehrere Motive.

Einen Grund haben wir schon genannt: Amerika gilt oft als sekundärer Feind. Als Handelspartner und Alliierte müssen die USA ihr begründetes Interesse an weltweiter Stabilität verfolgen, das sie schon häufig in die missliche Lage geführt hat, säkulare Regierungen zu verteidigen und zu fördern, die von ihren religiösen Gegnern als primäre Feinde angesehen werden. Lange vor dem ersten Anschlag auf das World Trade Center kritisierte Scheich Omar Abdul Rahman die USA wegen ihrer Unterstützung des Mubarak-Regimes in Ägypten. „Amerika steht hinter all diesen unislamischen Regierungen", erklärte er und behauptete, das Ziel der politischen und wirtschaftlichen Unterstützung seitens Amerikas liege darin, die amerikanische „Macht aufrechtzuerhalten" und „die isla-

246

mischen Bewegungen zu besiegen".[50] Vor der islamischen Revolution in Iran sah sich Ayatollah Khomeini mit der Komplizenschaft zwischen dem Schah und der amerikanischen Regierung konfrontiert: Durch seine Verbindungen zum Schah habe sich Amerika besudelt, und der Schah seinerseits sei durch die „Freundschaft mit satanischen Mächten" – den USA – korrumpiert.[51] Als Khomeini seinen „edlen Gott um Schutz vor der Bosheit jedes üblen Verräters" und um „die Vernichtung der Feinde" bat, sah er im Schah den Verräter, den Hauptfeind erkannte er in den USA.[52]

Ein weiterer Grund, warum Amerika als Feind gilt, liegt in seiner direkten und indirekten Unterstützung der modernen Kultur. In einer Welt, in der selbst die abgelegensten Dörfer Zugang zu MTV, Hollywood-Filmen oder dem Internet gewinnen, sind es amerikanische Werte, die global vermittelt werden. Diese kulturelle Bedrohung war der Grund dafür, dass Menachem Fruman, ein orthodoxer Rabbi aus einer jüdischen Siedlung auf der West Bank nahe Hebron, regelmäßig an Treffen mit Mullahs aus benachbarten Dörfern teilnahm, die der Hamas nahe standen. Wie er mir erzählte, teilten sie ihre Abneigung gegen Merkmale des „amerikanischen Lebensstils" wie Individualismus, Alkoholmissbrauch oder erotische Filme, die in Tel Aviv und anderen modernen Städten weit verbreitet sind. Rabbi Fruman sagte mir: „Als die Mullahs fragten, wer uns diese ganze Verdorbenheit gebracht hat, antwortete man: ‚Die Juden'. Doch Rabbiner wie ich", so Fruman, „mögen diese Verdorbenheit auch nicht." Der Rabbi und die Mullahs waren sich also nicht nur über die Degeneriertheit moderner urbaner Werte einig, sie stimmten auch darin überein, welches Land letztlich dafür verantwortlich sei: Als die Mullahs erklärten, die USA seien „der Sitz des Teufels", konnte er dem nur beipflichten.[53] In eine ähnliche Richtung wies die Aussage Mahmud Abouhalimas, er sei darüber verbittert, dass der Islam nicht einen ähnlichen Einfluss auf die globalen Medien habe wie das weltliche Amerika. Amerika, so glaubte er, missbrauche seine Macht über Informationen zur Förderung der unmoralischen Werte einer säkularen Gesellschaft.[54]

Der dritte Grund für die Abneigung gegen Amerika ist wirtschaftlicher Natur. Das World Trade Center stand für die globale Ausdehnung der amerikanischen Wirtschaft. Zwar sind die meisten international agierenden Unternehmen multinational strukturiert und personell wie juristisch in mehreren Ländern verankert, viele davon aber haben ihren Sitz oder Vertretungen in den USA. Auch europäische oder japanische Unternehmen werden als amerikanisch geprägt erachtet. Als Ayatollah Khomeini die „satanischen" Mächte aufzählte, die den Islam zu zerstören suchten, nannte er nicht nur die Juden, sondern die noch viel „satanischeren" Westler, besonders Wirtschaftsbosse ohne „religiösen Glauben", die den Islam „als das größte Hindernis auf dem Weg ihres materialistischen Ehrgeizes und als die Hauptbedrohung ihrer politischen Macht" ansahen.[55] Der Ayatollah behauptete außerdem, „alle Probleme Irans" gingen auf das Konto verräterischer „ausländischer Kolonialisten".[56] Bei anderer Gelegenheit verknüpfte er politische, persönliche und religiöse Themen, indem er ganz allgemein vom kosmischen Feind – dem westlichen Kolonialismus – und von der „schwarzen und furchterregenden Zukunft" sprach, die „die Agenten des Kolonialismus – der allmächtige Gott verstoße sie alle –" für den Islam und das muslimische Volk planten.[57]

Mit der „schwarzen und furchterregenden Zukunft" des Islam meinte Khomeini die globale Dominanz der amerikanischen Wirtschaft und Kultur. Angst vor der Globalisierung ist der vierte Grund, warum Amerika oft als Feind ins Visier genommen wird. Khomeini teilte seine Befürchtungen mit vielen Menschen, nicht nur in der muslimischen Welt, sondern weltweit – auch in den Vereinigten Staaten. Die rechtsgerichteten amerikanischen Bürgerwehren waren davon überzeugt, dass die von George Bush sen. ausgerufene „neue Weltordnung" mehr sei als nur eine Mode der globalen Zusammenarbeit: Sie glaubten an eine Verschwörung mit dem Ziel der Weltherrschaft. Shoko Asahara übernahm solche paranoiden Gedanken und sah einen Zusammenhang zwischen der US-Armee, der japanischen Regierung, den Freimaurern und den Juden, die sich in einer globalen Verschwörung zusammenfänden.

Wie in allen Gemeinplätzen steckt auch in den aufgezählten immer ein Funken Wahrheit. Tatsächlich haben amerikanische Kultur und Wirtschaft Gesellschaften auf der ganzen Welt derart beeinflusst, dass Sorgen um den Erhalt lokaler Kulturen nicht unbegründet sind. Die gigantischen Finanz- und Mediennetzwerke amerikanischer Konzerne und Informationssysteme haben die gesamte Welt verändert. Und tatsächlich kam es weltweit immer wieder zu Konflikten zwischen weltlichen und religiösen Lebensentwürfen, in denen die USA im Allgemeinen auf der Seite der weltlich orientierten Konfliktparteien standen. Finanzielle Hilfen für Politiker wie Ariel Scharon in Israel und Hosni Mubarak in Ägypten haben die politische Macht derer gestützt, die einen religiösen Nationalismus bekämpfen. Seit dem Niedergang der Sowjetunion sind die USA die einzig verbliebene militärische Supermacht. Damit werden sie schnell zum Sündenbock für diejenigen, die glauben, ihr Leben sei aus dem Lot geraten oder werde von unsichtbaren Mächten kontrolliert. Und dennoch ist die Abneigung gegen die USA das eine; die USA als kosmischen Feind einzustufen, liegt auf einer ganz anderen Ebene.

Wann immer die USA als Feind in einem kosmischen Krieg gebrandmarkt wurden, wurden ihnen übermenschliche – vielleicht auch untermenschliche – Eigenschaften zugeschrieben, die mit den Menschen, die in Amerika leben, wenig zu tun haben. Das Image des Landes, der konstruierte Begriff vom Amerikanismus ist es, was verachtet wird, nicht etwa die amerikanische Bevölkerung. Das wurde mir klar, als ich mit Abdul Aziz Rantisi in Gaza über die Haltung der Hamas zu den USA und deren pro-israelischer Einstellung sprach. Während er mir in seinem gemütlichen Wohnzimmer Kaffee anbot, bestätigte er mir, dass die Vereinigten Staaten aufgrund ihrer Mittäterschaft bei der Entstehung Israels und der Unterdrückung palästinensischer Araber als sekundärer Feind galten. Deshalb verdienten es die USA, als Feind behandelt zu werden.

Was denn mit einzelnen Amerikanern sei, fragte ich vorsichtig, zum Beispiel amerikanischen Professoren wie mir. Sind das auch potenzielle Zielscheiben?

„Sie?", antwortete Rantisi etwas überrascht: „Sie zählen doch nicht. Sie sind doch unser Gast."[58]

Dämonisierung und die Stufen zur Macht

Fast jeder von uns kennt Gegner oder Opponenten. Um aber das Ziel von religiösem Terrorismus zu werden, müssen diese Gegner andere Dimensionen gewinnen, sie müssen zu kosmischen Widersachern werden. Als Osama bin Laden Amerika die Verkörperung der „Mächte der Finsternis" nannte, wollte er damit nicht auf ein bestimmtes Problem hinweisen; vielmehr galt es ein mythisches Monster zu beschwören, das zu bekämpfen sei und letztlich nur von einer göttlichen Macht gebändigt werden könne.

Wie avanciert man vom Gegner zum dauerhaft gehassten satanischen Wesen? Ich nenne diesen Prozess Dämonisierung. Die Konstruktion dämonischer oder satanischer Feinde ist Teil der Komposition eines kosmischen Krieges, und einige der Kriterien, die im vorigen Kapitel als Bedingungen für einen heiligen Kampf aufgeführt worden sind, erlauben auch die Dämonisierung des Gegners: Ein Gegner kann dann als übermenschlicher Widersacher oder kosmischer Feind angesehen werden, wenn er die eigenen moralischen oder religiösen Einstellungen ablehnt und scheinbar über so viel Macht verfügt, dass er das eigene Gemeinwesen und die eigene Kultur auszulöschen vermag, wenn ein Sieg des Gegners unausdenkbar ist oder wenn es keine Möglichkeit gibt, den Gegner auf menschliche Weise zu besiegen. Der Prozess der Dämonisierung soll die Macht des Gegners reduzieren und ihn diskreditieren. Indem man den Gegner herabsetzt, ihn demütigt und entmenschlicht, festigt man die eigene moralische Macht.

Diese Dämonisierung gleicht bis zu einem gewissen Grad der

„Entlegitimierung", wie Ehud Sprinzak sie darstellt. Mithilfe einer dreistufigen Skala versucht er eine Entwicklung zu beschreiben, die das Ziel verfolgt, den Gegner zu diskreditieren, ihn zu erniedrigen und seine Macht zu reduzieren.[59] In der ersten Stufe kommt es zur „Vertrauenskrise" hinsichtlich der Autorität eines Regimes oder von dessen Politik. Es folgt die Stufe des „Legitimitätskonflikts", d. h. eine Gruppe ist dazu bereit, „die Legitimität des gesamten Systems in Zweifel zu ziehen".[60] Die dritte Stufe schließlich wird als totale „Legitimitätskrise" beschrieben. An diesem Punkt dehnt die Gruppe ihre Feindschaft auf jeden aus, der in der Gesellschaft mit dem als illegitim erkannten Regime in Verbindung gebracht wird. Sowohl das Regime selbst wie auch ganz normale Bürger werden dämonisiert oder, wie Sprinzak es ausdrückt, sie werden „auf die Ebene der schlimmsten Feinde oder untermenschlicher Wesen herabgewürdigt".[61] Die Entmenschlichung erlaubt es der Gruppe, „ohne zu zögern Gräueltaten zu begehen".[62] Wenn man in diesem Stadium angekommen ist, lässt sich, laut Sprinzak, Terror rechtfertigen.

Generell möchte ich Sprinzaks Annahme, dass der Gegner durch die Dämonisierung entlegitimiert wird, zustimmen. Wenn Ian Paisley den Papst einen „teuflischen Junggesellen im schwarzen Mantel" nennt, will er damit die Glaubwürdigkeit und Autorität des katholischen Oberhaupts untergraben. Manchmal gelingt dieser Prozess. Nicht nur Beschimpfungen, sondern vor allem Terroranschläge, gegen die der Gegner anscheinend wehrlos ist, können dessen Legitimität auf eindrucksvolle Weise untergraben, wie Shimon Peres in den israelischen Wahlen von 1997 feststellen musste. In diesem Fall hat der Terrorismus zur Entlegitimierung geführt.

Doch manchmal wurde die Autorität einer Regierung durch ihre Antwort auf Terroranschläge geradezu gestärkt. Beispiele dafür sind die Reaktionen Großbritanniens und Frankreichs auf den Terror im eigenen Land. Daneben existieren auch Fälle, in denen es zur Entlegitimierung kam, obwohl eine solche gar nicht beabsichtigt war. Es ist eine Frage des Motivs: Haben die Attentäter die Anschläge verübt, um die Glaubwürdigkeit ihres Gegners zu ruinieren? Auf diese Frage wollten diejenigen, die in direktem Zusammenhang mit Terroranschlägen standen – zum Beispiel Rantisi und die Hamas, Mahmud Abouhalima und seine Mitstreiter vom ersten Anschlag auf das World Trade Center – nur sehr allgemeine Antworten geben. Sie alle behaupteten, sie seien in große Konflikte verwickelt, in denen solche Taten verständlich und unvermeidbar sind.

Fast scheint es, als sei die Entlegitimierung des Feindes nicht immer das eigentliche Ziel von Terroristen gewesen, und offenbar fehlt den meisten Aktivisten taktisches Denken. Anstatt eine strategische Vorgehensweise gegen ihren Gegner zu entwickeln, sich Taktiken und Möglichkeiten zu seiner Diskreditierung zu überlegen, verstehen sie sich wohl vor allem als Krieger in einem großen Kampf, bei dem die Diskreditierung des Gegners eher nebenher geschieht. Im Vordergrund steht das Gefühl, an einem kosmischen Krieg teilzunehmen.

Wie wir gesehen haben, ist für religiöse Aktivisten die Vorstellung vom kosmischen Krieg so bestechend, weil der Krieg seine Teilnehmer aufwertet – besonders diejenigen, die über ihre Situation verzweifeln und sich nicht damit abfinden können. Kosmischer Krieg ist also nicht allein der Versuch zur Entlegitimierung, er ist ein Aufstand gegen die Erniedrigung: Denjenigen, die sich andernfalls gelähmt fühlen würden, bietet er die Möglichkeit zur Flucht aus Demütigungen und unerträglichen Situationen. Sie geraten an den Terrorismus, weil sie somit einerseits ihren Feind herabwürdigen, sich andererseits selbst ein Gefühl von Macht verschaffen können.

Für Rabbi Meir Kahane bestand der kosmische Kampf aus einer Reihe von Demütigungen. Immer wieder in ihrer Geschichte wurden die Juden von Gegnern erniedrigt, denen im Gegenzug die Erniedrigung durch Gott wiederfuhr. Kahane sprach von einer Rache Gottes gegen die Nicht-Juden, begonnen mit der Demütigung des Pharao nach dem Auszug aus Ägypten vor mehr als 3000 Jahren, fortgesetzt bis heute mit der Erniedrigung der Nicht-Juden bei der Schaffung Israels.[63] „Wenn die Juden Krieg führen", so Kahane, „ist

Gottes Name groß." Ähnlich Yoel Lerner, als er mir sagte: „Gott kämpft immer gegen seine Feinde." Aktivisten wie er seien „Werkzeuge in Gottes Kampf".[64]

Man kann den Prozess der Dämonisierung und der Konstruktion des kosmischen Kriegs als Versuch, Macht zu gewinnen, und als ein Auflehnen gegen Demütigungen ansehen. Es handelt sich um einen Entwicklungsprozess, der mit dem Gefühl der Hilflosigkeit beginnt. Terroranschläge treten erst zu einem späteren Zeitpunkt hinzu. Der Prozess beinhaltet folgende Stadien:

Stadien des symbolischen Machtgewinns

1. *Die aus den Fugen geratene Welt.* Am Anfang stehen wirkliche Probleme: die israelische Besetzung Palästinas, korrupte weltliche Regierungen in Ägypten und Indien, die Militärpräsenz der USA im Nahen Osten und ihre Unterstützung für das saudische Regime, die Diskreditierung traditioneller Werte und die Entmenschlichung moderner Gesellschaften in Japan und den USA. Die meisten können mit solchen Situationen umgehen. Andere lehnen sich politisch und kulturell dagegen auf. Einige sehen die Lage als äußerst ernst an und als Symptom einer aus den Fugen geratenen Welt. Diese wenigen gehören zu den entstehenden Kulturen der Gewalt.

2. *Das Ausschließen üblicher Lösungsansätze.* Die meisten, die von einer verzweifelten Lage so sehr betroffen sind, dass sie etwas ändern wollen, schließen sich politischen oder gesellschaftlichen Kampagnen an, die erfolgreich sind oder auch nicht. Aber sie handeln mit der Erwartung, dass sich irgendwann auf normalem Wege etwas ändern wird: sei es durch Wahlen, durch einen Richtungswechsel in der Politik oder durch einen Stimmungswechsel in der Bevölkerung. Die wenigen allerdings, die zu den Kulturen der Gewalt gehören, sehen über die üblichen Wege keinerlei Aussicht auf Verbesserung. Ihre Frustration über ihre Umwelt erfahren sie als Angst vor persönlichem Versagen und einer bedeutungslosen Existenz.

3. *Dämonisierung und kosmischer Krieg.* Wer innerhalb einer Kultur der Gewalt einer scheinbar hoffnungslosen Lage mit Verzweif-

lung und Widerstand begegnet, findet in der Religion eine Lösung: den kosmischen Krieg. Wenn die Gegner dämonisiert und als „Mächte der Finsternis" und „teuflische Junggesellen im schwarzen Mantel" bezeichnet werden, erhält die Welt plötzlich Sinn. Die Unterdrückten verstehen nun, warum und von wem sie unterdrückt und gedemütigt werden. Vor allem sind sie von der Hoffnung beflügelt, Gott werde in einem Kampf göttlicher Dimension zu ihnen stehen, den sie irgendwie gewinnen können, auch wenn es in keiner Weise danach aussieht.

4. *Symbolische Machtdemonstrationen.* Das letzte Stadium ist das Ausführen von Taten, die auf symbolische Weise die Tiefe des Kampfes und die Macht, welche die Angehörigen von Kulturen der Gewalt zu besitzen glauben, demonstrieren sollen. Hierzu zählen private Versammlungen und öffentliche Demonstrationen, die Veröffentlichung von Rundbriefen und Büchern, Medienveranstaltungen zum Zweck der Demütigung des kosmischen Feindes, zur Schau getragene Waffen, um militärische Potenz zu demonstrieren, die Entwicklung von Kommunikationssystemen und Organisationen sowie die Schaffung alternativer Regierungen mit Gerichten, Ministerien und sozialen Diensten. In Augenblicken dramatischer Intensität kann es dann dazu kommen, dass Angehörige solcher Kulturen der Gewalt, die ihre Macht symbolisch zum Ausdruck bringen wollen, sich zu einer schrecklichen Tat, einem Terroranschlag, entschließen, sei es als Einzeltat, sei es als Teil eines langwierigen Guerillakriegs.

Die Dämonisierung ist also Teil eines übergeordneten Verhaltensmusters, ein verzweifelter Versuch, der Welt einen Sinn abzuringen und ein wenig Kontrolle über sie zu behalten. Terroranschläge sind eine Möglichkeit unter mehreren, symbolisch Macht über unterdrückerische Kräfte auszuüben und das persönliche Leben dessen zu adeln, der sie ausführt. Wer einer Kultur der Gewalt angehört und sich an solchen Ermächtigungstaten beteiligt, wenn auch nur indirekt, darf den Überschwang der Hoffnung erleben, das Blatt der Geschichte könne sich irgendwann zu seinen

Gunsten wenden. Solche Akte der Gewalt gehen mit der freudigen Erwartung auf einen baldigen Sieg einher. Doch das Gefühl ist meist nur flüchtig und muss teuer bezahlt werden.

10 Die Macht der Krieger

Auf Außenstehende wirken die Dimensionen der von Terrorgruppen geführten Kriege oft derart überzogen, dass der Gedanke, sie könnten gewonnen werden, außerhalb jeglicher Vorstellung liegt. Zuletzt verdeutlichten dies die Anschläge vom 11. September oder die Selbstmordattentate in Israel. Allein die Umstände der Terrorakte – gewalttätige Anschläge kleiner Minderheiten gegen einen Gegner, der um ein Vielfaches besser ausgerüstet ist – lassen ein Scheitern erwarten. Der Gedanke, es handele sich dabei um rational kalkulierte Bemühungen zur Machtgewinnung, kann kaum ernst genommen werden. Und doch scheint der Kampf an sich für seine Teilnehmer beglückende und lohnende Aspekte zu bieten. Und vielleicht genügt dies bereits, um ihn fortzuführen.

„Auf diese Weise den Tod zu finden, ist besser, als täglich vor Frustration und Demütigung zu sterben", erklärte mir der politische Kopf der Hamas zum Thema Selbstmordattentat.[1] Aus seiner Sicht liegt es in der Natur des Islam, „Würde, Land und Ehre" zu verteidigen. Er erzählte mir eine dem Propheten selbst zugeschriebene Geschichte über eine Frau, die zwar täglich fastete, aber dennoch der Verdammung anheim fiel, da sie ihre Nachbarn demütigte.[2] Die Botschaft dieser Geschichte sei, dass die schlimmste Sünde darin bestehe, jemanden zu entehren. Hierauf könne man nur mit Würde antworten, mit der Ehre der Religion und dem Mut, ein Verteidiger des Glaubens zu sein. Auf merkwürdige Weise werden Religion und Gewalt als ein Mittel gegen Demütigung gesehen.

Der Entwürdigung mit Frömmigkeit und Kampf zu begegnen, bildete in den letzten Jahren den Hintergrund zahlreicher Fälle religiöser Gewalt. Baruch Goldstein soll sich zu seinem Anschlag veranlasst gefühlt haben, weil er glaubte, die Juden seien gedemütigt worden. Einer ganz ähnlichen Quelle dürfte der Stolz entstammen, den die Selbstmordattentäter der Hamas auf den Videobändern am Vorabend ihrer Anschläge aufgeregt zur Schau trugen. Und auch das großspurige Auftreten des in den ersten Anschlag auf das World Trade Center verwickelten Ramzi Yousef vor einem New Yorker Gericht, wie es Robin Wright, Korrespondent der *Los Angeles Times*, beschrieben hat, fällt in diese Kategorie.[3] Ein schwarzer Muslim, der 1980 von Iranern beauftragt worden war, ihren Feind Ali Tabatabayi in Washington zu töten, antwortete auf die Frage nach seinen Beweggründen, ihn habe die „Gelegenheit" gelockt, an „etwas Größerem als dem hier beteiligt zu sein" – womit er sein Leben als Mitglied einer schwarzen Minderheit in den USA meinte.[4] Militante Sikhs waren über ihre Nichtbeachtung durch die Regierung derart erzürnt, dass sie sie dazu zwingen zu wollten, sie endlich ernst zu nehmen.[5] In Japan wollte Shoko Asahara nicht nur „wie ein König" sein, sondern „wie Christus".[6]

In all diesen Fällen überwog ein subjektives Gefühl den tatsächlichen Effekt der Taten bei weitem, weswegen ich von einem „symbolischen Machtgewinn" sprechen möchte. Damit soll nicht gesagt sein, dass kein tatsächlicher Machtgewinn vorgelegen habe, denn schließlich ist das Gefühl, Macht zu besitzen, immer auch eine Frage der Wahrnehmung, und in vielen Fällen übte die von den Aktivisten gewonnene Macht großen Einfluss auf ihr Gemeinwesen, auf ihre Beziehungen und auf sie selbst aus. Nicht zuletzt hinterließ sie auch bei den Behörden einen erheblichen Eindruck. Die symbolische Ausprägung der Gewalt – die performative Gewalt – führt zu einem Machtgewinn ganz besonderer Art, denn diese Gewalt hat nichts mit der Einnahme von Gebieten oder mit Siegen über Armeen im traditionell militärischen Sinn zu tun. Für die meisten dieser donquichottesken Kämpfer liegt der Erfolg in der Kriegsführung selbst, in dem berauschenden Selbstvertrauen, das ihnen als Soldaten für eine große Sache zuteil wird, wenngleich die Schlacht selbst verloren ist und aus militärischer Perspektive von Anfang an aussichtslos war.

Der Machtgewinn von Randgruppen

Personengruppen, die sich an großen Auseinandersetzungen beteiligen und denen die Lizenz zum Töten verliehen worden ist, übernehmen in einer Gesellschaft eine allgemein akzeptierte, ja sogar heldenhafte Rolle: Sie sind Soldaten. Verständlicherweise sehen sich viele Mitglieder radikal-religiöser Bewegungen genau in dieser Rolle. Scheich Abdul Rahman beschrieb sich etwa als einen „Soldaten und Diener im Dienste Allahs".[7] Michael Bray, ehemals Angehöriger der Marineakademie in Annapolis, die er aber vorzeitig verließ, nannte sich einen „Krieger Christi".[8] Ein früher Angestellter der Aryan Nations sagte, er habe sich wegen der Flaggen, der Militäruniformen und der Paraden zu der Bewegung hingezogen gefühlt.[9] Für viele Aktivisten ist die militärische Haltung jedoch mehr als bloßes Posieren. Etliche unter ihnen haben tatsächlich einmal als Soldaten in einem richtigen Krieg gedient und leben nun ihr Dasein als Kriegsheld weiter – oder sie setzen ihre gescheiterten Karrieren in den imaginären Kriegen religiös-politischer Kämpfe fort.

Timothy McVeigh und Terry Nichols waren Golfkriegsveteranen. McVeigh, der das Töten genossen haben soll, prahlte damit, wie er mit seinem Geschütz einen Iraker aus 1100 Metern Entfernung enthauptet habe. Während der letzten Schlacht – einem sehr ungleichen Treffen, das auf ein Abschlachten der irakischen Resttruppen hinauslief – soll McVeigh erzürnt gewesen sein, als man ihn aufforderte, das Feuer einzustellen. Er zog seinen Fotoapparat heraus und wanderte über das Schlachtfeld, um die Leichen der Iraker zu fotografieren.[10] Nach dem Krieg in die USA zurückgekehrt, trug er weiterhin Kampfanzug und Waffen, ganz so, als bereite er sich auf einen Kampf vor.

Darin unterschied er sich nicht von Tausenden uniformierter Bürgerwehraktivisten in den USA. Gordon Sellner, ein Bürgerwehrmitglied und Anhänger einer der Christian Identity sehr ähnlichen Gruppe, erschoss einen Hilfssheriff in Montana und verbarrikadierte sich anschließend in seiner Hütte, von wo aus er Anweisungen aussandte, die er mit „Soldat für Christus und Vaterland" unterschrieb.[11]

Auch bei muslimischen Aktivisten gab es Verbindungen zum Militär. Mahmud Abouhalima und andere Gefolgsleute von Osama bin Laden und Scheich Omar Abdul Rahman hatten als Mudschaheddin auf den Schlachtfeldern Afghanistans gedient. Abouhalima, der dort zwischen 1988 und 1989 die gefährlichste aller Aufgaben übernommen haben soll,[12] sagte mir in unserem Gespräch, er habe sich im Afghanistan-Krieg solchen Situationen ausgesetzt, weil das „seine Aufgabe als Muslim" war.[13] Ein führendes Mitglied aus der Moscheegemeinde Abouhalimas erzählte, die meisten Muslime, die wie Abouhalima aus den USA in den Krieg nach Afghanistan gezogen seien, seien als „normale Männer gegangen und voller Hingabe und Stolz zurückgekehrt". Dieser Krieg habe sie „an die siegreichen früheren Zeiten vor vielen hundert Jahren erinnert, als die Muslime Abtrünnige bekämpften".[14]

Auf dem Höhepunkt der separatistischen Sikh-Bewegung wechselten einige hochrangige Soldaten aus der indischen Armee die Seite und schlossen sich der Khalistan-Revolte an. Jarnail Singh Bhindranwales Militärberater Shabeg Singh war General der indischen Armee gewesen. Shabeg Singhs ehemaliger Vorgesetzter, Generalmajor Narinder Singh, trat nach Ende seiner Dienstzeit ebenfalls der Bewegung bei. Als ich den ehemaligen Generalmajor 1996 in Chandigarh, der Hauptstadt des Punjab, sprach, erzählte er mir, dass es zunächst sein persönlicher Stolz gewesen sei, der ihn zu dieser Entscheidung bewogen habe. Nach dem Verlassen des Militärs sei er psychisch in ein tiefes Loch gefallen, und so habe er sich geschmeichelt gefühlt, als er mit einer Gruppe pensionierter Offiziere aus den Reihen der Sikhs nach Amritsar gebracht wurde, wo man sie bat, den Kampf ihres Volkes zu unterstützen. Daraufhin sei er mehrere Jahre lang durch den Punjab gereist und habe fünf oder sechs paramilitärische Organisationen beraten.[15]

Andere Sikh-Aktivisten hatten Verbindungen zur Polizei. Dilawar Singh, der Selbstmordattentäter, der 1995 den Ministerpräsidenten des Punjab tötete, war ein entlassener Polizist aus einem Sonderkommando in Patiala. Einer seiner Komplizen, Balwant Singh, war ebenfalls Polizist. Und Simranjit Singh Mann, der mutmaßliche Drahtzieher bei der Ermordung von Indira Gandhi, war einst Polizeichef im Punjab gewesen.[16]

Bei den radikalen religiösen Bewegungen auf beiden Seiten der palästinensisch-israelischen Auseinandersetzung wimmelt es nur so von militärischen Emblemen. Die Hamas-Kader erhalten militärisches und religiöses Training, und einige Freiwillige sind ehemalige Mitglieder der bewaffneten palästinensischen Polizei. Auf jüdischer Seite waren sowohl Yigal Amir, der Mörder von Premierminister Rabin, als auch Baruch Goldstein früher Soldaten der israelischen Armee gewesen. Goldstein hatte seine guten Beziehungen zum israelischen Militär beibehalten, und obwohl er aus der Armee ausgeschieden war, kleidete er sich am Tag des Massakers, am 25. Februar 1994, in seine Militäruniform und tötete mit einem Armeegewehr einige Dutzend kniender und betender Muslime.[17]

Diese Soldaten haben neue Schlachten für sich gefunden: die großen religiösen und politischen Kämpfe, die ihre Bewegungen auszufechten glauben. In einer Welt, die sie als erdrückend, chaotisch und aus dem Ruder gelaufen erleben, verleihen ihnen die kosmischen Kriege ein Gefühl von Ansehen und Bestimmung. Die imaginären Kriege geben einen Feind zu erkennen, der die angebliche Quelle ihrer persönlichen und politischen Misserfolge verkörpert. Die Kriege entlasten die Möchtegern-Soldaten von jeglicher Verantwortung für Fehlschläge und lassen sie als Opfer erscheinen, sie vermitteln ihnen ein Gefühl für ihr eigenes Machtpotential und geben ihnen die moralische Rechtfertigung, den sozialen Zusammenhalt und das militärische Rüstzeug, das sie benötigen, um im wörtlichen wie übertragenen Sinn den Kampf aufzunehmen. Eine hochgefährliche Kombination, die zu grauenhaften Taten führen kann.

Wie echte Armeesoldaten sind auch die imaginären Soldaten kosmischer Kriege im Normalfall junge Männer. Finanziellen wie gesellschaftlichen Randgruppen zugehörig, haben sie einen Zuwachs an eigenem Einfluss bitter nötig. Aber auch diese Regel kennt Ausnahmen: Die Führungsmitglieder solcher Gruppen sind häufig mittleren Alters und wohlhabend.

Allein das jugendliche Alter ihrer meisten Mitglieder stellt die Bewegungen an den gesellschaftlichen Rand. Eine Übersicht über das Alter der von der Polizei umgebrachten Sikh-Extremisten zeigt, dass die meisten von ihnen Anfang zwanzig waren.[18] Emmanuel Sivan, ein führender Forscher auf dem Gebiet der modernen islamischen Geschichte, stellte fest, dass die Hamas mehrheitlich aus „männlichen Stadtbewohnern unter zwanzig" besteht.[19] In fast allen Gesellschaften befinden sich junge Leute zwischen sechzehn und zweiundzwanzig in einer Übergangsphase zwischen zwei Lebensabschnitten. In den Familien ihrer Eltern gelten sie nicht mehr als Kinder, haben aber auch noch keine eigene Familie. Besonders in traditionellen Gesellschaften, die auf Familieneinheiten basieren und in denen es die Jugendkulturen der modernen städtischen und industrialisierten Gesellschaften nicht gibt, besetzen sie eine Randzone. Die jungen Aktivisten sind Familienmitglieder ohne Familie, denen die religiöse Bewegung ein Zuhause und eine erweiterte Familie anbietet.

Gerade in den Kulturen der Gewalt, die zu religiösem Terrorismus geführt haben, sind die Ängste der jungen Männer um ihre Karriere, ihre soziale Stellung und ihre sexuellen Beziehungen besonders ausgeprägt. Aufgrund demütigender Erfahrungen in diesen Bereichen sind die jungen Männer offen für die Stimme eines starken Anführers und für Ruhm verheißende Bilder vom kosmischen Krieg. In Palästina, wo unter jungen Männern eine Arbeitslosenquote von fünfzig Prozent herrscht, führt die Enttäuschung über die wirtschaftliche Situation häufig auch zu sexueller Frustration. Wie in traditionellen Gesellschaften üblich, kann ohne Arbeit nicht geheiratet werden. In einer streng religiösen Kultur wie der der arabischen Palästinenser gleicht dies einem Verbot des Geschlechtsverkehrs. Die Hamas gibt den Männern die Möglichkeit, ihre Frustration in einer Gemeinschaft abzubauen, die ihnen eine Familie und eine Ideologie bietet, ihnen die Quelle ihrer Probleme erklärt und ihnen Hoffnung gibt.

Das Gleiche gilt für viele andere Gruppen religiöser Aktivisten, etwa den algerischen Islamischen Widerstand. Der große Zulauf, den hier die religiöse Opposition zur weltlichen Partei der Nationalen Front erfährt, ist Folge einer Inflationsrate von 20 Prozent, einer Arbeitslosenquote von 25 Prozent und einer sehr jungen Bevölkerung. 70 Prozent der Algerier sind unter fünfundzwanzig und können aufgrund der schlechten wirtschaftlichen Lage weder auf Heirat noch auf Wohnung oder Arbeit hoffen.[20] Ein Mitarbeiter des US-Außenministeriums sagte mir, eine Verbesserung des wirtschaftlichen Klimas würde die Agitation religiöser Revolutionäre schnell ersticken. Folgt man seiner Ansicht, wäre Algeriens religiöse Revolution in Wahrheit wirtschaftlicher Natur. Obwohl ich vermute, dass die Religion eine weit größere Rolle spielt, als dieser Mitarbeiter glaubt, bin ich davon überzeugt, dass er im Grunde recht hat: Wirtschaftliche Hoffnungslosigkeit führt zu Verzweiflung und – ob zu Recht oder zu Unrecht – zur Wut auf eine Junta, die die Macht an sich gerissen hatte, als sich abzeichnete, dass die islamische Partei gute Chancen auf einen Sieg hatte.

Im sozialen Umfeld mancher Bewegungen herrscht jedoch alles andere als extreme Armut, die Situation ihrer Mitglieder ist nur relativ gesehen nicht die beste. Das war bei Aum Shinrikyo der Fall, deren Anhänger zwar zum größten Teil dem akademischen Bereich entstammten, beruflich aber häufig unzufrieden waren. So rekrutierte die Bewegung etwa Chemiker und Atomphysiker, die eine Stufe ihrer Karriere erreicht hatten, von der aus sie in ihren Unternehmen nicht weiterkamen, oder die angesichts einer stagnierenden Wirtschaft entlassen wurden. Sie wurden für das Forschungsprogramm von Aum Shinrikyo zur Entwicklung von Schutzgeräten gegen die Folgen chemischer und nuklearer Waffen eingestellt. Ihre Experimente dienten freilich auch der Herstellung solcher Waffen, aber man versicherte ihnen, das geschehe nur, um die Schutzgeräte testen zu können.

Auch die Mitglieder der christlichen Bürgerwehren in den USA entsprechen nicht ganz dem Stereotyp des jungen Armen: Die meisten von ihnen stehen in Lohn und Brot und sind auch nicht mehr ganz jung – obwohl die militantesten unter ihnen oft noch keine dreißig sind. Manche, wie Timothy McVeigh, sind arbeitslos und unstet, andere, wie Paul Hill, sind beruflich fest etabliert. Aber alle kennen sie die Angst, in Zukunft einer sozialen Randgruppe anzugehören. Obgleich sie alle weiße männliche Protestanten sind und derzeitig zur privilegierten Klasse in Amerika zählen, befürchten sie, dass sich die amerikanische Gesellschaft in eine Richtung entwickelt, in der ihrer Klasse immer weniger Einfluss zuteil wird. Sie haben panische Angst vor einer Bevölkerungsentwicklung, wie sie Statistiken aus den 1980er und 1990er Jahren prognostizieren. Aufgrund einer wachsenden Anzahl an asiatischen und lateinamerikanischen Immigranten wären weiße Amerikaner europäischer Abstammung irgendwann im 21. Jahrhundert in Kalifornien und anderen Staaten an der Westküste in der Minderheit.

Zweifellos haben solche Ängste vor einer Marginalisierung den Rassismus in vielen radikalen religiösen Bewegungen geschürt. Kerry Noble, ein Anführer von The Covenant, The Sword, and the Arm of the Lord, sagte, dass er in seinen Predigten Schwarze gewöhnlich als die in der Bibel erwähnten „wilden Tiere" bezeichnete. Die Juden, so behauptete er, seien das Ergebnis des Geschlechtsakts zwischen Eva und dem Teufel. Obwohl Noble und seine Gefolgsleute „Juden nicht persönlich kannten", hielt sie das nicht davon ab, ihnen die meisten Probleme der modernen Welt zur Last zu legen: „Pornographie, fehlende Moral, die wirtschaftliche Situation in Amerika, den Vorrang von Minderheitenrechten über die Rechte der Weißen und die Vertreibung Gottes aus den Schulen."[21] Indem er die Juden für all das verantwortlich machte, drückte Noble seine Enttäuschung über die Unfähigkeit weißer christlicher Männer aus, ihre Umwelt in den Griff zu bekommen.

Die indische Sikh-Bewegung bestand überwiegend aus jungen Männern einer privilegierten Klasse, derjenigen der von der Landwirtschaft lebenden Jats. In einer vergleichbaren Weise sahen sie ihre Welt bedroht. Sie fürchteten, ihr gesellschaftlicher und wirtschaftlicher Status, den sie als ihr Geburtsrecht ansahen, werde ihnen unter den Füßen weggezogen. Einige der fanatischsten Anhänger, darunter auch Beant Singh, waren Sikhs aus der untersten Gesellschaftsschicht, der Kaste der Unberührbaren.[22] Die große Mehrheit bestand aber aus jungen Jats, provinziellen Jugendlichen mit wenig Bildung. Früher hätten sie automatisch Führungsrollen in der Gesellschaft des Punjab übernommen und wären zu wirtschaftlichem Einfluss gelangt. Die zunehmende Urbanisierung und Industrialisierung des Nordens Indiens im ausgehenden 20. Jahrhundert führte jedoch dazu, dass Finanzkraft und gesellschaftlicher Status von den ländlichen Sikhs auf Mitglieder der Handels- und Verwaltungskasten überging, auf Hindus oder Sikhs, die in Städten lebten. Städtische Gruppen wie die Khatris und Aroras begannen, den Jats die Macht über den Punjab abzunehmen, und junge Jats rangen verzweifelt um die eigene Vormachtsstellung und die ihrer Kaste. In einigen Fällen führte dies zur Teilnahme an religiöser Gewalt, wie dem Mordanschlag auf den Ministerpräsidenten des Punjab im Jahr 1995. Am Morgen des Tages, an dem der junge Jat Dilawar Singh die Bombe zündete, die den Ministerpräsidenten und vierzehn weitere Menschen in den Tod riss, sagte er: „Heute werde ich die Jats stolz machen."[23]

Nicht alle Sikhs, die die militante Bewegung unterstützten, lebten in Indien. Sikhs aus anderen Ländern stehen für eine weitere Kategorie marginalisierter Menschen, die sich gelegentlich an paramilitärischen Aktivitäten beteiligen: die Ausländer. Ein großer Teil der finanziellen und moralische Unterstützung für die militanten

Gruppen im Punjab kam aus weit entfernten Ecken der Erde, etwa aus London, Houston oder Los Angeles. Dort lebende Sikhs verstanden die Video- und Audioaufnahmen von Jarnail Singh Bhindranwale als eine Botschaft der Verbundenheit. In England, Kanada, den USA und vielen anderen Ländern, in die sie im 20. Jahrhundert ausgewandert waren, lebten sie eher am Rande der Gesellschaft, so dass die militanten Bewegungen ihnen die Gelegenheit boten, ihre Solidarität und ihren Einsatz für die Gemeinschaft deutlich zum Ausdruck zu bringen.

Unter den neunzehn muslimischen Selbstmordattentätern vom 11. September 2001 waren auch viele Heimatlose. Ihren Geburtsländern im Nahen Osten hatten sie sich entfremdet und sich in den Großstädten Europas und Amerikas niedergelassen. Über elektronische Medien und gelegentliche heimliche Treffen standen sie miteinander in Verbindung. Im Gegensatz zu den Selbstmordattentätern der Hamas waren sie zumeist gut ausgebildete, wohl situierte Akademiker Mitte dreißig. Ihre Distanz zur Gesellschaft beruhte nicht auf ihrem jugendlichen Alter oder ihrer Armut, sondern auf ihrer nationalen Identität. Wie bei vielen mobilen Menschen des 21. Jahrhunderts befanden sich die Orte, die sie zur Identifikation nutzten, nicht im einem geographischen Raum, sondern in einer Art ethnischem Cyperspace.

Man könnte dieses Phänomen „E-Mail-Ethnizität" nennen: transnationale Netzwerke von Personen, die trotz ihrer ganz unterschiedlichen Wohnorte und der Beschränkung durch nationale Grenzen über einen kulturellen Zusammenhalt verfügen.[24] Diese ethnischen Gruppierungen, vereint über das Internet, sind Erweiterungen traditioneller Gesellschaften, deren Anhänger und Kulturen auf der ganzen Welt verstreut sind.[25] Unter solchen im Ausland lebenden Gruppen gibt es einige, die sich notorisch politisch engagieren, etwa die Sikhs, Gruppen aus Sri Lanka und Araber – darunter auch die Anhänger Osama bin Ladens, der von Saudi-Arabien zunächst in den Sudan und dann nach Afghanistan auswanderte, oder Scheich Omar Abdul Rahman, der zu verschiedenen Zeitpunkten in Ägypten, dem Sudan und in New Jersey lebte. Unter ihren Anhängern befand sich Muhammad Salameh, dessen Geschichte beispielhaft für die Erfahrungen radikaler Religionsanhänger im Ausland ist.

Salameh, der in New Jersey praktisch von der Hand in den Mund lebte, teilte seine Bleibe immer mit anderen Personen. Eine Zeit lang lebte er in einer bescheidenen Wohnung im vierten Stock eines einfachen, überfüllten Wohngebäudes in der Kensington Street in Jersey City; dann ein paar Blocks weiter, in einem stinkigen, heruntergekommenen Mietshaus in der Weldon Street; in einer weiteren seiner Adressen, auf der Pamrapo Avenue, fand das FBI „Zubehör zum Bombenbasteln". Alle diese Bleiben befanden sich in einem belebten Arbeiterviertel, das, wie viele andere industrielle Viertel von Jersey City, von Immigranten aus Haiti und dem Nahen Osten nur so wimmelte. In gewisser Weise ähnelte die Umgebung den sozialen und wirtschaftlichen Bedingungen der überfüllten palästinensischen Flüchtlingslager an der West Bank und in Jordanien, wo Salameh geboren und aufgewachsen ist und die er 1987 verließ, um in die USA zu gehen und dort seine Ausbildung und wirtschaftliche Lage zu verbessern. Sein begrenztes Englisch sollte sich jedoch als ständige soziale Barriere erweisen, und seine sozialen Kontakte beschränkten sich fast ausschließlich auf andere Araber. Sein Leben spielte sich im Umfeld einer lokalen Moschee über einem Chinarestaurant ab, die unter der Schirmherrschaft von Scheich Omar Abdul Rahman stand. Schließlich führte ihn sein Werdegang dazu, sich am Bombenanschlag auf das World Trade Center von 1993 zu beteiligen. Die Welt lernte Salameh als den Terroristen kennen, der so dumm war, zu einer Autovermietung zurückzukehren, um die Kaution für einen Wagen abzuholen, den er zuvor gemietet und dann in die Luft gesprengt hatte. Sofort wurde er von den bereits wartenden FBI-Agenten festgenommen.[26]

Salameh ist ein Beispiel für gleich mehrere Aspekte eines marginalen Daseins. Er war Flüchtling, erst im Nahen Osten und dann in Amerika. In elender Armut aufgewachsen und ohne ausreichende

Ausbildung, konnte er kaum hoffen, sich beruflich zu etablieren, ein Junggeselle ohne Aussichten auf Ehe. Allerdings gilt Ähnliches für Tausende anderer Immigranten, die jedes Jahr in die USA gelangen und von denen viele eine ordentliche, wenn auch nicht besonders lukrative Stelle bekommen. Kaum einer von ihnen würde den Versuch unternehmen, bedeutende Gebäude in die Luft zu sprengen. Und einige derjenigen, die neben Salameh beim Anschlag auf das World Trade Center mitwirkten, befanden sich weder sozial noch wirtschaftlich in einer Randposition: Mahmud Abouhalima und Nidal Ayyad, ein Chemiker, waren gut ausgebildet und standen fest im Beruf, sie hatten Häuser und Familien in Vororten der Stadt.

Deshalb wirft Salamehs Beispiel, folgt es auch dem bekannten Muster von Randgruppen, gewisse Fragen auf. Welchen kausalen Zusammenhang kann man zwischen der Zugehörigkeit zu einer Randgruppe und dem Hang zur Gewalt herstellen? Ich will darauf keine voreilige Antwort geben, glaube jedoch nicht, dass wirtschaftliche oder soziale Verzweiflung automatisch zu Gewalt führt, denn fast jeder war schon in irgendeiner Form mit wirtschaftlicher und sozialer Härte konfrontiert. In den genannten Fällen scheint die Kombination der Faktoren ausschlaggebend gewesen zu sein, daneben die Intensität, mit der die Betroffenen sie erlebt haben; überdies stand ihnen ein religiöses und politisches Vokabular zur Artikulation ihrer Frustration zur Verfügung. Besonders wichtig ist dabei, dass sie ihre Demütigung sehr persönlich erlebten und in hohem Maße als Bedrohung der eigenen Würde und Ehre ansahen. Eine solche Situation kann die Voraussetzung für ein verzweifeltes Bedürfnis nach Machtgewinn sein, das, fehlen scheinbar die Alternativen, symbolisch und gewaltsam zum Ausdruck gebracht wird.

Warum echte Kerle Bomben werfen

Nichts ist intimer als Sexualität, und keine größere Erniedrigung ist vorstellbar, als sich als Versager in der eigenen sexuellen Rolle zu fühlen. Aus solchem Versagen geht oft häusliche Gewalt hervor; und wenn dies Versagen mit den sozialen Rollen von Männlichkeit und Weiblichkeit verbunden wird, kann es der Anlass von öffentlich verübter Gewalt sein. Terroristische Gewalt kann, so gesehen, als eine Art symbolischer Machtaneignung von Männern auftreten, deren traditionelle sexuelle Rolle, ihre Männlichkeit an sich, als gefährdet erscheint.

Bevor wir uns in eine Analyse vertiefen, die den Terrorismus als reine Männersache darstellt, sollten wir zur Kenntnis nehmen, dass auch Frauen aktive Rollen in terroristischen Bewegungen übernommen haben. Der Sohn und Nachfolger von Indira Gandhi wurde von einer Selbstmordattentäterin umgebracht, die ihre tödliche Fracht unter ihrem Sari versteckt trug. Sie war Mitglied einer tamilischen Separatistengruppe auf Sri Lanka, die darüber erzürnt war, dass Rajiv Gandhi die Regierung des Nachbarstaates Sri Lanka bei ihrem Versuch unterstützte, die Separatistenbewegung zu ersticken. Als die Tupac-Amaru-Bewegung die japanische Botschaft in Lima in Peru besetzte und Diplomaten als Geiseln gefangen hielt, befanden sich mehrere Frauen unter den Führungskadern. Eine rebellische kurdische Selbstmordattentäterin, der in Tunceli in der Türkei neun Menschen zum Opfer fielen, hatte sich als Schwangere verkleidet, um eine Bombe unter dem Kleid verstecken zu können.

In all diesen Fällen gehörten die jungen Terroristinnen Gruppierungen an, die auf weltlich-politischen Ideologien gründeten oder ethnischen Separatismus verfolgten und nichts mit Religion zu tun hatten. Die Palästinenserinnen, die 2002 durch Selbstmordattentate zu Märtyrerinnen wurden, gehörten den weltlichen Zweigen der palästinensischen Unabhängigkeitsbewegungen an, nicht der Hamas. Im Allgemeinen haben Frauen keine tragenden Rollen in militanten religiösen Bewegungen, obgleich manche Gruppen –

vor allem solche mit einer weniger konservativen religiösen Ideologie – Frauen Hilfsdienste zuweisen.

Die irisch-nationalistische Bewegung brachte zum Beispiel eine eigene paramilitärische Frauengruppe hervor, Cumann Na Mbann. Deren Rolle bestand aber vor allem darin, Waffen und Sprengstoff für die Männer aus den militärischen Kadern der Provisional IRA zu transportieren.[27] Ähnlich verhielt es sich in der Separatistenbewegung der Sikhs. Cynthia Keppley Mahmood berichtet von einer jungen Frau, die den Anführer der Khalistan Commando Force anflehte, Mitglied werden zu dürfen; schließlich willigte er ein, beschränkte ihre Rolle aber auf Hilfstätigkeiten – anstatt sich an „Kampfhandlungen" zu beteiligen, durfte sie Munition transportieren oder Botschaften überbringen.[28] Mahmood meint, die Frau habe nur auf den Tag gewartet, an dem sie eine aktivere Rolle übernehmen konnte. Dieser Tag kam, als sie in das Haus eines hinduistischen Ladenbesitzers einbrach, den sie verdächtigte, sie bei der Polizei verpfiffen zu haben. Sie hielt ihm eine Pistole an den Kopf und beschimpfte ihn. Der Ladenbesitzer, der die Anschuldigung bestritt, „flehte um Gnade" und „schrie, ich sei doch wie eine Tochter für ihn", so die junge Frau später. Aber sie ließ sich nicht beirren:[29] „Ich habe ihn mit meinem Revolver niedergeschossen, mit meinen eigenen Händen."

Wie die junge Frau weiter berichtet, sei einer ihrer Beweggründe gewesen, die Männer zu noch größeren Taten anzustacheln. Wenn sie sähen, „wie mutig Mädchen sein konnten", argumentierte sie, könnten die Sikh-Jungs „noch tapferer" sein.[30] Damit gab sie auch zum Ausdruck, dass das Töten eigentlich Aufgabe der Männer, der „Jungs", wie sie sie nannte, sei. Aufgabe der Frauen sei es, sie zu unterstützen, herauszufordern und anzustacheln.

Ihre Position glich letztlich der des großen Sikh-Märtyrers Jarnail Singh Bhindranwale, der seine Gemeinde so ansprach, als hörten nur Männer – besonders junge Männer – zu. So forderte er sie etwa dazu auf, sich nach Art der Sikhs die Bärte lang wachsen zu lassen, oder bezeichnete ihre Feigheit gegenüber der Regierung als „Entmannung". Generell entsprach Bhindranwales Haltung den vorherrschenden Werten fast aller auf stark traditionellen religiösen Ideologien gründenden Kulturen der Gewalt. Es sind Haltungen des „radikalen Patriarchats", wie Martin Riesebrodt es nennt.[31] Die Rolle des Mannes ist das öffentliche Leben, die der Frau das häusliche.

Religiöse Aktivisten zeigen oft einen väterlichen Respekt für Frauen, solange diese ihre Rolle akzeptieren. Während des muslimischen Aufstands in Algerien von 1991/92 sagte der Anführer der Islamischen Heilsfront, Ali Belhaj, die erste Pflicht der Frau sei es, „gute Muslime zu gebären"; Scheich Abdelkhader Moghni, ein anderer Führer der FIS, beschwerte sich über arbeitende Frauen, die den Männern Jobs wegnähmen. Frauen, so sagte er, „geben ihr Geld nur für Make-up und Kleider aus, sie sollten in ihr Heim zurückkehren".[32] Eine Geschäftsfrau aus Algier bemerkte, sie fürchte, dass eine Epoche der „Macht der Schweine" anbreche, sollte sich die FIS durchsetzen. „Sie sind alle Chauvinistenschweine", erklärte sie, „glauben Sie mir, wir sind sehr besorgt."[33] Die schlimmsten Befürchtungen wurden in Afghanistan wahr, wo die Taliban eine männlich dominierte Kultur einführten, die Frauen aus dem öffentlichen Leben ausschloss, und sei es als Lehrerinnen, Ärztinnen oder Krankenschwestern. Obgleich die Taliban behaupteten, die afghanische Gesellschaft werde irgendwann etwas liberaler werden, erklärten sie auch, dass die Gesellschaft so lange keine gesetzlichen Regelungen bekomme, bis der Kampf vorüber sei. Solche Fälle verdeutlichen beispielhaft die Behauptung und öffentliche Wiederherstellung von Männlichkeit, die gleichermaßen sexuell, sozial und politisch ist.

Erklärt das aber, warum der Terrorismus im Wesentlichen eine Männerdomäne ist, warum die meisten Bomben von „echten Kerlen" geworfen werden? „Echte Kerle" – damit will ich auf eine Kameraderie junger Männer anspielen, die sich gerade noch am Rand der sozialen Akzeptanz bewegt. Im Englischen würde man „guys" sagen, ein Begriff, der etymologisch im religiösen Aktivismus wurzelt. Der Begriff *guy* kam im England des 17. Jahrhunderts in Gebrauch, nachdem Guy Fawkes 1606 für seine Pulververschwörung verurteilt und hingerichtet worden war. Diese außergewöhnliche Verschwörung, von radikalen Katholiken geplant, hatte zum Inhalt, dass 36 Fässer Schießpulver in einem Keller unter dem englischen Oberhaus versteckt wurden, um sie am Tag des Parlamentseröffnung zu zünden. Diese Aktion richtete sich gegen Gesetze, die die religiöse Freiheit der Attentäter hätten einschränken können, weswegen man beide Kammern des britischen Parlaments und König Jakob I. in die Luft sprengen wollte. Der religiöse Terrorist Fawkes war also der ursprüngliche „Guy", und seitdem fällt sein Name auf all diejenigen, die mit der Gefahr spielen.

Die religiösen Terroristen der jüngeren Vergangenheit sind die heutigen „Guys": Banden junger Schurken am Rande der Ehrbarkeit. Das Geschlechtsspezifische ihrer Aktivitäten legt nahe, dass einige Momente der männlichen Sexualität – die sexuelle Rolle, Identität, Kompetenz oder Kontrolle – die Haltung dieser „urbanen männlichen Teenager" beeinflussen.[34] Am einleuchtendsten ist vielleicht der Aspekt der sexuellen Kompetenz, womit ich die Möglichkeit zum Geschlechtsverkehr meine, die in traditionelleren Gesellschaften durch moralische Gebote und Mangel an Gelegenheit eingeschränkt ist. Volksweisheiten zum Thema Männer und Gewehre sprechen etwa davon, dass sexuelle Frustration zur Faszination über phallisch geformten Waffen führt, die so explodieren, wie manche Männer es sexuell eben nicht können. Wie ich bereits erwähnte, gehen die jungen Märtyrer ihren Selbstmordpakt so ein, als handele es sich um einen Ehevertrag. Sie erwarten, dass die Explosion, bei der sie sterben werden, sie in ein himmlisches Bett befördern wird, wo die unglaublichsten sexuellen Attraktionen auf sie warten. Ein junger Mann, der sich als Selbstmordattentäter aufgestellt hatte, sagte, ihm sei versprochen worden, dass er, nachdem die Explosion ihn zu Gottes Märtyrer gemacht habe, für sich und seine Familie einen Platz im Paradies bekomme, 72 Jungfrauen und eine Barabfindung von 6000 Dollar für seine Familie.[35] Die Jungfrauen schienen den jungen Mann am meisten zu interessieren.

Sexuelle Macht bedeutet für viele Männer nicht nur sexuelle Kompetenz – also die Möglichkeit, sexuell aktiv zu sein – sondern auch sexuelle Kontrolle. Man weiß, wann man auf Sex verzichten soll und worin die Rolle der Geschlechtlichkeit besteht. Ihre Aversionen richten sich gegen so genannte sexuelle Irrwege – worunter unangebrachte Geschlechterrollen fallen, wie etwa Frauen, die tragende Positionen im öffentlichen Leben übernehmen –, die als Beispiele eines unkontrollierten Geschlechtslebens gelten. Für viele Männer sind solche Phänomene Indizien für eine größere soziale Unordnung: Es sind Beispiele der vorrückenden Macht des Bösen, Demonstrationen des vorherrschenden Moralverlusts, die zeigen, wie gesellschaftliche Regeln verdreht werden. In *The Turner Diaries* spricht William Pierce von der Frauenbewegung als „einer Form der Massenpsychose ... die vom System als Mittel zur Teilung unserer Rasse und gegen sie gefördert und ermutigt wird".[36]

Dieser Umgang mit Geschlechterrollen lässt das Thema weit über eine Frage der einfachen sexuellen Kompetenz oder Kontrolle auf persönlicher Ebene hinausgehen. Für Pierce ist Sex ein gesellschaftliches Problem: Deplatzierte Rollenverteilungen und unangebrachte Verhaltensweisen sind ihm Anzeichen des moralischen Verfalls der Gesellschaft. Überdies handelt es sich dabei um ein öffentliches Problem, das gelegentlich zu Feinseligkeiten führt. Hinter Anschlägen auf Abtreibungskliniken und Schwulenbars scheint oft die Wut über vermeintlich „abnormes" Sexualverhalten zu stehen. In anderen Fällen hat die Gewalt selbst eine sexuelle Dimension, zum Beispiel wenn im Rahmen von Terrortaten in Indien und Algerien Frauen vergewaltigt wurden oder wenn in Irland Feinde gefoltert wurden, wobei man ihnen die Genitalien verstümmelte und sie in manchen Fällen sogar kastrierte.

Worin liegt die Verbindung zwischen diesen Formen von Gewalt, dieser Macho-Religiosität und dem Bedürfnis nach politischer Macht? Die Antipathie gegenüber modernen Frauen – das Konzept der deplatzierten weiblichen Geschlechterrolle – mag hier weiterführen, ebenso der Hass auf Homosexualität. Sicher ist die Ablehnung der Homosexualität seit Jahrhunderten in konservativen Religionen präsent, sie war ein Kritikpunkt, den religiöse Gegner der Aufklärung gegen die Werte der weltlichen Moralität im Frankreich des 18. Jahrhunderts ins Feld führten.[37] Doch auch in heutigen religiösen Kulturen der Gewalt tritt diese Ablehnung wieder auf, wobei die Angst vor Homosexualität hier besonders hervorsticht.

Praktisch alle religiösen Bewegungen des ausgehenden 20. Jahrhunderts lehnen die Homosexualität ab. 1999 wurde in Nordkalifornien ein schwules Paar ermordet, und Schwulenbars wurden zu Zielen von Anschlägen, die wahrscheinlich Aktivisten der Christian Identity zuzuschreiben sind. Homosexuelle gehörten zu den „mudpeople", die 1999 auf Benjamin Smiths Liste möglicher Ziele für seine Randale in Illinois standen, und die *Turner Diaries* nennen Homosexualität eine Verirrung, die „für gesunde Männer" nicht in Betracht kommt.[38] Manche gehen so weit, die Bibel falsch zu zitieren, wenn sie als „Strafe für Rassenvermischung, Homosexualität und Wucher ... den Tod" anführen.[39] Die homosexuelle Subkultur Teherans war eine Facette des modernen iranischen Lebens, die Ayatollah Khomeini besonders verabscheute, und nach der islamischen Revolution kamen Hunderte aus dieser Szene ums Leben. Die Akzeptanz der Homosexualität in der weltlichen israelischen Gesellschaft verärgert rechtsgerichtete jüdische Aktivisten, und die Gerüchte über Yassir Arafats Vorliebe für Jungen werden als Beweis für die moralische Korrumpiertheit der palästinensischen Führung ins Feld geführt.[40]

Einer von Ian Paisleys Hauptkritikpunkten am liberalen Protestantismus besteht darin, dass dieser Homosexualität akzeptiert. „Zu vertreten, lesbische Liebe und Homosexualität würden in der Bibel gelehrt und könnte von Christen praktiziert werden – stellt euch das mal vor!", donnerte er in einer Predigt.[41] In ähnlicher Weise kritisiert er die katholische Geistlichkeit dafür, dass sie nicht heiratet, was dem Erz-Heterosexuellen Paisley irgendwie verdächtig vorkommt. Und was das Seelenheil angehe, so beteuerte Paisley in seiner Gemeinde, sei man mit der protestantischen Methode viel besser dran als mit der katholischen, weil deren Geistlichkeit ja moralisch suspekt sei. „Ihr müsst nicht im Beichtstuhl vor einem unverheirateten Priester knien, der sündiger ist als ihr und so tut, als würde er euch vergeben", predigte er.[42]

Kerry Noble erklärte, seine Gruppe The Covenant, The Sword, and the Arm of the Lord betrachte amerikanische Städte primär deswegen als Sodom und Gomorrha, weil sie Homosexuelle beherbergten.[43] Noble sagte auch, dass der Moment, als er eine Homosexuellen-Gemeinde in Kansas mit der Absicht betreten habe, um dort eine in einer Aktentasche mitgeführte Bombe zu zünden, ein Wendepunkt in seinem Leben dargestellt habe, der zur Loslösung von der Christian Identity geführt habe. Er blickte um sich, und als er sah, wie Männer sich umarmten und Frauen sich küssten und als er den Pfarrer von seinem Freund sprechen hörte, zögerte er. Ihm kamen Zweifel; mindestens fünfzig Menschen würden sterben, und er war sich nicht mehr sicher, ob es das wert sei. Denn mit Sicherheit würde die Explosion nicht die erhoffte Revolution herbeiführen. Erst später, als er sich von der Ideologie der Christian Identity gelöst und seine persönlichen Verbindungen zur Bewegung abgebrochen hatte, gab er auch seine Abneigung gegen die Homosexualität auf. Schwule galten ihm nun lediglich als Sündenböcke für das, was er und seine Gruppe als die Unmoral der Gesellschaft aufgefasst hatten.

Michael Bray erklärte mir, die Toleranz der weltlichen Regierung gegenüber Abtreibung und Homosexualität sei ein markantes Merkmal ihrer moralischen Degeneriertheit. Angesichts dieser Vorurteile ist es interessant, dass Bray nach seiner Verurteilung wegen der Anschläge auf Abtreibungskliniken die Gefängniszelle mit einem verurteilten Pädophilen teilte, der Jungen aufgelauert hatte. Wie mir Bray erzählte, wurden er und sein Zellengenosse schnell gute Freunde, aber erst nachdem der Pädophile seine Sünden bereut hatte. Allerdings gestand der Mann, dass seine Neigung zu jungen Männern weiterhin bestehe, und als Bray sich weigerte, an einem Gebetskreis im Gefängnis mit einem sich offen zu seiner

Homosexualität bekennenden Mitgefangenen teilzunehmen, führte dies zu Spannungen in der Zelle. Als sein Zellengenosse ihn wütend beschimpfte, er habe etwas gegen Schwule, versicherte ihm Bray, dass gleichgeschlechtliche Neigungen verständlich seien, solange man diese nicht auslebe oder, sollte es doch so weit gekommen sein, seine Taten bereue.[44]

Warum zeigen zeitgenössische religiöse Aktivisten derart heftige Aversionen gegen Homosexualität? Eine Antwort liegt im Identitätsverlust: Heterosexuelle Männer, die sich zu radikal-religiösen Bewegungen hingezogen fühlen, erfahren den Zugang von Frauen und Schwulen zu Autoritätspositionen, die traditionell heterosexuellen Männern vorbehalten waren, als Machtverlust. Frauen und Homosexuelle stellen für sie eine Konkurrenz dar.

Aber es gibt noch eine anderen Aspekt: den Verlust an Kontrolle. Wie Kerry Noble feststellt, halten Homosexuelle als Sündenböcke für ein bestimmtes Problem im Gesellschaftssystem her. Heutige sozioökonomische Systeme vermitteln dem Einzelnen häufig das Gefühl, ihm werde jegliche Handlungsfähigkeit entzogen, sei es aufgrund der Insuffizienz des Systems, sei es angesichts einer gesichtslos und mechanisch erscheinenden Bürokratie. Fühlen sich Männer in einem solchen System gefangen, kann dies zur Verteidigung eines traditionellen Rollenverständnisses führen. Da sie die Aufrechterhaltung der sozialen Ordnung als Aufgabe speziell ihres Geschlechts verstanden haben, sind sie besonders dann verwundbar, wenn ihnen die Weltöffentlichkeit als marode oder unkontrollierbar erscheint. In solchen Fällen gelten aktive Frauen und Homosexuelle nicht allein als Konkurrenz, sondern als Symbole einer aus den Fugen geratenen Welt.

Das ist eine tiefsitzende Angst, gegen die kaum etwas unternommen werden kann. Ginge es nur um Konkurrenz, könnten diese Männer versuchen, ihre Qualifikationen zu verbessern, um so vielleicht auf persönlicher Ebene Erfolge zu verbuchen. Erkennt man dieses Problem jedoch als systembedingt, geht es um eine soziale Konfusion. Oder, schlimmer noch: Dunkle Mächte scheinen die

Welt zu beherrschen und zu zerreißen. Unweigerlich führt eine solche Wahrnehmung zur Dämonisierung von Feinden und zu Theorien vom kosmischen Krieg. Sie fördert auch eine Art Stammesinstinkt, der die Mitglieder solcher Kulturen der Gewalt dazu ermuntert, sich zum Kampf zusammenzurotten.

Obwohl gleichgeschlechtliche erotische Akte als suspekt erscheinen, werden in einem solchen Zusammenhang Bindungen zwischen Männern als sinnvoll und attraktiv empfunden. Ähnlich einem Fußballteam, das der schweren Begegnung mit einem gefährlichen Gegner entgegenfiebert, stellt die enge Männergemeinschaft eine Urform sozialer Ordnung dar. Anders als bei heterosexuellen Bindungen, die zu privaten Gemeinschaften, sprich Familien, führen, stellen Bindungen in gleichgeschlechtlichen Gruppen, seien es Nonnen, Mönche oder Fußballspieler, den auf unsere Ursprünge verweisenden Versuch dar, eine personalisierte Form der öffentlichen Gesellschaft zu schaffen. Individuen verfügen über eine direkte Beziehung zu Autoritäten und teilen den Sinn für Verantwortung in klar definierten gesellschaftlichen Rollen. Angesichts einer massiven sozialen Unordnung versuchen rein männlich geprägte radikal-religiöse Gruppen eine gerechte Ordnung zu schaffen und zu verteidigen.

Diese gesellschaftlichen Randerscheinungen männlicher, anti-institutioneller, halbpolitischer Bewegungen sind keine Besonderheit unserer Zeit. Schon in früheren Jahrhunderten haben sich gelegentlich nicht-institutionelle Männerbünde von den großen religiösen Gemeinschaften abgespalten, wobei häufig die Gewalt zu ihrem Programm gehörte. Die Assassinen des mittelalterlichen Islam sind ein Beispiel dafür, die mordenden, eine Göttin verehrenden Thugs in Indien ein weiteres. Im Christentum gab es die „Guys" und zuvor die Kreuzritter. Die Freimaurer des 18. Jahrhunderts sind ein Beispiel protestantischer Männer, die aus dem Schoß ihrer Kirchengemeinschaft heraus einen eigenen Geheimbund gründeten. Zwar ist die Anwendung von Gewalt bei ihnen unbekannt, jedoch bewegten sie sich immer am Rand des institutionellen Christentums. Die Bildung rein männlicher, eher marginaler Bewegungen ist eng mit der Geschichte der Religionen verbunden. Hierbei ist die Ausbreitung paramilitärischer Vereinigungen, etwa der christlichen Bürgerwehren in den USA, eine eher junge Variante. Bedeutend ist der intensive interne Zusammenhalt solcher Gruppen.

Die *Turner Diaries* beschreiben eine Initiation in die Elite eines solchen intimen Männerkreises. Zu Beginn der Initiationsriten beobachtet die Hauptfigur flackerndes Fackellicht, das „die groben, grauen Roben der bewegungslosen Masse" beleuchtet und denkt sich, diese Männer seien „das Beste, was meine Rasse in dieser Generation hervorgebracht hat". Es sind Männer, mit denen er eine wirkliche Bindung eingehen möchte. „Sie waren keine verweichlichten, konservativen Geschäftsleute, die irgendeinen freimaurerischen Hokuspokus veranstalteten", auch waren sie „keine frommen, verängstigten Kirchgänger, die nach der Seelsorge oder dem Schutz einer vermenschlichten Gottheit winselten". Sie waren *„wahre Männer, weiße* Männer, Männer die jetzt *eins* mit mir waren im Geist, im Bewusstsein und im Blut".[45]

Die Rhetorik des Romans suggeriert geradezu ein homoerotisches Element innerhalb einer solchen Männerbindung – und das ist paradox, bedenkt man die Aversion, mit der die meisten rechtsgerichteten religiösen Gruppen deplatziertem Sex, also auch öffentlich bekannter Homosexualität, begegnen. Gleichgeschlechtliche Intimitäten sind aber immer auch ein hervorstechendes Merkmal vieler rechtsgerichteter Bewegungen gewesen. Die Bewohner von Richard Butlers Aryan-Nations-Kommune in Idaho waren zum Beispiel fast ausnahmslos junge unverheiratete Männer.[46] Selbst verheiratete männliche Anhänger der Christian Identity sind in ihren religiösen und politischen Gruppierungen gewisse männliche Bindungen eingegangen. Die Freundschaft zwischen Timothy McVeigh und Terry Nichols etwa war so eng und intensiv, dass Nichols' Frau eifersüchtig wurde.

Junge Männer, die sich unter der Regie der Hamas für Selbstmordanschläge zur Verfügung stellten, arbeiteten meistens zu zweit und wurden von Ritualen auf ihre Missionen begleitet, die der Eheschließung sehr verwandt sind. In einem Video erzählt ein junger Mann, höchstens achtzehn Jahre alt und mit Sonnenbrille und Tarnmütze vermummt, über seinen Freund, der auf eine Selbstmordmission geschickt wurde: „Mein Bruder Hatim – wir waren Freunde im Namen Gottes." In der Nacht bevor er ging, so der junge Mann voller Emotion, „hat er mir dieses Geschenk hinterlassen". Er zeigt einen Dolch, der dazu dienen soll, „den Kopf eines Kollaborateurs oder eines Juden abzuschneiden". „Und wenn Gott mich am Leben lässt, dann werde ich diesem Gelöbnis auch nachkommen können", fügt er hinzu.[47]

Vergleichbare Muster männlicher Bindungen fanden sich auch im Sikh-Aktivismus, der den Punjab in den 1980er Jahren verwüstete. Teil dieser Bewegung zu sein, bedeutet, einen „Bund der Liebe" einzugehen, erklärte ein junger militanter Mann gegenüber Cynthia Keppley Mahmood.[48] Das Portrait von Sukha und Jinda, den Mördern von General Vaidja, das viele Militante aufgehängt hatten, verkörperte laut Mahmood „kameradschaftliche Liebe". Die Arme um ihre Schultern gelegt, stehen sie für den „engen Bund der Solidarität unter Waffenbrüdern", den Mahmood für das Verhalten der militanten Sikhs im Kampf und im Teufelskreis des Rachemordens verantwortlich macht, das im Punjab schnell eskalierte. In ihrer Abschiedsrede sollen Sukha und Jinda gesagt haben, dass sie sich den Galgenstrick „als die Umarmung eines Liebhabers" vorstellten und dass sie sich „nach dem Tod sehnten wie nach dem ehelichen Bett". Ihr „tropfendes Blut" werde „aus dieser Vereinigung hervorgehen", und sie hofften, es werde „die Felder Khalistans befruchten".[49] Freundschaften wie die von Sukha und Jinda sind in Gesellschaften keine Seltenheit, in denen außereheliche Beziehungen zwischen den Geschlechtern verboten sind. Beziehungen innerhalb des eigenen Geschlechts können eine bemerkenswerte Intensität entwickeln. In Hindi und Punjabi existiert ein Wort für Freunde, die mehr als Kameraden sind, sie sind *yar* („intime Freunde") oder *yaro-ki yar* („die besten Freunde").

Freundschaft war vielleicht auch bei den dramatischen Ereignissen von 1984 im Spiel, die zum Tod von Sant Jarnail Singh Bhindranwale führten. Bhindranwale hatte sich mit seinem jungen Leutnant Surinder Singh Sodhi angefreundet, den er als „meinen Bruder" bezeichnete.[50] Journalisten sahen in ihm Bhindranwales „rechte Hand", „seinen persönlichen Leibwächter" und „Chefkiller".[51] Der Mord an Sodhi am 17. April 1984 verschärfte die inneren Kämpfe zwischen Anhängern Bhindranwales und Kräften der Akali-Partei, die mit Gurcharan Singh und Sant Harchand Singh Longowal in Zusammenhang standen. Beide hatten sich in das bedeutendste Heiligtum der Sikhs, den Goldenen Tempel in Amristar, zurückgezogen. Bhindranwale beschuldigte Gurcharan Singh, den Mord an Sodhi geplant zu haben, und sagte, der Tod seines jungen Kameraden sei für ihn, als hätte man ihm „die rechte Hand abgehackt".[52] Die Woche nach Sodhis Tod verbrachte Bhindranwale abgeschottet in seinen Gemächern. Innerhalb weniger Tage wurden in einem Vergeltungsschlag der Mörder Sodhis und mehrere Mitglieder des Akali-Lagers umgebracht. Als die Spannung zwischen beiden Lagern eskalierte, stürmte die indische Armee am 5. Juni in der so genannten „Operation Bluestar" den Goldenen Tempel. In einem Feuergefecht töteten Bhindranwales Truppen den Akali-Anführer Gurcharan Singh, doch auch Bhindranwale selbst kam ums Leben. Nachdem im selben Jahr Indira Gandhi umgebracht wurde, unterschrieb ihr Sohn und Nachfolger Rajiv ein Friedensabkommen mit Longowal, der seinerseits wenig später ermordet wurde, womit sich der Kreis der Gewalt schloss, der mit der Ermordung von Bhindranwales Freund Sodhi im Jahr 1984 begonnen hatte.

Das Thema Männerbund findet sich auch in der nationalistischen Hindu-Bewegung RSS wieder, die aus zölibatär lebenden Männern besteht. Man brüstet sich seiner Männlichkeit und hegt ein starkes Interesse daran, Knaben und junge Männer in einer Art Pfadfinderlager einem religiösen und politischen Training zu unterziehen. Als ein amerikanischer Forscher eine Studie über einen der spirituellen Helden der RSS, Ramakrishna, veröffentlichte, in der er die homosexuellen Aspekte seiner Mystik aufdeckte, war der Protest in Indien enorm, besonders auf dem rechten Flügel der RSS-Anhänger und bei ihrem politischen Ableger, der Bhartiya Janata Party (BJP).[53]

Grund für die feindselige Antwort Indiens auf Jeffrey Kripals Buch über Ramakrishna war weniger, dass man den Gedanken einer homosexuellen Neigung als beleidigend empfunden hätte, skandalös erschien vielmehr die Vorstellung, Ramakrishna habe diese Rolle im Sinne eines modernen westlichen Homosexuellen ausgelebt. Indische Kritiker fanden den Gedanken, ihr spiritueller Held sei zu so etwas fähig, absolut undenkbar. In E-Mail-Reaktionen auf Kripals Buch, die auf einem Internetverteiler unter amerikanischen Forschern zur Religion Südasiens zirkulierten, griff Narasingha Sil, ein indischstämmiger Professor, Kripal an, weil er Ramakrishnas homosexuelle Tendenzen – seine „kranken und gestörten Neigungen" – als „normal oder natürlich" darstelle. Sil war sichtlich darüber verstört, dass der Guru in dieselbe Kategorie gesteckt wurde wie indische „Jungs mit Nasen- und Ohrringen, die die Straßen der elitären Viertel von Kalkutta und Mumbai auf- und abtänzeln". Räumte der Professor auch eine gewisse „Vorliebe mancher erwachsener indischer Männer für junge Knaben" ein, so würde es sich dabei jedoch primär „um eine erbärmliche Option für alternde impotente Männer" handeln.[54]

Auf demselben Internetverteiler machte sich die Forscherin Sarah Lee Caldwell über die von ihr so bezeichneten „tiefen Beziehungen zwischen männlich-sexuellem Heldentum, Manneskraft und nationalistischer Hindu-Gewalt" Gedanken.[55] Der Aufschrei in Indien wegen der öffentlichen Nennung von Ramakrishnas Homosexualität sei nach ihrer Meinung eine verteidigende „hypermaskuline" Antwort, die „in der Kolonialzeit wurzele". Es ging nicht nur um Ramakrishnas Vorliebe für Jungen: Der Gedanke, dass er die heterosexuelle männliche Rolle ablehnte und sein Schüler Vivekananda eventuell die passive Rolle in der Befriedigung der sexuellen Bedürfnisse seines Gurus gespielt haben könnte, betrachteten viele Hindu-Nationalisten als „zutiefst bedrohlich".[56] Die Vorstel-

lung, ein Mann könne freiwillig die weibliche Rolle des Empfan-
genden in einem Geschlechtsakt spielen, ließ das Schreckgespenst
vom „femininen" Inder aufleben. Wie viele indische Schriftsteller
betonen, ist die Ansicht, der indische Mann trage feminine Züge,
fest im „kolonialen Diskurs" Großbritanniens verankert.[57]

Indiens nationalistische Regierungsoberhäupter, von Gandhi bis
zu heutigen Mitgliedern der BJP, sahen sich verpflichtet, die Männlichkeit und Potenz der indischen Führung unter Beweis zu stellen.
Forscher wie Ashis Nandy haben nachgewiesen, dass die aus Kolo-
nialzeiten herrührende feminine Darstellung der Inder noch heute
die nationalistische Bewegung Indiens beeinflusst.[58] Als die BJP an
die Macht kam und am 11. Mai 1998 die Welt mit einer Serie von
Atomtests schockierte, wurde sie dabei von der großen Mehrheit
der Inder unterstützt. Ein indischer Forscher stellte fest, die Machtdemonstration der BJP zeige das „Hypermaskuline", das der nationalistischen Hindu-Bewegung eigen sei und von Hindu-Chauvinis-
ten wie Balasaheb K. Thackeray, dem Anführer der Shiv Sena Party,
repräsentiert werde. Dieser hatte die Atomtests mit den Worten
kommentiert, sie bewiesen, dass die Inder „keine Eunuchen" sei-
en.[59] Mit dem Atomtest unterstrichen die Führer der BJP nicht nur
ihre nationale Macht, sie brachten auch ihre Ablehnung der kolonialen westlichen Dominanz und des damit einhergehenden Ge-
fühls der Entmannung zum Ausdruck.

Haben die Anhänger christlicher Milizen in den USA auch
nicht die Erfahrung gemacht, ein kolonialisiertes Volk zu sein, so
gleicht ihre Haltung gegenüber einer modernen liberalen Regierung
doch sehr derjenigen neokonservativer Hindu-Nationalisten. Sie
alle würden William Pierce' Einschätzung zustimmen, eine liberale
Regierung erwarte eine „feminine" und „infantile" Folgsamkeit.[60]
Dahinter steht nicht allein die Angst vor sexueller Impotenz, sondern auch die vor der Rolle der Regierung in einem solchen Prozess
der Entmannung. Daher gilt es nicht allein, sich mittels versteckter
Verteidigungsmechanismen gegen die Bedrohung durch mächtige
Frauen und unmännliche Männer zu schützen, man muss auch sei-

nen Herrschaftsanspruch in einer Welt unter Beweis stellen, die moralisch und politisch aus den Fugen geraten ist.

Der jüdische Aktivist Avigdor Eskin aus Israel beschuldigte Yassir Arafat der sexuellen Vorliebe für Jungen, womit er Arafat weniger persönlich als politisch kritisieren wollte. Eskin nannte ein Beispiel für Arafats angebliche Bisexualität, um zu zeigen, dass der Palästinenserführer nicht einmal seine eigene Leidenschaft im Griff habe. Wie sollte er dann das Geschick einer Region kontrollieren, die Eskin als heiliges Land galt?[61] Vielleicht wurde Eskin, ein alternder Musiker und Philosoph, von der religiösen Rechten Amerikas zu seiner Einstellung ermuntert, immerhin stand er mit ihr in regelmäßigem Kontakt. Der gebürtige Russe reiste eine Weile lang durch die USA, trat in Fernsehshows evangelikaler Prediger wie Pat Robertson und Jerry Falwell auf und wandte sich hier gegen die Unterdrückung der russischen Juden im Sowjetsystem. Schließlich emigrierte er nach Israel, engagierte sich in der russischen Kommunität in Israel und wurde 1998 von russischen Einwanderern zur viertbekanntesten Persönlichkeit im Land gewählt. Als ich ihn im März 1998 besuchte, war er tief in den antiarabischen Aktivismus verwickelt und stand unter Arrest. Man klagte ihn an, er habe geplant, einen Schweinekopf in die muslimische Gedenkstätte am Felsendom zu werfen, was er bestritt. Ob er die Wahrheit sagte oder nicht, seine Kommentare bestätigten jedenfalls, dass sein eigentliches Thema nicht die Homosexualität war, sondern die Politik und die Wiederherstellung einer in seinen Augen gerechten biblischen Ordnung.

Was ich damit verdeutlichen will, ist, dass die gegen Homosexualität agitierende, männlich dominierte Sprache rechtsgerichteter religiöser Bewegungen nicht nur auf eine Krise der Sexualität hinweist, sondern immer auch auf den Zusammenprall von Weltanschauungen; nicht nur auf ein moralisches oder psychologisches Problem, sondern auf ein politisches und religiöses. Religiös ist es zu nennen, weil es mit der Wahrnehmung eines Verlusts an religiöser Einstellung einhergeht, die vormals von einer als relativ sicher empfundenen öffentlichen Ordnung vermittelt worden ist.

282

Als der Held der *Turner Diaries* im Fernsehen die schrecklichen Szenen von zur Unkenntlichkeit entstellten Körpern sieht, die aus den Trümmern des von ihm gesprengten Bundesgebäudes herausgetragen werden, versichert er, er sei von der Notwendigkeit seiner Tat weiterhin „vollkommen überzeugt". Denn nur so könne Amerika vor seinen Machthabern geschützt werden – diesen „femininen" und „infantilen" Männern, „die nicht über die moralische Härte und die spirituelle Kraft" verfügten, Amerika zu führen und dem Land und seinen Bürgern einen moralischen und spirituellen Sinn zu verleihen. Also war sein Anschlag eine Erlösungstat.

Genau wie Timothy McVeigh, Mahmud Abouhalima und viele andere tatsächliche Attentäter versucht diese fiktive Figur, das wiederherzustellen, was sie als notwendige soziale Bedingungen für ihre sexuelle und religiöse Vollkommenheit erachtet. Hierzu muss sie freilich den Effekt ihrer Gewalt trivialisieren. Diese Männlichkeitsrhetorik ist ein Schrei nach der Wiedergewinnung eines verlorenen Selbstwertgefühls und einer fragilen Welt.

Diese Cowboy-Mönche sind allesamt antiinstitutionelle, religiös-nationalistische, rassistische, sexistische, bombenwerfende junge Männer, die in den Bewegungen ihre Männerfreundschaften ausleben. Ihr Dasein als Randgruppen der modernen Welt erfahren sie als eine Art sexueller Verzweiflung, die zu Gewalttaten symbolischer Machtaneignung führt. Wäre sie nicht so gefährlich, könnte man diese Mischung fast als ergreifend bezeichnen.

Der Kampf um die Herrschaft Gottes

Die Fähigkeit, Gefühle einer verlorenen persönlichen Integrität und sexuellen Potenz konzeptuell in Wut auf Träger öffentlicher Gewalt umzuwandeln, mag vor allem Männern zuzuschreiben sein. Schließlich sind sie es, die ihre Identität zumeist aus ihrer öffentlichen Rolle beziehen. Und wahrscheinlich fühlen sie sich durch eine schlecht funktionierende öffentliche Ordnung stärker eingeschränkt als Frauen. In der Affäre um Monica Lewinsky ergaben Umfragen, dass sich die amerikanischen Männer durch das Verhalten von Präsident Clinton stärker verraten fühlten als Frauen. Dass solche Männer ihre Wut gegen den Staat richten, ist nachvollziehbar. Nach der Ermordung von John Britton und James Barrett sagte Paul Hill, er habe „die Tyrannei des Staates abgestreift". In den Wochen vor dem Anschlag habe ihn das „bedrückende Gefühl" belastet, „nicht frei" zu sein. Seine Tat, die ihm „inneres Glück und Ruhe" verliehen habe, sei nicht nur auf die Mitarbeiter der Abtreibungsklinik gerichtet gewesen, sondern auch auf die Regierung, die er sowohl für das Verhalten der Abtreibungsärzte wie für sein eigenes Gefühl der Demütigung verantwortlich machte.[62]

Es ist auch nachvollziehbar, dass man in Zeiten, in denen die Glaubwürdigkeit öffentlicher Autoritäten verloren geht, nach alternativen Führungspersönlichkeiten Ausschau hält. Glaubt man, die öffentliche Moral sei heruntergekommen und die Regierung degeneriert, ja selbst die Gesetzgebung sei ethisch kaum noch zu rechtfertigen, besinnt man sich vielleicht auf die einzige noch greifbare Autorität, um direkt einer angesehenen Person zu vertrauen. Oder aber man sucht in der Religion die Basis öffentlicher Legitimation.

Das ist die Umkehrung dessen, was Erik Erikson als „Grundvertrauen" bezeichnet: ein Selbstvertrauen, das man aus einer soliden persönlichen Beziehung gewinnt. Nach Eriksons Verständnis der individuellen psychologischen Entwicklung wird ein solches Fundament in der kindlichen Beziehung zu den Eltern entwickelt als „die erste Komponente einer gesunden Persönlichkeitsentwicklung".[63] Verlieren sich im späteren Leben diese frühen Bindungen, müssen sie durch eine neue Vertrauensbasis ersetzt werden. Über die Jahrhunderte hat die Religion dieses Fundament geliefert, so Erikson. In Krisensituationen diente sie dazu, „ein Gefühl des Vertrauens wiederherzustellen".[64]

Das Bedürfnis nach einem Klima öffentlichen Vertrauens auf der Basis persönlicher Beziehungen erklärt zum Teil, warum in Kulturen der Gewalt ein so großer Wert auf die Schaffung und Erhaltung der Gemeinschaft gelegt wird. In manchen Fällen werden eigene Gemeinwesen geschaffen, wie etwa Osama bin Ladens ehemaliger Sitz in den Höhlen von Afghanistan, wie die Christian-Identity-Gemeinden Elohim City, The Covenant, The Sword, and the Arm of the Lord oder das Freeman Compound. In Japan schuf Aum Shinrikyo ganze Dörfer mit eigenen Regierungen. Jüdische Gruppen haben Siedlungen auf arabischem Territorium geschaffen, und Meir Kahane sprach von der Gründung eines unabhängigen Staats Judäa auf der West Bank. Sant Jarnail Singh Bhindranwales Kommandozentrale in Indien befand sich zunächst im Aschram Damdani Taksal, dann im Goldenen Tempel der Sikhs in Amritsar.

Selbst Gruppen, die nicht im eigentlichen Sinne zusammenleben, z. B. das weitgestreute al-Qaida-Netzwerk, pflegen untereinander derart enge Bindungen, dass es für Außenstehende – auch Regierungsinformanten – sehr schwer ist, einzudringen. Die Bindungen innerhalb der Gruppen sind oft fragil, und nur eine starke Führung und eine ausgeprägte ideologische Überzeugung können sie zusammenhalten. Werden solche Bindungen dennoch brüchig, führt dies zu Gewalttaten, die, obgleich sie gegen einen kosmischen Feind gerichtet sind, eigentlich einem internen Publikum gelten – vor allem widerspenstigen oder abtrünnigen Fraktionen, die mit derlei Machtdemonstrationen wieder eingebunden werden sollen. Wie bereits erwähnt, liegt hierin auch der Grund, warum bei vielen Anschlägen die Bekennerschreiben ausblieben: Beim Zielpublikum war die Nachricht angekommen.

Die innere Dynamik einer Bewegung kann ihre Haltung gegenüber der Gesellschaft maßgeblich beeinflussen. Und so können Terrorgruppen auch hinsichtlich ihrer Organisation untersucht werden, wie Martha Crenshaw das getan hat. Ihre Forschungen zeigen, dass die internen Spannungen einer Bewegung einen verlässlicheren Indikator für bevorstehende Taten einer Gruppe bilden können als Auseinandersetzungen mit eingeschworenen Feinden.[65] Wie wir gesehen haben, ordneten die Anführer der radikalen Sikh-Gruppe Khalistan Commando Force regelmäßig die Ermordung von Mitgliedern der eigenen oder rivalisierender Gruppen an, denen Untreue unterstellt wurde. Wenn Mitglieder ihre militärische Macht dazu missbrauchten, sich „Geld, Drogen oder Frauen" zu verschaffen, „eliminierte die KCF sie manchmal, damit die ganze Bewegung ehrbar blieb".[66]

Wie erwähnt, waren anderen Bewegungen aufsässige Mitglieder mindestens ebenso verhasst wie der Feind. Es war Ian Paisley, der verkündete: „Wir haben keinen Respekt vor dem System des Romanismus (den Katholiken), noch weniger Respekt aber haben wir vor dem System des abtrünnigen Protestantismus."[67] Rabbi Meir Kahane soll den Gedanken eines jüdischen Bürgerkriegs begrüßt und die Ermordung weltlich orientierter jüdischer Politiker prophezeit haben. Ich erwähnte bereits die Gerüchte, dass Mahmud Abouhalima an der Ermordung eines moderaten Muslimführers beteiligt gewesen sei, der ein Rivale von Scheich Omar Abdul Rahman war. Viele Terrorakte zielten also nicht auf ein größeres Publikum, sondern auf die Mitglieder der eigenen Gruppe.

Michel Wieviorka führt den Gedanken organisationsinterner Gründe für Terrorismus noch einen Schritt weiter, wenn er behauptet, Terrorismus sei nicht nur das Ergebnis von Meinungsverschiedenheiten innerhalb einer Bewegung, sondern auch ein Zeichen ihres Zusammenbruchs. Gewalt ereigne sich nur dann, wenn sich eine Splittergruppe von einer Bewegung entfremde und wenn diese Splittergruppe – oder die Bewegung selbst – ihre Ideologie aufgebe.[68] „Die organisierte Praxis wahlloser und nicht wieder gutzumachender Gewalt" sei ein „Ersatz für eine Bewegung, die entweder nur noch in der Phantasie existiert oder nicht mehr im Einklang mit den mit ihr verknüpften Hoffnungen steht".[69] Hat Wieviorka recht, dann lässt sich Terrorismus als Zeichen des Zusammenbruchs einer politischen Bewegung sehen, nicht als Zeichen ihrer Stärke.

Einiges spricht für diese Sichtweise. Der Nervengasanschlag auf die Tokioter U-Bahn wurde erst verübt, als sich für die Mitglieder von Aum Shinrikyo die Gefahr abzeichnete, in die Fänge der Polizei zu geraten. Einige der gewalttätigsten Taten der Hamas ereigneten sich nach der Unterzeichung des Friedensabkommens zwischen Rabin und Arafat, die den Oberhäuptern der Hamas signalisierte, dass der palästinensischen Führung ihre Rolle als peripher erschien. Der Anschlag auf Ministerpräsident Beant Singh erfolgte zwei Jahre nachdem die Sikh-Bewegung im Punjab so gut wie ausgelöscht war. Und der Anschlag, der die größte Zahl von zivilen Opfern in der Geschichte der nordirischen Unruhen forderte, geschah nach dem Friedensabkommen von 1998.

All diese Fälle verdeutlichen, dass Terrorakte immer eine Antwort auf Demütigungen sind. Und hin und wieder bestätigen sie auch die These von Wieviorka, dass Gewalt mit der Auflösung einer Bewegung einhergeht. An anderen Fällen lässt sich jedoch erkennen, dass das nicht immer der Fall ist. Die Taten der Hamas oder jüdischer Aktivisten wie Baruch Goldstein wurden unter Hinweis auf wesentliche Aspekte der jeweiligen Ideologie begründet. Mike Bray erklärte mir, sein Anschlag auf eine Abtreibungsklinik habe sowohl seine Enttäuschung über die moderate Haltung der Pro-Life-Bewegung als auch über die amerikanische Regierung zum Ausdruck bringen sollen. Seiner Meinung nach waren die Anschläge auf Kliniken zugleich Anschläge auf eine Regierung, die diese Kliniken unterstützte, und auf die weltlichen Werte überhaupt, die solchen Einrichtungen zugrunde lägen.[70] Religiöse Gewalt mag tatsächlich etwas mit internen Spannungen, Abspaltungen und dem Gefühl einer abhanden gekommenen Dynamik zu tun haben, gewöhnlich wird sie aber mit einem kosmischen Krieg und dem Kampf gegen einen externen Feind, einen satanischen Widersacher, begründet.

Immer wieder haben sich Aktivistengruppen darum bemüht, in den Augen ihrer Gegner und Rivalen als ehrbar und glaubwürdig zu erscheinen. Einige Gewalttaten, etwa die Anschläge auf die amerikanischen Botschaften in Afrika, wurden vor allem ausgeführt, um Drohungen zu verwirklichen. Die Rebellen aus Kaschmir, die ihre amerikanischen und europäischen Geiseln ermordeten, sollen sich in einem Dilemma befunden haben: Einerseits wollten sie die jungen Männer nicht unbedingt umbringen, andererseits waren sie der Überzeugung, sie müssten ihren Worten Taten folgen lassen und ihre Drohungen, würden ihre Forderungen nicht erfüllt, wahr machen. Mike Bray sagte mir, Paul Hill sei von Leuten wie dem Vorsitzenden der Anti-Abtreibungsorganisation Operation Rescue, Flip Benan, zu seinem Anschlag geradezu angestachelt worden. Benan soll Hill gesagt haben, dass er, wenn er an die moralische Notwendigkeit solcher Taten glaube, sie auch ausführen müsse.[71] Die Sikhs im Punjab wollten ihr Gesicht vor der indischen Regierung wahren; laut Cynthia Keppley Mahmood sahen sie sich deshalb dazu verpflichtet, ihre Morddrohungen gegen Hindus und Vertreter der Regierung zu verwirklichen.

Scheint es auch, als wolle man sich mit derlei Taten beim Gegner Respekt verschaffen, geht es doch immer um einen weiteren Aspekt: Die Bewegungen wollen dem Gegner ihre Ebenbürtigkeit beweisen. In einem Prozess, den René Girard als Mimesis bezeichnet, streben Gruppen nicht allein danach, ihre Rivalen nachzuahmen, sie wollen ihnen ihre Überlegenheit in einer Sprache demonstrieren, von der sie glauben, der Gegner werde sie verstehen. Viele Aktivisten benützen Gerichtsverhandlungen als Podium hierfür: Regierungen werden bekämpft und verhöhnt, weil sie die angeblich von ihnen vertretenen Werte aufgegeben haben. Timothy McVeigh zitierte Richter Brandeis, um der US-Regierung vorzuhalten, sie sei ein schlechtes Vorbild; die Angeklagten im Prozess um den ersten Anschlag auf das World Trade Center nannten das US-Justizministerium ein „Unrechtsministerium"; und Paul Hill bezichtigte die Regierung, die ihn am 4. Oktober 1994 des Mordes für schuldig befand, „ungerecht" zu sein.[72]

In die gleiche Richtung geht die Aussage eines Hamas-Anführers, der die Selbstmordanschläge auf Wohngebiete in Tel Aviv und Jerusalem als „Briefe an Israel" bezeichnete, die darauf zielten, in die innerste häusliche Sphäre des Feindes einzudringen. Ihre Botschaft war, dass „die Hamas nicht ignoriert werden kann" und dass „die Sicherheit des israelischen Volks gegen null geht".[73] Die

288

Nachricht fiel mit dem Medium in eins: Für eine kurze Zeit löste die Bombe Chaos und eine von Opfern geprägte Kriegssituation aus. Indem sie eine blutige Kampfszenerie in den ruhigen Wohngegenden Israels errichtete, wollte die Hamas verdeutlichen, wie nahe der Krieg den Israelis ist.

Diese symbolischen Akte der Aneignung von Macht sollten nicht nur die Glaubwürdigkeit der Hamas-Führung und ihre Ebenbürtigkeit mit der israelischen Regierung herausstellen, sie sollten auch die Berechtigung ihrer Ideologie einer religiösen Gesellschaftsordnung unterstreichen. Mit den Mitteln der Gewalt lenkten sie die Aufmerksamkeit auf das, was sie in ihrem Umfeld im Hinblick auf den gesellschaftlichen Schauplatz für bedeutsam hielten. Mit Bourdieu zu reden, schafften sie einen perversen „Habitus", eine düstere Welt der sozialen Realität, um damit jedermann zu zwingen, Israelis wie Palästinenser, ihre Weltsicht zu überdenken.[74]

Bis zu einem gewissen Maß funktionierte diese Machtaneignung, und tatsächlich zeigten die symbolischen Ereignisse Wirkung auf den größeren gesellschaftlichen und politischen Schauplatz. Als ich Mike Bray darauf ansprach, dass die Anschläge auf Abtreibungskliniken keine praktischen Auswirkungen hätten, wies er auf den ehemaligen IRA-Aktivisten und Sinn-Féin-Politiker Gerry Adams hin, der zu dieser Zeit gerade im Weißen Haus zu Gast war. „Nehmen sie Gerry Adams", sagte Bray, „der von Bill Clinton fürstlich bewirtet wird." Bray meinte, das werde von der Öffentlichkeit akzeptiert, „solange es einen gewissen zeitlichen Abstand zum letzten Bombenanschlag gibt". Bray kam zu dem Ergebnis, dass die Bomben der IRA, was auch immer ihre Wirkung sonst gewesen sei, Adams jedenfalls „Gehör bei den Leuten verschafft" hätten.[75]

Wie den meisten Aktivisten war Adams klar, dass solche Machtdemonstrationen nicht nur die Glaubwürdigkeit seiner Bewegung erhöhten, sondern auch dazu dienten, seine gesellschaftspolitischen Anliegen zu verbreiteten. Schon die bloße Ausführung performativer Gewalt in der Öffentlichkeit ist eine politische Handlung. Sie erklärt, dass die Macht der Gruppe der des Staates ebenbürtig oder sogar überlegen ist. Und in den meisten Fällen geht es um genau diese Botschaft.

In Israel wirft die jüdische Rechte der säkularen Regierung schon lange vor, sie benütze ihre Verpflichtung gegenüber der Demokratie als Ausrede, um die Vorstellung, dass Israel ein jüdisch-religiöses Gebilde sei, nicht voll anerkennen zu müssen. Jahre vor seinem Anschlag auf unschuldige Muslime am Grab der Patriarchen in Hebron schrieb Baruch Goldstein in einem Brief an den Herausgeber der *New York Times*: „Die Israelis müssen sich bald zwischen einem jüdischen und einem demokratischen Staat entscheiden."[76] Einer seiner Anhänger erklärte mir, dass Goldsteins Massaker zeige, wie ernst er es damit meinte. Und: „Die Juden müssen lernen, auf nationale Weise religiös zu sein."[77] Yoel Lerner stimmte dem zu und erklärte mir, Israel solle keine Demokratie, sondern eine „Torahkratie" sein, eine Gesellschaft, die auf den jüdischen Gesetzen fuße.[78]

Auch christlichen Aktivisten schwebt das Konzept einer Nation vor, deren Basis das religiöse Gesetz bildet. Anhänger der Christian Identity sind für die Errichtung einer christlichen Republik.[79] Und einst trafen sich in Idaho Vertreter der Lehre von der Überlegenheit der weißen Rasse aus allen Teilen der USA und Kanada, um, wie vermutet wird, einen Plan zum gewaltsamen Sturz der Bundesregierung auszuarbeiten. Innerhalb der USA wollten sie eine eigene „arische Nation" errichten. Folgt man den Informationen, die einer formellen Anklage seitens der Regierung zugrunde lagen, war geplant, „Mordanschläge auf Bundesvertreter, Politiker und Juden zu verüben sowie die städtischen Wasserversorgungssysteme zu zerbomben und zu vergiften".[80]

Mike Bray, der die Sicht der christlichen Rekonstruktionslehre vertritt, rät zu einer Rückkehr zu „Recht und Ordnung im christlichen Sinn".[81] Die Modelle, die ihm vorschweben, beziehen sich weniger auf christliche Monarchien europäischer Prägung oder das katholische Kirchenrecht, das er respektiert, sondern vor allem auf die protestantischen Regierungen der frühen amerikanischen Kolonien. Bray meint, die Art und Weise, wie deren Verfassungen im biblischen Recht verankert waren, könne als Vorbild für eine neuartige christliche Regierung der USA gelten; er räumte aber auch ein, dass nicht alle Menschen im Land von dieser Idee begeistert sind.

Deshalb vertritt Bray eine Aufwertung der einzelnen Staaten, einen radikalen Föderalismus, der jedem Staat eine eigene politische Regierungsform erlaubt. Bray schlägt eine „Machtverlagerung" vor, der zufolge sich die „christliche Kultur" in manchen Staaten entfalten könne, „andere Kulturen" in anderen.[82] Die Staaten müssten nur zum Zweck der gemeinsamen militärischen Verteidigung miteinander verbunden sein. Dieser Vorschlag ähnelt Richard Butlers „Zehn-Prozent-Lösung", die beinhaltet, dass zehn Prozent des amerikanischen Gebiets, zum Beispiel die Staaten Idaho und Montana, ausschließlich weißen Christen überlassen werden sollen.

Bray fühlt sich in seinem Traum vom radikalen Föderalismus von Aussagen wie der des früheren Gouverneurs von Florida bestärkt, der Florida als Teil einer christlichen Nation bezeichnete, oder vom Verhalten des Gouverneurs von Pennsylvania, der sich weigerte, Gelder des medizinischen Sozialhilfeprogramms Medicaid für Abtreibungen zu bewilligen. Außerdem verwies Bray auf Länder wie Südafrika, die ehemals eine „christliche Verfassung" besessen hätten, und er drückte seine Bewunderung für iranische, sudanesische und afghanische Muslime aus, die versuchten, Regime zu etablieren, die auf dem islamischen Gesetz basierten. Für Bray bedeutet Religionsfreiheit die Freiheit, unter einem religiösen Recht zu leben. Da Amerikas weltliche Regierung ihm diese Freiheit verweigert, bezeichnet er sie als scheinheilig.

Die Einrichtung einer auf religiösem Recht basierenden Regierungsform ist das eigentliche Ziel vieler muslimischer Gruppen. Mitglieder der Hamas erkennen hierin den Hauptunterschied zwischen ihrer Organisation und weltlichen Gruppen wie der Fatah-Bewegung, die mit Yassir Arafats Autonomiebehörde zusammenarbeiten. Ähnliche Ansichten werden von ägyptischen Aktivisten vertreten. Mahmud Abouhalima erklärte mir, Präsident Hosni Mubarak könne kein wahrer Muslim sein, weil er das islamische Recht, die Scharia, nicht zum nationalen Gesetz erhebe.⁸³ Ein Geistlicher von Kairos konservativer al-Azhar-Universität sagte mir, er verabscheue die Vorliebe seiner Regierung für die westliche Gesetzgebung. „Warum sollten wir uns an westliche Gesetze halten, wenn die muslimischen einfach besser sind?"⁸⁴ Diese Haltung vertreten viele muslimische Aktivisten: Westliche politische Einrichtungen und die ihnen zu Grunde liegende Ideologie soll aus den muslimischen Gebieten verbannt werden. Auf islamischen Fundamenten soll ihre Gesellschaft neu errichtet werden.

In manchen Fällen nahm diese Kritik extreme Ausmaße an. Weltliche Regierungseinrichtungen wurden nicht nur abgelehnt, es wurden alternative Behörden eingerichtet. Aum Shinrikyo etwa vergab an seine Führungsmitglieder politische Titel, so dass es zum Beispiel einen Geheimdienstminister, einen Innenminister und einen Minister für Wissenschaft und Technik gab. Damit sollte nicht nur gezeigt werden, dass die Organisation in der Lage sei, die Aufgaben der Regierung zu übernehmen; die Bewegung sollte tatsächlich auf eine Übernahme der Regierungsaufgaben nach der von Asahara prophezeiten Katastrophe vorbereitet werden. Wenn dieser schwarze Tag gekommen sei, werde allein die Regierung von Aum Shinrikyo in der Lage sein, die zivile Ordnung aufrechtzuerhalten.

Die Kämpfer der Sikh-Rebellion in den 1980er Jahren wurden behandelt, als seien sie in ihrer Autorität der Polizei und anderen Regierungsvertretern gleichgestellt. Dorfbewohner aus den Terrorzonen um die Städte Batala und Tarn Taran waren nicht bereit, gewalttätige Vorfälle bei der Polizei zu melden, und radikale Jugendliche gründeten ihre eigenen Gerichte und Regierungsbüros. „Politik kann so schön sein", sagte mir ein früherer Oberpriester aus dem zentralen Heiligtum des Sikhismus.⁸⁵ „Es muss aber die richtige Politik sein." Damit meinte er eine mit der Religion verschmolzene Politik, bei der „die Religion die Politik bestimmt" und nicht umgekehrt.⁸⁶ Wenn das Land Khalistan und die Herrschaft der Sikhs eingerichtet sei, sagte mir ein Anführer der Bewegung, dann werde eine Gesetzgebung eingeführt, die Gerechtigkeit für alle bringe, nicht nur für Sikhs. In einem solchen Regime würden die Lehren der Sikhs hochgehalten und der Guru Granth Sahib als oberster Lehrer verehrt.[87] Inwiefern sich dieses Regime von der gegenwärtigen Form der politischen Organisation in Indien unterscheiden sollte, blieb unklar.

Zuweilen wird die Errichtung einer gerechten Regierung von aktivistischen Gruppierungen lautstark als einziges Ziel ihrer Terrortaten propagiert. Tatsächlich wurde aber – vielleicht mit Ausnahme der palästinensischen Autonomiebehörde und der unabhängigen Behörden in Nordirland – niemals ein Regierungsapparat über den Weg des Terrorismus errichtet. Religiöse Regime (in Afghanistan, dem Sudan und Iran, kurzzeitig in der Türkei, Tadschikistan und beinahe in Algerien) sind über friedliche demokratische Wahlen oder über eine gut organisierte militärische Übernahme an die Macht gekommen, nicht über die sporadischen und extremen Gewaltveranstaltungen des Guerilla-Terrors.

Trotz ihres Draufgängertums scheuen sich Gruppen, die mit dem Terrorismus in Zusammenhang stehen, tatsächlich zumeist vor der Politik. Sie vermeiden Wahlen. Gibt man ihnen die Möglichkeit, sich in ein Amt wählen zu lassen, so lehnen sie das normalerweise ab, wie die Hamas 1996 in Palästina und radikale Sikhs 1992 im Punjab. Versuchen sie aber wie Aum Shinrikyo 1990 in Japan eine Wahl zu gewinnen, so gehen sie kläglich unter. Auch gehen sie kaum daran, eine effektive Streitkraft aufzubauen, außer einer solchen, die für eine „Hit-and-Run"-Aktion wie einen terroristischen Bombenanschlag nötig ist.

Absichtlich vage bleiben ihre Vorstellungen von der politischen Ordnung, für die sie kämpfen. Manchmal soll sie demokratisch sein, manchmal sozialistisch und manchmal ein Art religiöser Oligarchie. Manchmal ist sie nationalistisch und manchmal international ausgerichtet. Besonders islamistische Bewegungen sind dem Trugbild vom globalen Kampf gefolgt. Gerne stellte sich Osama bin Laden als großer Kriegsherr der vereinten muslimischen Welt im Kampf gegen die satanische Macht Amerika dar. In seinen auf dem Fernsehsender al-Dschazira übertragenen Verkündigungen im Anschluss an den 11. September 2001 wirkt er fast wie ein Prophet oder General, der aus seinem Lager an der Front spricht. Die muslimische Politik, für die er kämpft, bleibt allerdings unklar und verliert sich in unausgegorenen, verschwommenen Gedanken eines transnationalen Gebildes. Abdul Aziz Rantisi sagte mir, die Hamas unterscheide sich von der Organisation Yassir Arafats dadurch, dass die palästinensische Autonomiebehörde einen „nationalen Kampf" kämpfe, die Hamas hingegen einen „transnationalen".[88] Was bedeutet das aber politisch? Zwar ist klar, wen diese transnationalen Aktivisten hassen; aber in keiner Weise bieten sie einen Plan für ihr globales politisches Gebilde – sei es islamisch oder wie immer geartet. Unklar bleibt also, wie die Verwaltung nach einem Sieg über die amerikanische Herrschaft und die weltlichen Regierungen aussehen soll, sollte es jemals dazu kommen.

Ich glaube, dass manche Bewegungen des religiösen Nationalismus zwar tatsächlich eine ernsthafte Alternative zur weltlichen Regierung darstellen, dass aber die Vertreter des religiösen Terrorismus meistens ein weit weniger klares Ziel verfolgen. Ihre Taten sind meistens Mittel des symbolischen Machtgewinns in aussichtslosen Kriegen mit unerreichbaren Zielen. Das Fehlen jeglichen Plans für den Fall des Siegs ist ein hinreichender Indikator dafür, dass sie nicht mit einem Sieg rechnen, ihn vielleicht überhaupt nicht bezwecken. Womöglich liegt hierin die logische Folge aus einer Anregung des französischen Theoretikers Frantz Fanon. Während des algerischen Unabhängigkeitskrieges vor einigen Jahrzehnten schlug er vor, die Algerier sollten den Terrorismus als Waffe zur Mobilmachung nutzen. Fanon meinte, bereits eine kleine Gewaltdemonstration können über genügend symbolische Kraft verfügen, um den Massen schlagartig ihre Macht bewusst werden zu lassen.[89] Aber er war sich nicht darüber klar, dass einigen Aktivistengruppen das Bewusstsein der eigenen Macht schon genügt.

Diese Taten der symbolischen Machtaneignung haben aber auch einen Effekt, der über die persönliche Genugtuung und das

Machtgefühl der Ausführenden hinausgeht. Allein der Akt des Tötens im Namen eines moralischen Kodes ist eine politische Aussage. Solche Taten brechen das Staatsmonopol des moralisch sanktionierten Tötens. Indem sie sich das Recht nehmen, zu töten, melden die Ausführenden ihren Machtanspruch im Namen der Machtlosen an. Sie nehmen eine andere Basis der öffentlichen Ordnung in Anspruch als die, auf der der weltliche Staat beruht. Damit beweisen sie der Welt, wie zerbrechlich die öffentliche Ordnung ist, und wie unbeständig die Unterstützung der Volksmassen für die moralische Autorität von Macht sein kann.

11 Im Namen Gottes

Auf einem der Videobänder, die vom Fernsehsender al-Dschazira im Anschluss an den 11. September ausgestrahlt worden sind, lobt Osama bin Laden Gott und erklärt, der Einsturz des World Trade Centers sei Sein Wille gewesen. Eine Äußerung, die in ihrer religiösen Hingabe den Worten des schüchternen jungen Mannes ähnelt, der am Vorabend seines Selbstmordattentats in die Videokamera lächelt und erklärt, er tue es „für Allah".[1] Beide Fälle demonstrieren eine bemerkenswerte Eigenschaft heutiger Terroristen: Wenn sie von ihrer göttlichen Berufung überzeugt sind oder glauben, im Sinne Gottes zu handeln, sind sie zu nahezu allem fähig. Die Macht dieses Gedankens ist immens. Sie geht weit über jeden Anspruch politischer Autorität hinaus und treibt religiöse Ideologien in übernatürliche Extreme.

In dem vorliegenden Buch haben wir die Macht der Religion auf bestimmten Gebieten des öffentlichen Lebens untersucht. Wir haben gesehen, wie verbreitet religiöse Ideen in Kulturen der Gewalt sind, von denen Terrorismus ausgeht, und wie viel Verständnis religiösen Gemeinschaften hier entgegengebracht wird; wie gut sich das religiöse Drama in ein Theater des Terrors einfügt; wie Bilder des Martyriums, der Dämonisierung und des kosmischen Krieges eine zentrale Rolle in religiösen Ideologien spielen; und wie diese Bilder und Ideen als Träger der gesellschaftlichen Aneignung von Macht, des persönlichen Stolzes und der politischen Rechtfertigung gedient haben. Ziehen wir Bilanz, müssen wir feststellen, dass die Religion auch zu Beginn des 3. Jahrtausends noch einen Anspruch auf das öffentliche Leben anmeldet. Und wie die genannten Fälle zeigen, tritt dieser Anspruch oft in gewalttätiger Form auf.

Die Religion verleiht der Praxis des öffentlichen Terrorismus eine besondere Note, wenngleich manche der Eigenschaften, die für den religiösen Terrorismus typisch sind, denen eines rein politisch motivierten Terrors sehr nahe kommen. Terrorismus ist immer von Gewalt geprägt, egal ob dahinter symbolische oder strategische Gründe stehen. Vieles, was in diesem Buch geschildert wurde, gilt auch für andere Formen politischer Gewalt – besonders für ideologisch oder ethnisch motivierte. Bis zu einem gewissen Grad sind sie alle – seien sie nun linksgerichtet, separatistisch oder religiös-nationalistisch – ein Ausdruck dessen, was ich als performative Gewalt bezeichnet habe.

Was den religiösen Terrorismus auszeichnet, ist, dass er fast ausschließlich symbolisch handelt und dass seine Inszenierungen außergewöhnlich dramatisch ausfallen. Zudem heben sich diese Inszenierungen von Gewalt durch ihren ausgeprägten Anspruch heraus, moralisch gerechtfertigt zu sein. Sie sind mit einem unbeugsamen Absolutheitsanspruch verbunden, der sowohl durch die Intensität charakterisiert wird, mit der sich religiöse Aktivisten ihrer Aufgabe hingeben, wie dadurch, dass ihre Ziele sich jenseits eines geschichtlichen Rahmens bewegen.

Besonders in der Vorstellung vom kosmischen Krieg tritt der Absolutismus der Religion zu Tage. Obwohl linksgerichtete Bewegungen sich einer scheinbar ähnlichen Idee verschrieben haben – der Idee des Klassenkampfes – gehen sie gewöhnlich von einem Kampf auf einer rein gesellschaftlichen Ebene aus, der sich innerhalb bestimmter historischen Grenzen bewegt. In menschlicheren Versionen marxistischer Klassenkampftheorien kann der Einzelne sogar von seiner Klassenrolle losgelöst werden: Kapitalisten können umerzogen werden, so wie Mao Tse-tungs kommunistisches Regime es bei vormaligen Grundbesitzern und Geschäftsleuten versuchte. Religiöse Konzepte vom kosmischen Krieg liegen aber letztlich jenseits des Einflussbereichs der Historie, auch wenn sie sich angeblich in diesseitigen Kämpfen niederschlagen. Können in religiösen Kriegen auch gelegentlich Ungläubige bekehrt werden, so gilt dies nicht für den satanischen Feind: Ihn kann man nur zerstören.

Allein das Überborden ihrer zeitlichen Dimensionen lässt religiöse Kämpfe in einem eigentümlichen Licht erscheinen. Die meisten gesellschaftlichen und politischen Konflikte sind darauf angelegt, zumindest noch zu Lebzeiten ihrer Teilnehmer ein Ende zu finden. Religiöse Auseinandersetzungen können aber über Generationen hinweg geführt werden. Wie wir gesehen haben, glauben die Anführer der Hamas, sie könnten trotz der riesigen militärischen Übermacht Israels durchhalten. „Palästina war schon einmal besetzt", erinnerte mich Rantisi, „zweihundert Jahre lang". Und er versicherte mir, er und seine palästinensischen Kameraden können „wieder warten – mindestens so lange".[2] In manchen Fällen waren religiöse Aktivisten bereit, bis in alle Ewigkeit zu warten – und bei manchen Kämpfen ging man gar nicht davon aus, dass sie im Rahmen der Menschheitsgeschichte je beendet werden könnten; sie zu beenden hieß, auf eine Zeit jenseits der Zeit zu warten. In einem Kampf, der sich in göttlichen Zeitdimensionen bewegt und an dessen Ende himmlische Belohnungen warten, gibt es keinen Grund, Kompromisse einzugehen. Und folgt man einer höheren Autorität, muss man sich auch nicht mit gesellschaftlichen Gesetzen und Beschränkungen aufhalten. Indem sie die Gewalt spirituell auflädt, verleiht die Religion dem Terrorismus eine ungewöhnliche Stärke.

Paradoxerweise gilt auch das Gegenteil: Der Terrorismus stärkt auch den Einfluss der Religion. Zwar lassen sporadische Terrorakte keine neuen Religionsstaaten entstehen, aber sie verhindern, dass die politische Macht religiöser Ideologien ignoriert wird. Neben dem Machtzuwachs Einzelner oder ganzer Bewegungen ließ die Gewalt auch den Einfluss der Religion wachsen, so dass religiöse Organisationen und Gedanken in der Öffentlichkeit an Bedeutung gewinnen konnten wie seit vielen Jahren nicht mehr. Als Mike Bray mir sagte, er hoffe, die Bombenanschläge auf Abtreibungskliniken würden dafür sorgen, dass die Leute „nicht nur hinterfragen, was sie denken, sondern auch, was Gott denkt", unterstrich er den Vorrang der Religion im öffentlichen Leben.[3]

Religion und Machtgewinn

Aber was denkt Gott eigentlich? Nicht jeder würde den Vermutungen von Mike Bray zu diesem Thema zustimmen, weder alle Christen noch alle Lutheraner, nicht einmal alle Mitglieder von Brays eigener Kirche oder aus den Kulturen der Gewalt, mit denen er zu tun hat. Bibelauslegungen unterscheiden sich untereinander fundamental, und große Teile der Kontroversen innerhalb der Religionen drehen sich um eben die Frage, was Gott eigentlich will. Die Theologie entstand als der Versuch des Menschen, den *theo-logos* zu ermitteln, wörtlich: das auf Gott bezogene Wissen oder Denken. Nur sehr selten rechtfertigt dieses Denken Gewalttaten, und doch tauchen solche seltenen Momente in fast jeder Religion auf. Die christlichen, jüdischen, muslimischen, hinduistischen, sikhistischen und buddhistischen Kulturen der Gewalt, die ich beschrieben habe, beruhen auf derlei Präzedenzfällen, die zur Rechtfertigung für die eigenen Akte religiöser Gewalt herangezogen werden.

Mit solchen Rechtfertigungen präpariert, konnte man morden und sich sicher sein, damit der Logik Gottes zu gehorchen. Doch in allen Fällen von religiösem Terrorismus lehnten andere Mitglieder der verschiedenen Glaubensrichtungen das Vorgehen der Aktivisten ab. Tatsächlich sind diejenigen, die terroristische Formen der Gewalt gutheißen, mehr oder weniger Randgruppen innerhalb ihrer Glaubensgemeinschaft. Ihre Gewaltbereitschaft stellt zum Teil den Versuch dar, sich aus dieser Randposition herauszumanövrieren und innerhalb der eigenen Religion an Einfluss zu gewinnen. Zumeist ging diese Marginalität den Gewaltaktionen voraus, um hinterher nur noch extremer zu werden. Manchmal waren die Bewegungen sogar auf ihre Randposition stolz, und ihre Geringschätzung durch die übergeordnete Religionsgemeinschaft wurde mit Verachtung erwidert.

Aum Shinrikyo betrachtete sich als perfekte Synthese aller Formen des Buddhismus, ja sogar überhaupt aller Religionen. Aber im Zuge der öffentlichen Empörung nach den Nervengasanschlägen äußerten viele religiöse Oberhäupter, Aum sei gar keine Religion, schon gar nicht eine Form des Buddhismus. Selbst die Bewegung, der Aum am nächsten stand, eine der neuen Religionen namens Agonshu, der Shoko Asahara einstmals angehört hatte, unterstrich ihre Zweifel an Aums Legitimität als einer religiösen Organisation.[4] Asahara wiederum hinterfragte die Legitimität von Agonshu und anderer Formen des japanischen Buddhismus.

Die christlichen Bürgerwehrgruppen der USA lehnen den liberalen Protestantismus ab und verspotten sogar christliche Konservative. Richard Butler verließ seine presbyterianische Pfarrstelle, um seine eigene Kirche zu gründen. Timothy McVeighs Mentor William Pierce schrieb in *The Turner Diaries*, dass „die jüdische Übernahme der christlichen Kirchen und die Korruption der Geistlichkeit jetzt praktisch vollkommen" sei.[5] Und er fügte hinzu, die liberale Geistlichkeit sei weniger an der christlichen Lehre interessiert als an „,Stipendien' der Regierung, Auszeichnungen für ,Brüderlichkeit', Honoraren für Vorträge und natürlich an einer guten Presse". Noch mehr galt sein Tadel den konservativen Christen, die er „die größten Feiglinge der Welt" nannte. Damit nicht genug, behauptete Pierce, die Feigheit der meisten christlichen Konservativen werde „allein von ihrer Dummheit übertroffen".[6] Nur wenige Christen hätten wie die Figuren in seinem Roman bemerkt, dass das Regierungssystem maßgeblich an der „Unterminierung und Perversion des Christentums" beteiligt sei, so dass dessen Zerstörung für das Heraufkommen der wahren Christenheit unabdingbar sei.[7] Matthew Hale ging noch einen Schritt weiter und lehnte sämtliche christlichen Kirchen mit der Behauptung ab, bei ihnen handele es sich um eine jüdische Verschwörung. Seine World Church of the Creator sollte deshalb nicht etwa ein Ableger des Christentums, sondern das direkte Gegenstück dazu sein.

Spannungen zwischen religiösen Hauptrichtungen und militanten Abspaltungen existieren in nahezu allen Religionen. Nach der Ermordung von Yitzhak Rabin bezweifelte etwa die Führung der orthodoxen Juden in Israel, dass sich Rabbiner fänden, die eine sol-

che Tat religiös rechtfertigen würden. Die Zweifel schlugen nur zu
bald in Fassungslosigkeit um, als gleich mehrere Rabbiner auftra-
ten, die aufgrund moralischer Präzedenzfälle des traditionellen jüdischen Rechts tatsächlich die Tötung eines Juden erlaubten. Yoel
Lerner erklärte mir, der etablierte Klerus in Israel sei „bequem" und
„feige" und „nicht dazu bereit, sich in die Nesseln zu setzen", wenn
es um politische Themen gehe, für die seine Mitglieder sich entsprechend ihrem Glauben eigentlich einsetzen müssten.[8]

Auch die Hamas spielt unter den muslimischen Gruppen nur
eine marginale Rolle. Hat die Bewegung auch Anhänger im
Klerus – Scheichs und Mullahs, die eine religiöse Rechtfertigung
für die Unternehmungen der Hamas geliefert haben und in der palästinensischen Gesellschaft großes Ansehen genießen – so wird die
Hamas weder von allen Mitgliedern der islamischen Hierarchie
Palästinas anerkannt, noch hat sie sich je um eine solche Anerkennung bemüht. Nur von Seiten traditioneller muslimischer Geistlicher in Gaza genießt sie große Unterstützung. In anderen Gegenden Palästinas brüstet sie sich stolz mit ihrer prophetischen Rolle.
Als der Friedensprozess mit Israel den Palästinensern einen Funken
Hoffnung gab, fiel ihr Rückhalt in der Bevölkerung auf unter zwanzig Prozent. Aber mit jedem neuen Ausbruch der Gewalt, der die
Aussichten auf Frieden schwinden ließ, gewann die Hamas wieder
an Unterstützung.

Dasselbe gilt auch für andere militante islamische Bewegungen.
Wie die Mitglieder der Gamaa Islamiya (Islamische Partei) um
Scheich Omar Abdul Rahman, die wegen des ersten Anschlags auf
das World Trade Center zu lebenslanger Haft verurteilt worden
sind, waren auch die neunzehn an den Selbstmordmissionen vom
11. September Beteiligten Angehörige halbgeheimer Männerbünde.
Das Verhältnis dieser verdeckt agierenden Gruppen zu den Gemeinden muslimischer Immigranten, denen sie entstammen, kann
bestenfalls als angespannt beschrieben werden. Tatsächlich war die
von der Gamaa Islamiya betriebene Übernahme einer von Immigranten frequentierten lokalen religiösen Einrichtung, der Abu-Bakr-

Moschee in Brooklyn, ein erstes Anzeichen für die Gewalttätigkeit dieser Bewegung in den USA. 1992 soll Mahmud Abouhalima gegen den Protest der moderateren Mitglieder einen Putsch gegen die Leitung der Gemeinde geführt haben.[9]

Der jahrelang erfolgreichste radikale Männerbund der jüngeren Zeit, die Taliban in Afghanistan, hatte ebenfalls kein gutes Verhältnis zum moderateren Klerus. Nachdem sie viele traditionelle Führer zur Seite gedrängt hatten, rissen die ehemaligen Islamschüler die Macht mit militärischer Gewalt an sich. 1995 nahmen sie die Hauptstadt Kabul ein, und im August 1998 brachen die meisten der übrig gebliebenen oppositionellen Stützpunkte in Nordafghanistan zusammen. Weiterhin pflegten sie die Aufmachung und Organisation ihrer Banditenvergangenheit. Sie trugen die traditionellen Kleider ihrer ländlichen Heimatgegenden und behandelten die moderne Stadt Kabul gleich einem Dorf. Ihre Interpretation des islamischen Gesetzes übertraf an Strenge den Großteil der Kabuler Geistlichkeit, so dass nun Frauen untersagt wurde, zu arbeiten, nicht einmal als Krankenschwestern und Ärztinnen oder als Lehrerinnen in Mädchenschulen. Doch nie gelang es den Taliban, die Sympathie der afghanischen Mehrheit zu gewinnen, auch nicht die des traditionellen Klerus. Als die US-Regierung nach den Anschlägen vom 11. September den Taliban vorwarf, al-Qaida-Terroristen aufgenommen zu haben, versammelten sich die religiösen Oberhäupter des Landes. Man war sich über die Rolle der Taliban bei der Unterstützung von al-Qaida uneins und beantragte, dass Osama bin Laden mit seiner saudischen Gefolgschaft das Land verlassen solle. Als einige Tage darauf die US-Streitmacht Afghanistan angriff und das Regime der Taliban Ende 2001 unter den gemeinsamen Anstrengungen der amerikanischen Luftangriffe und der Nordallianz zusammenbrach, zeigte sich deutlich, dass die Taliban von Seiten der Afghanen kaum Unterstützung fanden. Sogar viele Paschtunen – aus diesem Volk stammten die Taliban – feierten, als sei das Land von einer bösen, repressiven Herrschaft befreit worden.

Der radikale Sikh-Führer Jarnail Singh Bhindranwale, der ursprünglich ein geistliches Amt an einem relativ unbekannten Heiligtum bekleidete, das für die traditionellen Machtbasen des politischen Sikhismus eine eher periphere Rolle spielte, entwickelte sich zum Oberhaupt einer großen und mächtigen Bewegung. Wenngleich er nach seinem Tod von vielen Sikhs als Märtyrer verehrt wurde und man sogar einige Gemeinden (*gurdwaras*) nach ihm benannte, zweifeln viele Sikhs an seiner Verwurzelung in ihrer Tradition und stellen die Rolle, die ihm die Geschichte dereinst zuweisen wird, in Frage.

In vielen Fällen des religiösen Terrorismus in jüngerer Zeit übernahm die Gewalt also nicht nur die Funktion, Individuen und ihren ideologischen Zielen Einfluss zu verleihen, sondern auch, religiöse Randgruppen in Machtpositionen zu katapultieren, die sie auf gleiche Augenhöhe mit ihren moderaten Rivalen brachten. Erst zu dem Zeitpunkt, als ihre Führung eingekreist zu sein schien und die Bewegung im Niedergang begriffen war, entschloss sich zum Beispiel Aum Shinrikyo dazu, einen dramatischen, selbstzerstörerischen Abgang zu veranstalten, um sich damit ihren Platz in der Geschichte zu sichern.

Doch Gewalt allein reicht nicht aus, damit religiöse Randgruppen ins Rampenlicht geraten, jedenfalls nicht für längere Zeit. Die Gruppen, die einen bleibenden Einfluss hatten, etwa die Hamas, die Khalistan-Bewegung, Christian Identity und die jüdische Rechte, haben Gewalt nicht nur dazu benutzt, die Aufmerksamkeit auf sich zu lenken, sondern auch dazu, den Anliegen der Menschen ihrer Kultur Gehör zu verschaffen. In diesen Kreisen sind sie überhaupt nicht marginal. Mögen sie auch radikal sein, so stehen sie doch für Gefühle von Entfremdung und Unterdrückung, die im übergeordneten Gemeinwesen weit verbreitet sind, weswegen dort ihre schneidende Rhetorik und ihre Gewalt vielleicht als etwas zügellos, aber doch verständlich erachtet wird.

Das wurde mir klar, als mir ein junger Mann in Gaza, der als Kellner in einem Strandcafé arbeitete und Student an einer Business School war, erzählte, er sei zwar kein Mitglied der Hamas, sei aber dennoch froh, dass es sie gebe. Er unterstütze die Bewegung, weil er glaube, dass sie dafür sorge, dass Arafat „islamischer und aggressiver gegenüber Israel auftritt".[10] Sogar Aum Shinrikyo erhielt stillschweigende Unterstützung durch Teile der japanischen Öffentlichkeit. Nur wenige Japaner außerhalb der Bewegung hätten sie offen gebilligt, doch die Mitglieder von Aum unterschieden sich kaum von den Anhängern der vielen anderen neuen Religionen in Japan. Mit derselben Hingabe verfolgten sie ihre Ziele, und mit vielen jungen Japanern teilten sie ihre Abneigung gegen die Gesellschaft und auch das Gefühl der Entfremdung in einem durch Bürokratisierung und Konkurrenzdenken geprägten urbanen Leben. Doch auch al-Qaida konnte sich auf die stillschweigende Unterstützung ihrer Terrortaten verlassen. Ihre Zurückweisung mancher Aspekte der wirtschaftlichen und kulturellen Globalisierung kam dem in der muslimischen Welt vorherrschenden Anti-Amerikanismus entgegen. Und so stimmten in vielen muslimischen Ländern auch Teile der Mehrheit, die Osama bin Ladens Gewaltbereitschaft eigentlich ablehnend gegenübersteht, gelegentlich seiner Haltung zu, die Vereinigten Staaten bedrängten die ganze Welt und verdienten es, gedemütigt zu werden. Wie viele Angehörige von Kulturen der Gewalt hatten sie verstanden, dass die Gewalt aus ihren eigenen Reihen – ist sie moralisch auch nicht gerechtfertigt – eine Reaktion auf auch von ihnen selbst erfahrene Unterdrückung und eigene Verletzungen war.

Die religiösen Bewegungen, die sich überall auf der Welt als Stimme der Kulturen der Gewalt entwickelt haben, seien sie christlich, jüdisch, muslimisch, buddhistisch oder sikhistisch, gleichen sich untereinander erstaunlich. Drei Dinge sind ihnen gemeinsam. Erstens lehnen sie die Kompromisse ab, die die meisten religiösen Oberhäupter und die meisten Organisationen der großen religiösen Strömungen mit liberalen Werten und weltlichen Institutionen eingegangen sind. Zweitens weigern sie sich, die Grenzen zu akzeptieren, die die weltliche Gesellschaft der Religion gesetzt hat, indem sie diese eher auf den Privatbereich verweist und nicht in der Öffentlichkeit Fuß fassen lässt. Und drittens haben sie das, was sie als ein schwächliches modernes Surrogat erachten, durch die viel lebhafteren und anspruchsvolleren Formen der Religion aus der Entstehungszeit ihrer Tradition ersetzt.

Dass sie am Rande stehen, bedeutet nicht automatisch, dass sie sich wesentlich von den religiösen Hauptströmungen unterscheiden. Zwar treten sie mit einer ungewöhnlichen Schärfe auf, doch zögere ich, diese politisch aktiven religiösen Bewegungen des ausgehenden 20. und beginnenden 21. Jahrhunderts als „kultisch" oder „fundamentalistisch" zu bezeichnen. Meines Erachtens ist ihre Spiritualität kaum außergewöhnlich, vielmehr sind es ihre religiösen Ideen, ihre kulturellen Kontexte und Weltanschauungen – Perspektiven, die sich aus den gesellschaftspolitischen Umständen der Zeit ergeben haben. Diese Bewegungen sind nicht einfach Verirrungen, sondern religiöse Antworten auf gesellschaftliche Situationen und der Ausdruck einer tiefen Überzeugung. Bei meinen vielen Gesprächen mit Anhängern dieser Kulturen der Gewalt war ich überrascht von der Intensität ihrer Suche nach einer tieferen Spiritualität, die sie als Alternative zu dem verstanden, was die oberflächlichen Werte der modernen Welt ihnen bieten konnten.

In seiner religiösen Entwicklung, so Mahmud Abouhalima, sei der Moment ausschlaggebend gewesen, in dem ihm klar wurde, dass er seine islamische Integrität nicht mit den leicht verfügbaren Lastern der modernen Gesellschaft vereinbaren konnte. Den ersten Teil seines Lebens habe er damit verbracht, vor sich selbst davonzulaufen. Obgleich er sich seit seinem Studium in Alexandria in radikal-islamischen Bewegungen engagiert hatte, verfolgte ihn das Gefühl, nirgends könne er sich niederlassen. Als er in Deutschland versuchte, ein an den Vorbildern Europa und Amerika orientiertes Leben zu führen, war der Tiefpunkt erreicht: Sex und Alkohol mussten die innere Leere und die Verzweiflung betäuben.[11] Die Rückkehr zum Islam als dem Mittelpunkt seines Lebens brachte für Abouhalima ein erneuertes Gefühl der Pflicht mit sich, die islamische Gesellschaft wahrhaft islamisch zu gestalten und „gegen Unterdrückung und Ungerechtigkeit zu kämpfen, wo immer das nötig ist".[12] Die einzigen Konstanten in seinem Leben seien seine Familie und sein Glaube gewesen. Der Islam sei „ein Fels und eine Säule der Gnade".[13] Nicht der Islam liberaler, moderner Muslime: Die hätten nämlich das harte und disziplinierte Leben, das der Glaube von ihnen fordere, kompromittiert.

Abouhalima wollte, dass seine Religion hart sei, anders als die demütigenden, stupiden Bequemlichkeiten einer säkularen Moderne. Er hielt seine neu entdeckte Religion für den traditionellen Islam. Dasselbe galt für die wiedergeborenen Sikhs aus der Separatistenbewegung in Indien: Sie hatten den wahren Sikhismus wiederentdeckt.

Anhänger von Aum und Bewegungen wie der Christian Identity oder der Rekonstruktionstheologie wissen zwar, dass das keine traditionellen Religionsformen sind, aber sie behaupten, über uralte Wurzeln zu verfügen und Urformen ihrer Traditionen zu verkörpern. Der Name von Richard Butlers Kirche, die auf Lehren der Christian Identity basierte, sollte ihre Autorität unterstreichen: „The Church of Jesus Christ, Christian". In den *Turner Diaries* beschreibt William Pierce, welche Rolle die Kämpfer bei der Wiederherstellung der „spirituellen Kraft" und „religiösen Gesundheit" des Christentums spielen.[14] Da die Kirchen die eigentliche christliche Botschaft untergraben hätten, musste Pierce' kosmotheistische Ideologie ihre eigene Version traditioneller Religion erfinden.

Pierce' neue „alte Religion" war ein erstaunliches Gemenge: teils mystisch, teils mittelalterlich und teils ein jugendliches Aufleben von Pfadfinder- und Studentenverbindungsriten. Ohne geistlichen Beistand führen die Mitglieder des fiktiven Ordens in Pierce' Roman Initiationsriten durch, die den Riten bei der Aufnahme in einen monastischen Orden entsprechen. Die Hauptfigur berichtet davon, dass sie „eine Art Mönchskutte" tragen muss und in einen dunkeln Zeremonienraum geführt wird, wo sie das von Kerzen erleuchtete Gesicht des Anführers erblickt. Dieser erklärt, dass die Neulinge „die Prüfung des Wortes und die Prüfung der Tat bestan-

den haben und eine der Sache angemessene Einstellung bewiesen"
hätten. Der Höhepunkt der Initiation ist erreicht, als die Neulinge
einen Eid ablegen müssen, „einen mächtigen Eid, einen bewegen-
den Eid", erinnert sich die Hauptfigur des Romans, „der durch
Mark und Bein ging und bei dem sich meine Nackenhaare aufstell-
ten".[15] Mit diesem Eid sind die Mitglieder des Ordens gewappnet,
um „Überbringer des Glaubens" in einer gottlosen Welt zu sein.[16]

Aktivisten wie McVeigh und Abouhalima, bin Laden, Abdul
Rahman, Rantisi, Bhindranwale, Asahara, Kahane, Lerner, Bray
und Hill verstanden sich als Verteidiger eines uralten Glaubens. Tatsächlich haben sie aber eine neue Form der Religion geprägt: Wie
viele religiöse Führer heute, benutzten sie die Sprache der traditionellen Religion, um Bollwerke gegen bedrohliche Aspekte der Moderne zu errichten und Wege aus den sinnlosen Demütigungen des
modernen Lebens zu finden. Für das Bild, das sie von ihrer Religion entwarfen, war es entscheidend, dass es für uralt gehalten wird.

Die Forderung nach einer „harten" Religion, wie Abouhalima es
nannte, einer „uralten" Religion, wie Pierce sie sich vorstellte, soll
dem verweichlichten Verrat begegnen, dem sich die Aktivisten im
Gefüge heutiger Gesellschaften ausgesetzt fühlen. Die moderne säkulare Gesellschaft gilt Abouhalima, Pierce und all den anderen als
ein gefährlicher Ozean, chaotisch und gewalttätig, in dem die Religion der Anker in einem windstillen Hafen ist. Auf einer tiefen, fast
transzendenten Bewusstseinsebene spürten sie, wie ihr Leben außer
Kontrolle geriet, und sie sahen sich selbst für die Verwirrung verantwortlich, deren Opfer sie geworden waren. In einer solchen
Welt von der Religion verlassen zu sein, kommt dem Verlust der
eigenen Identität gleich. Indem sie also ihre eigene „traditionelle
Religion" gründeten, enthüllten sie weniger die Anliegen ihrer religiösen, ethnischen oder nationalen Herkunft als die ihres eigenen
bedrohten Ich.

Verstärkt wurden diese sehr persönlichen Anliegen dadurch,
dass Abouhalima, bin Laden, McVeigh und all die anderen Aktivisten öffentliche Institutionen scheitern sahen. Pierre Bourdieu stellt

fest, dass gesellschaftliche Strukturen nie eine körperlose Wirklichkeit besitzen; sie sind das Erzeugnis von Individuen und deren Strategien, eine persönliche Identität zu gewinnen und ein erfolgreiches Leben zu führen. Die öffentlichen Institutionen werden von einem „symbolischen Kapital" legitimiert, das sie durch das kollektive Vertrauen vieler Einzelner gewinnen.[17] Kommt es im Zuge von „Legitimitätsproblemen" (Jürgen Habermas) politischer und religiöser Institutionen zur Entwertung des symbolischen Kapitals, dann wird die Abwertung der Autorität nicht nur als politische, sondern auch als extrem persönliche Problematik empfunden, als eine Art Kraftverlust.[18]

Das Gefühl eines persönlichen Machtverlusts angesichts chaotischer politischer und religiöser Autoritäten ist weit verbreitet. Und sowohl für Osama bin Ladens al-Qaida wie für die militanten Bürgerwehren um Timothy McVeigh und auch für die meisten anderen Bewegungen eines christlichen, muslimischen, jüdischen, sikhistischen, buddhistischen oder hinduistischen Nationalismus dürfte dieses Gefühl entscheidend sein. Das Krankheitsbild konstituiert sich durch die Wahrnehmung einer aus den Fugen geratenen öffentlichen Ordnung und durch den Verdacht, dass hinter dieser gesellschaftlichen Verwirrung ein großer religiöser und moralischer Konflikt steht, ein kosmischer Kampf zwischen den Mächten der Ordnung und des Chaos, zwischen Gut und Böse. Ein derartiger Konflikt führt zu Gewalt, und der zum Opfer gewordene Aktivist empfindet diese Gewalt als Machtlosigkeit – entweder seiner selbst oder seines ganzen Geschlechts, seiner Rasse oder seines Volkes. Die ohnehin schon als illegitim empfundene Regierung scheint einen Bund mit den Mächten des Chaos und des Bösen eingegangen zu sein.

Postmoderner Terror

Ein Grund, warum Regierungen so schnell zu Feinden der Religion gestempelt werden, liegt darin, dass sie es zu einem gewissen Grad tatsächlich sind. Es liegt in der Natur des weltlichen Staates, den Gedanken einer Beteiligung der Religion am öffentlichen Leben abzulehnen. Seitdem mit der Aufklärung im 18. Jahrhundert die Idee des modernen, säkularen Nationalismus Verbreitung gefunden hat, nahm der Staat eine eindeutig antireligiöse oder wenigstens antiklerikale Haltung ein. Die Gedanken John Lockes über den Ursprung der bürgerlichen Gesellschaft oder Jean Jacques Rousseaus Konzept vom „Gesellschaftsvertrag" ließen kaum Platz für den religiösen Glauben. Zwar räumten sie eine göttliche Ordnung ein, die sie als Grundlage der Menschenrechte heranzogen, ihre Ideen führten aber zu dem Ergebnis, dass die Religion – zumindest die von den Kirchen vertretene – aus dem öffentlichen Leben auszugrenzen sei. Religiöse „Feinde der Aufklärung", wie der Historiker Darrin McMahon sie nennt, protestierten zwar gegen den politischen Untergang der Religion.[19] Doch ihre Ansichten zerstoben angesichts einer Welle der Zustimmung zu diesem neuen Verständnis der Gesellschaftsordnung, das den weltlichen Nationalismus gleichsam als universell anwendbares und moralisch gerechtfertigtes Naturgesetz präsentierte.

Die aufklärerische Moderne verkündete den Tod der Religion. Sie signalisierte nicht nur den Niedergang der institutionellen Autorität von Kirche und Klerus, sondern auch die Lockerung der ideologischen und intellektuellen Kontrolle der Gesellschaft durch die Religion. Wissenschaftliche Logik und die moralischen Ansprüche des säkularen Gesellschaftsvertrags ersetzten Theologie und Kirche als Basis der Wahrheit und der gesellschaftlichen Identität. Laut Bourdieu war „eine allgemeine religiöse Glaubenskrise" das Ergebnis der Entwertung der Religion.[20] Hieraus erwuchs nicht nur für die Gläubigen ein Problem, sondern für die Gesellschaft insgesamt, denn nun gab es keine öffentlichen Symbole mehr, auf die man

sich hätte berufen können. Bourdieu meint: Die „Krise der religiösen Sprache und ihrer performativen Wirksamkeit" seien Teil des
Zusammenbruchs einer alten Weltanschauung, „die Auflösung eines ganzen Universums sozialer Bezüge".[21]

Um dieser Auflösung zu begegnen, verkündete ein neu auf-
lebender religiöser Aktivismus den Tod des Säkularismus. Die Bemühungen der weltlichen Kultur und ihrer nationalistischen Aus-
prägungen, die Religion zu ersetzen, wies man weit von sich. Und
es wurde behauptet, die weltliche Gesellschaft und der moderne
Nationalstaat könnten weder die moralische Struktur aufbringen,
um nationale Gemeinschaften zu einen, noch die ideologische
Kraft, die dazu nötig sei, Staaten aufrechtzuerhalten, die von ethischen, wirtschaftlichen und militärischen Fehlschlägen zermürbt
werden. Die Botschaft des Aktivismus ist gut verdaulich, und weil
sie die Unzulänglichkeiten des säkularen Staates leicht verständlich
zu erkennen gibt, erreicht sie viele Menschen.

Im ausgehenden 20. Jahrhundert – nach dem Ende des Kalten
Krieges und mit dem Aufstieg einer globalen Wirtschaft – wurde
die moralische Kompetenz des säkularen Staates zunehmend hinterfragt. Der Kalte Krieg hatte mit konkurrierenden Modellen moralischer Politik – Kommunismus und Demokratie – aufgewartet,
die sich nun durch einen globalen Markt ersetzt fanden, der die nationale Souveränität schwächte und dem politische Ideale weitgehend fehlten. Die globale Wirtschaft zeichnet sich immer mehr
durch grenzüberschreitende Geschäfte aus, die nicht mehr gegenüber Einzelregierungen verantwortet werden müssen und keinen
klaren ideologischen oder moralischen Verhaltensrichtlinien folgen. Doch während sowohl christliche Werte wie die Werte der
Aufklärung auf der Strecke blieben, trug der grenzüberschreitende
Handel viele Aspekte der westlichen Alltagskultur in die ganze
Welt. Amerikanische und europäische Musik, Videos und Filme
wurden in aller Welt ausgestrahlt und drohten lokale und traditionelle Formen des künstlerischen Ausdrucks zu zerstören. Infolge
des Niedergangs der Sowjetunion und der schwankenden wirt-

schaftlichen Situation Asiens traten zu diesen gesellschaftlichen Wirren einschneidende Machtverschiebungen.

Die öffentliche Unsicherheit, die sich aus den weltweiten Umwälzungen ergab, breitete sich nicht nur in den Ländern aus, deren Wirtschaft am Boden lag –vor allem in den ehemaligen Sowjetrepubliken – sondern auch in wirtschaftlich stärkeren Industriegesellschaften. In den USA konnte sich etwa eine ausgeprägte Abneigung gegen die politische Führungselite entwickeln, gepaart mit dem Aufstieg rechtsgerichteter religiöser Bewegungen, die in der Öffentlichkeit das Bild einer im wesentlichen unmoralischen Regierung verbreiten wollten.

Gibt es eine Verbindung zwischen den globalen Veränderungen und dem Aufstieg des religiösen Terrorismus? Wir wissen, dass die politischen Ziele mancher gewalttätiger Gruppen in industrialisierten Gesellschaften anti-modern ausgerichtet sind. In den USA stehen am äußersten Rand der religiösen Zurückweisung der Moderne Mitglieder der Anti-Abtreibungsgruppe Defensive Action, christliche Bürgerwehren und die Christian Identity sowie Einzelgruppen wie die Branch-Davidian-Sekte in Waco. Als Michael Bray und andere Vertreter der religiösen Rechten „die neue Weltordnung" beschimpften, die vorgeblich von Politikern der USA und der Vereinten Nationen gefördert werde, befürchteten sie, nicht allein einer tyrannischen, sondern vor allem einer atheistischen Ordnung unterworfen zu werden. Darin, dass die Regierung pluralistischen Werten in der Gesellschaft Vorschub leiste, ohne über ein einheitliches religiöses Fundament zu verfügen, sahen sie Anzeichen für deren antireligiöse Pogrommentalität.

Ähnliche Einstellungen gegenüber weltlichen Regierungen trifft man auch in Israel an – die religiös-nationalistische Ideologie der Kach-Partei ist ein extremes Beispiel – oder bei Aum Shinrikyo in Japan. Wie in den USA, waren auch dort streitbare Gruppen über die Fähigkeiten der weltlichen Führung, das Land zu führen, ernüchtert. Sie identifizierten die Regierung als den Feind. In Israel spielt sich der Kampf weniger zwischen der Hamas und der jüdi-

schen Rechten ab, er richtet sich vielmehr gegen die eigenen weltlichen Führer – abzulesen unter anderem an der Reaktion jüdischer
Siedler in Gaza auf ein versuchtes Selbstmordattentat der Hamas:
Als 1998, kurz nach den Vereinbarungen von Wye River, ein Ha-
mas-Aktivist versuchte, ein mit Sprengstoff beladenes Auto in einen
Schulbus voller jüdischer Kinder zu rammen, galt der Hass einer
Mutter nicht etwa den Arabern, die ihr Kind umbringen wollten,
sondern den israelischen Politiker, denen sie vorwarf, diese Taten
durch die Friedensverhandlungen mit Arafat erst herbeigeführt zu
haben.[22] Ihre Wutausbrüche demonstrierten, dass der religiöse
Krieg in Israel und Palästina kein einfacher Krieg zwischen Religionen ist, sondern ein doppelter Religionskrieg: ein Krieg der Juden
und der Muslime gegen den Säkularismus.

Die globalen Verschiebungen, die antimoderne Bewegungen ins
Leben gerufen haben, betrafen auch unterentwickelte Nationen. Ja-
waharlal Nehru in Indien, Gamal Abdel Nasser in Ägypten und
Schah Resa Pahlewi in Iran verfolgten den Plan, ihre Länder zu einer Variante Amerikas (oder zu einer Kreuzung aus Amerika und
der Sowjetunion) zu machen. Aber die nachfolgenden Generationen politischer Führungspersönlichkeiten glaubten nicht mehr an
die westlich orientierten Visionen eines Nehru, Nasser oder Pahlewi. Lieber wollten sie den Prozess der Entkolonialisierung schnell
abschließen, um einen neuen Nationalismus zu fördern.

Als Aktivisten in Algerien 1991 das scharfe Vorgehen gegen die
FIS anprangerten und verkündeten, sie würden weiter gegen den
französischen Kolonialismus kämpfen, zielten sie damit eher auf
den ideologischen als den politischen Einfluss Europas. Religiöse
Aktivisten wie die algerischen Führer oder der iranische Ayatollah
Khomeini, wie Scheich Ahmed Yassin in Palästina, Sayyid Qutb
und sein Schüler Scheich Omar Abdul Rahman in Ägypten, wie
L. K. Advani in Indien und Sant Jarnail Singh Bhindranwale im
Punjab vertraten die Legitimität einer postkolonialen nationalen
Identität, die auf der traditionellen Kultur beruht.[23]

Das Ergebnis dieser Ablehnung der Werte des modernen Westens habe ich als „Verlust des Vertrauens" in die ideologische Form dieser Kultur, nämlich den weltlichen Nationalismus, bezeichnet.[24] Was vor ein paar Jahren noch überrascht hätte, hat sich heute nahezu vollständig durchgesetzt: Der weltliche Nationalismus – das Prinzip einer Nation, die auf einem säkularen Vertrag statt einer religiösen oder ethnischen Identität fußt – steckt in einer tiefen Krise. In vielen Teilen der Welt gilt er als fremdes kulturelles Konstrukt, das eng mit dem so genannten „Projekt der Moderne" zusammenhängt.[25] Und von den Alternativen, die die Religion den weltlichen Ideologien entgegenstellt, geht eine ungeheure Anziehungskraft aus.

Die Unsicherheit darüber, wie sich eine gültige Basis für eine nationale Identität zusammensetzen kann, ist ein politischer Ausdruck der Postmoderne.[26] In Iran führte sie zur Ablehnung eines modernen, westlich geprägten Regimes und zur Errichtung eines erfolgreichen Gottesstaates. Zunehmend müssen sogar säkular geprägte Forscher im Westen zur Kenntnis nehmen, dass religiöse Ideologien in der politischen Sphäre vielleicht eine Alternative zur Moderne darstellen.[27] Doch das, was jenseits der Moderne liegt, muss nicht unbedingt eine neue Form der politischen Ordnung, ob religiös oder anders geartet, sein. In den früheren Sowjetrepubliken ging z. B. das Schreckgespenst kultureller Anarchie als mögliches Bild einer Zukunft jenseits der sozialistischen Variante der Moderne um. Die Angst vor einem religiösen und politischen Kollaps im Zentrum der Moderne hat in vielen Teilen der Welt zu Terror geführt.

Gewalt und Religion treten häufig dann in Erscheinung, wenn Autoritäten ins Wanken geraten, denn sie beide bieten die Möglichkeit, die Autorität anzugreifen und zu ersetzen. Bezieht die Gewalt ihre Macht aus ihrer Stärke, so die Religion aus ihrem Anspruch auf eine letztgültige Ordnung. Die Kombination beider, wie sie in Akten von religiösem Terrorismus auftritt, erscheint in der Tat als ungemein mächtig. Ob hinter solchen Taten politische Absichten stehen oder nicht – jeder Fall öffentlicher Gewalt führt zu politischen Konsequenzen. Versuchen die Terrorakte eine Neugestaltung der öffentlichen Ordnung, sind sie ein Beispiel für die von José Casanova so genannte wachsende „Entprivatisierung" der Religion.[28] In verschiedenen Teilen der Welt, in denen Fürsprecher der Religion den Versuch unternahmen, die öffentliche Aufmerksamkeit zu erregen, wurde dies meist von religiösen Terrorakten begleitet, der gewalttätigen Seite solcher Versuche.

Die postmodernen religiösen Rebellen, mit denen wir uns beschäftigen, können also weder als Anomalität noch als Anachronismus abgetan werden. Von Algerien bis Idaho steht hinter diesen kleinen, aber einflussreichen Gruppen gewalttätiger Aktivisten eine wachsende Zahl von Anhängern. Sie sind beispielhaft für geistige Strömungen und „Kulturen der Verbindlichkeit", die als Gegengewicht zur herrschenden Moderne – einer Ideologie des Individualismus und Skeptizismus – in den letzten drei Jahrhunderten seit der europäischen Aufklärung aufgekommen sind und sich weltweit verbreitet haben. Mit einer fast überirdischen Leidenschaft hassen diese Guerilla-Nationalisten säkulare Regierungen und träumen von revolutionären Umwälzungen, die eine göttliche Gesellschaftsordnung auf dem Schutthaufen dessen errichten sollen, was die meisten Bürger weltlicher Gesellschaften als moderne, egalitäre Demokratien bezeichnen. Ihre Feinde wirken auf die meisten unter uns eher gutmütig und banal: moderne, weltliche Führungspersönlichkeiten wie Yitzhak Rabin und Anwar Sadat; Symbole des Wohlstands wie das World Trade Center oder die Tokioter U-Bahn. Die Logik dieser Art der militanten Religiosität ist deshalb für die meisten von uns kaum nachvollziehbar. Und dennoch stellt sie für uns alle eine enorme Herausforderung dar, denn in ihr liegt eine fundamentale Kritik an unserer weltlichen Kultur und Politik, wie sie in Zeiten der Postaufklärung in der Welt herrscht.

Aus diesem Grund sind die Guerillataten eines religiösen Krieges nicht nur Versuche einer „Entlegitimisierung" im Sinne Sprinzaks, sie wollen auch eine Relegitimisierung sein: der Versuch, sich mit der Münze der Gewalt die öffentliche Annerkennung der Rechtmäßigkeit einer religiösen Weltanschauung zu erkaufen.[29] Da gerade die religiöse Autorität einen vorgefertigten Ersatz für weltlich orientierte Führung liefern kann, überrascht es kaum, dass man die Legitimität unzulänglich oder korrupt erscheinender weltlicher Oberhäupter häufig mittels der Religion zu untergraben sucht und den Ruf nach Unterstützung in diesem Kampf religiös untermauert. Wollen Anhänger einer Religion ihren Anspruch verdeutlichen, die moralische Stütze der öffentlichen Ordnung zu sein, so bedienen sie sich einer Sprache, die in verwirrten Gesellschaften einen tiefen Eindruck hinterlässt: der Sprache des Terrors.

Gewalt heilen

Wie kann all das Chaos und Blutvergießen ein Ende finden? Als die Vereinigten Staaten zu den Anschlägen auf ihre Botschaften in Afrika, die angeblich von muslimischen Extremisten verübt wurden, Stellung nahmen, erklärte die damalige Außenministerin Madeleine Albright, Amerika stehe im Krieg mit religiösen Terroristen. Es werde „ein langfristiger Kampf", prophezeite sie, der „leider der Krieg der Zukunft" sei.[30]

Auch wenn Albrights düstere Prognose zutrifft, gilt doch, dass jeder Krieg irgendwann endet. Sogar langfristige Kämpfe, die über Jahrzehnte sporadisch immer wieder aufflammen, enden irgendwann. Mit der Auflösung der Sowjetunion und dem Erwachen aus dem Traum vom globalen Sieg des Kommunismus endete 1990 auch der Kalte Krieg. Außerdem verändern langfristige Kriege mit der Zeit ihr Tempo: Kleine Siege, gelegentliche Unterbrechungen, zaghafte Beschlüsse und Versuche, eine Einigung zu erreichen, folgen aufeinander.

Der Krieg gegen den religiösen Terrorismus ist aus militärischer und diplomatischer Sicht eine Art globaler Guerillakrieg. Es ist schwierig, ihn mit Waffen zu führen, die für eine konventionelle und technische Kriegsführung entwickelt worden sind. Trotz allem glauben die Militärs, der Krieg könne gewonnen werden. Und viele

weltliche Politiker beteuern, der Krieg müsse gewonnen werden –
nicht nur, um brutale Taten wie die Zerstörung des World Trade
Centers zu rächen, sondern auch, damit eine moderne, westlich geprägte Zivilisation überleben kann. Aus der Sicht religiöser Aktivisten wie Osama bin Laden ist der religiöse Terrorismus ein Aspekt
des kosmischen Krieges. In unserer diesseitigen Geschichte muss
er nicht gewonnen werden, doch irgendwann werde man siegreich
aus ihm hervorgehen. Verlieren könne man ihn nicht.

Wie kann man aber einen Krieg beenden, der aus Sicht beider
Seiten so absolut und unbeugsam ist? Aus derzeitigen Trends und
jüngeren Beispielen lassen sich fünf Möglichkeiten ableiten.

Die Zerstörung der Gewalt

Die erste Lösung beruht auf Gewalt. Dazu gehörten in der Vergangenheit Fälle, in denen Terroristen schlichtweg getötet oder gewaltsam unter Kontrolle gebracht worden sind. Die militärische Reaktion der USA auf die Anschläge vom 11. September ist ein
dramatisches Beispiel für diese Strategie. Nach heftigen internen
Auseinandersetzungen darüber, wie eine angemessene Antwort auf
den bisher größten Terroranschlag auf amerikanischem Boden aussehen kann, begannen Präsident George W. Bush und seine Berater
einen vielschichtigen „Krieg gegen den Terrorismus". Dazu gehörten politische Allianzen und militärische Auseinandersetzungen,
wie der Feldzug zur Zerstörung des al-Qaida-Hauptquartiers in Afghanistan und zur Entmachtung des Taliban-Regimes, das Osama
bin Laden und seine mehrheitlich saudischen Kader aufgenommen
hatte. Die US-Raketenangriffe, die am 2. Oktober 2001 begannen,
kulminierten wenige Wochen später in einem militärischen Sieg,
bei dem die Taliban vertrieben und die Einrichtungen von al-
Qaida in Afghanistan zerstört wurden; viele ihrer Anführer wurden
getötet und Tausende angeblicher al-Qaida-Soldaten gefangen genommen.

Im Jahr 2002 warnte die US-Regierung die amerikanischen Öffentlichkeit aber immer wieder vor der Möglichkeit weiterer Terroranschläge, die man von „Schläfern" unter den al-Qaida-Aktivisten befürchtete, die angeblich in den USA lebten. Neben der philippinischen fanden auch andere Regierungen bei ihren Bemühungen, das weit gestreute Netzwerk auszurotten, die direkte Unterstützung des US-Militärs. Die Anschläge auf Bali und in Kenia 2002 und der Dreifachanschlag in Saudi-Arabien im Mai 2003 – alle mutmaßlich von al-Qaida-Aktivisten begangen – haben gezeigt, dass das Netzwerk noch immer aktiv ist.

Die Einschätzung der US-Regierung macht deutlich, dass ihr gewaltsamer Angriff auf al-Qaida – die größte Militäroperation, die jemals gegen ein nichtstaatliches Netzwerk geführt worden ist – nur eingeschränkt erfolgreich war. Andere Mittel scheinen im Umgang mit potenzieller antiamerikanischer Gewalt notwendig, und ein „Krieg gegen den Terrorismus" müsste an vielen Fronten und auf unterschiedlichen Wegen geführt werden. US-Außenminister Colin Powell sprach über die Notwendigkeit, sich mit den sozialen und wirtschaftlichen Missständen auseinander zu setzen, die die antiamerikanischen Gefühle im Nahen Osten und in anderen Teilen der Welt schürten, um so al-Qaida das Wasser abzugraben. Mit dieser Perspektive wurden US-Politiker dazu gedrängt, ein Friedensabkommen zwischen Israel und den Palästinensern herbeizuführen, um mit der Vorstellung aufzuräumen, die USA pflegten eine anti-islamische und anti-arabische Haltung.

Die Angriffe auf die Taliban und die Lager von al-Qaida in Afghanistan waren die direkteste Form der amerikanischen Antwort; weltweit erregten sie Aufsehen und fanden besondere Beachtung in der islamischen Welt des Nahen Ostens. Wenngleich die amerikanischen Militäraktionen die Fähigkeit von al-Qaida, Terroranschläge gegen die USA zu verüben, teilweise gemindert hatten, förderten sie doch auch eine kontraproduktive negative Publicity. Die weltweite Sympathie gegenüber den USA als Opfer verkehrte sich schnell in Unmut über ihre Aggressivität. Die amerikanischen

Militärschläge gegen Afghanistan wurden in der muslimischen Welt mehrheitlich als ungerechtfertigte und übertriebene Gewaltanwendung gewertet.

Und vielleicht haben die US-Militärangriffe die Wahrscheinlichkeit neuer terroristischer Racheaktionen sogar erhöht. Die Strategie des Krieges gegen den Terrorismus kann gefährlich sein, weil sie bestens in das Weltbild der Terroristen vom Krieg zwischen weltlichen und religiösen Mächten passt. Ein kriegslüsterner weltlicher Feind ist oft genau das, worauf religiöse Aktivisten hoffen. Das Videoband, das offenbar bereits im Vorfeld der Anschläge vom 11. September aufgezeichnet und von al-Dschazira direkt im Anschluss an die Anschläge ausgestrahlt wurde, zeigt einen Osama bin Laden, der jubelt, weil die USA angebissen hatten und al-Qaida nun als Feind in einem globalen Krieg ansahen. Der große Zulauf von Freiwilligen, den al-Qaida zu dieser Zeit erfuhr, deutet darauf hin, dass die amerikanischen Vergeltungsschläge die Rekrutierung für die Ziele des Terror-Netzwerks erleichterte. Denn die US-Aktionen demonstrierten, dass die weltliche Seite genauso brutal ist, wie sie von den religiösen Ideologen dargestellt worden war.

Der vorangegangene Militärschlag gegen Osama bin Ladens Lager im Jahr 1998 – die Vergeltung für die Anschläge auf die US-Botschaften in Afrika – zeigte noch weniger Wirkung als die Raketenangriffe von 2001. Weder wurden die Operationen der militanten Muslime behindert noch wurden ihre Aggression gemindert. Kurz nach dem Anschlag nahmen sie weitere US-Botschaften ins Visier, und einige Monate später verkündete CIA-Chef George Tenet vor der Presse, es gebe „keine Zweifel", dass „Osama bin Laden und seine Alliierten und Sympathisanten weltweit weitere Anschläge" auf US-Einrichtungen und Symbole der amerikanischen Macht planten.[31] Tenets Vorhersage sollte sich bewahrheiten.

Auch in Algerien führten die Versuche, muslimische Kämpfer zu eliminieren, zu Gewalt. Als die Militärjunta in Algerien die Wahlen stoppte und das Land mit eiserner Hand führte, eskalierten sowohl die öffentliche Unterstützung für die islamische Partei wie der gewalttätige Widerstand gegen die Junta. Als am 23. Juli 2002 israelische Militärflugzeuge das Haus eines Anführers der Hamas zerstörten und dabei unschuldige Kinder töteten, verkündete Abdul Aziz Rantisi im internationalen Fernsehen, Vergeltung sei gewiss, nun würden alle Israelis als legitimes Ziel betrachtet. Der Teufelskreis der Gewalt eskalierte.

Die Strategie der Zerstörung kann nur unter ganz seltenen Umständen gelingen. Ein Scheitern ist möglich, selbst wenn eine säkulare Regierung bereit ist, den totalen Krieg gegen den religiösen Terrorismus zu erklären und ihn über viele Jahre zu führen, so wie US-Präsident George W. Bush das bei seinem Aufruf zum „Krieg gegen den Terrorismus" versprochen hat und wie es die israelische Regierung seit Jahrzehnten im Kampf gegen terroristische Gegner versucht. Die Aussichten auf einen Sieg im militärischen Kampf gegen den Terrorismus waren immer nur dann gut, wenn der Feind leicht identifiziert werden konnte und – wahrscheinlich noch bedeutender – wenn er sich in einer bestimmten Region aufhielt. Weil aber al-Qaida und palästinensische Attentäter mobil sind, waren die Versuche der USA und Israels, sie zu vernichten, nur mäßig erfolgreich. Der indischen Regierung hingegen gelang es 1992, die Sikh-Separatisten fast vollständig auszulöschen. Ein Grund hierfür liegt darin, dass sie eine brutale Zerstörungsmission gegen alle militanten Sikh-Aktivisten innerhalb des Punjab ins Werk setzte.

Es wurden auch rechtliche Wege zur Eindämmung religiöser Aufstände eingeschlagen, die aber nur dann erfolgreich waren, wenn die Regierung über direkten, legalen Einfluss auf die Gruppe verfügte. In Japan etwa konnte die Regierung die Anführer von Aum Shinrikyo nicht nur vor Gericht stellen und zu Gefängnisstrafen verurteilen, sondern deren Machenschaften auch mittels legislativer und exekutiver Befugnissen einschränken. Und 1999 verbot China die Falun-Gong-Bewegung, die sie als gefährlich einstufte. Die USA mussten hingegen im Fall der libyschen Terroristen, die den Pan-Am-Flug 103 über Lockerbie in die Luft gesprengt hatten, feststellen, dass es höchst schwierig ist, Herr über Aktivisten in ei-

nem anderen Land zu werden, besonders in einem, das nicht
freundlich gesinnt ist.

Gelegentlich haben sich Aktivistengruppen aber auch selbst zerstört. Die inneren Kämpfe mancher Bewegungen nahmen zuweilen
ein so extremes Ausmaß an, dass man sich praktisch gegenseitig eliminierte oder die eigene militärische Verteidigung so geschwächt
war, dass die staatlichen Stellen leichtes Spiel hatten. So erleichter-
ten die inneren Streitigkeiten zwischen verschiedenen Flügeln der
Sikhs es der indischen Regierung, die Bewegung zu besiegen. In einigen extremen Fällen, wie zum Beispiel bei der nicht-terroristi-
schen, aber schwer bewaffneten Branch-Davidian-Bewegung in Waco, Texas, entschlossen sich die Mitglieder zum Selbstmord, als sie
keine Option mehr für die Zukunft sahen. Im Jahr vor seinen Nervengasanschlägen auf die Tokioter U-Bahn erwähnte Shoko Asahara den Massenselbstmord als möglichen Ausweg aus dem, was er
als Verschwörung der Regierung gegen seine Bewegung ansah.[32]
Was für die Streitkräfte einer Regierung zuweilen kaum zu bewerk-
stelligen ist, können gruppeninterne Spannungen manchmal selbst
erledigen.

Terroristen abschrecken

Eine zweite Strategie liegt darin, den Terroristen mit so verheeren-
den Vergeltungsschlägen oder Gefängnisstrafen zu drohen, dass
diese zögern, tatsächlich zu handeln. Diese Strategie der „harten
Maßnahmen" gegenüber Terroristen wird von vielen Polizeieinhei-
ten angewandt: Können die Behörden die Terroristen damit auch
nicht ganz ausmerzen, so kann es immerhin gelingen, sie ein-
zuschüchtern, indem der Einsatz für die Beteiligung an terroristischen Aktivitäten in die Höhe getrieben wird.

Manche Politiker haben zum Zweck der Abschreckung die Drohung mit harten Strafen und die militärische Besetzung von Regionen, die Terroristen unterstützen, empfohlen. Hierin soll einer der

Gründe für die Besetzung der palästinensischen Stadt Dschenin durch israelische Truppen im Jahr 2002 liegen, und darin wird auch ein Motiv der Amerikaner für den Irakkrieg 2003 vermutet. Der Sturz von Saddam Hussein im Irak sollte auch der Abschreckung von Terroristen weltweit dienen.

Mag sein, dass solche Drohungen auf einzelne Mitglieder von Aktivistengruppen ernüchternd wirkten; jedoch ist zu bezweifeln, dass diese Strategie der harten Maßnahmen bleibenden Eindruck auf überzeugtere Mitglieder hinterlässt. Aus ihrer Perspektive herrscht sowieso schon Krieg, und von Anfang an haben sie damit gerechnet, dass der Gegner zu harten Maßnahmen greifen wird. Wahrscheinlich wären sie erstaunt, wenn dem nicht so wäre. Deshalb kann die Drohung mit zusätzlicher Härte keine besonders abschreckende Wirkung zeigen. Im Gegenteil könnten heftige Reaktionen der Regierung die Aktivisten vielleicht sogar noch mehr anstacheln, wäre dies doch die Bestätigung ihrer Weltsicht, dass ein Krieg zwischen weltlichen und heiligen Mächten tobt.

Libyen wird gelegentlich als Beispiel für die erfolgreiche Einschüchterung von Terroristen angeführt. Mitte der 1980er Jahre ging man davon aus, dass Libyen muslimischen Aktivisten Unterschlupf gewähre, die für eine Reihe internationaler Terroranschläge gegen die USA verantwortlich waren. 1986 unternahmen die USA zur Vergeltung einen Luftangriff gegen Libyens Regierungschef Ghaddafi. Die Raketen zielten auf eine seiner Residenzen, und tatsächlich kam dabei ein Mitglied seiner Familie ums Leben. Ghaddafi selbst überlebte. Fast zwanzig Jahre danach existieren kaum noch Terroranschläge gegen die USA, die Libyen zugeschrieben werden. Heißt das, dass die Luftangriffe ihr Ziel erreicht haben?

Zweifel sind angebracht. Auch wenn Libyen vielleicht letztlich von den Angriffen eingeschüchtert wurde, so war die direkte Reaktion jedenfalls eine ganz andere. Laut der RAND-St.-Andrews-Chronologie des internationalen Terrorismus stieg die Anzahl der Terroranschläge gegen die USA, die mit Libyen in Zusammenhang standen, in den beiden Jahren nach den Luftangriffen stark an: 1987

waren es fünfzehn und 1988 acht.[33] Der schlimmste dieser Anschläge – die Explosion der Pan-Am-Maschine über Lockerbie, bei der alle
259 Insassen ums Leben kamen – ereignete sich im Dezember 1988.
Warum die Zahl der libyschen Terroranschläge seitdem zurück-
gegangen ist, ist unbekannt. Äußerungen Ghaddafis von 1998 weisen
darauf hin, dass ihm die wirtschaftlichen Sanktionen gegen sein
Land auf der Seele lagen. Aus Wut über die mangelnde Unterstützung für eine Aufhebung des Boykotts brach er seine Beziehungen
zu verschiedenen arabischen Staaten ab.[34] Es ist möglich, dass er aus
wirtschaftlichen Gründen die Beziehungen zu anderen Regierungen
normalisieren wollte. Jedenfalls gibt es keinen Hinweis darauf, dass er
oder irgendein Anhänger des internationalen Terrorismus von Amerikas militärischer Machtdemonstration abgeschreckt wurde.

Es kann geschehen, dass Terroristen über sich selbst erschrecken.
Das Ausmaß ihrer Zerstörungstaten ist so enorm, dass sie, plötzlich
von der Realität eingeholt, sich über das Ergebnis ihrer symbolischen Gewalt klar werden. Nachdem Timothy McVeigh 1995 mit
seinem Bombeattentat in Oklahoma City das Schreckensbild des
Romans *The Turner Diaries* in die Realität umgesetzt hatte, ließ die
Zahl gewalttätiger Vorfälle seitens christlicher Bürgerwehren deutlich nach. Nach Paul Hills Mord an Angestellten einer Abtreibungsklinik im Jahre 1994 in Florida sagte Michael Bray, seitens seiner
Kreise seien nun keine weiteren Anschläge nötig; Mordanschläge
auf Abtreibungsärzte wurden daraufhin von anderen Gruppen verübt. Und manche Aktivisten erlebten auf dem Weg zu ihren Anschlägen einen Moment der Einsicht. Ich erwähnte schon Kerry
Noble und seinen Plan, eine Gemeinde von Homosexuellen in
Kansas auszulöschen. Als er in der Kirche saß, in der er die Bombe
zünden wollte, hatte er einen Augenblick lang Zeit, sich über das
Ergebnis seines Vorhabens Gedanken zu machen: „Alles, was ich
vor meinem geistigen Auge sah, waren zerfetzte Leiber und abge-
trennte Körperteile", erinnert er sich. Ernüchtert und erschüttert
verließ er die Kirche, die Tasche mit der Bombe noch in der
Hand.[35]

Gewalt gewinnt

Die dritte Möglichkeit liegt darin, dass der Terrorismus nicht zerschlagen wird, im Gegenteil: Gewalt wird zum Hebel in politischen Verhandlungen, und die Ziele, die der Kampf verfolgt, werden durch ihn umgesetzt. Der Terrorismus gewinnt. Und genau das ist es, wonach sich jeder religiöse Aktivist verständlicherweise sehnt. Als ich das Hamas-Oberhaupt Abdul Aziz Rantisi danach fragte, ob Juden und Muslime harmonisch auf dem Gebiet zusammenleben könnten, das er Palästina nennt, bejahte er dies, allerdings nicht unter den derzeitigen Bedingungen. Die „Souveränität Israels über palästinensisches Land" könne er nicht akzeptieren. Aber beide Gruppen könnten friedlich zusammenleben, wenn die Situation umgekehrt werde und das Land unter der Kontrolle der palästinensischen Araber stehe.[36] „Juden wären in unserer Nation willkommen", erklärte er, denn gegen Juden an sich habe er nichts. „Wenn wir stark werden", versprach er, werde er sie nicht schlecht behandeln.[37] Er hoffe auf eine Lösung wie in Südafrika, bei der das ganze Land vereint würde – Israel, Gaza und die West Bank – und die Palästinenser, die einst die Region verlassen mussten, zurückkehren könnten. Dann wären die Araber in der Mehrheit, und Rantisi wäre mit einer demokratischen Regierung des vereinigten Gebiets einverstanden, das freilich nicht mehr Israel hieße.

Eine Lösung, die die Palästinenser innerhalb und außerhalb der Hamas beglücken, auf israelischer Seite jedoch kaum auf Gegenliebe treffen dürfte. Berücksichtigt man diese Vorstellungen und die militärische Vormachtstellung Israels, ist es fraglich, ob auch nur ein Teil der Ziele der radikal-islamischen Palästinenser je erreicht werden kann. Wie wir schon sahen, sind Terroranschläge strategisch im Normalfall unproduktiv und bewirken keinen Machtwechsel. Ist man nicht bereit abzuwarten – Rantisi beteuerte, er könne warten, auch über seine und vielleicht die nächste Generation hinaus – dann müssen die symbolischen Taten durch eine strategische Planung ersetzt werden, die darauf zielt, die eigenen

Anliegen entweder vollständig oder schrittweise umzusetzen. Revolutionäre Umwälzungen können entweder über eine gut organisierte Massenbewegung (wie in Iran) oder eine effiziente Militäraktion (wie in Afghanistan) geschehen. Vielleicht ereignen sie sich auch durch politischen Druck wie im Sudan und Pakistan, wo die jeweiligen Regime in einem schrittweise, aber nahezu unblutig verlaufenden Umsturz vor den religiös-nationalistischen Ideologien kapituliert haben. Aber in keinem dieser Fälle wurden primär Terrortaten zur Machtübernahme eingesetzt.

Es gibt aber Fälle, in denen der Einfluss, den man sich durch Terroranschläge verschafft hatte, als Trumpf in Verhandlungen ausgespielt wurde, wobei also ehemalige Terrororganisationen zu politischen Parteien umgewandelt wurden. Ein Beispiel dafür sind die Friedensvereinbarungen in Nordirland und der Aufstieg von Sinn Féin zu einem ernst zu nehmenden Faktor bei lokalen Wahlen. Wie aber der Bombenanschlag in Omagh vom August 1998 verdeutlicht, werden solche Kompromisse von Abtrünnigen dieser einstigen Aktivisten-Bewegungen nicht immer dankbar aufgenommen. Vielmehr bestehen sie darauf, ihre gewalttätigen, paramilitärischen Operationen fortzusetzen. Die Ideologie des kosmischen Krieges ordnet sich schließlich nicht einfach einer Übereinkunft unter. Der Vorfall in Omagh zeigte aber auch, dass die öffentliche Unterstützung für Kompromisse zur Isolierung jener Aktivisten führen kann, die die Gewalt fortsetzen wollen.

Die Haltung des Gegners – des alten Feindes im terroristischen Kampf – ist für den erfolgreichen Übergang von der Gewalt zu einer Politik des Kompromisses manchmal ausschlaggebend. Interessante Beispiele hierfür bieten die Lösungsversuche für die Konflikte in Nordirland und Palästina. In Nordirland machten die Briten Sinn Féin nicht für den Anschlag von Omagh verantwortlich, und sowohl britische Politiker wie Vertreter von Sinn Féin schlossen sich zu einer gemeinsamen Koalition gegen diese Gewalt zusammen. So erkannte auch die Öffentlichkeit im Anschlag von Omagh eine sinnlose Tat, die für die politischen Ziele der katholischen Bevölkerung unbedeutend und kontraproduktiv war. Nachdem hingegen die Friedensvereinbarungen im Palästinakonflikt ins Schwanken geraten waren, warfen israelische Politiker Yassir Arafat öffentlich eine Mitschuld an den wieder aufflammenden Terroraktivitäten der Hamas vor. Vielleicht ohne es zu beabsichtigen, verlieh Ariel Scharon damit den Aktivisten der Hamas erneuten Aufwind, und die Legitimität des weltlichen Palästinenserführers wurde durch Vorwürfe untergraben, er sei für Taten abtrünniger Aktivisten verantwortlich, auf die er wohl kaum Einfluss nehmen konnte. Da Arafat geschwächt wurde, die Hamas hingegen durch den Effekt ihrer Terrortaten neuen Schwung erhielt, setzte sich die Gewaltspirale fort.

Sich mit terroristischen Aktivisten an den Verhandlungstisch zu setzen, ist mit großen Schwierigkeiten verbunden. Diese Lösung funktioniert nicht immer. Mögen sich auch einige Aktivisten beschwichtigen lassen, sind andere darüber verärgert, dass ihre Prinzipien verraten und verkauft werden. Im Falle Arafats und der Hamas lag die Schwierigkeit nicht nur in der mangelnden Kooperation vonseiten Israels, nachdem die Wahlen Ariel Scharon an die Macht gebracht hatten. Ein Grund war auch die Hartnäckigkeit der Hamas und ihre Angst davor, auch nur einen geringen Teil ihres Einflusses zu verlieren. 1996 rieten einige Mitglieder der Hamas zu einer Strategieänderung: Man solle bei den palästinensischen Wahlen als politische Partei antreten. Die Führung der Hamas lehnte ab. Einer ihrer Gründe war politischer Natur: Sie wussten, dass sie zwar Gaza gewinnen würden, aber ihre Unterstützung auf der West Bank reichte nicht aus, um die Fatah und andere Parteien, die Arafats Autonomiebehörde unterstützten, zu schlagen. Ein anderer Grund war ideologisch: Hat man sich einmal für die Rhetorik des kosmischen Krieges entschieden, dann kann der Kampf, will man den Willen Gottes nicht verraten, nicht einfach eingestellt werden.

Trennung von Religion und Politik

Eine vierte Option für den Frieden besteht darin, den absoluten Charakter der Auseinandersetzung zu entschärfen, die religiösen Aspekte aus der Politik herauszunehmen und auf eine moralische und metaphysische Ebene zu verlagern. Solange die Bilder vom religiösen Krieg die Wahrnehmung der religiösen Aktivisten prägen und solange sie mit den sozialen Kämpfen in ihrer Umwelt verbunden werden, sind die drei erstgenannten Lösungen – die Aktivisten einfach zu besiegen, sie durch Einschüchterung zu unterwerfen oder einen Kompromiss mit ihnen auszuhandeln – bestenfalls problematisch. In manchen Fällen, in denen religiöse Politik zuvor einen großen Einfluss hatte, gelang es, das Bild vom kosmischen Krieg umzuwandeln. Ein gemäßigteres Bild des religiösen Krieges, das sich von der politischen und gesellschaftlichen Konfrontation entfernte, trat an seine Stelle.

Unwahrscheinlich ist jedoch der extreme Fall, dass sich die Religion, wie von Casanova beschrieben, wieder in die private Sphäre einer postaufgeklärten Welt zurückzieht.[38] Wenige religiöse Aktivisten sind bereit, in die Zeit zurückzukehren, als die öffentliche Bühne von weltlichen Autoritäten beherrscht wurde und die Religion allein Sache der Kirchen, Moscheen, Tempel und Synagogen war. Die meisten religiösen Aktivisten betrachten den kosmischen Krieg als Zentrum ihres Glaubens und träumen davon, der Religion die ihr zustehende Stellung im Mittelpunkt des öffentlichen Bewusstseins zurückzugeben.

Und dennoch war zur Jahrtausendwende in vielen islamischen Länder eine gewisse Reaktion gegen die politisierte Religion zu beobachten. 1999 demonstrierten iranische Studenten für Persönlichkeiten wie den moderaten Theologen Abdol Karim Soroush, der die Meinung vertrat, religiöse Interpretationen seien relativ und könnten sich mit der Zeit verändern.[39] Er unterschied zwischen Ideologie und Religion und fand, muslimische Geistliche hätten in der Politik nichts zu suchen.[40] Ähnliche Aussagen gibt es von moderaten islamischen Denkern wie Hassan Hanafi in Ägypten, Rashid Ghannouchi in Tunesien und Mohammed Arkoun in Algerien. Aus ihrer Sicht geht es um einen seelischen Kampf oder um eine Auseinandersetzung zwischen moralischen Positionen – und nicht zwischen bewaffneten Feinden.

Bis zu einem gewissen Grad folgen diese Denker dem, was René Girard in seiner Untersuchung, wie Religion Gewalt heilen kann, empfiehlt. Im Opferritus erkennt er eine Kompensation der Gewalt – ein Merkmal dessen, was ich ritualisierten kosmischen Krieg nenne. Laut Girard bietet die Religion, wenn sie in den rechten Bahnen läuft, der Gesellschaft eine symbolische Möglichkeit, ihre gewalttätigen Impulse auszuleben, so dass sie im wirklichen Leben nicht zum Ausdruck gebracht werden müssen.[41] Ein Kollege Girards, Mark Anspach, stellte fest, dass der Islam nicht über einen entwickelten Opferritus verfüge, der mit dem anderer Religionen vergleichbar wäre. Deshalb bestehe im Islam die Gefahr, dass „Ritual und Geschichte verwechselt werden". Dies führe zu einer zwar ritualisierten, aber immer noch realen Gewalt gegen die sakralen Feinde.[42] Soroush und andere islamische Denker propagieren nicht unbedingt einen moderaten Islam; vielmehr geht es ihnen um eine Wiederbelebung des Islam, um eine muslimische Religiosität, die vital und reich genug an Symbolen ist, um im Sinne Girards und Anspachs Gewalt rituell ausleben zu können.

Soroushs Vorstellung vom Islam räumt der Religion zwar eine bedeutende öffentliche Rolle ein, doch bleibt sie von einer Beherrschung der Öffentlichkeit ausgeschlossen. Wie Martin Luther rät auch Soroush zu einer unmittelbaren Religionsform, die persönlich und öffentlich zugleich ist. Für kirchliche Hierarchien und ihre Privilegien zeigt er wenig Verständnis – eine Haltung, die ihm in Iran beträchtliche Schwierigkeiten eingebracht hat –, und doch gerät sein reformierter Islam nicht zur bloß privaten Frömmigkeit. So wie gesellschaftlich verantwortungsbewusste Protestanten billigt er der Religion eine prophetische Rolle im öffentlichen Geschehen zu. Es handelt sich dabei um eine Form der gesellschaftlichen Anteilnahme, die politische Macht zugunsten moralischer Überzeugung ausklammert und den Gedanken des Kampfes so verwandelt, dass es um einen Streit der Ideen und nicht um den Krieg zwischen verfeindeten politischen Lagern geht.

Lösungen, wie sie Soroush formuliert hat, verlangen nicht, dass das Bild vom kosmischen Krieg aus der Öffentlichkeit verbannt oder ganz aufgegeben wird. Es wird vielmehr auf das Schlachtfeld der Ideen verlagert. Damit das geschehen kann, müssen allerdings zwei Bedingungen erfüllt sein: Mitglieder der religiösen Gemeinschaft der Aktivisten müssen diese gemäßigte Form des gesellschaftlichen Kampfs als legitime Repräsentation des kosmischen Krieges anerkennen, und auch die Gegner müssen es akzeptieren, ohne sich davon bedroht zu fühlen. Zum ersten Kriterium können säkulare Autoritäten wenig beitragen, weil hierfür ein verändertes Denken und eine veränderte Führung innerhalb der Religion vonnöten ist. Sie können aber zum zweiten Kriterium beitragen, indem sie der Versuchung widerstehen, sich wie ein Feind im kosmischen Krieg zu gebärden, und indem sie sich einer Religion gegenüber öffnen, die ihre gesellschaftliche Position auf einer weniger gewalttätigen Ebene wahrnimmt.

Wird man wie ein Feind behandelt, ist die Versuchung groß, wie ein Feind zu reagieren, besonders, wenn die Provokationen brutal waren. Nach den Anschlägen vom 11. September 2001 befand sich die amerikanische Regierung in einer Situation, die der der israelischen Führung sehr ähnelte – um ihre Wählerschaft zu beruhigen, musste sie schnell und brutal zurückschlagen. Solche Vergeltungsaktionen sind aber als alleinige Antwort höchst selten wirksam. Wie wir gesehen haben, können sie gewöhnlich ihre Ziele nicht völlig zerstören, sie ziehen weitere Terrortaten nach sich und bestätigen die Kriegsszenarien der Terroristen, in denen es keine Kompromisse geben kann.

Verständlicherweise können es sich Regierungen nicht leisten, Terrortaten einfach hinzunehmen. Sie müssen potenzielle Terrorgruppen aufs Sorgfältigste beobachten, sie müssen sehr gründlich arbeiten, wenn es darum geht, mutmaßliche Terroristen festzunehmen, und diese unverzüglich vor Gericht stellen. Eine Taktik des „Wie du mir, so ich dir" gelingt im Umgang mit dem Terrorismus selten, allein schon deshalb, weil die wenigsten Regierungen bereit sind, sich auf das brutale Niveau und die infamen Methoden der Terrorgruppen einzulassen. Außerdem wissen die Regierungen gewöhnlich, dass die Mitglieder von Kulturen der Gewalt, die der Nährboden des Terrorismus sind, genau beobachten, wie sie reagieren. Jegliche Reaktion auf Gewalttaten, selbst in Form von Vergeltungsschlägen, ist der Glaubwürdigkeit der Terroristen innerhalb ihrer Gemeinschaft nur zuträglich. Die Unterstützung von moderateren Anführern innerhalb der Gemeinschaft würde den Rückhalt der Extremisten jedoch reduzieren.

Beispiele moderater Antworten auf den Terrorismus waren die Reaktionen Großbritanniens auf die Gewalt der IRA und mindestens ein Moment im Umgang Israels mit dem palästinensischen Aktivismus. Als sich der britische Premierminister Tony Blair mit Gerry Adams, dem Chef von Sinn Féin, anfreundete und als Israels Premierminister Yitzhak Rabin dem Palästinenserführer Yassir Arafat die Hand schüttelte, glaubten viele, nun hätten die eigenen Premiers ihre Seele an Terroristen verkauft. Doch auch in den Lagern von Adams und Arafat gab es etliche, die fanden, ihre Anführer hätten die eigenen Prinzipien verraten. Wie wir gesehen haben, brachten der Anschlag von Omagh und die Selbstmordattentate der Hamas diese Unzufriedenheit brutal zum Ausdruck, eine Unzufriedenheit, die sich gegen die moderaten Oberhäupter sowohl der jeweiligen Regierungen als auch der Attentäter richtete. Dennoch blieben die britische und die israelische Regierung konsequent, weil sie die Gelegenheit zu einer friedlichen statt einer gewalttätigen Lösung erkannten. Und zum überwiegenden Teil gingen sie ihren Weg der Aussöhnung weiter, der denen zugute kam, die eine Umwandlung des Terrors in Zusammenarbeit befürworteten.

Politik durch Religion heilen

Den größten Erfolg versprechen die Lösungen, die auf einer moralischen Ebene angesiedelt sind und von beiden Opponenten verlangen, ein Mindestmaß an gegenseitigem Vertrauen und Respekt aufzubringen. Der Respekt und die Möglichkeit einer Kompromisslösung können wachsen, wenn religiöse Aktivisten der Auffassung sind, dass die Regierung über eine moralische Integrität verfügt, die im Einklang mit den eigenen religiösen Werten steht. Und das ist unsere fünfte Lösung: Weltliche Autoritäten akzeptieren moralische Werte, auch die der Religion.

Fallstudien konnten den großen Nutzen eines hohen moralischen Anspruchs, des Hochhaltens moralischer und bürgerlicher Werte als Reaktion auf Terroranschläge beweisen. In manchen Fällen wurde der religiösen Gewalt Einhalt geboten und die Religion quasi unter die Schirmherrschaft des Staates gestellt. In Sri Lanka etwa verfuhr die Regierung zweigleisig, als es darum ging, die Janatha Vimukthi Peramuna (JVP) – die Volksbefreiungsfront –, eine von vielen radikalen buddhistischen Mönchen unterstützte Bewegung, zu zerstören. Zu den harten Maßnahmen zählte, die engagiertesten Mitglieder aufzuspüren und umzubringen. Zu den etwas gemäßigteren Maßnahmen gehörte der Versuch, die Unterstützung militanter religiöser Führer zu gewinnen. 1990 schuf Präsident Ranasinghe Premadasa einen Fonds zur finanziellen Unterstützung von buddhistischen Schulen und Sozialdiensten und führte ein Ministerium für buddhistische Angelegenheiten ein, dessen Leitung er selbst übernahm. Er schuf einen Ausschuss buddhistischer Berater, darunter auch buddhistische Mönche, die der weltlichen Regierung zuvor sehr kritisch gegenübergestanden hatten. Einer davon erklärte mir 1991, im Zuge von Premadasas Maßnahmen fange die Regierung jetzt endlich an, „über buddhistische Werte nachzudenken".[43]

In anderen Fällen, etwa der britischen Reaktion auf den irischen Terrorismus, demonstrierte die Regierung ihre Verpflichtung zu moralischen Werten, indem sie sich in ihrem Vorgehen an die Gesetze hielt und sich zu keinen Überreaktionen provozieren ließ. Das erschwerte es den religiösen Aktivisten – ausgenommen Extremen wie Ian Paisley –, die Regierung als satanischen Feind darzustellen. Es steigerte auch die Chancen für eine Einigung mit den Aktivisten auf beiden Seiten des Nordirlandkonflikts und führte schließlich zur Unterzeichnung der Friedensvereinbarungen von 1998.

Regierungen, die einen anderen Weg wählten, indem sie in ihrer Reaktion auf den Terrorismus die eigenen demokratischen Prinzipen aufgaben, traten eine gefahrvolle Reise an. Ein Beispiel ist die algerische Militärjunta, die 1992 die Macht an sich riss und die Wahlen annullierte, als sich ein Sieg der Islamischen Heilsfront abzeichnete. Jahre des wachsenden Terrors waren das Ergebnis, was zum Teil wohl daran lag, dass die Regierung sich diskreditiert hatte; sie hatte offenbart, dass sie nicht in der Lage war, die moralischen Standards weltlicher Demokratien zu erreichen, ganz zu schweigen von den wohl noch höher anzusiedelnden moralischen Prinzipien der Religion. Wenn Regierungen ihre eigenen moralischen Prinzipien im Umgang mit dem Terrorismus aufgeben, bestätigen sie damit ungewollt den vernichtendsten Kritikpunkt religiöser Aktivisten, nämlich dass weltliche Politik keine Moral habe.

Es bleibt bemerkenswert, dass die Regierungen moderner Nationen so häufig als moralisch korrupt und spirituell entleert erachtet werden, zeichnen sich die Konzepte der Aufklärung, auf denen der moderne Nationalstaat fußt, doch durch eine beachtliche Anerkennung moralischer Werte aus. Jean-Jacques Rousseau prägte den Begriff der „Zivilreligion", um damit den moralischen und religiösen Grundstock zu bezeichnen, den er als die Voraussetzung einer jeden modernen Gesellschaft betrachtete, die eine stabile politische Ordnung etablieren will. Eine solche „Religion" dürfe nicht auf „religiösen Dogmen" basieren, sondern auf „der Unantastbarkeit des Gesellschaftsvertrags".[44]

Trotz der edlen Rhetorik dieser Denker der Aufklärung wurde ihr moralischer Zeigefinger von ihren zeitgenössischen Gegnern genauso belächelt wie von ihren heutigen Kritikern; heute wie damals wirft man ihnen vor, Heuchler zu sein. McMahon weist darauf hin, dass religiöse Kritiker Denkern wie Rousseau – zu Recht oder zu Unrecht – vorwarfen, unter dem hehren Deckmantel abgehobener Abstraktionen ihre eigenen Interessen zu verfolgen.[45] Diese augenscheinliche Heuchelei – und das, was sie als dem weltlichen Leben innewohnende Leere betrachten – ist es, woran religiöse Aktivisten schon seit der Epoche der Aufklärung Anstoß nehmen.

Das wurde mir an einem ungewöhnlichen Ort, der Bundeshaftanstalt Lompoc in Kalifornien, direkt vor Augen geführt, als mir ein verurteilter Terrorist einen Vortrag über meinen Mangel an moralischen und religiösen Zielen hielt. Mahmoud Abouhalima warf den Amerikanern im Allgemeinen und mir im Besonderen unsere Weltlichkeit vor. Er kritisierte, dass wir uns zwar angeblich der Tugend der Toleranz verschrieben hätten, aber doch nicht bereit seien, religiöse Enthusiasten wie ihn zu tolerieren. Er bestand darauf, dass er wisse, was Leuten wie mir fehle: „Die Seele der Religion, das fehlt." Weiter erklärte er, dass die Menschen der profanen Welt „nur für den Tag leben, sie suchen Arbeit, Geld zum Leben". Sie lebten „wie Schafe".[46] Ich räumte ein, dass an seiner Analyse zwar einiges von Gewicht sei, dass die meisten Leute aber nicht wie Schafe leben wollten. Genau wie er sehnten sie sich nach einem Leben voller Würde und bescheidenem Stolz. So wie ich es interpretiere, trat Abouhalima nicht nur für eine religiöse Doktrin oder eine religiöse Bekehrung im Sinne der Wiedererweckungsbewegung ein, sondern für eine Suche nach Vitalität und Sinn im Leben. Er wollte eine harte, solide Existenz, kein Dasein, das auf einen sinnlosen Tod zutreibt. Ich stimmte zu, dass die Religion den Menschen im besten Fall zu dem Gefühl eines sinnerfüllten Lebens verhilft.

Ich fragte mich aber auch, inwieweit Abouhalima mit seiner Ansicht Recht hatte, dass weltliche Politik und moderne gesellschaftliche Werte dem Einzelnen diese Zufriedenheit im Leben verbauten. Kann man den gesellschaftlichen und politischen Einrichtungen einen Mangel an Spiritualität vorhalten? Die Antworten fallen unterschiedlich aus. Wer mit „nein" antwortet, akzeptiert zumeist die moderne Annahme, die Privatsphäre und das öffentliche Leben müssten getrennt werden, und das Individuum sei einzig für die Integrität und Moralität verantwortlich, die es besitzt. Mit „ja" antworten unter anderem die Kritiker der Moderne, die auf die schädliche Wirkung der Konsumkultur und deren abstumpfenden Einfluss auf unsere Sinne durch scheinbar endlose Medienbilder verweisen, oder auch auf den Zynismus, mit dem die meisten die moralische Integrität derer betrachten, die im öffentlichen Leben stehen. Der amerikanische Soziologe Robert Bellah behauptet, dass das gleichgültige multikulturelle Klima, das in der amerikanischen Gesellschaft des beginnenden 21. Jahrhunderts vorherrscht, durch die von ihm so bezeichneten großen Faktoren der Sozialisierung – Erziehung und Fernsehen – bestimmt und von der Rechtsordnung gefördert wird.[47]

Doch selbst wer die moderne Gesellschaft ihrer ästhetischen und ethischen Armut wegen rügt, fragt sich vielleicht, ob die Einführung der Religion ins öffentliche Leben diese negativen Einflüsse abmildern würde. Einige nachdenkliche Beobachter der westlichen Gesellschaft behaupten, das könne tatsächlich der Fall sein – wenn es der Religion gelänge, die Bühne der Öffentlichkeit undogmatisch und unaufdringlich zu betreten. Der französische Theoretiker Marcel Gauchet fordert die westliche Gesellschaft dazu auf, ihre religiösen Wurzeln, die sie aufgegeben habe, als sie das Gefühl der Heiligkeit von Gott auf die Nation übertragen habe, wiederzuentdecken.[48] Ähnlich argumentierte der amerikanische Theologe Reinhold Niebuhr, auch wenn er dem Eindringen der Religion in die Politik kritisch gegenüberstand.

Niebuhr misstraute der Religion, da sie politische Überlegungen, die realistischerweise aus Eigeninteresse angestellt werden, verabsolutiert und moralisiert. Jedoch erkannte er in dem, was er die „Illusionen" der Religion nennt, ein politisches Potential, das Bindungen zwischen Menschen erlaubt, „anstatt gesellschaftlicher Konflikte". Er nannte das „die besonderen Gabe der Religion an den menschlichen Geist". Niebuhr behauptete, weltliche Vorstellungskraft sei nicht fähig, solche Bindungen hervorzubringen, weil man „dafür so verrückt sein muss, jegliche unmittelbare äußere Erscheinung zu missachten und dafür tiefe und letzte Einheiten zu betonen".[49]

Ich stimme Niebuhr zu, dass die Religion der Gesellschaft nicht nur eine hehre Gesinnung bietet, sondern auch für Lebensqualität sorgt – für ein Ziel, das ehrenvoller ist als die schlichte Anhäufung von Macht und Besitz. Aus diesem Grund betritt die religiöse Rhetorik den politischen Diskurs oft dann, wenn die moralischen und religiösen Wurzeln einer Gemeinschaft angegriffen werden oder kurz davor stehen, gekappt zu werden. Besonders in den religiösen Kulturen der Gewalt, um die es in diesem Buch geht, wurde immer wieder die Leere des modernen Lebens kritisiert. Religion wurde von den Aktivisten als Balsam für ihre gebrochenen Existenzen benutzt. Für manche gilt Religion – wie Kunst, Bildung oder Sport – als eine Flucht vor dem Durcheinander der Politik. Aus der Sicht anderer verleihen diese Elemente des öffentlichen Lebens den Turbulenzen erst Bedeutung. Auf dem Höhepunkt des Bosnienkonflikts Mitte der 1990er Jahre blieben zum Beispiel Moscheen offen, und das Sinfonieorchester von Sarajevo hielt sich weiter an seinen Spielplan und trat vor einem ethnisch gemischten Publikum auf.

In Palästina waren es die Hochschulbildung, Sport und Religion, durch die die Einheit jenseits von Gewalt und ethnischem Konflikt symbolisiert wurde. Als ich ein Hamas-Mitglied fragte, an welchem Ort künftige Generationen von Palästinensern und Israelis zusammenkommen könnten, war die Antwortet: „Wahrscheinlich an einer Universität." Er konnte sich eine Situation vorstellen, in der sein Sohn und das Kind eines seiner israelischen Gegner eines Tages als Kommilitonen auf neutralem Boden Freunde werden könnten – „vielleicht auf dem Campus der University of California".[50]

„Ich vermisse den Fußball", erzählte ein junger Hamas-Anhänger einem Journalisten, der ihn für den Dokumentarfilm *Shaheed* („Märtyrer") in einem israelischen Gefängnis interviewte. Der israelischen Polizei war es gelungen, den zu einem Selbstmordattentat bestimmten jungen Mann zu entdecken, bevor er sich und sein Ziel, eine Gruppe unschuldiger israelischer Passanten, zerstören konnte. Er erklärte dem Interviewer, er hasse die Juden. „Ich verachte sie", sagte er. „Sie haben uns unser Land weggenommen." Nach der israelischen Fußballmannschaft befragt, sagte er jedoch, dass er die israelischen Spieler sehr verehre und viele von ihnen namentlich kenne. Die Frage des Journalisten, was er tun würde, wenn man ihn beauftragen würde, seine Selbstmordmission in einem Fußballstadion voller Feinde auszuführen, voller Zionisten und Ungläubiger, verwirrte den jungen Mann sichtlich. „Auf einem Fußballplatz?", fragte er, offenkundig ernstlich getroffen: „Nein, das könnte ich nicht."[51]

In den Augen des verhinderten Selbstmordattentäters rangierte der Fußball über dem Chaos des Terrorismus, genau wie Hochschulausbildung und Sinfoniekonzerte ein neutrales Terrain jenseits ethnischer, religiöser und ideologischer Spannungen darstellen. Auch die Religion kann einen solchen neutralen Boden bieten: In Israel fand ein ebenso intensiver Gedankenaustausch zwischen Rabbinern und Mullahs statt, wie er auf politischen Ebene geführt wurde. Hat die Religion auch nicht einen ähnlich neutralen Ruf wie Kunst, Bildung oder Sport, so existieren doch in fast jeder Religion Bilder des Friedens, deren tiefe und versöhnende Kraft vielleicht noch weiter reicht. Denn auch im kosmischen Krieg geht es letztlich um das friedliche und allumfassende Ideal der heiligen Verwandlung, und das Ziel all der religiösen Gewalt ist – merkwürdig genug – immer der Frieden.

Wie wir in unseren Fallstudien gezeigt haben, konnten religiöse Gedanken vielen Situationen Tiefe und ideologische Klarheit verleihen – seien es wirtschaftliche Notsituationen, Formen gesellschaftlicher Unterdrückung, politische Korruption oder das verzweifelte Bedürfnis nach einer Hoffnung, die über die Grenzen des modernen Lebens hinausführt. Das Bild des kosmischen Kriegs hat diesen bitteren Erfahrungen Sinn verliehen, und die Beteiligung am großen Konflikt ließ viele aufleben. Sie hat ihnen sogar das Gefühl von Macht gegeben. Einzelpersonen und gesellschaftliche Bewegungen, die sich an solchen Konflikten beteiligten, hatten oft den Eindruck, sie könnten über ihr eigenes Schicksal bestimmen. In derlei Situationen wurden Gewalttaten, auch solche, die von Außenstehenden als brutale Terrorakte angesehen wurden, von Mitgliedern der Kulturen der Gewalt sowohl als angemessen wie auch als gerechtfertigt beurteilt.

Warum hat – in einigen wenigen extremen Fällen – die Gewalt die neu gefundene politische Rolle der Religion begleitet? Mein Ergebnis lautet, dass den religiösen Phantasien, die immer dazu neigen, Dinge zu verabsolutieren und Bilder vom kosmischen Krieg zu projizieren, hierbei eine besondere Rolle zufällt. Doch auch die gesellschaftlichen Spannungen unserer Zeit, die nach absoluten Lösungen rufen, tragen maßgeblich dazu bei, und ebenso auch das auf vielen Männern lastende Gefühl persönlicher Demütigung und ihr Verlangen danach, ihre Integrität wieder herzustellen, die sie im Zuge weltweiter gesellschaftlicher und politischer Verschiebungen verloren zu haben glauben.

Bis zu einem gewissen Grad hat es auch mit der öffentlichen Rolle von Gewalt zu tun. Da öffentliche Gewalt als Machtdemonstration dient, wirkt sie gerade auf diejenigen sehr attraktiv, die dazu bereit sind, drastische Erklärungen abzugeben, um so ihre Stellung in der Öffentlichkeit zurückzugewinnen. In Zeiten des gesellschaftlichen Wandels und der Unsicherheit kann Gewalt politische Geltung und religiöse Bedeutung zugleich besitzen. Sie kann dazu dienen, die Bevölkerungsmassen an die göttliche Kraft zu erinnern, die die religiöse Ideologie so mächtig macht, sie kann auch dazu dienen, göttliche Urteile zu fällen. Im Auftrag Gottes kann sie von Menschenhand herrührende Angst verbreiten, als wären die Ausführenden dazu in der Lage, Gottes Gedanken zu lesen.

Es ist eine Ironie der Geschichte, dass die Gewalt, der einerseits die Religion als Rechtfertigung dient, auch der Religion Macht verleihen kann. Deshalb ist es vielleicht verständlich, dass die Religion – als Folge des Säkularismus und nach langen Jahren des

Wartens hinter den Kulissen der Geschichte – in höchst dramatische Weise wieder als gesellschaftspolitische Ideologie auftritt, und zwar gewaltsam. Die Gewalttaten werden irgendwann enden, die Situation an sich aber bleibt bestehen. Die Religion verleiht dem öffentlichen Leben Seele, sie dient gleichsam als Leuchtturm einer moralischen Ordnung. Und doch braucht die Gesellschaft auch die Mäßigung durch die Vernunft und die Regeln eines „Fair Play", wie sie in den Werten der Aufklärung zu finden sind. Religiöse Gewalt kann also nur dann enden, wenn beide aufeinander zugehen – wenn sich die Religion zur Mäßigung ihrer Leidenschaft verpflichtet und wenn sie als wichtige Instanz zur Steigerung spiritueller und moralischer Werte im öffentlichen Leben anerkannt wird. Seltsamerweise scheint das Mittel gegen religiöse Gewalt letztlich nur eine neuerliche Wertschätzung der Religion selbst zu sein.

Anmerkungen

Anmerkungen zu: *Terror und Gott*

[1] „Global Terror", *Los Angeles Times*, 8. August 1998, A16.

[2] Bruce Hoffman, *Inside Terrorism* (New York: Columbia University Press, 1998), 91 (Dt. Ausgabe: *Terrorismus – Der unerklärte Krieg*. Frankfurt a. M., 2001).

[3] Warren Christopher, „Fighting Terrorism: Challenges for Peacemakers", Ansprache am Washington Institute for Near East Policy, 21. Mai 1996. Abgedruckt in Warren Christopher, *In the Stream of History: Shaping Foreign Policy for a New Era* (Stanford, CA: Stanford University Press, 1998), 446.

[4] Vgl. z. B. die Essays der Konferenz über die Psychologie des Terrorismus am Woodrow Wilson International Center for Scholars, in Walter Reich (Hg.), *Origins of Terrorism: Psychologies, Ideologies, Theologies, States of Mind* (New York: Cambridge University Press, 1990).

[5] Baruch Goldstein, Brief an den Herausgeber, *New York Times*, 3. Juni 1981.

[6] Interview mit Michael Bray, Reformation Lutheran Church, Bowie, Maryland, 25. April 1996.

[7] Interview mit Sohan Singh, Vorsitzender des Sohan Singh Panthic Committee, Mohalli, Punjab, 3. August 1996.

[8] Interview mit Mahmud Abouhalima, verurteilt der Mittäterschaft bei dem Bombenanschlag auf das World Trade Center 1993, Bundeshaftanstalt, Lompoc, Kalifornien, 3. September 1997.

[9] Interview mit Abdul Aziz Rantisi, Mitbegründer und politisches Oberhaupt der Hamas, Khan Yunis, Gaza, 1. März 1998.

[10] Lance W. Small war Mathematikprofessor an der University of California, Berkeley, als auch Kaczynski dort lehrte, zit. in David Johnston und Janny Scott, „The Tortured Genius of Theodore Kaczynski", *New York Times*, 26. May 1996, A1. Laut den Autoren dachte Kaczynskis Bruder David, dass Theodore zur damaligen Zeit von keiner bestimmten politischen Bewegung beeinflusst gewesen sei.

[11] Michel Foucault, Die Ordnung der Dinge: Eine Archäologie der Humanwissenschaften (Frankfurt a.m.: Suhrkamp, 1976), 213.

[12] Pierre Bourdieu, *Outline of a Theory of Practice* (Cambridge: Cambridge University Press, 1977), 76. (Dt. Ausgabe: Entwurf einer Theorie der Praxis. Frankfurt a.m.: Suhrkamp, 1976)

[13] Clifford Geertz, „Ideology as a Cultural System", in David Apter (Hg.), *Ideology and Discontent* (New York: Free Press, 1964) und „Religion as Cultural System", abge-

druckt in William A. Lessa und Evon Z. Vogt (Hgg.), *Reader in Comparative Religion: An Anthropological Approach* (New York: Harper & Row, ³1972).

[14] Bernard Lewis, *The Assassins: A Radical Sect in Islam* (London: Al Saqi Books, 1985) (Dt. Ausgabe: Assassins. Zur Tradition des religiösen Mordens im Islam. München u. Zürich: Piper, 1998); Walter Laqueur, *Terrorism* (Boston: Little, Brown, 1977), überarbeitet und neu verlegt als *The Age of Terrorism* (Boston: Little, Brown, 1987) (Dt. Ausgabe: Terrorismus. Die globale Herausforderung. Frankfurt a.M.: Ullstein, 1987); Hoffman, *Inside Terrorism*.

[15] Walter Reich, *Origins of Terrorism: Psychologies, Ideologies, Theologies, States of Mind* (New York: Cambridge University Press, 1990); Robert S. Robins und Jerrold Post, *Political Paranoia: The Psychopolitics of Hatred* (New Haven, CT: Yale University Press, 1997).

[16] Martha Crenshaw, *Revolutionary Terrorism: The FLN in Algeria 1954–1962* (Stanford, CA: Hoover Institution, 1978); Peter Merkl, „West German Left-Wing Terrorism", in Martha Crenshaw (Hg.), *Terrorism in Context* (University Park: Pennsylvania State University Press, 1995). Vgl. auch Crenshaws Artikel zu instrumentellen und organisationstheoretischen Ansätzen bei der Untersuchung von Terrorismus, „Theories of Terrorism", in David C. Rapoport (Hg.), *Inside Terrorist Organizations* (New York: Columbia University Press, 1988).

[17] Paul Wilkinson, *Political Terrorism* (London: Macmillan, 1974); Brian Jenkins, *International Terrorism: Trends and Potentialities* (Santa Monica, CA: RAND Corporation, 1978). Vgl. auch Paul Wilkinson und A. M. Stewart (Hgg.), *Contemporary Research on Terrorism* (Aberdeen: Aberdeen University Press, 1987); Bruce Hoffman, *An Agend for Research on Terrorism and LIC [Low Intensity Conflict] in the 1990s* (Santa Monica, CA: RAND Corporation, 1991)

[18] Jeffrey Kaplan, „The Context of American Millennarian Revolutionary Theology: The Case of the ‚Identity Christian' Church of Israel", *Terrorism and Political Violence* 5:1, Frühjahr 1993, 30–82, und „Right Wing Violence in North America", in Tore Bj rgo (Hg.), *Terror from the Extreme Right* (London: Frank Cass, 1995), 44–95; James Aho, *The Politics of Righteousness: Idaho Christian Patriotism* (Seattle: University of Washington Press, 1990); Martin Dillon, *God and the Gun: The Church and Irish Terrorism* (New York: Routledge, 1998) Cynthia Keppley Mahmood, *Fighting for Faith and Nation: Dialogues with Sikh Militants* (Philadelphia: University of Pennsylvania Press, 1997); Ehud Sprinzak, *The Ascendance of Israel's Radical Right* (New York: Oxford University Press, 1991); Paul Steinberg und Annamarie Oliver, *Rehearsals for a Happy Death: The Testimonies of Hamas Suicide Bombers* (New York: Oxford University Press, noch nicht erschienen).

Anmerkungen zu: *Kämpfer im Namen Christi*

[1] Michael Bray, *A Time to Kill. A Study Concerning the Use of Force and Abortion* (Portland, OR: Advocates for Life Publications, 1994), 9.

[2] Interview mit Michael Bray, Reformation Lutheran Church, Bowie, Maryland, 25.

April 1996 und 20. April 1998. Wenn nicht anders vermerkt, stammen die Zitate aus diesen Interviews.

[3] *Nightline*, 9. März 1998.

[4] Interview mit Bray vom 20. März 1998. Bray erklärte mir seine Haltung in einem Brief vom 9. März 1999, dem dieses Zitat entnommen ist.

[5] Bray, *A Time to Kill*. Das Buch wurde vor Hills Mord an Britton und Barrett geschrieben. Es verteidigt die Ermordung des Arztes David Gunn durch Michael Griffin, die ebenfalls in Florida stattgefunden hatte. Artikel, die Bray nach Hills Anschlag geschrieben hat, deuten darauf hin, dass der Gegenstand des Buches auf Hills Tat vorausweist, so dass es fast wie die Vorwegnahme von dessen Rechtfertigung gelesen werden kann.

[6] Paul Hill, „Why I Shot an Abortionist", 22. Dezember 1997, offener Brief an Rev. Michael Bray und die Teilnehmer des White Rose Banquet, von Bray in Umlauf gebracht.

[7] Vgl. Reinhold Niebuhr, *Moral Man and Immoral Society* (New York: Scribner's, 1932), und *Why the Christian Church Is Not Pacifist* (London: Student Christian Movement Press, 1940).

[8] Die freilich umstrittene Ansicht, dass die frühe Christenheit in ihrer Zeit als politische Bewegung gesehen wurde, findet sich bei S. F. G. Brandon, *Jesus and the Zealots: A Study of the Political Factor in Primitive Christianity* (New York: Charles Scribner's Sons, 1967).

[9] Vgl. Albert Marrin (Hg.), *War and the Christian Conscience: From Augustine to Martin Luther King, Jr.* (Chicago: Henry Regnery, 1971); James Turner Johnson, *Ideology, Reason, and the Limitation of War: Religious and Secular Concepts, 1200–1740* (Princeton, NJ: Princeton University Press, 1975); Hal Drake, *Constantine and the Bishops: Tolerance and Coercion in the Early Church* (erscheint in Kürze). Vgl. auch meinen Artikel, „Nonviolence", in Mircea Eliade (Hg.), *The Encyclopedia of Religion*, Bd. 10 (New York: Macmillan, 1987), 463–67.

[10] Vgl. Ralph Potter, *War and Moral Discourse* (Richmond, VA: John Knox Press, 1969); Paul Ramsey, *The Just War: Force and Political Responsibility* (New York: Charles Scribner's Sons, 1968); Thomas Merton, *Faith and Violence: Christian Teaching and Christian Practice* (Notre Dame, IN: University of Notre Dame Press, 1968).

[11] Vgl. Robert McAfee Brown, *Religion and Violence* (Philadelphia: Westminster Press, [2]1987), bes. 56–61; Gustavo Gutiérrez, *A Theology of Liberation: History, Politics, and Salvation*, überarbeitete Ausg. (Maryknoll, NY: Orbis Books, 1988); Teofilo Cabastrero, *Revolutionaries for the Gospel: Testimonies of Fifteen Christians in the Nicaraguan Government* (Maryknoll, NY: Orbis Books, 1986).

[12] Niebuhr, *Why the Christian Church Is Not Pacifist*.

[13] Vgl. Niebuhr, *Moral Man and Immoral Society*.

[14] „Manifesto for the Christian Church", *Crosswinds*. Zit. in Chip Berlet, *John Salvi, Abortion Clinic Violence, and Catholic Right Conspiracism* (Somerville, MA: Political Research Associates, 1996), 8.

[15] Gary North, *Lone Gunners for Jesus: Letters to Paul J. Hill* (Tyler, TX: Institute for Christian Economics, 1994), 2.

[16] Das Buch, mit dem die Rekonstruktionstheologie als Bewegung begründet wurde, ist Rousas John Rushdoonys zweibändiges Werk *Institutes of Biblical Law* (Nutley, NJ: Craig Press, 1973). Einführungen zu Cornelius Van Tils Denken finden sich in R. J. Rushdoony, *By What Standard?* (Tyler, TX: Thoburn Press, 1978) und Richard Pratt, *Every Thought Captive* (Phillipsburg, NJ: Presbyterian and Reformed Publishing Company, 1982). Die Zeitschrift für Rekonstruktionstheologie, *Chalcedon Report*, erscheint in Vallecito, Kalifornien.

[17] Gary North, *Backward, Christian Soldiers? An Action Manual for Christian Reconstruction* (Tyler, TX: Institute for Christian Economics, 1984), 267. Laut North sind die vier Hauptpfeiler der christlichen Rekonstruktionstheologie das biblische Gesetz, eine optimistische Eschatologie, die Prädestination und die „präsuppositionale Apologetik", die North als „philosophische Glaubensverteidigung" (267) bezeichnet. North ist der Autor oder Herausgeber von über zwanzig Büchern, darunter *An Introduction to Christian Economics* (Tyler, TX: Institute for Christian Economics, 1973), *Millennialism and Social Theory* (Tyler, TX: Institute for Christian Economics, 1990) und *Unconditional Surrender: God's Program for Victory* (Tyler, TX: Institute for Christian Economics, 1988).

[18] North, *Lone Gunners for Jesus*, 25.

[19] North, *Lone Gunners for Jesus*, 6 – 8.

[20] Paul Hill, *Paul Hill Speaks* (Broschüre, erschienen bei Reformation Press, Bowie, Maryland, Juni 1997), 1.

[21] Hill, *Paul Hill Speaks*, 2.

[22] Bray, *A Time to Kill*, 158.

[23] Michael Bray, „Running with Rudolph", *Capitol Area Christian News*, 28, Winter 1998/99, 2.

[24] Bray, „Running with Rudolph", 2.

[25] Morris Dees, *Gathering Storm: America's Militia Threat* (New York: HarperCollins, 1996), 165. Berichte über McVeighs Besuche in Elohim City finden sich bei David Hoffman, *The Oklahoma City Bombing and the Politics of Terror* (Venice, CA: Feral House, 1998), 83 – 84.

[26] Andrew Macdonald [William Pierce], *The Turner Diaries* (New York: Barricade Books, 1996) (urspr. Erschienen bei National Alliance Vanguard Books, Arlington, VA, 1978).

[27] Dees, *Gathering Storm*, 154.

[28] Dees, *Gathering Storm*, 158.

[29] Obwohl Pierce, der Autor der *Turner Diaries*, abstreitet, McVeigh gekannt oder mit ihm gesprochen zu haben, behaupten zwei verschiedene Geheimdienstquellen, Telefonrechnungen vorliegen zu haben, aus denen hervorgeht, dass McVeigh wenige Wochen vor dem Anschlag ein längeres Telefonat mit Pierce' nicht im Telefonbuch aufgeführter Privatnummer in West Virginia geführt hat. Das berichtete zunächst CNN, und es wird auch erwähnt bei Dees, *Gathering Storm*, 165.

[30] Amy C. Solnin, *William L. Pierce: Novelist of Hate*, Forschungsbericht der Anti-Defamation League (New York: Anti-Defamation League, 1995), 8.

[31] Macdonald [Pierce], *Turner Diaries*, 64.

[32] Michael Barkun, *Religion and the Racist Right: The Origins of the Christian Identity Movement* (Chapel Hill: University of North Carolina Press, 1994).

[33] Barkun, *Religion and the Racist Right*, 7.

[34] Leonard Zeskind, *The „Christian Identity" Movement: Analyzing Its Theogical Rationalization for Racist and Anti-Semitic Violence* (New York: Division of Church and Society of the National Council of Churches of Christ in the U.S.A., 1986), 12.

[35] Zeskind, *„Christian Identity" Movement*, 14.

[36] Jeffrey Kaplan, *Radical Religion* in *America: Millennarian Movements from the Far Right to the Children of Noah* (Syracuse: Syracuse University Press, 1997), 175.

[37] Zeskind, *„Christian Identity" Movement*, 45.

[38] Gerald Baumgarten, *Paranoia as Patriotism: Far-Right Influences on the* Militia *Movement* (New York: Anti-Defamation League, 1995), 17.

[39] Gordon „Jack" Mohr (Gründer der Christian Patriot Defense League), *Know Your Enemies*, 1982 Broschüre. Zit. in James Aho, *The Politics of Righteousness: Idaho Christian Patriotism* (Seattle: University of Washington Press, 1990), 96.

[40] Aho, *Politics of Righteousness*, 91.

[41] Kim Murphy, „Last Stand of an Aging Aryan", *Los Angeles Times*, 10. Januar 1999, A1.

[42] Kim Murphy, „Hate's Affluent New Godfathers", *Los Angeles Times*, 10. Januar 1999, A14.

[43] Aho, *Politics of Righteousness*, 85.

[44] Vgl. Gerry Adams, *Before the Dawn: An Autobiography* (London: Mandarin Paperbacks, 1996), 246, 274–75.

[45] Interview mit Tom Hartley, Abgeordneter und Vorsitzender der Sinn Féin Partei im Belfaster Stadtrat, Belfast, 31. Juli 1998.

[46] Dennis Cooke, *Persecuting Zeal: A Portrait of Ian Paisley* (Kerry, Ireland: Brandon Book Publishers, 1996), 23.

[47] Ian Paisley, *The Preaching of Ian Paisley* (Belfast: Martyrs' Memorial Recordings, 17. November 1985). Zit. in Cooke, *Persecuting Zeal*, 1.

[48] Notiz in The Battle Standard: The Journal of the European Institute of Protestant Studies 1:1, Oktober 1997, 8.

[49] *The Battle Standard*, 1:1, Oktober 1997, 8.

[50] Ian Paisley, zit. in Marjorie Miller, „Two Northern Ireland Leaders Share Nobel Peace Prize", *Los Angeles Times*, 17. Oktober 1998, A1.

[51] Interview mit Stuart Dignan, Mitarbeiter im Belfaster Büro der Democratic Unionist Party, Belfast, 30. Juli 1998.

[52] Ian Paisley, Predigt abgedruckt in *The Revivalist*, September 1983. Zit. in Cooke, *Persecuting Zeal*, 42. Cooke legt überzeugend dar, dass Paisley gegenüber Katholiken noch weniger tolerant ist als gegenüber den von ihm genannten protestantischen Reformern. Anders als Paisley habe Calvin die Katholiken durchaus als Christen ange-

sehen, und auch John Wesley habe, obwohl er die Autorität des Papstes ablehnte, Katholiken als zugehörig zu einer weit gefassten verborgenen christlichen Gemeinschaft akzeptiert (47–53).

[53] Ian Paisley, „Swearing Allegiance to King Jesus", Predigt vom 24. März 1991, Belfast. Abgedruckt in Ian Paisley, *Sermons on Special Occasions* (Belfast: Ambassador Productions, 1996), 114.

[54] Martin Dillon, *God and the Gun: The Church and Irish Terrorism* (New York: Routledge, 1998), 73.

[55] Dillon, *God and the Gun*, 64–65.

[56] Interview mit Hartley, 31. Juli 1998.

[57] Dillon, *God and the Gun*, 89–90.

[58] Dillon, *God and the Gun*, 93.

[59] Conor Cruise O'Brien, *Ancestral Voices: Religion and Nationalism in Ireland* (Dublin: Poolbeg Press, 1994), 3–4.

[60] O'Brien, *Ancestral Voices*, 4.

[61] Ian Paisley, Leitartikel, *Protestant Telegraph*, 12. August 1972, 5. Zit. in Cooke, *Persecuting Zeal*, 57.

[62] Interview mit Hartley, 31. Juli 1998.

[63] Dillon, *God and the Gun*, 93.

Anmerkungen zu: *Verrat an Zion*

[1] Aharan Domb, jüdischer Siedler von der West Bank, zit. in Norman Kempster, „Arafat, Netanyahu Sign Pact", *Los Angeles Times*, 24. Oktober 1998, A1.

[2] Margot Dudkevitch, „Settlers: Netanyahu No Longer Our Leader", *Jerusalem Post* (Internet-Ausgabe), 26. Oktober 1998.

[3] Interview mit Yoel Lerner, Direktor des Sanhedrin Institute, Jerusalem, 2. März 1998.

[4] Ehud Sprinzak, *The Ascendance of Israel's Radical Right* (New York: Oxford University Press, 1991), 278. Sprinzaks Beschreibung von Lerner und dessen Ansichten s. 274–79.

[5] Interview mit Lerner, 20. Januar 1989.

[6] Interview mit Lerner, 17. August 1995.

[7] Sprinzak, *Ascendance of Israel's Radical Right*, 278.

[8] Interview mit Lerner, 2. März 1998.

[9] Interview mit Leah Rabin, Tel Aviv, 2. März 1998.

[10] Premierminister Yitzhak Rabin, zit. in Serge Schmemann, „Rabin Assassinated in Jerusalem", *New York Times*, 5. November 1995, 1.

[11] Yigal Amir, zit. in Joel Greenberg, „Rabin's Assassin", *New York Times*, 5. November 1995, A1.

[12] Serge Schmemann, *New York Times*, 11. November 1995, A1.

[13] Arieh O'Sullivan, „Netanyahu Flies to Capital to Avoid Protesters", *Jerusalem Post* (internationale Ausgabe), 26. Oktober 1998; Deborah Sontag, „Israelis Get an Eerie Reminder That Words Do Kill", *New York Times*, 1. November 1998, D3.

[14] Interview mit Lerner, 2. März 1998.

[15] Yossi Klein Halevi, „Kahane's Murderous Legacy", *Jerusalem Report*, 24. März 1994, 12.

[16] Interview mit Yochay Ron, Siedlung Kiryat Arba, Hebron, 18. August 1995.

[17] Interview mit Lerner, 2. März 1998. Ben Gurion hatte Order gegeben (und diese wurde von einem jungen Mann namens Yitzhak Rabin übermittelt), das Boot „Altalena" anzugreifen, auf dem von der rechtsgerichteten Irgun-Miliz illegale Waffen nach Israel gebracht werden sollten. Ben Gurion fürchtete, mit den Waffen könne seine eigene gemäßigte Autorität in dem neuen Staat unterlaufen werden. Das Boot wurde in der Nähe von Tel Aviv in Brand gesteckt, fünfzehn Männer kamen dabei ums Leben.

[18] Sprinzak, *Ascendance of Israel's Radical Right*, 90.

[19] Rivka Zerbib, zit. in Marjorie Miller, „Hebron's Fifty Jewish Families Unsettle Mideast", *Los Angeles Times*, 20. Oktober 1996, A1.

[20] Interview mit Yochay Ron, 18. August 1995.

[21] Interview mit Rabbi Meir Kahane, Jerusalem, 18. Januar 1989.

[22] Vgl. Robert Friedman, *The False Prophet: Rabbi Meir Kahane – From FBI Informant to Knesset Member* (London: Faber and Faber, 1990).

[23] M. K. Michael Eitan, Rede von 1984 vor einem Ausschuss der Knesset, zit. in Gerald Cromer, *The Debate about Kahanism in Israeli Society, 1984–1988*, Occasional Papers of the Harry Frank Guggenheim Foundation, Nr. 3 (New York: H. F. Guggenheim Foundation, 1988), 37–38.

[24] Yair Kotler, *Heil Kahane* (New York: Adama Books, 1986).

[25] John Kifner, „A Militant Leader, Fiery Politician and Founder of Anti-Arab Crusade", *New York Times*, 7. November 1990, B12.

[26] Ehud Sprinzak, „Violence and Catastrophe in the Theology of Rabbi Meir Kahane: The Ideologization of Mimetic Desire", in Mark Juergensmeyer (Hg.), *Violence and the Sacred in the Modern World* (London: Frank Cass, 1991), 48–70; Sprinzak, *Ascendance of Israel's Radical Right*, 220–23. Vgl. auch Kahanes eigene Schriften, u. a. *Listen World, Listen Jew* (Jerusalem: Institute of the Jewish Idea, 1978) und *They Must Go* (Jerusalem: Institute of the Jewish Idea, 1981); Ehud Sprinzak, *Brother against Brother: Violence and Extremism in Israeli Politics from Altalena to the Rabin Assassination* (New York: Free Press, 1999); Cromer, *Debate about Kahanism in Israeli Society*.

[27] Vgl. Sprinzak, *Ascendance of Israel's Radical Religious Right* und *Brother against Brother;* Ian S. Lustick, *Jewish Fundamentalism in Israel* (New York: Council on Foreign Relations, 1989).

[28] Alter B. Z. Metzger, *Rabbi Kook's Philosophy of Repentance: A Translation of „Orot Ha-Teshuvah"*, Studies in Torah Judaism, Bd. 11 (New York: Yeshiva University Press, 1968), 111. Vgl. auch Jacob B. Agus, *Banner of Jerusalem: The Life, Times, and Thought of Abraham Isaac Kuk* (New York: Bloch Publishing Company, 1946).

[29] Interview mit Kahane, 18. Januar 1989.

[30] Laut Sprinzak vertrat Kahane nicht das übliche nationalistische Argument, die Juden verdienten das Land, weil es ihre einstige Geburtsstätte sei; vielmehr hätten die Juden es „in Gottes Namen und nach seinem Willen *enteignet*" *(Asendance of Israel's Radical Right*, 225, Kursivsetzung im Original).

[31] Vgl. M. Landsbaum und E. Litschblau, „Pair Suspected in Bombings Held in Israel", *Los Angeles Times*, 25. März 1991, A1. Mein Dank gilt Rimah Khouri, Studentin des Global Peace and Security Program an der University of California, Santa Barbara, für die Informationen zu den Ermittlungen wegen des Mordes an ihrem Onkel Alex Odeh.

[32] Interview mit Kahane, 18. Januar 1989.

[33] Interview mit Kahane, 18. Januar 1989. Vgl. auch ähnliche Kommentare Kahanes in einem Interview in Raphael Mergui und Philippe Simonnot, *Israel's Ayatollahs: Meir Kahane and the Far Right in Israel* (London: Saqi Books, 1987) (ursprünglich erschienen unter dem Titel *Meir Kahane: Le rabbin qui fait peur aux juifs* bei Éditions Pierre-Marcel Favre, Lausanne, 1985), 43, 44, 68, 76–77, 150.

[34] Interview mit Lerner, Jerusalem, 20. Januar 1989.

[35] Interview mit Kahane, 18. Januar 1989.

[36] Vgl. David Biale, *Power and Powerlessness in Jewish History* (New York: Schocken Books, 1987); und Salo Baron, George S. Wise und Lenn Goodman (Hgg.), *Violence and Defense in the Jewish Experience* (Philadelphia: Jewish Publication Society of America, 1977).

[37] Rede von Kahane, Jerusalem, 18. Januar 1989. Ich danke Prof. Ehud Sprinzak und seinen Studenten für die englische Simultanübersetzung der Veranstaltung. Eine Zusammenfassung der Diskussion im Gusch Emunim über die Angemessenheit von Gewalt findet sich in Ian S. Lustick, *For the Land and the Lord: Jewish Fundamentalism in Israel* (New York: Council on Foreign Relations, 1988), 93–100.

[38] Rede von Kahane, Jerusalem, 18. Januar 1989.

[39] Interview mit Lerner, 20. Januar 1989.

[40] Mergui und Simonnot, *Israel's Ayatollahs*, 52.

[41] Mergui and Simonnot, *Israel's Ayatollahs*, 50.

[42] Mergui und Simonnot, *Israel's Ayatollahs*. Vgl. auch Kotler, *Heil Kahane*.

[43] „The Legacy of Hate", *New York Times*, 7. November 1990, A30.

[44] Jim Dwyer, David Kocieniewski, Deidre Murphy und Peg Tyre, *Two Seconds under the World: Terror Comes to America – The Conspiracy behind the World Trade Center Bombing* (New York: Crown, 1994), 112.

[45] Dwyer et al., *Two Seconds under the World*, 111. Nosair wurde nie für den Mord an Kahane verurteilt, erhielt aber eine Gefängnisstrafe wegen unerlaubten Waffenbesitzes.

Anmerkungen zu: *Die „vergessene Pflicht" des Islam*

[1] Vgl. z. B. Richard Behar, „The Secret Life of Mahmud the Red", *Time*, 4. Oktober 1993, 54–64.

[2] Benjamin Weiser, Susan Sachs und David Kocieniewski, „U.S. Sees Brooklyn Connection to Embassy Bombings", *New York Times*, 22. Oktober 1998, A1.

[3] Interview mit Mahmud Abouhalima, Bundeshaftanstalt, Lompoc, Kalifornien, 19. August 1997 und 30. September 1997.

[4] Jim Dwyer, David Kocieniewski, Deidre Murphy und Peg Tyre, *Two Seconds under*

the World: Terror Comes to America – The Conspiracy behind the World Trade Center Bombing (New York: Crown, 1994), 192.

[5] Dwyer et al., *Two Seconds under the World*, 1–5.

[6] Interview mit Abouhalima, 19. August 1997. Ein ähnlicher Bericht über die Vorfälle in dem Prozess findet sich in Dwyer et al., *Two Seconds under the World*, 278–79. Er wiederholte seine Behauptung, er sei unschuldig, in einem Brief vom 20. Mai 1999 an mich.

[7] Interview mit Abouhalima, 30. September 1997.

[8] Interview mit Abouhalima, 19. August 1997. Das Verhältnis zwischen dem Islam und der öffentlichen Ordnung kam in beiden Interviews zur Sprache, und in seinem Brief vom 20. Mai 1999 nahm er erneut Stellung dazu.

[9] Interview mit Abouhalima, 19. August 1997.

[10] Behar, „The Secret Life of Mahmud the Red", 58.

[11] Interview mit Abouhalima, 19. August 1997.

[12] Interview mit Abouhalima, 19. August 1997.

[13] *Newstand*, CNN-Nachrichtenprogramm, 20. Dezember 1998.

[14] Dwyer et al., *Two Seconds under the World*, 148. In seinem Brief vom 20. Mai 1999 unterstrich Abouhalima, dass er sich allein „aus zivilen Gründen" in Afghanistan aufgehalten habe.

[15] Interview mit Abouhalima, 19. August 1997.

[16] Dwyer et al., *Two Seconds under the World*, 148; Vgl. auch Behar, „The Secret Life of Mahmud the Red", 60.

[17] Scheich Omar Abdul Rahman, zit. in der britischen Zeitung *The Independent*. Zit. in Kim Murphy, „Have the Islamic Militants Turned to a New Battlefront in the U.S.?" *Los Angeles Times*, 5. Mai 1993, A20.

[18] Interview mit Abouhalima, 19. August 1997.

[19] Interview mit Abouhalima, 19. August 1997.

[20] Richter Michael B. Mukasey, zit. in John J. Goldman, „Defendants Given 25 Years to Life in N.Y. Terror Plot", *Los Angeles Times*, 18. Januar 1996, A1.

[21] Anne Marie Oliver und Paul Steinberg, *Rehearsals for a Happy Death* (New York: Oxford University Press, erscheint in Kürze).

[22] Videoband der Hamas aus der Sammlung von Anne Marie Oliver und Paul Steinberg.

[23] Videoband der Hamas aus der Sammlung von Anne Marie Oliver und Paul Steinberg. Das Zitat stammt von Abdullah Azzam.

[24] Lisa Beyer, „Jerusalem Bombing", *New York Times*, 21. August 1995.

[25] Interview mit Abdul Aziz Rantisi, Khan Yunis, Gaza, 1. März 1998.

[26] Interview mit Rantisi, 1. März 1998.

[27] Interview mit Imad Faluji, Journalist und Mitglied des politischen Flügels der Hamas, Gaza, 19. August 1995. Faluji hat seitdem die Hamas verlassen und sich Arafats Autonomiebehörde angeschlossen.

[28] Interview mit Rantisi, 2. März 1998.

[29] Interview mit Rantisi, 2. März 1998.

[30] Interview mit Faluji, 19. August 1995.

[31] Interview mit Faluji, 19. August 1995.

[32] Interview mit Scheich Yassin, 14. Januar 1989.

[33] Interview mit Scheich Yassin, 14. Januar 1989.

[34] Ein Überblick über die Hamas-Bewegung findet sich bei Roger Friedland und Richard Hecht, *To Rule Jerusalem* (Cambridge: Cambridge University Press, 1996), 366–84, und bei Mark Juergensmeyer, *The New Cold War? Religious Nationalism Confronts the Secular State* (Berkeley: University of California Press, 1993), 69–77.

[35] Zit. in Jean-Francois Legrain, „The Islamic Movement and the Intifada", in Jamal R. Nassar und Roger Heacock (Hgg.), *Intifada: Palestine at the Crossroads* (New York: Praeger, 1990), 182.

[36] Interview mit Rantisi, 2. März 1998.

[37] Vgl. Elie Rekhess, „The Iranian Impact on the Islamic Jihad Movement in the Gaza Strip", in David Menashvi (Hg.), *The Iranian Revolution and the Muslim World* (Boulder, CO: Westview Press, 1990). Ein Auszug aus dem Artikel findet sich unter dem Titel „The Growth of Khomeinism in Gaza" im *Jerusalem Post Magazine,* 26. Januar 1991, 12.

[38] Interviews mit Hassan Salameh und Mohammad Abulwardi von Bob Simon in „Suicide Bomber", produziert von Michael Gavson, ausgestrahlt in der Sendung *60 Minutes,* 5. Oktober 1997.

[39] Interview mit Ariel Merari, Center for the Study of Terrorism and Political Violence, Universität Tel Aviv, 3. März 1998.

[40] Interview mit Ashraf Yaghi, Gaza, 19. August 1995.

[41] Koran, 6, 152.

[42] Scheich Omar Abdul Rahman, zit. in James Mann und Robert L. Jackson, „Motive Behind Trade Center Bombing Remains a Mystery", *Los Angeles Times,* 20. März 1993, A16.

[43] John Kifner, „Suspect in Kahane Case Is Muslim Born in Egypt", *New York Times,* 7. November 1990, A1.

[44] Imam [Ayatollah] Sayyed Ruhollah Mousavi Khomeini, *Collection of Speeches, Position Statements,* Translations on Near East and North Africa Nr. 1902 (Arlington, VA: Joint Publications Research Service, 1979), 7.

[45] Vgl. Rudolph Peters, *Islam and Colonialism: The Doctrine of Jihad in Modern History* (Den Haag: Mouton, 1979); Richard C. Martin, „Religious Violence in Islam: Towards an Understanding of the Discourse on Jihad in Modern Egypt", in Paul Wilkinson und A. M. Stewart (Hgg.), *Contemporary Research on Terrorism* (Aberdeen: Aberdeen University Press, 1969), 54–71; John Kelsay, *Islam and War: A Study in Comparative Ethics* (Louisville, KY: Westminster/John Knox Press, 1993).

[46] Vgl. David Rapoport, *Assassination and Terrorism* (Toronto: Canadian Broadcasting Corporation, 1971), 3–4.

[47] Interview mit Scheich Yassin, 14. Januar 1989; Interview mit Dr. Rantisi, 2. März 1998.

[48] Interview mit Scheich 'Odeh, in *Islam and Palestine*, Blatt 5 (Limasol, Zypern, Juni 1988).

[49] Erschienen in der ägyptischen Zeitung *Al-Ahrar* am 14. Dezember 1981. Eine englische Übersetzung mit einem ausführlichen Kommentar zu dem Artikel findet sich in Johannes J. G. Jansen, *The Neglected Duty: The Creed of Sadat's Assassins and Islamic Resurgence in the Middle East* (New York: Macmillan, 1986). Hilfreich ist auch die Analyse des Dokuments von David Rapoport in „Sacred Terror: A Case from Islam", unveröffentlichter Vortrag, der 1988 beim Jahrestreffen der American Political Science Association, Washington, DC, 1.–4. September 1988, gehalten wurde. Die politische Dimensions des Dokuments diskutiert Mohammed Heikal in *Autumn of Fury: The Assassination of Sadat* (London: Andre Deutsch, 1983).

[50] Faraj, Nr. 84, in Jansen, *Neglected Duty*, 199.

[51] Faraj, Nr. 102 und 109, in Jansen, *Neglected Duty*, 210–11.

[52] Faraj, Nr. 113, in Jansen, *Neglected Duty*, 212–13; Vgl. auch Nr. 109, 211.

[53] Laut einem ägyptischen Wissenschaftler, der Mitglieder der Gruppe im Gefängnis interviewt hat, die für Sadats Ermordung verantwortlich sind, waren Mawdudis Schriften „wichtig für das Entstehen der Ideen in der Gruppe". Vgl. Saad Eddin Ibrahim, „Islamic Militancy as a Social Movement: The Case of Two Groups in Egypt", in Ali E. Hillal Dessouki (Hg.), *Islamic Resurgence in the Arab World* (New York: Praeger, 1982), 125.

[54] Die Bedeutung von Sayyid Qutbs Leben und Werk ist beschrieben in Martin, „Religious Violence in Islam"; Gilles Kepel, *Muslim Extremism in Egypt: The Prophet and Pharaoh* (Berkeley: University of California Press, 2003), 36–69; Yvonne V. Haddad, „Sayyid Qutb: Ideologue of Islamic Revival", in John L. Esposito (Hg.), *Voices of Resurgent Islam* (New York: Oxford University Press, 1983); Ronald L. Nettler, *Fast Trials and Present Tribulations: A Muslim Fundamentalist's View of the Jews* (New York: Pergamon Press, 1987).

[55] Qutb studierte in Washington, DC, und Kalifornien von 1949 bis 1951; vgl. Haddad, „Sayyid Qutb", 69.

[56] Sayyid Qutb, *This Religion of Islam (Hadha ,d-Din)* (Palo Alto, CA: Al-Manar Press, 1967), 87 (Dt. Ausgabe: *Dieser Glaube: Der Islam*. München, 1987).

[57] Interview mit Rantisi, 2. März 1998.

[58] Interview mit Abouhalima, 19. August 1997.

Anmerkungen zu: *Das Schwert der Sikhs*

[1] Ramesh Vinayak, „Striking Terror", *India Today*, 30. September 1995, 27.

[2] Vinayak, „Striking Terror", 34.

[3] Ritu Sarin, *The Assassination of Indira Gandhi* (Neu-Delhi: Penguin Books, 1990) 125–33.

[4] Interview mit Simranjit Singh Mann, Chandigarh, Indien, 4. August 1996.

[5] Simranjit Singh Mann, Brief an Zail Singh, Juni 1984. Abgedruckt in Ian Mulgrew, *Unholy Terror: The Sikhs and International Terrorism* (Toronto: Key Porter Books, 1988).

[6] Mark Juergensmeyer, „The Logic of Religious Violence", in David Rapoport (Hg.), *Inside Terrorist Organizations* (London: Frank Cass, 1988), 172–93.

[7] Jarnail Singh Bhindranwale, „Address to the Sikh Congregation", Mitschrift einer Predigt aus dem Goldenen Tempel im November 1983 (übers. von Ranbir Singh Sandhu, April 1985, und verbreitet durch den Sikh Religious and Educational Trust, Dublin, Ohio); und „Two Lectures", 19. Juli 1983 und 20. September 1983 (übers. nach der Videoaufnahme von R. S. Sandhu und verteilt über den Sikh Religious and Educational Trust, Dublin, Ohio).

[8] Bhindranwale, „Address to a Sikh Congregation". Quellen für Bhindranwales Aussagen sind u. a. Surjeet Jalandhary (Hg.), *Bhindranwale Sant* (Jalandhar, Indien: Punjab Pocket Books, o. J. [ca. 1985]); Joyce Pettigrew, „In Search of a New Kingdom of Lahore", *Pacific Affairs* 60:1, Frühjahr 1987, 334–52.

[9] Interview mit Jasvinder Singh, Mitglied des Büros der All-India Sikh Students Federation (Mehta-Chawla-Gruppe) in Delhi, Rakabganj Gurdwara, Neu-Delhi, 13. Januar 1991.

[10] Vgl. Salman Khurshid, *Beyond Terrorism: New Hope for Kashmir* (Neu-Delhi: UBS Publishers' Distributors, 1994).

[11] Sarin, *Assassination of Indira Gandhi*, 149.

[12] Interview mit Harjap Singh, Sultanwind, Distrikt Amritsar, Punjab, 21. Januar 1998, auf Englisch und Punjabi (übers. mit der freundlichen Hilfe von Prof. Harish Puri, Raminder Bir Singh und Harbhajan Singh).

[13] Interview mit Harjap Singh, 21. Januar 1998.

[14] Vgl. z. B. Wendy Doniger O'Flaherty, *Tales of Sex and Violence: Folklore, Sacrifice, and Danger in the Alminiya Brahmana* (Chicago: University of Chicago Press, 1984).

[15] Zur Gewalt in der späteren Hindu-Mythologie vgl. David Kinsley, *The Sword and the Flute: Kali and Krsna, Dark Visions of the Terrible and the Sublime in Hindu Mythology* (Berkeley: University of California Press, 1975).

[16] Mohandas Gandhi, *Discourses on the Gita* (Ahmedabad: Navajivan Publishing House, 1960) (übers. aus dem Gujarati von V. G. Desai).

[17] Vgl. Mark Juergensmeyer, *Fighting with Gandhi* (San Francisco: Harper & Row, 1984); Nachdruck unter dem Titel *Gandhi's Way* (Berkeley: University of California Press, erscheint in Kürze).

[18] Zur Geschichte des Sikh-Nationalismus vgl. Mark Juergensmeyer, *The New Cold War? Religious Nationalism Confronts the Secular Stare* (Berkeley: University of California Press, 1993), 90–99.

[19] Das Standardwerk über Guru Nanak ist W. H. McLeod, *Guru Nanak and the Sikh Religion* (Oxford: Clarendon Press, 1968). Vgl. auch die Einleitung zu Nanaks Schriften in John Stratton Hawley und Mark Juergensmeyer (Übers.), *Songs of the Saints of India* (New York: Oxford University Press, 1988).

[20] Dieser Übergang wird beschrieben bei W. H. McLeod, *Evolution of the Sikh Community* (Oxford: Clarendon Press, 1976), 1–19. Vgl. auch McLeods Bücher *Guru Nanak and the Sikh Religion* und *Who Is a Sikh? The Problem of Sikh Identity* (Oxford: Clarendon Press, 1989).

[21] Die Idee, die runde Form des Sikh-Symbols stehe für einen Kessel oder Kochtopf, stammt aus Gurinder Singh Mann, *Your Sikh Neighbors* (Richmond Hill, NY: Sikh Cultural Society, 1999), 8.

[22] Vgl. Ainslie Embree, „A Sikh Challenge to the Indian State", in Embrees Buch *Utopias in Conflict* (Berkeley: University of California Press, 1990), 113–32.

[23] Berichte über die Punjab-Krise in den 1980er Jahren finden sich in Mark Tully und Satish Jacob, *Amritsar: Mrs. Gandhi's Last Battle* (London: Cape, 1985); Amarjit Kaur, *The Punjab Story* (Neu-Delhi: Roli Books International, 1984); Kuldip Nayar und Khushwant Singh, *Tragedy of Punjab: Operation Bluestar and After* (Neu-Delhi: Vision Books, 1984)..

[24] Vgl. Tully und Jacob, *Amritsar*.

[25] Vgl. *Who Are the Guilty? Report of a Joint Inquiry into the Causes and Impact of the Riots in Delhi from 31 Oktober to 10 November* (Delhi: People's Union for Democratic Rights and People's Union for Civil Liberties, 1984). Eine interessante Studie über den Vorfall in Delhi und andere Aufstände in Südasien ist Stanley Tambiah, *Leveling Crowds: Ethnonationalist Conflicts and Collective Violence in South Asia* (Berkeley: University of California Press, 1996).

[26] Zur Diskussion über die politischen Aspekte des Konzepts des *qaum* im Punjab vgl. Mark Juergensmeyer, *Religion as Social Vision* (Berkeley: University of California Press, 1982),45.

[27] Bhindranwale, „Address to the Sikh Congregation", 9.

[28] Joyce Pettigrew untersucht Bhindranwales Gebrauch des Konzeptes *miri-piri* in „In Search of a New Kingdom of Lahore".

[29] Bhindranwale, „Two Lectures", 2.

[30] Bhindranwale, „Address to the Sikh Congregation", 1.

[31] Zur ethnischen Gewaltlosigkeit im Sikhismus vgl. W. Owen Cole und Piara Singh Sambhi, *The Sikhs: Their Religious Beliefs and Practices* (London: Routledge and Kegan Paul, 1978), 138; Avtar Singh, *Ethics of the Sikhs* (Patiala, Indien: Punjabi University Press); S. S. Kohli, *Sikh Ethics* (Neu-Delhi: Munshiram Manoharlal, 1975).

[32] Vgl. Mohinder Singh, „Gandhi, Sikhs and Non-Violence", *Khera: The Journal of Religious Understanding* 9:3, Juli–September 1990, 72–87.

[33] Bhindranwale, „Two Lectures", 21.

[34] Auszug aus einer Rede von Bhindranwale, zit. in Pettigrew, „In Search of a New Kingdom of Lahore".

[35] Interview mit Sohan Singh, Mohalli, Punjab, 3. August 1996. Zur Rolle der Regulierungskörperschaft, auch bekannt als Second Panthic Committee, vgl. Cynthia Keppley Mahmood, *Fighting for Faith and Nation: Dialogues with Sikh Militants* (Philadelphia: University of Pennsylvania Press, 1996), 159–61.

[36] Interview mit Sohan Singh, 3. August 1996.

[37] Cynthia Keppley Mahmood, *Fighting for Faith and Nation: Dialogues with Sikh Militants* (Philadelphia: University of Pennsylvania Press, 1997). Vgl. auch die Interviews mit militanten Sikhs in Joyce Pettigrew, *The Sikhs of the Punjab: Unheard Voice of State and Guerrilla Violence* (Atlantic Highlands, NJ: Zed Books, 1995).

[38] Mahmood, *Fighting for Faith and Nation*, 149.

[39] Interview mit Sohan Singh, 3. August 1996.

[40] Interview mit Narinder Singh, Chandigarh, Punjab, 3. August 1996.

[41] Interview mit Narinder Singh, 3. August 1996.

Anmerkungen zu: *Armageddon in der U-Bahn von Tokio*

[1] David E. Kaplan und Andrew Marshall, *The Cult at the End of the World: The Terrifying Story of the Aum Doomsday Cult* (New York: Crown, 1996), 2.

[2] Kaplan und Marshall, *Cult at the End of the World*, 246.

[3] Interview mit Tatsuko Muraoka und Yasuo Hiramatsu, Aoyama, Tokio, 13. Januar 1996.

[4] Teresa Watanabe und Hilary E. MacGregor, „Plan to Rein in Religious Groups Worries Japanese", *Los Angeles Times*, 16. Oktober 1995, A1.

[5] Interview mit Hiramatsu, 13. Januar 1996.

[6] Interview mit Tomoko und Ayako (Nachnamen nicht angegeben), Buchhandlung Satian, 1–15–3 Dogenzaka, Shibuya, Tokio, 11. Januar 1996.

[7] Interview mit „Takeshi Nakamura", Tokio, 12. Januar 1996 (mit der Übersetzungshilfe von Amy Arakane und Prof. Susumu Shimazono). Auf seine Bitte hin habe ich seinen Namen geändert und alle persönlichen Daten weggelassen, die derzeitigen Mitgliedern erlauben könnten, ihn zu identifizieren.

[8] Interview mit Nakamura, 12. Januar 1996.

[9] D. W. Brackett, *Holy Terror: Armageddon in Tokyo* (New York: Weatherhill, 1996), 60.

[10] Brackett, *Holy Terror*, 60.

[11] Interview mit Nakamura, 12. Januar 1996.

[12] Offenbarung 16, 16–21.

[13] Shoko Asahara, *Disaster Approaches the Land of the Rising Sun: Shoko Asahara's Apocalyptic Predictions*, übers. und hg. vom Aum Translation Committee (Tokio: Aum Publishing Co., Shizuoka Japan, 1995), 190.

[14] Asahara, *Disaster Approaches*, 135–36.

[15] Asahara, *Disaster Approaches*, 136.

[16] Interview mit Nakamura, 12. Januar 1996.

[17] Asahara, *Disaster Approaches*, 190.

[18] Asahara, *Disaster Approaches*, 190.

[19] Brackett, *Holy Terror*, 183.

[20] Interview mit Nakamura, 12. Januar 1996.

[21] Interview mit Nakamura, 12. Januar 1996.

[22] Interview mit Hiramatsu, 13. Januar 1996.

[23] Stanley J. Tambiah, *World Conqueror and World Renouncer* (Cambridge: Cambridge University Press, 1987).

[24] Hajime Nakamura, „Violence and Nonviolence in Buddhism", in Philip P. Wiener und John Fisher (Hgg.), *Violence and Aggression in the History of Ideas* (New Bruns-

wick, NJ: Rutgers University Press, 1974), 173–86. Vgl. auch H. Saddhatissa, *Buddhist Ethics* (London: George Allen und Unwin, 1970).
[25] Interview mit dem Ehrwürdigen Palipana Chandananda, Mahanayake, Kapitel von Asigiriya, Sinhalese Buddhist Sangha (Kandy, Sri Lanka), 4. Januar 1991.
[26] Interview mit Chandananda, 4. Januar 1991.
[27] Vgl. Ian Reader, *A Poisonous Cocktail? Aum Shinrikyo's Path to Violence* (Kopenhagen: NIAS Books, 1996), 17.
[28] Diese Berichte gab mir Susumu Shimazono, Professor der Religionswissenschaft, Tokio University Faculty Club, 9. Januar 1996.
[29] Ian Reader, persönliche Korrespondenz, 12. Januar 1999.
[30] Interview mit Hiromi Shimada, Suginami-ku, Tokio, 10. Januar 1996.
[31] Asahara, *Disaster Approaches,* 274.
[32] Asahara, *Disaster Approaches,* 275.
[33] Asahara, *Disaster Approaches,* 169.
[34] Reader, *A Poisonous Cocktail?,* 35.
[35] Interview mit Shimazono, 9. Januar 1996. Vgl. auch seine Artikel „In the Wake of Aum", *Japanese Journal of Religious Studies* 22:3–4, 1995, 381–415 (es handelt sich um eine gekürzte Fassung von Shimazonos Buch *Aum Shinrikyo no kiseki,* übers. von Robert Kisala); „New ‚New Religions' and This World: Religious Movements in Japan after the 1970s and Their Beliefs about Salvation", *Social Compass* 42:2, 1995, 193–202.
[36] „Resurgence of Interest in Aum Shinrikyo", *New York Times,* 28. Oktober 1998, A3.
[37] Interview mit Nakamura, 12. Januar 1996.

Anmerkungen zu: *Theater des Terrors*

[1] Kenny McClinton, zit. in Martin Dillon, *God and the Gun: The Church and Irish Terrorism* (New York: Routledge, 1998), 27.
[2] McClinton, zit. in Dillon, *God and the Gun,* 27.
[3] Dillon, *God and the Gun,* 27.
[4] D. W. Brackett, *Holy Terror: Armageddon in Tokyo* (New York: Weatherhill, 1996), 184.
[5] Brackett, *Holy Terror,* 157.
[6] Mo Mowlam, zit. in „Apology Comes as First Victims Are Buried", *San Francisco Chronicle,* 19. August 1998, A3.
[7] Walter Laqueur, *The Age of Terrorism* (Boston: Little, Brown, 1987), 72. Zum Begriff des Terrorismus vgl. Bruce Hoffman, *Inside Terrorism* (New York: Columbia University Press, 1998), 13–44; Michel Wieviorka, „Terrorism in the Context of Academic Research", in Martha Crenshaw (Hg.), *Terrorism in Context* (University Park: Pennsylvania Stare University Press, 1995), 599–600; Thomas Perry Thornton, „Terrorism as a Weapon of Political Agitation", in Harry Eckstein (Hg.), *Internal War: Problems and Approaches* (New York: Free Press, 1964); David Rapoport, „The Politics of Atrocity", in Y. Alexander und S. Finger (Hgg.), *Terrorism: Interdisciplinary Perspectives* (New York: John Jay, 1977).

[8] Interview mit Abdul Aziz Rantisi, Khas Yunis, Gaza, 2. März 1998. Das Zitat von Hasan Salameh, dem Hamas-Mitarbeiter, der die Selbstmordanschläge in Jerusalem und Tel Aviv 1986 geplant hat, stammt aus dem Fernsehinterview mit Bob Simon, „Suicide Bomber", produziert von Michael Gavson, ausgestrahlt in der Sendung *60 Minutes* am 5. Oktober 1997.

[9] Interview mit Mahmud Abouhalima, Bundeshaftanstalt, Lompoc, Kalifornien, 30. September 1997.

[10] Martha Crenshaw, „The Logic of Terrorism: Terrorist Behavior as a Product of Strategic Choice", in Walter Reich (Hg.), *Origins of Terrorism: Psychologies, Ideologies, Theologies, States of Mind* (Cambridge: Woodrow Wilson International Center for Scholars and Cambridge University Press, 1990), 7–24.

[11] Vgl. Catherine Bell, *Ritual Theory, Ritual Practice* (New York: Oxford University Press, 1992); Richard Schechner, *The Future of Ritual: Writings on Culture and Performance* (London: Routledge, 1993); Felicia Hughes-Freeland, *Ritual, Performance, Media* (London: Routledge, 1998); David Parkin, Lionel Caplan und Humphrey Fisher, *The Politics of Cultural Performance* (Providence: Berghahn Books, 1996). Ich danke Shawn Landres dafür, dass sie mich über dieses wachsende Forschungsgebiet auf dem Laufenden hält.

[12] Neil Jarman, *Material Conflicts: Parades and Visual Displays in Northern Ireland* (Oxford: Berg, 1997).

[13] Vgl. J. L. Austin, *How to Do Things with Words* (Oxford: Clarendon Press, 1962).

[14] Austin, *How to Do Things with Words*, 4.

[15] Pierre Bourdieu, *Language and Symbolic Power* (Cambridge, MA: Harvard University Press, 1991) (übers. aus dem franz. Original von 1982 von Gino Raymond und Matthew Adamson, hg. von John B. Thompson), 117.

[16] David C. Rapoport, „Introduction", in David C. Rapoport und Yonah Alexander (Hgg.), *The Morality of Terrorism: Religious and Secular Justifications* (New York: Pergamon Press, 1982), xiii.

[17] Don DeLillo, *Mao II* (New York: Penguin, 1991), 157.

[18] John J. Goldman und William C. Rempel, „Blast Rips World Trade Center in N.Y.", *Los Angeles Times*, 27. Februar 1993, A1.

[19] Die Frage, ob der Anschlag von Yousefs Komplizen als Vergeltung für seine Verurteilung verübt wurde, wird diskutiert in Robin Wright, „Suspect Search Is Wide Open and Baffling", *Los Angeles Times*, 22. Juli 1996, A1.

[20] Interview mit Simranjit Singh Mann, Chandigarh, Indien, 4. August 1996. Zwei Autoren, die sich mit dem Anschlag auf die Air-India-Maschine beschäftigt haben, stellen die ungeheuerliche Theorie auf, der Anschlag sei in Wirklichkeit von der indischen Regierung verübt worden, um die Sikh-Bewegung zu diskreditieren, da die Öffentlichkeit sofort annehmen würde, die Sikhs stünden dahinter. Vgl. Zuhair Kashmeri und Brian McAndrew, *Soft Target: How the Indian Intelligence Service Penetrated Canada* (Toronto: J. Lorimer, 1989).

[21] Bruce Hoffman, *„Holy Terror": The Implications of Terrorism Motivated by a Religious Imperative* (Santa Monica, CA: RAND Corporation, 1993), 10.

[22] Scheich Omar Abdul Rahman, zit. in Kim Murphy, „Militant Mullah Speaks Out", *Los Angeles Times*, 5. März 1993, A1.

[23] Hoffman, *Holy Terror*, 13. Vgl. auch Mark Hosenball, „Another Holy War, Waged on American Soil: Al-Fuqra, a Muslim Sect with a Dangerous Agenda", *Newsweek*, 28. Februar 1995, 29–31.

[24] David C. Rapoport, „Observations on the Importance of Space in Violent Ethno-Religious Strife", Vortrag im Seminar „Religious and Ethnic Conflict", University of California, Riverside, 28. April 1995.

[25] Roger Friedland und Richard Hecht, „The Bodies of Nations: A Comparative Study of Religious Violence in Jerusalem and Ayodhya, *History of Religions*, November 1998, 101–49; „Divisions at the Center: The Organization of Political Violence at Jerusalem's Temple Mount/al-Haram al-Sharif – 1929 and 1990", in Pani Brass (Hg.), *Riots and Pogroms: The Nation State and Violence* (New York: Macmillan, 1996).

[26] Kerry Noble, *Tabernacle of Hate: Why They Bombed Oklahoma City* (Prescott, Ontario: Voyageur, 1998), 206.

[27] Noble, *Tabernacle of Hate*, 207. Laut Noble waren die Produzenten der Sendung *The Fifth Estate* eines kanadischen Fernsehsenders im Besitz einer Kopie der Aufzeichnungen einer Überwachungskamera, die den Bericht des Kunden dokumentiert und bestätigt, dass McVeigh den 19. April als Datum nannte.

[28] Noble, *Tabernacle of Hate*, 9.

[29] Noble, *Tabernacle of Hate*, 225.

[30] Yossi Klein Halevi, „Kahane's Murderous Legacy", *Jerusalem Report*, 24. März 1994, 17.

[31] Interview mit Imad Faluji, 19. August 1995. Die selbe Idee vertrat Abdul Aziz Rantisi in meinem Interview mit ihm am 1. März 1998.

[32] „Death Toll in Algeria Rises to 52 in Pre-Ramadan Violence", *Los Angeles Times*, 7. Dezember 1998, A7. Ich bin auch Michelle Zimney zu Dank verpflichtet für Informationen zum Thema aus ihrem unveröffentlichten Aufsatz „Ramadan's Killing Fields: Sacrifice and National Struggle in Algeria".

[33] „Groups Attack Two Algerian Villages", *Los Angeles Times*, 29. Dezember 1998.

[34] Michael Bray, *A Time to Kill: A Study Concerning the Use of Force and Abortion* (Portland, OR: Advocates for Life Publications, 1994).

[35] Interview mit Michael Bray, Bowie, Maryland, 25. April 1996.

[36] Interview mit Bray, 25. April 1996.

[37] Interview mit Bray, 15. April 1996.

[38] Paul Hill, „Why I Shot an Abortionist", 22. Dezember 1997, offener Brief an Michael Bray und die Teilnehmer des White Rose Banquet, in Umlauf gebracht von Bray.

[39] Paul Hill, zit. in Henry Chu und Mike Clary, „Doctor, Volunteer Slain Outside Abortion Clinic", *Los Angeles Times*, 30. Juli 1994, A1.

[40] Interview mit Takeshi Nakamura, Tokio, 12. Januar 1996.

[41] „Israel Orders Deportation of 11 Cult Members", *Los Angeles Times*, 5. Januar

1999, A4. Vgl. auch Tracy Wilkinson, „Israel Has Eye on Christians Who Have Their Eyes on 2000", *Los Angeles Times*, 10. Januar 1999, A1.

42 Clifford Geertz, „Centers, Kings, and Charisma: Reflections on the Symbolics of Power", in Joseph Ben-David und Terry Nichols Clark (Hgg.), *Culture and Its Creators: Essays in Honor of Edward Shils* (Chicago: University of Chicago Press, 1977). Dieser Aufsatz findet sich in Clifford Geertz, *Local Knowledge: Further Essays in Interpretive Anthropology* (New York: Basic Books, 1983), 121–46.

43 Geertz, „Centers, Kings, and Charisma", 151.

44 DeLillo, *Mao II*, 157.

45 Interview mit Bray, 20. März 1998.

46 Interview mit Mahmud Abouhalima, 19. August 1997.

47 Jim Dwyer, David Kocieniewski, Deidre Murphy und Peg Tyre, *Two Seconds under the World: Terror Comes to America – The Conspiracy behind the World Trade Center Bombing* (New York: Crown, 1994).

48 Egawa Shokos Buch über die Aum-Shinrikyo-Bewegung heißt *Kyuseishu no yabo* (Tokio: Kyoikushiryo Shuppankai, 1995).

49 Interview mit Seth Sutel, Korrespondent der Associated Press, Tokio, 9. Januar 1996.

50 Arthur Sulzberger jr., zit. in Robert D. McFadden, „Unabomber Manifesto to Be Published", *New York Times News Service* (zu lesen in *America Online*), 18. September 1995.

51 Jean Baudrillard, „Der Spiegel des Terrorismus", in Transparenz des Bösen: Ein Essay über extreme Phänomene (Berlin: Merve, 1992).

52 Baudrillard, Transparenz des Bösen, 88.

53 Neal Horsley, zit. in „Internet Provider Shuts Down Anti-Abortion Site", *Los Angeles Times*, 6. Februar 1999, A17.

54 Interview mit Abouhalima, 30. September 1997.

55 Bourdieu, *Language and Symbolic Power*, 117.

Anmerkungen zu: *Der kosmische Krieg*

1 *„Jihad* is an Individual Duty", *Los Angeles Times*, 13. August 1998, B9.

2 Kerry Noble, *Tabernacle of Hate: Why They Bombed Oklahoma City* (Prescott, Ontario: Voyageur, 1998), 206.

3 Noble, *Tabernacle of Hate*, 215.

4 Bob Matthews, zit. in der ABC-Sendung *Turning Point*, 5. Oktober 1995; Journal Graphics Transcript 150, 7.

5 Michael Teague, zit. in Kim Murphy, „Last Stand of an Aging Aryan", *Los Angeles Times*, 10. Januar 1999, A14.

6 James A. Aho, *The Politics of Righteousness: Idaho Christian Patriotism* (Seattle: University of Washington Press, 1990), 85.

7 *This Is Aryan Nations*, undatiert, ohne Herausgeber oder Ort, zit. in Bruce Hoffman, *„Holy Terror": The Implications of Terrorism Motivated by a Religious Imperative* (Santa Monica, CA: RAND Corporation, 1993), 7.

[8] Interview mit Michael Bray, Bowie, Maryland, 20. März 1998.

[9] *The Battle Standard: Journal of the European Institute of Protestant Studies* 1:1, Oktober 1997. Als Herausgeber der Zeitschrift ist Dr. Ian R. K. Paisley MP, MEP angegeben.

[10] Billy Wright, zit. in Martin Dillon, *God and the Gun: The Church and Irish Terrrism* (New York: Routledge, 1998), 64.

[11] Interview mit Yochay Ron, Wächter am Grab von Baruch Goldstein, Kiryat Arba, Palästina (Israel), 18. August 1995.

[12] Interview mit Imad Faluji, Journalist der Hamas, Gaza, 19. August 1995.

[13] Interview mit Scheich Ahmed Yassin, religiöses Oberhaupt der Hamas, Gaza, 14. Januar 1989.

[14] Interview mit Mahmud Abouhalima, Lompoc, Kalifornien, 19. August 1997.

[15] Richard Behar, „The Secret Life of Mahmud the Red", *Time*, 4. Oktober 1993, 59.

[16] Ayatollah Khomeini, *Collection of Speeches, Position Statements*, Übers. von *Najaf Min watha ,iq al-Imam al-Khomeyni did al-Quwa al Imbiriyaliyah wa al-Sahyuniyah wa al-Raj'iyah* („From the Papers of Imam Khomeyni against Imperialist, Zionist, and Reactionist Powers"), Translations on Near East and North Africa, Nr. 1902, 1977 (Arlington, VA: Joint Publications Research Service, 1979), 6.

[17] Bruce B. Lawrence, *Shattering the Myth: Islam beyond Violence* (Princeton, NJ: Princeton University Press, 1998), 181.

[18] Jarnail Singh Bhindranwale, „Two Lectures Given on 19 July and 20 September, 1983", transkribiert und ins Englische übersetzt nach den Original-Videoaufnahmen aus dem Punjab von Ranbir Singh Sandhu, verbreitet durch den Sikh Religious and Educational Trust, Columbus, Ohio, 1986, 2.

[19] Shoko Asahara, *Disaster Approaches the Land of the Rising Sun: Shoko Asahara's Apocalyptic Predictions* (Tokio: Aum Publishing Co., 1995).

[20] Es existieren immense Mengen von Literatur zur Konfliktlösung. Meine eigenen Vorstellungen basieren größtenteils auf den Lehren von Mohandas Gandhi, obwohl ich ihm auch nicht in allen Punkten zustimme. Vgl. mein Buch *Fighting with Gandhi* (San Francisco: Harper, 1984); Nachdruck unter dem Titel *Gandhi's Way* (Berkeley: University of California Press, erscheint in Kürze).

[21] Interview mit Bray, 25. April 996.

[22] Interview mit Bray, 25. April 1996.

[23] Asahara, *Disaster Approaches*, 265.

[24] Asahara, *Disaster Approaches*, 279.

[25] Diese Zusammenfassung der Lehren der Christian Identity stammt aus Michael Barkun, *Religion and the Racist Right: The Origins of the Christian Identity Movement* (Chapel Hill: University of North Carolina Press, 1994); und James Aho, *The Politics of Righteousness: Idaho Christian Patriotism* (Seattle: University of Washington Press, 1990).

[26] Aho, *The Politics of Righteousness*, 90.

[27] Interview mit Yochay Ron, Siedlung Kiryat Arba, Hebron, 18. August 1995.

[28] Sarah Nachshon, zit. in Marjorie Miller, „Hebron's Fifty Jewish Families Unsettle Mideast", *Los Angeles Times*, 20. Oktober 1996, A1.

[29] Kommuniqué der Hamas Nr. 64, 26. September 1990, zit. in Jean-Francois Le-

grain, „A Defining Moment: Palestinian Islamic Fundamentalism", in James Piscatori (Hg.), *Islamic Fundamentalisms and the Gulf Crisis* (Chicago: Fundamentalism Project, American Academy of Arts and Sciences, 1991), 75–76.

[30] Abolhassan Banisadr, *The Fundamental Principles and Precepts of Islamic Government*, übers. von Mohammed R. Ghanoonparvar (Lexington, KY; Mazda, 1981), 28–35.

[31] Interview mit Yoel Lerner, 2. März 1998.

[32] Interview mit Rantisi, 2. März 1998.

[33] Bruce Pierce, Mitglied der Aryan-Nations-Gruppe The Order, zit. in der ABC-Sendung *Turning Point*, 5. Oktober 1995; Journal Graphics Transcript Nr. 150, 8.

[34] Nathuram Godse, eidliche Aussage vor dem Berufungsgericht 1948. Godses Aussagen vor Gericht wurden für ein umstrittenes Theaterstück adaptiert: *Mee Nathuram Godse Boltoy* („I Am Nathuram Godse Speaking"), dieses wurde von der Regierung des Staates Maharashtra auf Druck der BJP-geführten Bundesregierung 1998 verboten.

[35] Kim Murphy, „Last Stand of an Aging Aryan", *Los Angeles Times*, 10. Januar 1999, A15.

[36] Denver Parmenter, Mitglied der Aryan Nations, angeklagt, den Mord an dem Radiomoderator Alan Berg geplant zu haben, zit. in der ABC-Sendung *Turning Point*, 5. Oktober 1995; Journal Graphics Transcript Nr. 150, 2.

[37] Natalie Zemon Davis, „The Rites of Violence: Religious Riots in Sixteenth-Century France", *Past and Present* 59, Mai 1973, 52–53.

[38] Davis, „Rites of Violence", 81–82.

[39] Stanley Tambiah, *Leveling Crowds: Ethnonationalist Conflicts and Collective Violence in South Asia* (Berkeley: University of California Press, 1996) 310–11.

[40] Tambiah, *Leveling Crowds*, 311.

[41] In diesem Abschnitt wiederhole ich einige meiner Thesen über den Zusammenhang von Gewalt und Religion aus meinem Buch *The New Cold War?*, 153–70.

[42] Analysen zu dem Lied „Onward Christian Soldiers" und anderen Liedern der amerikanischen Frontier-Revival-Bewegung finden sich bei Sandra Sizer, *Gospel Hymns and Social Religion: The Rhetoric of Nineteenth-Century Revivalism* (Philadelphia: Temple University Press, 1978).

[43] Harriet Crabtree, *The Christian Life: Traditional Metaphors and Contemporary Theologies* (Harvard Dissertations in Religion, Minneapolis: Fortress Press, 1991). Ihre Erkenntnisse, die den Krieg betreffen, sind zusammengefasst in ihrem Artikel „Onward Christian Soldiers? The Fortunes of a Traditional Christian Symbol in the Modern Age", *Bulletin of the Center for the Study of World Religion, Harvard University*, 16:2, 1989/90, 6–27.

[44] Arthur Wallis, *Into Battle: A Manual of Christian Life* (New York: Harper, 1973), 10. Die Kursivsetzung befindet sich im Original.

[45] Crabtree, „Onward Christian Soldiers", 7.

[46] *Bhagavadgita* 1, 45. Die Cousins waren moralisch gesehen aber ungleich. Die Pandavas waren böser als die anderen.

[47] *Bhagavadgita* 2, 19–34.

48 Ernest Becker, *The Denial of Death* (New York: Free Press, 1973). Vgl. auch sein *Escape from Evil* (New York: Free Press, 1975).

49 Mark Juergensmeyer, „The Logic of Religious Violence", in David C. Rapoport (Hg.), *Inside Terrorist Organizations* (London: Frank Cass und New York: Columbia University Press, 1988), 185–90.

50 Weston LaBarre, *The Ghost Dance: Origins of Religion* (London: Allen and Unwin, 1972).

Anmerkungen zu: *Märtyrer und Dämonen*

[1] Timothy McVeigh, zit. in Richard A. Serrano, „McVeigh Speaks Out, Receives Death Sentence", *Los Angeles Times*, 15. August 1997, A1.

[2] Interview mit Abdul Aziz Rantisi, Khan Yunis, 1. März 1998.

[3] Interview mit Yochay Ron, Kiryat Arba, Hebron, 18. August 1995.

[4] Interview mit Jasvinder Singh, Mitglied der Delhi-Gruppe der All-India Sikh Students Federation (Metha-Chawla-Gruppe), Ragkabganj Gurdwara, Neu-Delhi, 13. Januar 1991.

[5] Interview mit Harjap Singh, Sultanwind Village, Distrikt Amritsar, Indien, 21. Januar 1998, übersetzt mit Hilfe von Harish Puri, Raminder Bir Singh und Harbhajan Singh.

[6] Michael Bray, „The Impending Execution of Paul Hill", *Capitol Area Christian News* 25, Sommer 1997, 1.

[7] Billy Wright, zit. in Martin Dillon, *God and the Gun: The Church and Irish Terrorism* (New York: Routledge, 1998), 65.

[8] Osama bin Laden, zit. in „Jihad Is an Individual Duty", *Los Angeles Times*, 13. August 1998, B9.

[9] J. Frits Staal, *Agni: The Vedic Ritual of the Fire Altar* (Berkeley: Asian Humanities Press, 1983).

[10] Maurice Bloch, *Pray into Hunter* (Cambridge: Cambridge University Press, 1992); René Girard, Das Heilige und die Gewalt (Frankfurt a.M.: Fischer, 1994); René Girard, Der Sündenbock (Zürich u. Düsseldorf: Benziger, 1998); Walter Burkert, Homo Necans: Interpretationen altgriechischer Opferriten und Mythen (Berlin u. New York: Springer, 1997); Walter Burkert, René Girard und Jonathan Z. Smith, *Violent Origins: Ritual Killing and Cultural Formation*, hg. von Robert G. Hamerton-Kelly (Stanford, CA: Stanford University Press, 1987); Eli Sagan, *The Lust to Annihilate: A Psychoanalytic Study of Violence in Ancient Greek Culture* (New York: Psychohistory Press, 1972); Eli Sagan, *Cannibalism: Human Aggression and Cultural Form* (New York: Psychohistory Press, 1974). Eine Übersicht über diese und andere Studien bietet Richard D. Hecht, „Studies on Sacrifice, 1970–80", *Religious Studies Review* 8:3, 1982, 13–19.

[11] Girard, Das Heilige und die Gewalt, 58.

[12] Girard, Das Heilige und die Gewalt, 59.

358

[13] René Girard, „Disorder and Order in Mythology", in *Disorder and Order: Proceedings of the Stanford International Symposium* (Stanford, CA: Amma Libri, 1984), 97.

[14] Eine Abhandlung über Girards Theorien und eine Alternative zu einigen ihrer Aspekte findet sich in meinem Artikel „Sacrifice and the Cosmic War" in Mark Juergensmeyer (Hg.), *Violence and the Sacred in the Modern World* (London: Frank Cass, 1991), 101–17. Vgl. auch Girards abschließende Stellungnahme im selben Band.

[15] Vgl. die Aufsätze von John Stratton Hawley (Hg.), *Sati, the Blessing and the Curse: The Burning of Wives in India* (New York: Oxford University Press, 1994).

[16] Anthony F. C. Wallace, *The Death and Rebirth of the Seneca* (New York: Random House, 1969) 102–7.

[17] Eine Zusammenfassung des Projekts findet sich in John Strutton Hawley, „Introduction: Saints and Virtues", in J. S. Hawley (Hg.), *Saints and Virtues* (Berkeley: University of California Press, 1987, xi–xxiv.

[18] Martin Kramer, „Sacrifice and Fratricide in Shiite Lebanon", in Juergensmeyer (Hg.), *Violence and the Sacred*, 38–40.

[19] James Aho, *This Thing of Darkness: A Sociology of the Enemy* (Seattle: University of Washington Press, 1994), 6.

[20] Stanley Tambiah, *Leveling Crowds: Ethnonationalist Conflicts and Collective Violence in South Asia (Berkeley: University of California Press, 1996), 310–11.*

[21] Shoko Asahara, *Disaster Approaches the Land of the Rising Sun: Shoko Asahara's Apocalyptic Predictions*, übers. und hg. vom Aum Translation Committee, (Tokio: Aum Publishing Co., Shizuoka Jaoan, 1995), 281.

[22] Vgl. z. B. Hirose Takashi und Akama Takashi, *The Structure of Japan and the Jewish Conspiracy* (Tokio: Tokuma Press, o. J.); Uno Magami, *If You Understand the Jewish Situation, You Can Understand the World Situation* (Tokio: Tokuma Press, o. J.).

[23] Matthew Hale, zit. in Stephanie Simon, „Leader of Hate's Church Mourns ‚One White Man'" *Los Angeles Times*, 6. Juli 1999, A1.

[24] Robert Matthews, zit. in „Views of a Racist Anti-Government Leader", *Washington Post*, 26. Dezember 1984, 3.

[25] Richard Butler, zit. in Kim Murphy, „Last Stand of an Aging Aryan", *Los Angeles Times*, 10. Januar 1999, A15.

[26] Denver Parmenter, Interview in der ABC-Sendung *Turning Point*, 5. October 1995; Journal Graphics Transcript Nr. 150, 2.

[27] Rabbi Yitzhak Ginsburgh, zit. in Yossi Klein Halevi, „Kahane's Murderous Legacy", *Jerusalem Report*, 24. März 1994, 17.

[28] Halevi, „Kahane's Murderous Legacy", 17.

[29] Interview mit Yochay Ron, Kiryat Arba, Hebron, 18. August 1995.

[30] Interview mit Imad Faluji, 19. August 1995.

[31] Andrew MacDonald [William Pierce], *The Turner Diaries* (New York: Barricade Books, 1996) (urspr. erschienen bei National Alliance Vanguard Books, Arlington, VA, 1978), 42.

[32] Jarnail Singh Bhindranwale, „Address to the Sikh Congregation", Predigt, gehalten im Goldenen Tempel im November 1983 (transkribiert und übers. im Punjab

von Ranbir Singh Sandhu nach dem originalen Audioband, verbreitet vom Sikh Religious and Educational Trust, Dublin, Ohio, 1985), 1.

[33] Bhindranwale, „Two Lectures", 19. Juli 1983 und 20. September 1983 (übers. nach den Videoaufzeichungen des Originals von R. S. Sandu und verbreitet vom Sikh Religious and Educational Trust, Dublin, Ohio, 1985), 22.

[34] Ehud Sprinzak, „Right-Wing Terorrism in a Comparative Perspective: The Case of Split Delegitimization", in Tore Bj rgo (Hg.), *Terror from the Extreme Right* (London: Frank Cass, 1995), 20.

[35] Ian Paisley, Leitartikel in *The Revivalist*, Januar 1983, 10.

[36] Bhindranwale, „Address to the Sikh Congregation", 1.

[37] Richard Butler, zit. in Murphy, „Last Stand of an Aging Aryan", A15.

[38] Interview mit Rabbi Meir Kahane, Jerusalem, 18. Januar 1989.

[39] Interview mit Mahmud Abouhalima, 19. August 1997.

[40] Ian Paisley, *The Preachings of Ian Paisley* (Belfast: Martyrs' Memorial Recordings, 17. November 1985), zit. in Dennis Cooke, *Persecuting Zeal: A Portrait of Ian Paisley* (Kerry, Irland: Brandon Book Publishers, 1996), 1.

[41] Halevi, „Kahane's Murderous Legacy", 18.

[42] RAND Chronicle of International Terrorism, berichtet in Bruce Hoffman, *Terrorism Targeting* (Santa Monica, CA: RAND Corporation, 1992), 17.

[43] Robin Wright, „Prophetic ,Terror 2000' Mapped Evolving Threat", *Los Angeles Times*, 9. August 1998, A16.

[44] Interview mit Mahmud Abouhalima, 30. September 1997.

[45] John J. Goldman, „Defendants Given 25 Years to Life in New York Terror Plot", *Los Angeles Times*, 18. Januar 1996, A1.

[46] Osama bin Laden, interviewt bei einer ABC Nachrichten-Wiederholung am 9. August 1998.

[47] Samuel Berger, zit. in *„Jihad* Is an Individual Duty", B9.

[48] *„Jihad* Is an Individual Duty", B9.

[49] *„Jihad* Is an Individual Duty", B9.

[50] Scheich Omar Abdul Rahman, zit. in Kim Murphy, „Have the Islamic Militants Turned to a New Battelfront in the US?", *Los Angeles Times*, 3. März 1993, A20.

[51] Ayatollah Khomeini, *Collection of Speeches, Position Statements* (Arlingotn, VA: Joint Publications Research Service, 1979), 24.

[52] Khomeini, *Collection*, 30.

[53] Interview mit Rabbi Menachem Fruman, Tuqua Siedlung, West Bank, Israel, 14. August 1995.

[54] Interview mit Mahmud Abouhalima, 30. September 1997.

[55] Imam [Ayatollah] Khomeini, *Islam and Revolution: Writings and Declarations*, übers. mit Anmerkungen von Hamid Algar (London: Routledge and Kegan Paul, 1985) (urspr. erschienen bei Mizan Press, Berkeley 1981), 27–28.

[56] Khomeini, *Collection*, 3.

[57] Khomeini, *Collection*, 25.

[58] Interview mit Rantisi, 2. März 1989.

[59] Ehud Sprinzak, „The Process of Delegitimation: Towards a Linkage Theory of Political Terrorism", *Terrorism and Political Violence* 3:1, Frühjahr 1991, 50–68. Vgl. auch sein Aufsatz, „Right-Wing Terrorism", in Bj rgo (Hg.), *Terror form the Extreme Right*; und ein in Kürze erscheinendes Buch, in dem diese Ideen in den Kontext einer allgemeinen Terrorismustheorie eingeordnet werden.

[60] Sprinzak, „Process of Delegitimation", 55.

[61] Sprinzak, „Process of Delegitimation", 56.

[62] Sprinzak, „Process of Delegitimation", 56.

[63] Meir Kahane, Rede zur Verkündigung der Gründung des unabhängigen Staats Judäa, Jerusalem, 18. Januar 1989 (nach meinen Notizen).

[64] Interview mit Yoel Lerner, Jerusalem, 20. Januar 1989.

Anmerkungen zu: *Die Macht der Krieger*

[1] Interview mit Abdul Aziz Rantisi, Khan Yunis, 1. März 1998.

[2] Interview mit Rantisi, 1. März 1998.

[3] Robin Wright, „Global Warrior Defends Himself in Court", *Los Angeles Times*, 12. Mai 1996, A1.

[4] Daoud Salahuddin [David Belfield], im Interview in der ABC-Sendung *20/20*, 20. Januar 1996; Journal Graphics Transcript Nr. 1603, 4.

[5] Cynthia Keppley Mahmood, *Fighting for Faith and Nation: Dialogues with Sikh Militants* (Philadelphia: University of Pennsylvania Press, 1996), 188.

[6] Interview mit Takeshi Nakamura, Tokio, 12. Januar 1996.

[7] Scheich Omar Abdul Rahman, zit. in Kim Murphy, „Have the Islamic Militants Turned to a New Battlefield in the US?", *Los Angeles Times*, 5. März 1993, A20.

[8] Interview mit Michael Bray, Pastor der Reformation Lutheran Church, 20. März 1998.

[9] Floyd Cochran, zit. in Kim Murphy, „Last Stand of an Aging Aryan", *Los Angeles Times*, 10. Januar 1999, A15.

[10] Jonathan Franklin, „Timothy McVeigh, Soldier", *Playboy*, Oktober 1995, 78ff.

[11] Bericht in der NBC-Sendung *Dateline*, 28. Juli 1995, transkribiert von Burelle's Information Services, Livingston, New Jersey, 15.

[12] Jim Dwyer, David Kocieniewski, Deidre Murphy und Peg Tyre, *Two Seconds under the World: Terror Comes to America – The Conspiracy behind the World Trade Center Bombing* (New York: Crown, 1994), 148.

[13] Interview mit Abouhalima, 19. August 1997.

[14] Namentlich nicht bekannter Anführer in der Moschee, der Mahmud Abouhalima angehörte, zit. in Richard Behar, „The Secret Life of Mahmud the Red", *Time*, 4. Oktober 1993, 60.

[15] Interview mit Narinder Singh, Punjab University, Chandigarh, Indien, 3. August 1996.

[16] Vgl. Ritu Sarin, *The Assassination of Indira Gandhi* (Neu Dehli: Penguin, 1990), 125ff.

[17] Zeugenaussage von Sharif Zahde, einem der Betenden, wiedergegeben in Joel Greenbert, „Sound of Chanting and Gunfire Echo in a Towen Awash in Blood", *New York Times*, 26. Februar 1994, A1.

[18] Nach einer Statistik von Gurinder Singh Mann aufgrund von zwanzig Todesanzeigen, die 1998 in der *World Sikh News* erschienen sind.

[19] Emmanuel Sivan, „Why Radikal Muslims Aren't Taking over Governments", *Middle East Quarterly*; Nachdruck in *Middle East Review of International Affairs* 2:2, Mai 1998, 2.

[20] Kim Murphy, „Islamic Party Wins Power in Algeria", *Los Angeles Times*, 28. Dezember 1991, A15.

[21] Kerry Noble, *Tabernacle of Hate: Why They Bombed Oklahoma City* (Prescott, Ontario: Voyageur, 1998) 91.

[22] Zu den Unberührbaren des Punjab vgl. Mark Juergensmeyer, *Religion as a Social Vision: The Movement against Untouchability in 20th Century Punjab* (Berkeley: University of California Press, 1982), 11–21.

[23] Ramesh Vinayak, „Striking Terror", *India Today*, 30. September 1995, 27.

[24] Ich weiß nicht, woher der Begriff „E-Mail-Ethnizität" stammt. Ich habe ihn zum ersten Mal von dem Anthropologen Benedict Anderson bei einer Konferenz über Nationalismus gehört, die vom Center für German and European Studies am 15. März 1992 an der University of Berkely, California, veranstaltet wurde.

[25] Eingehender untersucht habe ich den Begriff der globalen Diaspora religiöser Kulturen in meinem Aufsatz, „Thinking Globally about Religion", in Mark Juergensmeyer (Hg.), *Global Religions: An Introduction* (New York: Oxford, 2003).

[26] Dwyer et al., *Two Seconds under the World*, 89–101.

[27] Martin Dillon, *God and the Gun: The Church and Irish Terrorism* (New York: Routledge, 1998), 138, 143–57.

[28] Mahmood, *Fighting for Faith and Nation*, 215.

[29] Mahmood, *Fighting for Faith and Nation*, 218.

[30] Mahmood, *Fighting for Faith and Nation*, 218.

[31] Martin Riesebrodt, *Pious Passion: The Emergence of Modern Fundamentalism in the United States and Iran* (Berkeley: University of California Press, 1993), 176. [Dt. Ausgabe: *Fundamentalismus als patriarchalische Protestbewegung. Amerikanische Protestanten (1910–28) und iranische Schiiten (1961–79) im Vergleich*. Tübingen, 1990]. Vgl. auch die Aufsätze in John Stratton Hawley (Hg.), *Fundamentalism and Gender* (New York: Oxford University Press, 1994).

[32] Kim Murphy, „Algerian Election to Test Strength of Radical Islam", *Los Angeles Times*, 26. Dezember 1991, 19.

[33] Kim Murphy, „Islamic Party Wins Power in Algeria", *Los Angeles Times*, 28. Dezember 1991, A1.

[34] Sivan, „Why Radical Muslims Aren't Taking over Governments", 2.

[35] Rashid Sakher, ein Selbstmordattentäter aus der Gruppe Islamischer Jihad, interviewt von Dan Setton im Dokumentationsfilm *Shaheed*; das Interview wurde tran-

skribiert und veröffentlich als „A Terrorist Moves the Goalposts", *Harper's*, August 1997, 19-22.

[36] Andrew MacDonald [William Pierce], *The Turner Diaries* (New York: Barricade Books, 1996) (urspr. erschienen bei National Alliance Vanguard Books, Arlington, VA, 1978), 45.

[37] Darrin McMahon, *Enemies of the Enlightenment: The French Counter-Enlightenment and the Making of Modernity* (New York: Oxford University Press, 2001). Zur Geschichte verschiedener christlicher Haltungen zur Homosexualität vgl. John Boswell, *Christianity, Social Tolerance, and Homosexuality: Gay People in Western Europe from the Beginning of the Christian Era to the Fourteenth Century* (Chicago: University of Chicago Press, 1980).

[38] MacDonald [Pierce], *Turner Diaries*, 45.

[39] David Lane, „Race, Reason, Religion", unveröffentlichtes Manuskript, 1984, zit. in Jams Aho, *The Politics of Righteousness: Idaho Christian Patriotism* (Seattle: University of Washington Press, 1990), 86.

[40] Interview mit Avigdor Eskin, Schriftsteller und rechtsgerichteter jüdischer Aktivist, Jerusalem, 3. März 1998.

[41] Ian Paisley, „Swearing Allegiance to King Jesus", Predigt vom 24. März 1991, Belfast; abgedruckt in Ian Paisley, *Sermons on Special Occasions* (Belfast: Ambassador Productions, 1996), 124.

[42] Paisley, „Swearing Allegiance to King Jesus", 120.

[43] Noble, *Tabernacle of Hate*, 216.

[44] Interviews mit Michael Bray, Pastor der Reformation Lutheran Church, Bowie, Maryland, 25. April 1996 und 20. März 1998.

[45] MacDonald [Pierce], *Turner Diaries*, 203. Kursivsetzung im Original.

[46] Murphy, „Last Stand of an Aging Aryan", A15.

[47] Videoband der Hamas aus der Sammlung von Anne Marie Oliver und Paul Steinberg.

[48] Mahmood, *Fighting for Faith and Nation*, 200.

[49] Mahmood, *Fighting for Faith and Nation*, 201.

[50] Sant Jarnail Bhindranwale, zit. in Shekhar Gupta, „Temple Intrigue", *India Today*, 15. Mai 1984, 56-57.

[51] Gupta, „Temple Intrigue", 56-57. Sodhi wurde des Mordes an H. S. Manchanda in Delhi und an Harbans Lal Khanna in Amritsar sowie mehrerer Raubüberfälle beschuldigt.

[52] Bhindranwale, zit. in Gupta, „Temple Intrigue", 56. Sodhi wurde erschossen, als er an einem Teestand außerhalb der Tempelanlage saß, und zwar von einer Frau namens Baljit Kaur aus einer niedrigen Kaste, die im Auftrag Surinder Singhs (alias Chhinda) arbeitete. Sodhi hatte angeblich früher bei einer Reihe von Verbrechen mit Chhinda zusammengearbeitet, aber die beiden hatten sich zertritten. Bhindranwale behauptete, dass Chhinda und Baljit Kaur als Killer von der Akali-Führung beauftragt worden seien. Beide wurden nur wenige Stunden nach Sodhis Ermordung

gefoltert und umgebracht, ebenso der Besitzer des Teestands, an dem Sodhi erschossen worden war.

[53] Jeffrey F. Kripal, *Kali's Child: The Mystical and the Erotic in the Life and Teachings of Ramakrishna* (Chicago: University of Chicago Press, 1995).

[54] Narasingha Sil, „Re: Vahbharambhe Laghurkriya", *Religion in South Asia*, ein Internetverteiler, 10. Mai 1998, zit. mit Genehmigung von Prof. Sil.

[55] Sarah Lee Caldwell, „Re: Kali's Child – Reply", *Religion in South Asia*, ein Internetverteiler, 5. Mai 1998, zit. mit Genehmigung von Prof. Caldwell.

[56] Vgl. Kripal, *Kali's Child*, 301–2.

[57] Vgl. Ashis Nandy, *The Intimate Enemy: Loss and Recovery of Self under Colonialism* (Oxford: Oxford University Press, 1983); Joseph Alter, *The Wrestler's Body* (Berkeley: University of California Press, 1992); Mrinalini Sinha, *Colonial Masculinity: The ,Manly Englishman' and the ,Effeminate Bengali' in the Late Nineteenth Century* (Manchester: Manchester University Press, 1995); Indira Chowdhury, *Frail Hero and Virile History: Gender and the Politics of Culture in Colonial Bengal* (Delhi: Oxford University Press, 1998).

[58] Nandy, *Intimate Enemy*.

[59] Vinay Lal, „The Cultural Politics of Indian Nuclearism", *Los Angeles Times*, 18. Mai 1998.

[60] MacDonald [Pierce], *Turner Diaries*, 42.

[61] Interview mit Eskin, 3. März 1998.

[62] Paul Hill; „Why I Shot an Abortionist", Brief an das White Rose Banquet, 22. Dezember 1997; im Internet einsehbar u. a. unter: http://www.geocities.com/waragainsttheunborn/whyishot.html.

[63] Erik Erikson, *Identity and the Life Cycle* (New York: Norton, 1980), 55.

[64] Erikson, *Identity and the Life Cycle*, 65.

[65] Martha Crenshaw, „Theories of Terrorism: Instrumental and Organisational Approaches", in David C. Rapoport (Hg.), *Inside Terrorist Organizations* (London: Frank Cass und New York: Columbia University Press, 1988), 13–31.

[66] Interview mit Harjap Singh, Sultanwind Village, Distrikt Amritsar, Indien, 21. Januar 1998, übersetzt mit Hilfe von Harish Puri, Raminder Bir Singh und Harbhajan Singh.

[67] Ian Paisley, *This Is My Life* (Belfast: Martyrs' Memorial Recordings, undatiert), zit. in Dennis Cooke, *Persecuting Zeal: A Portrait of Ian Paisley* (Kerry, Irland: Brandon Book Publishers, 1996), 77.

[68] Michel Wieviorka, *The Making of Terrorism* (übers. von David Gordon White nach dem franz. Original *Sociétés et terrorisme*) (Chicago: University of Chicago Press, 1993).

[69] Wieviorka, *The Making of Terrorism*, 291.

[70] Interview mit Bray, 20. März 1998.

[71] Interview mit Bray, 25. April 1996.

[72] Paul Hill, zit. in Mike Clary, „Suspect in Abortion Slayings Acts as Own Attorney at Trial", *Los Angeles Times*, 5. Oktover 1994, A5.

[73] Interview mit Imad Faluji, Journalist und Mitglied des politischen Flügels der Hamas, Gaza, 19. August 1995.

[74] Pierre Bourdieu und Loïc D. J. Wacquant, *An Invitation to Reflexive Sociology* (Chicago: University of Chicago Press, 1992), 131.

[75] Interview mit Bray, 20. März 1998.

[76] Baruch Goldstein, Brief an den Herausgeber, *New York Times*, 30. Juni 1981.

[77] Interview mit Yochay Ron, Kiryat Arba, Hebron, 18. August 1995.

[78] Interview mit Yoel Lerner, Direktor des Sannhedrin Institute, Jerusalem, 17. August 1995.

[79] Leonard Zeskind, *The ,Christian Identity' Movement: Analyzing Its Theological Rationalization for Racist and Anti-Semitic Violence* (New York: Division of Church and Society of the National Council of Churches of Christ in the U.S.A., 1986), 35 – 42.

[80] Berichtet in der *Arkansas Gazette*, 27. April 1987; zit. in Bruce Hoffman, „*Holy Terror*": The Implications of Terrorism as Motivated by a Religious Imperative* (Santa Monica, CA: RAND Corporation, 1993), 8.

[81] Interview mit Bray, 20. März 1998.

[82] Interview mit Bray, 20. März 1998.

[83] Interview mit Abouhalima, 19. August 1997.

[84] Interview mit Dr. Muhammad Ibraheem el-Geyoushi, Dekan der Fakultät von Dawah, al-Azhar-Universität, Kairo, 30. Mai 1990.

[85] Interview mit Darshan Singh Ragi, ehemaliger Jatedar, Akal Takhat, Bhai Vir Singh Sadan, New Delhi, 13. Januar 1991.

[86] Interview mit Ragi, 13. Januar 1991.

[87] Interview mit Sohan Singh, Mohalli, Punjab, 3. August 1996.

[88] Interview mit Rantisi, 1. März 1998.

[89] Frantz Fanon, *The Wretched of the Earth* (New York: Grove Press, 1963).

Anmerkungen zu: *Im Namen Gottes*

[1] Aus einem Videoband über Selbstmordattentäter der Hamas aus der Sammlung von Anne Marie Oliver und Paul Steinberg.

[2] Interview mit Abdul Aziz Rantisi, Mitbegründer und politischer Kopf der Hamas, Khan Yunis, Gaza, 1. März 1998.

[3] Interview mit Michael Bray, Pastor der Reformation Lutheran Church, Bowie, Maryland, 20. März 1998.

[4] Interview mit Setsufumi Kamuro, Generalsekretär des Tokioter Büros, und Chieko Haniu, Pressesprecher der religiösen Bewegung Agonshu im Büro Kanto, Tokio, 10. Januar 1996.

[5] Andrew Macdonald [William L. Pierce], *The Turner Diaries* (Arlington, VA: National Alliance Vanguard Books, 1978), 64.

[6] Macdonald [Pierce], *Turner Diaries*, 63.

[7] Macdonald [Pierce], *Turner Diaries*, 64.

365

[8] Interview mit Yoel Lerner, Direktor des Sannhedrin Instituts, Jerusalem, 2. März 1998.

[9] Ein Bericht über die Übernahme derAbu-Bakr-Moschee findet sich in Jim Dwyer, David Kocieniewski, Deidre Murphy und Peg Tyre, *Two Seconds under the World: Terror Comes to America – The Conspiracy behind the World Trade Center Bombing* (New York: Crown Publishers, 1994), 140–56.

[10] Interview mit Ashraf Yaghi, Gaza, 19. August 1995.

[11] Interview mit Mahmud Abouhalima, verurteilter Mittäter an dem ersten Bombenanschlag auf das World Trade Center, Bundeshaftanstalt, Lompoc, Kalifornien, 19. August 1997.

[12] Interview mit Abouhalima, 19. August 1997.

[13] Interview mit Abouhalima, 30. September 1997.

[14] Macdonald [Pierce], *Turner Diaries*, 42.

[15] Macdonald [Pierce], *Turner Diaries*, 73.

[16] Macdonald [Pierce], *Turner Diaries*, 74.

[17] Pierre Bourdieu, *Language and Symbolic Power*, übers. von Gino Raymond und Matthew Adamson (Cambridge, MA: Harvard University Press, 1991), 72–76. Vgl. auch Pierre Bourdieu, *Outline of a Theory of Practice*, übers. Richard Nice (Cambridge: Cambridge University Press, 1977) 171–83.

[18] Jürgen Habermas, Legitimationsprobleme im Spätkapitalismus (Frankfurt a.M.: Suhrkamp, 1973).

[19] Darrin McMahon, *Enemies of the Enlightenment: The French Counter-Enlightenment and the Making of Modernity* (New York: Oxford University Press, 2001).

[20] Bourdieu, *Language and Symbolic Power*, 116.

[21] Bourdieu, *Language and Symbolic Power*, 116.

[22] Margot Dudkevitch, „Settlers: Netanyahu No Longer Our Leader", *Jerusalem Post* (Internet-Ausgabe), 26. Oktober 1998.

[23] Manche Wissenschaftler unterstützen auch die Schaffung einer postkolonialen Kultur. Vgl. Partha Chatterjee, *The Nation and Its Fragments: Colonial and Postcolonial Histories* (Princeton, NJ: Princeton University Press, 1993).

[24] Mark Juergensmeyer, *The New Cold War? Religious Nationalism Confronts the Secular State* (Berkeley: University of California Press, 1993), 11–25.

[25] Jürgen Habermas, „Modernity – An Incomplete Project", in Paul Rabinow und William M. Sullivan (Hgg.), *Interpretive Social Science: A Second Look* (Berkeley: University of California Press, 1987), 148.

[26] Zur Unterscheidung zwischen der Postmoderne als einem gesellschaftlichen Phänomen und als einem Analyseinstrument vgl. David Lyon, *Postmodernity* (Minneapolis: University of Minnesota Press, 1994).

[27] Vgl. u. a. Roger Friedland, „When God Walks in History: The Institutional Politics of Religious Nationalism", in *International Sociology* (erscheint demnächst).

[28] José Casanova, *Public Religions in the Modern World* (Chicago: University of Chicago Press, 1994), 211.

[29] Ehud Sprinzak, „The Process of Delegitimization: Towards a Linkage Theory of

Political Terrorism", *Terrorism and Political Violence* 3:1, Frühjahr 1991, 50–68; Ehud Sprinzak, „Right-Wing Terrorism in a Comparative Perspective: The Case of Split Delegitimization", in Tore Bj rgo (Hg.), *Terror from the Extreme Right* (London: Frank Cass, 1995), 17–43.

[30] Pressekonferenz von US-Außenministerin Madeleine Albright, gezeigt in der ABC-Sendung *Nightline,* 21. August 1998.

[31] George Tenet, ABC-Nachrichten, 2. Februar 1999.

[32] Shoko Asahara, Rede vom April 1994, zit. in Ian Reader, *A Poisonous Cocktail? Aum Shinrikyo's Path to Violence* (Kopenhagen: Nordic Institute of Asian Studies, 1996), 69.

[33] Zit. in Bruce Hoffman, *Inside Terrorism* (New York: Columbia University Press, 1998), 192.

[34] Douglas Jehl, „Despite Bluster Qaddafi Weighs Deal", *New York Times,* 1. November 1998, A8.

[35] Kerry Noble, *Tabernacle of Hate: Why They Bombed Oklahoma City* (Prescott, Ontario: Voyageur, 1998), 146.

[36] Interview mit Rantisi, 1. März 1998.

[37] Interview mit Rantisi, 1. März 1998.

[38] Casanova, *Public Religions in the Modern World,* 40ff.

[39] Robin Wright, „Islamist's Theory of Relativity", *Los Angeles Times,* 27. Januar 1995, A1.

[40] Behrooz Ghamari-Tabrizi, „From Liberation Theology to State Ideology – Modern Conceptions of Islam in Revolutionary Iran: Ali Shari'ati and Abdolkarim Soroush", unveröffentlichter Artikel, 1997. Vgl. auch das Buch über Soroush von Prof. Ghamari-Tabrizi, gemeinsam verlegt von I. B. Tauris und St. Martin's Press, und den Artikel von Robin Wright, „Iran Moves to Stifle Exchange of Reformist Views", *Los Angeles Times,* 30. Dezember 1995, A6.

[41] René Girard, Das Heilige und die Gewalt (das Original ist auf französisch erschienen unter dem Titel *La Violence et le sacré,* 1972).

[42] Mark Anspach, „Violence against Violence: Islam in Comparative Context", in Mark Juergensmeyer (Hg.), *Religion and the Sacred in the Modern World* (London: Frank Cass, 1991), 25.

[43] Interview mit dem Ehrwürdigen Palipana Chandananda, Mahanayake, Kapitel von Asigiriya, Sinhalese Buddhist Sangha, Kandy, Sri Lanka, 4. Januar 1991.

[44] Jean-Jacques Rousseau, „On Civil Religion", Kapitel 8, Buch IV von *On the Social Contract.*

[45] McMahon, *Enemies of Enlightenment,* Kapitel 1.

[46] Interview mit Abouhalima, 30. September 1997.

[47] Robert N. Bellah, „Is There a Common American Culture?", *Journal of the American Academy of Religion* 66:3, Herbst 1998, 614, 616.

[48] Marcel Gauchet, *The Disenchantment of the World: A Political History of Religion,* übers. von Oscar Burge (Princeton, NJ: Princeton University Press, 1998).

[49] Reinhold Niebuhr, *Moral Man and Immoral Society* (New York: Charles Scribner's Sons, 1932), 255.

[50] Interview mit Imad Faluji, Journalist und Mitglied es politischen Flügels der Hamas, Gaza, 19. August 1995.

[51] Rashid Sakher, Selbstmordattentäter aus der Grußße Islamischer Jihad, interviewt von Dan Setton im Dokumentarfilm *Shaheed* (transkribiert und abgedruckt als „A Terrorist Moves the Goalposts", *Harper's*, August 1997, 19–22).

Interviews und Korrespondenz

Abdullah, Dr. Farooq (Gespräch). Ministerpräsident, Bundesstaaten Jummu und Kaschmir, Indien. Jummu, Indien, 20. Januar 1998.

Abe, Yoshiya. Professor für Religionswissenschaft, Universität Kokugakuin. Tokio, 9. Januar 1996.

Abouhalima, Mahmud. Politischer Aktivist, verurteilter Mittäter am ersten Anschlag auf das World Trade Center. Bundeshaftanstalt, Lompoc, Kalifornien, 19. August 1997; 30. September 1997.

- Briefe aus Lompoc, 25. September 1996; 21. Oktober 1996; 3. Januar 1997; 15. Juni 1997; 20. Juli 1997; 28. August 1997; 7. Januar 1998; aus Leavenworth, Kansas, 20. Mai 1999.

Abu-Amr, Zaid. Professor für Philosophie und Kulturwissenschaft, Bir-Zeit-Universität. Jerusalem, August 1995.

Ahmed, Showkat. Student, Aligarh Muslim University. Pathankot, Indien, 18. Januar 1998.

el Arian, Essam. Arzt, Mitglied der Nationalversammlung und der Muslimbruderschaft. Kairo, 11. Januar 1989.

Asafi, Muhammad. Arzt. Lager von Jabaliya, Gaza, 14. Januar 1989.

Asfour, Gaber. Professor für arabische Literatur, Universität Kairo. Kairo, 26. Mai 1990.

Ashur, Prof. A. K. Dekan der pädagogischen Fakultät, al-Azhar-Universität. Kairo, 27. Mai 1990.

Auda, Gehad. Wissenschaftler, Al-Ahram-Institut. Kairo, 31. Mai 1990.

Ayako (Nachname unbekannt). Leitender Angestellter in der Satian-Buchhandlung, Aum Shinrikyo. Shibuya, Tokio, 11. Januar 1996.

bar Nathan, Arie. Siedler in Mitzpeh Jericho. Jerusalem, 16. Januar 1989.

ben Horin, Michael. Leiter des Kach-Büros. Jerusalem, 15. Januar 1989.

Bray, Rev. Michael. Pastor, Reformation Lutheran Church, und Hg. der *Capitol Area Christian News*. Bowie, Maryland, 25. April 1996; 20. März 1998.

- Briefe aus Bowie, Maryland, 20. Juli 1997; 9. März 1999.

Bums, Bertha Mae (Gespräch). Mitarbeiterin bei der Martyrs Memorial Free Presbyterian Church. Belfast, Nordirland, 30. Juli 1998.

Chandananda, Ehrwürdiger Palipana. Mahanayake, Kapitel von Asigiriya, Sinhalese Buddhist Sangha. Kundy, Sri Lanka, 4. Januar 1991.

Chundra, Ram. Büroangestellter der Bharatiya Janata Party. Delhi, 10. Januar 1991.

Desouki, Ali. Mitglied der Muslimbruderschaft. Kairo, 11. Januar 1989.

Dhaman, Kuldip Kumar. Student der Guru Nanak Dev University. Amritsar, Punjab, 11. Januar 1991; 12. Januar 1991.

Dignan, Stuart. Büromitarbeiter, Democratic Unionist Party. Belfast, Nordirland, 30. Juli 1998.

Eskin, Avigdor. Schriftsteller und politischer Aktivist. Jerusalem, 3. März 1998.

Faluji, Imad. Schriftsteller und politischer Aktivist. Gaza, 19. August 1995.

Falwell, Jerry (Gespräch). Pastor, Thomas Road Baptist Church. Lynchburg, Virginia, 23. Februar 1997.

Fruman, Manachem. Rabbi in der Siedlung Tuqua. West Bank, Israel, 14. August 1995.

Gibney, Jim (Gespräch). Pressereferent von Sinn Féin. Belfast, Nordirland, 30. Juli 1998.

el-Geyoushi, Muhammad Ibraheem. Dekan der Dawah-Fakultät, al-Azhar-Universität. Kairo, 30. Mai 1990.

el-Hamamsy, Leila. Direktorin, Social Research Center, American University. Kairo, 10. Januar 1989.

Hanafi, Hasan. Studentenführer der Muslimbruderschaft, Universität Kairo. Kairo, Mai 1990.

Haniu, Chieko. Pressereferent, Tokioter Büro von Agonshu. Tokio, 10. Januar 1996.

Hartley, Tom. Stadtrat und Fraktionsführer von Sinn Féin im Belfaster Stadtrat. Belfast, Nordirland, 31. Juli 1998.

Hassan, Ali. Student an der islamischen Universität von Gaza und Anhänger der Hamas. Gaza, 1. März 1998.

Hiramatsu, Yasuo. Pressereferent, Tokioter Büro von Aum Shinrikyo. Aoyama, Tokio, 13. Januar 1996.

Kahane, Rabbi Meir. Ehemaliges Mitglied der Knesset und Anführer der israelischen Kach-Partei. Jerusalem, 18. Januar 1989.

Kamal, Muhammad. Student der islamischen Universität von Gaza und Anhänger der Hamas. Gaza, 1. März 1998.

Kamuro, Setsufumi. Generalsekretär des Tokioter Büros von Agonshu. Tokio, 10. Januar 1996.

Kaur, Surjit, Präsidentin der Akali-Frauengruppe in Delhi (Mann-Gruppe). Rakabganj Gurdwara, Neu-Delhi, 13. Januar 1991.

Khalifa, Muhammad. Professor für vergleichende Religionswissenschaft, Abteilung orientalische Sprachen, Universität Kairo. Kairo, 9. Januar 1989.

Lamba, Navneet. Bibliothekar, Bhai Vir Singh Sadan. Neu-Delhi, 9. Januar 1991.

Lerner, Yoel. Direktor des Sannhedrin Institut. Jerusalem, 20. Januar 1989; 17. August 1995; 2. März 1998; 3. März 1998.

Levinger, Rabbi Mosche. Leiter von Gush Emunim. Jerusalem, 16. Januar 1989.

Mann, Simranjit Singh. Ehemaliges Mitglied des Parlaments und Anführer der Akali Dal (Mann-Fraktion). Chandigarh, Punjab, 4. August 1996.

Marzel, Baruch. Siedler in Kalpat Arba, Hebron. Jerusalem, 17. Januar 1989.

Miller, Davy (Gespräch). Anhänger von Sinn Féin. Belfast, Nordirland, 30. Juli 1998.

Muraoka, Tatsuko. Generalsekretär des Tokioter Büros, Aum Shinrikyo. Aoyama, Tokio, 13. Januar 1996.

Nakamura, Takeshi (Pseudonym eines ehemaligen Mitglieds von Aum Shinrikyo). Tokio, 12. Januar 1996. (Auf Englisch und Japanisch; übersetzt mit der freundlichen Hilfe von Prof. Susumu Shimazono und Amy Arakane).

Narang, Surjit Singh. Professor für Politikwissenschaft, Guru Nanak Dev University. Amritsar, Punjab, 11. Januar 1991.

Pundher, Sarabjit. Chefkorrespondent von *The Hindu*. Jummu, Indien, 19. January 1998.

Puri, Harish. Professor für Politikwissenschaft, Guru Nanak Dev University, Amritsar. Delhi, 10. Januar 1991; Amritsar, Punjab, 11. Januar 1991; 20. Mai 1993; 20. Januar 1998.

Rabin, Leah (Gespräch). Witwe des früheren israelischen Premierministers Yitzhak Rabin. Tel Aviv, 2. März 1998.

Ragi, Darshan Singh. Ehemaliger Jatedar, Akal Takhat. Bhai Vir Singh Sadan, Neu-Delhi, 13. Januar 1991.

Rajagopal, Hari. Mitarbeiter der Bharatiya Janata Party. Delhi, 9. Januar 1991.

Rantisi, Dr. Abdul Aziz. Mitbegründer und politischer Kopf der Hamas. Khan Unis, Gaza, 1. März 1998.

Rey, Roy (Gespräch). Mitarbeiter bei der Martyrs Memorial Free Presbyterian Church. Belfast, Nordirland, 30. Juli 1998.

Ron, Yochay. Wächter am Goldstein-Schrein, Siedlung Kiryat Arba. Hebron, 18. August 1995.

Salameh, Scheich (Vorname ungenannt). Religiöser Lehrer an der al-Nur-Moschee. Kairo, 28. Mai 1990.

Salem, Mohamed Elmisilhi. Professor für pädagogische Psychologie, al-Azhar-Universität. Kairo, 27. Mai 1990.

Salomon, Gershom. Vorstand der „Gläubigen vom Tempelberg". Jerusalem, 25. Mai 1990.

Schleiffer, Abdullah. Direktor der Abteilung Public and Ecumenical Relations, American University. Kairo, 7. Januar 1989.

Sekhon, Kuldip Singh. Anwalt von Sikh-Immigranten. Berkeley, 1. Juni 1996.

Shiha, Abdul Hamid. Professor der Dar-al-Ulum-Universität Kairo. Kairo, 27. Mai 1990.

Shimada, Hiromi. Ehemaliger Professor für Religionswissenschaft. Tokio, 10. Januar 1996.

Shitta, Ibrahim Dasuqi. Professor für persische Literatur, Universität Kairo. Kairo, Januar 1989; 11. Januar 1989.

Shohdy, Nancy A. Direktorin der Abteilung Presse und ökumenische Beziehungen, koptisch- orthodoxe Kirche. Kairo, 28. Mai 1990.

Singh, Dr. Amrik. Mitglied der All-India Sikh Students Federation (Mehta-Chawla-Gruppe). Rakabganj Gurdwara, Neu-Delhi, 13. Januar 1991.

Singh, Bhagwan. Mulgranthi (Oberprediger), Goldener Tempel. Amritsar, Punjab, 11. Januar 1991.

Singh, Darshan. Professor und Vorsitzender, Abteilung für Guru-Nanak-Studien, Punjab University. Chandigarh, Punjab, 2. August 1996.

Singh, Gurmit. Präsident des Büros der All-India Sikh Students Federation in Delhi (Mehta-Chawla-Gruppe). Rakabganj Gurdwara, Neu-Delhi, 13. Januar 1991. (Auf Englisch und Punjabi.)

Singh, Gumam. Professor für Politikwissenschaft, Guru Nanak Dev University. Amritsar, Punjab, 11. Januar 1991.

Singh, Harbinder. Generalsekretär des Büros der All-India Sikh Students Federation in Delhi (Mehta-Chawla-Gruppe). Rakabganj Gurdwara, Neu-Delhi, 13. Januar 1991. (Auf Englisch und Punjabi.)

Singh, Harcharund. Ehemaliger Jatedar des Goldenen Tempels. Rakabganj Gurdwara, Neu-Delhi, 13. Januar 1991.

Singh, Harjap. Ratsmitglied der Stadtverwaltung von Amritsar und Bruder von Kanwarjit Singh, Anführer der Khalistan Commando Force, 1987–1989. Sultanwind, Amritsar, Punjab, 20. Januar 1998. (Auf Englisch und Punjabi. Das Interview wurde geführt mit Hilfe von Harish Puri, Harbhajan Singh und Raminder Bir Singh.)

Singh, Jasvinder. Mitglied des Büros der All-India Sikh Students Federation in Delhi (Mehta-Chawla-Gruppe). Rakabganj Gurdwara, Neu-Delhi, 13. Januar 1991.

Singh, Mohinder. Direktor, National Institute for Punjab Studies. Bhai Vir Singh Sadan, Neu-Delhi, 9. Januar 1991.

Singh, Narinder. Generalmajor i. R., indische Armee. Chandigarh, Punjab, 3. August 1996.

Singh, Ramunder Bir. Forschungsassistent, Guru Nanak Dev University. Amritsar, Punjab, 20. Januar 1998.

Singh, Sohan. Anführer des Sohan Singh Panthic Committee. Mohalli, Punjab, 3. August 1996.

Singh, Yashwant Pal. Leiter des Büros der All-India Sikh Students Federation in Delhi (Mehta-Chawla-Gruppe). Rakabganj Gurdwara, Neu-Delhi, 13. Januar 1991. (Auf Englisch und Punjabi.)

Sutel, Seth. Korrespondent für die Associated Press. Tokio, 9. Januar 1996. Tomoko (Nachname unbekannt). Leitender Mitarbeiter der Satian-Buchhandlung, Aum Shinrikyo.

Shibuya, Tokio, 11. January 1996.

Yaghi, Ashraf. Hamas-Anhänger. Gaza Stadt, 19. August 1995.

Yassin, Scheich Ahmed. Gründer und Anführer der Hamas. Gaza, 14. Januar 1989.

Yokoyama, Minoru. Soziologe und Professor für Kriminologie, Universität Kokugakuin. Tokio, 10. Januar 1996.

Zamlot, Saleh. Studentenführer der Fatah, Palestianian Liberation Organization. al-Azhar-Universität, Kairo, 27. Mai 1990.

Zilberman, Ifrah. Wissenschaftler, Hebräische Universität. Jerusalem, 18. Januar 1989; 25. Mai 1990.

Bibliographie

Religion und Gewalt

Bataille, Georges: *Theorie der Religion*. München: Matthes u. Seitz, 1997.

Baudrillard, Jean: *Transparenz des Bösen. Ein Essay über extreme Phänomene*. Berlin: Merve, 1992.

Beinert, Wolfgang (Hg.): *Gott – ratlos vor dem Bösen?* Freiburg i. Br. u. a.: Herder, 1999.

Bielefeldt, Heiner u. Wilhelm Heitmeyer (Hgg.): *Politisierte Religion. Ursachen und Erscheinungsformen des modernen Fundamentalismus*. Frankfurt a. M.: Suhrkamp, 1998.

Burkert, Walter: Homo Necans. *Interpretationen altgriechischer Opferriten und Mythen*. 2. Auflage. Berlin, New York: Springer, 1997.

Collet, Giancarlo u. Josef Estermann (Hgg.): *Religionen und Gewalt*. Münster u. a.: Lit, 2002.

Foucault, Michel: *Archäologie des Wissens*. Frankfurt a. M.: Suhrkamp, 1995.

Girard, René: *Das Ende der Gewalt. Analyse des Menschheitsverhängnisses*. Freiburg i. Br. u. a.: Herder, 1983.

– *Das Heilige und die Gewalt*. Frankfurt a. M.: Fischer, 1994.

– *Der Sündenbock*. Zürich u. Düsseldorf: Benziger, 1998.

Girard, René und Mark Anspach: Reflections from the Perspective of Mimetic Theory. In: Mark Juergensmeyer (Hg.): *Violence and the Sacred in the Modern World*. London: Frank Cass, 1992, 141–148.

Hempelmann, Reinhard: *Religionen und Gewalt*. Berlin: Evangelische Zentralstelle für Weltanschauungsfragen, 2002.

Herrmann, Peter (Hg.): *Glaubenskriege in Vergangenheit und Gegenwart*. Referate, gehalten auf dem Symposium der Joachim-Jungius-Gesellschaft der Wissenschaften, Hamburg, am 28. und 29. Oktober 1994. Göttingen: Vandenhoek u. Ruprecht, 1996.

Juergensmeyer, Mark: *The New Cold War? Religious Nationalism Confronts the Secular State*. Berkeley: University of California Press, 1993.

– Sacrifice and Cosmic War. In: Mark Juergensmeyer (Hg.): *Violence and the Sacred in the Modern World*. London: Frank Cass, 1991, 101–117.

– Violence and Religion. In: Jonathan Z. Smith (Hg.): *The Harper Dictionary of Religion*. New York: HarperCollins, 1995.

– (Hg.): *Violence and the Sacred in the Modern World*. London: Frank Cass, 1991.

Kepel, Gilles: *Die Rache Gottes. Radikale Moslems, Christen und Juden auf dem Vormarsch.* München u. Zürich: Piper, 1994.

Khoury, Adel Theodor u. a. (Hgg.): *Krieg und Gewalt in den Weltreligionen. Fakten und Hintergründe.* Freiburg i. Br. u. a.: Herder, 2003.

Kienzler, Klaus: *Der religiöse Fundamentalismus. Christentum, Judentum, Islam.* München: Beck, 2001.

Lutterbach, Hubertus u. Jürgen Manemann (Hgg.): *Religion und Terror. Stimmen zum 11. September aus Christentum, Islam und Judentum.* Münster: Aschendorff, 2002.

Marty, Martin E. u. R. Scott Appleby: *Herausforderung Fundamentalismus. Radikale Christen, Moslems und Juden im Kampf gegen die Moderne.* Frankfurt a. M. u. New York: Campus, 1996.

Riesebrodt, Martin: *Fundamentalismus als patriarchalische Protestbewegung. Amerikanische Protestanten (1910–28) und iranische Schiiten (1961–79) im Vergleich.* Tübingen: Mohr, 1990.

Riesebrodt, Martin: *Die Rückkehr der Religionen. Fundamentalismus und der „Kampf der Kulturen".* München: Beck, 2000.

Walzer, Michael: *Gibt es den gerechten Krieg?* Stuttgart: Klett-Cotta, 1982.

Terrorismus

Benoist, Alain de: *Die Wurzeln des Hasses. Ein Essay zu den Ursachen des globalen Terrorismus.* Berlin: Edition JF, 2002.

Bos, Ellen (Hg.): *Neue Bedrohung Terrorismus. Der 11. September 2001 und die Folgen.* Münster: Lit, 2003.

Carr, Caleb: *Terrorismus – die sinnlose Gewalt. Historische Wurzeln und Möglichkeiten der Bekämpfung.* München: Heyne, 2003.

Czempiel, Ernst-Otto: *Weltpolitik im Umbruch. Die Pax Americana, der Terrorismus und die Zukunft der internationalen Beziehungen.* München: Beck, 2002.

Drewermann, Eugen: *Krieg ist Krankheit, keine Lösung.* Freiburg i. Br. u. a.: Herder, 2003.

Frank, Hans u. Kai Hirschmann (Hgg.): *Die weltweite Gefahr. Terrorismus als internationale Herausforderung.* Berlin: Berlin-Verlag, 2002.

Hirschmann, Kai: *Terrorismus.* Hamburg: Europa, 2003.

Hoffman, Bruce: *Terrorismus – der unerklärte Krieg. Neue Gefahren politischer Gewalt.* Frankfurt a. M.: Fischer, 2001.

Laqueur, Walter: *Krieg dem Westen. Terrorismus im 21. Jahrhundert.* Berlin: Propyläen, 2003.

– *Die globale Bedrohung. Neue Gefahren des Terrorismus.* Berlin: Propyläen, 1998.

– *Terrorismus. Die globale Herausfordrerung.* Frankfurt a. M.: Ullstein, 1987.

Münkler, Herfried: *Die neuen Kriege.* Reinbek bei Hamburg: Rowohlt, 2002.

Netanjahu, Benjamin: *Der neue Terror. Wie die demokratischen Staaten den Terrorismus bekämpfen können.* München: Bertelsmann, 1996.

Nitsch, Holger: *Terrorismus und internationale Politik am Ende des 20. Jahrhunderts.* Ver-

gleichende Studie über Gemeinsamkeiten und Unterschiede verschiedener Ansätze und Definitionen von Terrorismus. München, 2001.

Preuß, Ulrich K.: *Krieg, Verbrechen, Blasphemie: zum Wandel bewaffneter Gewalt.* Berlin: Wagenbach, 2002.

Reuter, Christoph: *Selbstmordattentäter. Warum Menschen zu lebenden Bomben werden.* München: Goldmann, 2003.

Robins, Robert S.: *Die Psychologie des Terrors. Vom Verschwörungsdenken zum politischen Wahn.* München: Droemer, 2002.

Roth, Jürgen: *Netzwerke des Terrors.* Hamburg: Europa, 2001.

Waldmann, Peter: *Terrorismus. Provokation der Macht.* München: Gerling, 1998.

Weidenfeld, Werner (Hg.): *Herausforderung Terrorismus. Die Zukunft der Sicherheit.* Wiesbaden: VS-Verlag für Sozialwissenschaft, 2004.

Zwiener, Ulrich (Hg.): *Extremismus – Gewalt – Terrorismus. Hintergründe und Handlungskonsequenzen.* Jena u. Erlangen: Palm u. Enke, 2003.

Christliche Bewegungen in den USA und Irland

Adams, Gerry: *Bevor es Tag wird. Autobiographie.* Berlin: Volk und Welt, 1996.

Bray, Michael: *A Time to Kill: A Study Concerning the Use of Force and Abortion.* Portland: Advocates for Life, 1994.

Brocker, Manfred: Die christliche Rechte in den USA. In: Minkenberg, Michael u. Ulrich Willems (Hgg.): *Politik und Religion.* Wiesbaden: Westdeutscher Verlag, 2003, 256–278.

Krakauer, Jon: *Mord im Auftrag Gottes. Eine Reportage über religiösen Fundamentalismus in den USA.* München u. Zürich: Piper, 2003.

Leggewie, Claus: Zur Rechten Gottes. Religiöser Fundamentalismus in den USA. In: *Kursbuch* 134, 119–141.

McFetridge, Billy u. Michael Apichella: *Wenn der Terror zum Alltag wird.* Landstuhl: Zapf u. Hofmann, 1994.

Noble, Kerry. *Tabernacle of Hate: Why They Bombed Oklahoma City.* Prescott: Voyageur, 1998.

North, Gary. *Backward Christian Soldiers? An Action Manual for Christian Reconstruction.* Tyler: Institute for Christian Economics, 1984.

– *Conspiracy: A Biblical View.* Fort Worth: Dominion Press, 1986.

– *The Dominion Covenant: An Economic Commentary on the Bible.* Tyler: Institute for Christian Economics, 1987.

– *Is the World Running Down? Crisis in the Christian Worldview.* Tyler: Institute for Christian Economics, 1998.

– *The Judeo-Christian Tradition. A Guide for the Perplexed.* Tyler: Institute for Christian Economics, 1990.

– *Lone Gunners for Jesus: Letters to Paul J. Hill.* Tyler: Institute for Christian Economics, 1994.

– *Millennialism and Social Theory.* Tyler: Institute for Christian Economics, 1990.

North, Gary u. Gary DeMar: *Christian Reconstruction: What It Is, What It Isn't.* Tyler: Institute for Christian Economics, 1991.

Paisley, Ian R. K.: *Sermons on Special Occasions.* Belfast: Ambassador Productions, 1996.

Prätorius, Rainer: *In God we trust. Religion und Politik in den USA.* München: Beck, 2003.

Scherer, Emunds: *Die letzte Schlacht um Gottes Reich. Politische Heilsstrategien amerikanischer Fundamentalisten.* Münster: Ed. Liberación: 1989.

Sterr, Martin: *Lobbyisten Gottes. Die Christian Right in den USA von 1980 bis 1996. Zwischen Aktion, Reaktion und Wandel.* Berlin: Duncker und Humblot,1999.

Jüdische Kämpfer

Grossman, David: *Der gelbe Wind. Die israelisch-palästinensische Tragödie.* München: Droemer Knaur, 1990.

Kahane, Meir u. a.: *Vom antisemitischen zum semitischen Antisemitismus. Zeitlose Grabreden auf eine unbelehrbare Menschheit.* Freiburg i. Br.: Holograph-Edition, 1982.

Sprinzak, Ehud: *The Ascendance of Israel's Radical Right.* New York: Oxford University Press, 1991.

– *Brother against Brother: Violence and Extremism in Israeli Politics from Altalena to the Rabin Assassination.* New York: Free Press, 1999.

– *Gush Emunim: The Politics of Zionist Fundamentalism in Israel.* New York: American Jewish Committee, 1986.

Islamische Gruppen

Bergen, Peter L.: *Heiliger Krieg Inc. Osama bin Ladens Terrornetz.* Berlin: Berliner Taschenbuch-Verlag, 2003.

Danesch, Mostafa: *Wer Allahs Wort missbraucht. Krisenherd islamische Welt.* Hamburg: Hoffmann u. Campe, 2002.

Halm, Heinz: *Der schiitische Islam. Von der Religion zur Revolution.* München: Beck, 1994.

Heine, Peter: *Terror in Allahs Namen. Extremistische Kräfte des Islam.* Freiburg i. Br. u. a.: Herder, 2001.

Hesse, Reinhard: *Ground Zero. Der Westen und die islamische Welt gegen den globalen Djihad.* München: Econ, 2002.

Hoffmann, Hilmar u. Winfried F. Schoeller (Hgg.): *Wendepunkt 11. September 2001. Terror, Islam und Demokratie.* Köln: DuMont, 2001.

Kepel, Gilles: *Der Prophet und der Pharao. Das Beispiel Ägypten. Die Entwicklung des muslimischen Extremismus.* München u. Zürich: Piper, 1995.

– *Das Schwarzbuch des Dschihad. Aufstieg und Niedergang des Islamismus.* München u. Zürich: Piper, 2002.

Khomeini, Imam: *Worte und Weisheiten Imam Khomeinis.* Teheran: Institution zur Koordination und Publikation der Werke Imam Khomeinis, Internationale Beziehungen, 1993.

Konzelmann, Gerhard: *Dschihad und die Wurzeln eines Weltkonflikts.* München: Ullstein, 2003.

Krämer, Gudrun: *Gottes Staat als Republik. Reflexionen zeitgenössischer Muslime zu Islam, Menschenrechten und Demokratie.* Baden-Baden Nomos, 1999.

Lewis, Bernard: *Die Assassinen. Zur Tradition des religiösen Mordes im radikalen Islam.* München u. Zürich: Piper, 1993.

– *Die Wut der arabischen Welt. Warum der Jahrhunderte lange Konflikt zwischen dem Islam und dem Westen weiter eskaliert.* Frankfurt a. M. u. New York: Campus, 2003.

Mathari, Annegret (Hg.): *Terroristen fallen nicht vom Himmel.* Zürich: Rotpunktverlag, 1997.

Qutb, Sayyid: *Dieser Glaube: Der Islam.* München, 1987.

Rashid, Ahmed: *Taliban. Afghanistans Gotteskrieger und der Dschihad.* München: Droemer 2003.

Ruf, Werner: *Die algerische Tragödie. Vom Zerbrechen des Staates einer zerrissenen Gesellschaft.* Münster: Agenda, 1997.

Schielke, Heinrich (Red.): *Islamistischer Terrorismus. Eine Herausforderung für die internationale Staatengemeinschaft.* Neuwied u. Kriftel: Luchterhand, 2002.

Schluchter, Wolfgang (Hg.): *Fundamentalismus, Terrorismus, Krieg.* Weilerswist: Velbrück, 2003.

Schröm, Oliver: *Al Qaida. Akteure, Strukturen, Attentate.* Berlin: Links, 2003.

Serauky, Eberhard: *Im Namen Allahs. Der Terrorismus im Nahen Osten.* Berlin: Dietz, 2000.

Taheri, Amir: *Morden für Allah. Terrorismus im Auftrag der Mullahs.* München: Droemer Knaur, 1993.

Tibi, Bassam: *Die fundamentalistische Herausforderung. Der Islam und die Weltpolitik.* München: Beck, 2003.

– *Islamischer Fundamentalismus, moderne Wissenschaft und Technologie.* Frankfurt a. M.: Suhrkamp, 1993.

Tophoven, Rolf: *Sterben für Allah. Die Schiiten und der Terrorismus.* Düsseldorf u. Wien: Econ, 1993.

Wright, Robin: *Allahs fanatische Krieger.* Reinbek bei Hamburg: Rowohlt, 1985.

Sikh Separatisten

Bhindranwale, Jarnail Singh: *Address to the Sikh Congregation.* Transcript of a sermon given in the Golden Temple in November 1983. Columbus: Sikh Religious and Educational Trust, 1985. (Translated by Ranbir Singh Sandhu.)

– *Two Lectures. Given on July 19 and September 20,1983.* Columbus: Sikh Religious and Educational Trust. (Translated from the videotaped originals by R. S. Sandhu.)

Juergensmeyer, Mark: The Logic of Religious Violence. In: David Rapoport (Hg.): *Inside Terrorist Organizations.* London: Frank Cass, 1988.

Juergensmeyer, Mark u. N. Gerald Barrier (Hg.): *Sikh Studies: Comparative Perspectives on Changing Tradition.* Berkeley Religious Studies Series I. Berkeley: Graduate Theological Union, 1979.

Mahmood, Cynthia Keppley: *Fighting for Faith and Nation. Dialogues with Sikh Militants.* Philadelphia: University of Pennsylvania Press, 1997.

–   Sikh Rebellion and the Hindu Concept of Order. *Asian Survey* 29, 3, 1989, 326–340.

Stukenberg, Marlen: *Der Sikh-Konflikt. Eine Fallstudie zur Politisierung ethnischer Identität.* Stuttgart: Steiner, 1995.

–   *Die Sikhs. Religion, Geschichte, Politik.* München: Beck, 1995.

Japanische Bewegungen

Asahara, Shoko: *Beyond Life and Death.* Shizuoka: Aum, 1992.

–   *The Bodhisattva Sutra. Salvation through Complete Reliance on the Power of the True Victor.* Shizuoka: Aum, 1994.

–   *Declaring Myself the Christ. Disclosing the True Meanings of Jesus Christ's Gospel.* Shizuoka: Aum, 1992.

–   *Disaster Approaches the Land of the Rising Sun. Shoko Asahara's Apocalyptic Predictions.* Shizuoka: Aum, 1995.

–   *Supreme Initiation. An Empirical Spiritual Science for the Supreme Truth.* New York: Aum USA, 1988.

–   *Tathagata Abhidhamma. The Ever- Winning Law of the True Victors.* 2 Bde. Shizuoka: Aum, 1992.

Kaplan, David E. u. Andrew Marshall: *AUM – eine Sekte greift nach der Welt.* Berlin: Ullstein, 1998.

Murakami, Haruki: *Untergrundkrieg. Der Anschlag von Tokyo.* München: Goldmann, 2004.

Woirgardt, Ryuko: *Die neuen Religionen Japans und ihr Sendungsbewusstsein im Hinblick auf den Weltfrieden. Eine Analyse am Beispiel der Seichô-no-ie-Bewegung.* Frankfurt a. M.: Lang, 1995.

Index